房地产经纪人执业资格考试过关宝典

房地产经纪相关知识

（修订版）

考点分析与实战精练

FANGDICHAN JINGJI XIANGGUAN ZHISHI
KAODIAN FENXI YU
SHIZHAN JINGLIAN

黑敬祥/主编
陈浩博 李书霞/副主编

图书在版编目 (CIP) 数据

房地产经纪相关知识考点分析与实战精练 / 黑敬祥主编 .
—天津：天津大学出版社， 2011.9 （ 2012.5 重印）
（房地产经纪人执业资格考试过关宝典）
ISBN 978-7-5618-4129-7

Ⅰ . ①房… Ⅱ . ①黑… Ⅲ . ①房地产业—经纪人—资格
考试—中国—自学参考资料 Ⅳ . ① F299.233

中国版本图书馆 CIP 数据核字 (2011) 第 186803 号

出版发行 天津大学出版社
出 版 人 杨欢
地　　址 天津市卫津路92号天津大学内(邮编：300072)
电　　话 发行部:022-27403647 邮购部:022-27402742
网　　址 publish.tju.edu.cn
印　　刷 天津泰宇印务有限公司
经　　销 全国各地新华书店
开　　本 185mm×260mm
印　　张 20
字　　数 499千
版　　次 2011 年 9 月第 1 版 2012 年 5 月第 2 版
印　　次 2012 年 5 月第 2 次
定　　价 40.00 元

编　委　会

前言

为提高《房地产经纪相关知识》的学习效果，适应考试要求，编者从以下几方面给出指导性意见。

一、房地产经纪人执业资格制度的特点

房地产经纪人执业资格制度是一项适应市场经济发展需要的执业准入制度。经注册后，颁发《房地产经纪人注册证书》，可以以房地产经纪人的名义从事房地产经纪活动。获得房地产经纪人执业资格，表明已具备承担经济专业技术中级职务的水平和能力。执业资格在全国范围内有效，有关单位可根据工作需要，按国家有关规定聘任经纪师职务。据此，目前房地产经纪人执业资格不仅受到从事房地产经纪业务的人员的重视，也受到房地产行政、事业单位工作人员的青睐。

二、本课程考试题型种类、特点

从近年来的试卷来看，《房地产经纪相关知识》考试题型包括单项选择题、多项选择题和综合分析题。本试卷题量一般都是100题，试卷总分值为150分，答题时间为2小时。其中，单项选择50题，每题1分，计50分；多项选择30题，每题2分，计60分；综合分析题20个小题，每小题2分，计40分。

1．单项选择题

单项选择题的特点是：4个选项，1个选项正确，选错不倒扣分。因此，考试中，单项选择题即使没有把握，也要全部选上；只要选上，就有25%的得分机会。

2．多项选择题

多项选择题的特点是：5个选项，有两个或两个以上选项正确。考试中，多项选择题通常规定不倒扣分，但多选或错选不得分，少选但选择正确的每个选项得0.5分。为此，做题要慎重，对于没把握、拿不准的选项最好不选，有把握的才选，这样才有得分机会。

3．综合分析题

综合分析题的特点是：该类题型兼有单项选择题和多项选择题的特点，即在综合分析题中，有的是单选，有的可能为多选，要切记！其要求是，每小题的备选答案中有一个或一个以上符合题意，全部选对的，得2分；错选或多选的，不得分；少选且选择正确的，每个选项得0.5分。

三、本课程出题特点

从近年来的《房地产经纪相关知识》考试来看，该科考试有如下命题特点。

（一）大纲和教材变化大，注重新增内容考核

近年来，本门课程考试中呈现了注重出奇、出新的特点，尤其是出新。由于《房地

产经纪相关知识》考试大纲和教材变化较大，教材的新增内容都是当年和次年考试出题的重点。

（二）出题方式简单，但涉及面广

该门课程考试中复杂题型少见，注重对多个知识点进行考核（综合分析题除外），像房地产估价师考试中经常出现的“下列有关××的表述中，不正确的是（　　）”等格式少见，这减少了考试难度，相对房地产估价师考试而言，该科考试难度较小。但是《房地产经纪相关知识》具有门类多、范围广、内容多的特点，涉及建筑、房地产测绘、城市和城市规划、环境、房地产市场和投资、房地产价格和估价、金融、保险、统计、心理学十个方面，考试内容很多，仅单项选择题就有50道，平均每章5道试题；并且和高等教育自学考试一样，覆盖教材的方方面面，甚至教材中出现的小例子都成了出题的良好素材，也就是一些平时可能被认为不重要且比较偏僻的知识点，往往会出现在考试中，使考生防不胜防。这就要求考生在备考时一定要认真熟悉教材框架、内容，不可一知半解，更不可抱有侥幸的心理。

（三）对多个知识点的考核将成为趋势

从近几年考试来看，除综合分析题外，其他两种题型单一考核某一知识点的试题不少，但一道试题涉及几个知识点的情况呈上升趋势，考试难度、考试内容和范围都在增大，主要是综合考核应试者的综合分析能力，也不同程度地增加了考试难度。此类试题往往在题干中采取肯定式或否定式设问方式，如“下列关于××的表述中，正确的是（　　）”、“下列关于××的表述中，不正确的是（　　）”等。做这类题就要求考生必须全面理解知识，多熟悉教材内容，多做练习。

（四）注重基本概念与基本原理考核

《房地产经纪相关知识》采用客观性试题形式。客观性试题主要侧重于考查考生对基本概念、基本政策、基本制度、基本原理的理解和掌握程度。

（五）计算知识点内容多，考试难度加大

近年来，本门课程考试中，多项选择题和综合分析题两种题型的计算题都呈现出逐步增加的特点，2005年有15道计算题，2006年16道，2007年18道，这也大大增加了考试的难度。为此，在本辅导书中，对每章内容中的计算知识点，都设计了一定数量的计算题，以供考生练习。

（六）综合分析题题量大，形式灵活多变

每年考试中综合分析题都有4个案例，20道小题，每题2分，占40分。这和房地产估价师考试综合分析题两个案例相比，应该说难度有所增大。特别是近年来本课程综合分析题命题，从考试难度、考试内容范围上都在增大，给考生带来了不少压力。解决这类比较灵活的试题的办法在于全面理解知识，因此要熟悉教材内容，多做训练。为此，本辅导书中每章内容中均设计了一定数量的综合分析题以供考生练习之用。

四、有关提示

（一）要围绕大纲，通读教材，全面掌握教材整体框架

由于《房地产经纪相关知识》的考试范围广、涉及的考核点多，为取得理想的成绩，在日常学习阶段，考生首先应该依据考试大纲，对所有考试考核内容，结合现行教材，进行对照学习，不能有遗漏。这一阶段，要通读教材，达到对全部内容的理解，同时借助考试大纲，总结《房地产经纪相关知识》各章的知识体系，掌握考试内容的整体结构。要掌握教材中的基本知识和基本内容，多看教材和一些辅导资料，这对考试是极为有益的。可以按课程顺序，对重点内容多进行几次“精读”；在阅读教材时，不要忽视教材中出现的小例子，这是很好的命题素材，稍加变化就可能出现在试卷上。

（二）利用有限时间，重视复习阶段的安排

在最后复习阶段，考生应该依据考试大纲，抓住考试范围中的重点内容，进行全面复习。如果说在房地产经纪人考试学习的前期阶段，以理解为主，那么后期阶段就要以强化记忆为主。一方面，房地产经纪人考试命题是以课程考试大纲为依据、以指定教材为范围的。考试大纲是房地产经纪人考试的“向导”，考生必须全面熟悉考试大纲要求，如利用大纲列出考点和知识点，逐一回忆其有关内容，加深理解，巩固记忆；也可以对照大纲，确定复习重点，把自己还未掌握的知识点列为复习重点，再下工夫去看、去理解，这样才能“知己知彼”。另一方面，要熟悉本门课程的试题信息。试题是考试的核心，是实现考试目标的关键。历年考题是最好的训练材料，特别是近几年《房地产经纪相关知识》考试试题，指导意义更强。另外这些考题，几乎涉及所有学科的考试重点，弄懂了这些题的特点，也就基本上掌握了每门课程考试的技巧。因此，考生要对这些考试试题全部做一遍，了解试题的要求、题型、试卷的难易度等，通晓考试命题的指导思想、考试依据和范围、命题要求、答卷时间及评分要求，抓住考试重点、难点、常考点，通过做真题，使自己的应考能力得到加强。使自己的复习方向更加明确。

（三）多做练习，做好冲刺

通过多做几套模拟题，培养临考经验。由于每年教材出得比较晚，市面上的辅导资料较少，而且很多模拟题已经过时，因此，考生面对这样的模拟题一定要批判性地去做，不要太迷信这些模拟题，不要被这些模拟题束缚住思路。同时在做各类练习题时，不要看答案，也不要过分依赖教材，做完后再对照答案自己评估；对于还不能彻底理解的问题，要随时查阅教材和参考资料，以进一步巩固知识。

五、本辅导书内容安排的特点

（一）前言部分

此部分主要是结合《房地产经纪相关知识》历年考试及应试特点，指出了本门课程的考试特点、出题特点和有关提示。

（二）章节辅导

此部分内容都是按照大纲指定教材章节内容，按顺序进行编排。

（1）大纲要求。详细列出了考试目的和大纲对本章节的基本要求。

（2）考点汇总。主要采取表格形式，介绍了每章的重要知识点、考点，便于考生有针对性地学习。

（3）例题分析。主要针对每章中的重要知识点，采取单项选择题、多项选择题和综合分析题的形式，设计题型，给出答案，就个别典型试题予以解析。

（4）模拟练习。主要是按照考试大纲，针对教材内容，结合本课程考试题型特点，而编写的各类练习题，包括单项选择题、多项选择题、综合分析题，供考生实战练习，以巩固对每章内容和知识的掌握。

（5）模拟练习参考答案。主要是全部给出了每章模拟题库中，单项选择题、多项选择题、综合分析题的参考答案，供考生检查练习的成效。

（三）历年试题

辑录2007—2010年历年考试真题，供考生实战练习。

（四）模拟试题

根据近年来的考试题型难度及特点，精编了三套模拟试题，供考生强化练习。

目　录

第一章　法律概述和民法

一、大纲要求

本部分的考试目的是测试应考人员对法律、民法、合同法、物权法、消费者权益保护法等基础知识的了解、熟悉和掌握程度。本章的考试要求包括：

（1）了解法律和法规的含义；

（2）熟悉我国现行法律体系和法律的适用；

（3）熟悉民法的概念和基本原则；

（4）了解民事法律关系；

（5）掌握自然人、法人和合伙的概念及分类；

（6）掌握民事法律行为的概念及分类；

（7）掌握代理的概念和种类、代理关系和代理权、代理行为；

（8）了解民事责任；

（9）熟悉诉讼时效；

（10）掌握合同的概念、特征，订立履行的基本原则以及合同的分类；

（11）熟悉合同的订立、效力、履行和违约责任；

（12）掌握买卖合同、租赁合同、委托合同、行纪合同和居间合同；

（13）掌握物权的概念、分类、效力和特征，以及物权与债权的区别；

（14）熟悉所有权、用益物权、担保物权；

（15）熟悉消费者权益的概念；

（16）掌握经营者的义务和消费者的权利；

（17）熟悉消费者权益争议的解决方式。

二、考点汇总

（1）本章涉及有关的法律包括《中华人民共和国立法法》（以下简称《立法法》）、《中华人民共和国民法通则》（以下简称《民法通则》）和《中华人民共和国物权法》（以下简称《物权法》）。

（2）熟悉法的概念和宪法、法律、行政法规、地方性法规及部门规章等中国现行法律制度体系的构成框架及其内涵、制定主体、规范范围、相互关系等。

（3）有关民法的内容。

1）要掌握民事法律关系的主体、客体和内容。

2）关于民事权利的分类，要掌握两种分类方法及具体分类依据及特点，即根据权利标的的不同性质，民事权利可分为财产权和人身权；根据权利的作用，民事权利可分为支配权、请求权、形成权和抗辩权。

3）要分清自然人分类。根据自然人不同的认知能力，将自然人分为完全民事行为能力人、限制民事行为能力人和无民事行为能力人三种。

（4）中国现行法律体系知识汇总（见表 1-1）。

表 1-1　中国现行法律体系知识汇总表

法的渊源	制定主体	地位及法律效力	备　注
宪法	国家最高权力机关	具有最高法律效力的法	宪法是国家的根本大法
法律	全国人民代表大会及其常务委员会	地位和效力低于宪法而高于其他法	
行政法规	国务院依法制定	效力低于宪法、法律，高于地方性法规、规章	
地方性法规、自治条例、单行条例	省、自治区、直辖市的人民代表大会及其常务委员会；省、自治区的人民政府所在地的市，经济特区所在地的市和国务院批准的较大市的人民代表大会及其常务委员会；民族自治地方的人民代表大会	效力不超出本行政区域范围	
部门规章	国务院各部、委员会、中国人民银行、审计署和具有行政管理职能的直属机构	地位低于宪法、法律、行政法规，不得与它们相抵触	
政府规章	省、自治区、直辖市和省、自治区的人民政府所在地的市，经济特区所在地的市和国务院批准的较大市的人民政府	除不得与宪法、法律、行政法规相抵触外，还不得与上级和同级地方性法规相抵触	

（5）《合同法》知识汇总（见表 1-2）。

表 1-2　《合同法》知识汇总表

	要　点
合同的特征	①合同是平等主体之间的民事法律关系；②合同是两方以上当事人的法律行为；③合同是从法律上明确当事人之间特定权利与义务关系的文件；④合同是具有相应法律效力的协议
合同的分类	①根据法律是否设有规范赋予一个特定名称，可将合同分为典型合同和非典型合同；②根据合同当事人是否互相享有权利、承担义务，可将合同分为双务合同与单务合同；③根据合同当事人是否为从合同中得到的利益支付代价，可将合同分为有偿合同与无偿合同；④根据合同是自当事人意思表示一致时成立，还是在当事人意思表示一致后，仍须有实际交付标的物的行为才能成立，可将合同分为诺成合同与实践合同；⑤根据法律是否要求合同必须符合一定的形式才能成立，可将合同分为要式合同与不要式合同；⑥根据合同是否必须以其他合同的存在为前提而存在，可将合同分为主合同与从合同
合同的订立	当事人订立合同，采取要约和承诺的方式进行。当事人意思表示真实一致时，合同即可成立
合同生效的条件	①当事人具有相应的民事行为能力；②意思表示真实；③不违反法律和社会公共利益
合同的履行	合同生效后，当事人就质量、价款或者报酬、履行地点等内容没有约定或者约定不明确的，可以协议补充；不能达成补充协议的，按照合同有关条款或者交易习惯确定。当事人就有关合同内容不明确，按照合同有关条款或者交易习惯仍不能确定的，适用六种规定情形
违约责任的承担方式	继续履行；采取补救措施；赔偿损失；支付违约金；定金罚则

（6）民法基本知识汇总（见表 1-3）。

表 1-3　民法基本知识汇总表

	概　　念	类　　别	要　　点	备　　注
民法	是调整平等主体的公民之间、法人之间以及他们相互之间的财产关系和人身关系的法律规范的总称	调整的两大关系：财产关系和人身关系		基本原则：平等原则、自愿原则、公平原则、诚实信用原则、公序良俗原则、禁止滥用权利原则
民事法律关系	是指由民法确认和保护的社会关系		一项民事法律关系中至少有两个主体	民事法律包括主体、客体和内容三个要素。客体包括物、行为、智力成果等
民事权利	民事权利是民法赋予自然人或法人在具体的民事法律关系中实施一定行为或者要求他方实施一定行为（或不实施一定行为）的权利	①财产权和人身权；②支配权、请求权、形成权、抗辩权；③绝对权和相对权；④主权利和从权利	民事权利的保护方法有：①公力救济；②自力救济	
民事义务	民事义务是指民事法律关系的一方当事人依照法律的规定，必须实施一定行为或不实施一定行为，以满足民事权利主体实现其权利的要求	以义务人行为的方式，民事义务可分为积极义务和消极义务	违反民事义务，则要承担民事责任	
自然人	自然人也称公民。自然人既包括本国公民，也包括外国人和无国籍人	自然人的民事行为能力分为：完全民事行为能力、限制民事行为能力和无民事行为能力	胎儿不具有民事权利能力，不得成为民事法律关系的主体	
监护	是指依法对无民事行为能力人和限制民事行为能力人的人身、财产和其他合法权益进行监督和保护的制度	监护主要有：法定监护、指定监护、遗嘱监护、自愿监护	无民事行为能力人和限制民事行为能力人的监护人是其法定代理人	
宣告失踪			公民下落不明满 2 年的，利害关系人可以向人民法院申请宣告其为失踪人	宣告失踪的主要意义在于对失踪人的财产进行代管和依法处理
宣告死亡		①下落不明满 4 年的；②因意外事故下落不明，从事故发生之日起满 2 年的	须由利害关系人申请，并由人民法院宣告死亡	宣告死亡会引起与生理死亡同样的法律后果

续表

	概　念	类　别	要　点	备　注
法人	是具有民事权利能力和民事行为能力，依法独立享有民事权利并承担民事义务的组织	法人包括机关法人、事业单位法人、企业法人和社团法人等	法人条件：①依法成立；②有必要的财产或经费；③有自己的名称、组织机构和场所；④能独立承担民事责任	
合伙	合伙是指两个以上的自然人、法人或者其他组织，根据合伙合同而共同出资、共同经营，依照合同约定或者法律规定承担责任的组织		合伙企业有普通合伙企业和有限合伙企业	普通合伙企业由普通合伙人组成，合伙人对合伙企业的债务承担无限连带责任
民事法律行为	是指民事主体设立、变更、终止民事权利和民事义务的合法行为		成立的条件有：①行为人具有相应的民事行为能力；②意思表示真实；③不违反法律或者社会公共利益	无效的民事行为，从行为开始起就没有法律约束力。被撤销的民事行为从行为开始起无效
代理	代理是指在代理权限内，代理人以被代理人的名义进行民事活动，活动结果由被代理人承担的一种法律行为	按照代理产生的不同原因和方式，代理分为：委托代理、法定代理和指定代理	没有代理权、超越代理权或者代理权终止后的代理行为，只有经过被代理人的追认，被代理人才承担民事责任。未经追认的行为，由行为人承担民事责任。本人知道他人以本人名义实施民事行为而不作否认表示的，视为同意	代理人行使代理权时应遵循的原则有：①代理权应为维护被代理人的最大利益而行使；②代理权不得滥用
诉讼时效	诉讼时效是指权利人经过法定期间不行使自己的权利，即丧失了请求人民法院依诉讼程序强制义务人履行义务的权利	诉讼时效期间可分为普通诉讼时效期间和特别诉讼时效期间	下列的诉讼时效期间为 1 年：①身体受到伤害要求赔偿的；②出售质量不合格的商品未声明的；③延付或者拒付租金的；④寄存财物被丢失或者损毁的	诉讼时效期间为 1 年、2 年、20 年三种基本情况
民事责任	是民事主体违反民事义务而依法应承担的民事法律后果	承担民事责任的方式包括停止侵害、排除妨碍等 10 种		民事责任与民事制裁紧密相连

（7）实物分割、变价分割、作价补偿的适用范围。

1）实物分割：如果共有财产属于可分物，在不影响其经济价值和特定用途时，可以对共有财产采取实物分割的方式。

2）变价分割：如果共有财产不能分割或者分割有损其价值，而共有人都不愿接受共有财产时，可以将共有物出卖，由各共有人取得价金。

3）作价补偿：对于不可分割的共有物，仅有部分共有人愿意取得该财产，或对于可以分割的共有物，只有部分共有人愿意取得该财产，则由愿意获得者取得共有财产，取得者需将超出自己份额的部分以货币形式补偿给其他共有人。

（8）抵押权、质权、留置权三者之间的区别和联系。

1）成立的条件不同。除签订抵押合同外，抵押权的成立原则上以抵押登记为条件，而不以抵押物的交付为条件。质权依双方当事人的合意而成立。留置权是依法律直接规定成立的。

2）占有的条件不同。抵押权的保持不以抵押权人占有抵押物为条件。质权、留置权两者虽然都是以担保物的占有及移转为要件，但质权在设定时才移转占有，担保物与债权事先没有占有的关系；而留置权的债权事先就与担保物有法律上的牵连，即债权人事先占有是留置权成立的前提条件。

3）法律关系的客体不同。抵押权的标的物为不动产、不动产用益物权和动产。质权的标的物为动产和除不动产用益物权外的其他财产权利，包括债权、股权、知识产权等财产权利。而留置权的标的仅为动产。

4）权利的实现不同。依据《物权法》的规定，债务人不履行到期债务或者发生当事人约定的实现抵押权的情形，抵押权人可以与抵押人协议以抵押房地产折价或者以拍卖、变卖该抵押房地产所得的价款优先受偿。质权在债权已届清偿期而未受清偿时，就可以当然行使质权；而留置权在债权已届清偿期而未受清偿时，还必须具备法律规定的程序，才可实现留置权。

5）消灭不同。抵押权因抵押物灭失而消灭。因灭失所得的赔偿金，应当作为抵押财产。质权不因债务人另行提供担保而消灭；而留置权则在债务人另行提供担保时消灭。

（9）搞清物权与债权在主体、客体和内容方面的区别。

1）概念。物权指权利主体在法律规定的范围内，对物的直接管理和支配，并排除他人干涉的权利；债权是权利主体按照合同约定或者法律规定，请求相对人为或不为特定行为的权利。

2）性质、特征。物权是对世权，具有独占性、排他性，反映物质财富的静态所有关系；债权是对人权，不具有排他性，反映动态的财产流转关系。

3）法律关系主体。物权是特定权利主体和不特定义务主体之间的法律关系；债权是特定当事人之间的法律关系。

4）客体。物权——物；债权——物、行为、智力成果。

5）内容。物权——对物的直接管理和支配，并排除他人干涉；债权——请求债务人履行债务。

6）权能。物权——占有、使用、收益和处分权；债权——请求权和受领权。

7）产生方式。物权——种类及内容均由法律创设；债权——合同、侵权行为、不当得利、无因管理。

8）实现方式。物权——物权所有人自己行使权利；债权——实现权利须凭借债务人履行义务。

9）效力。物权——有追及效力和优先权；债权——无追及效力和优先权。

三、例题分析

（一）法律概述

1．狭义上的法律在中国是指由（　　）制定的法律。

A．全国人大及其常委会　　B．国务院

C．省、自治区、直辖市人大及其常委会　D．国务院各部委

答案：A

解析：狭义的法律在中国是指由全国人民代表大会及其常务委员会制定的法律。

2．省、直辖市、自治区人民政府根据法律、行政法规制定的规范性文件是（　　）。（2007 年房地产估价师制度试题）

A．地方性法规　　B．政府规章　　C．部门规章　　D．自治条例

答案：B

解析：地方政府规章是指省、自治区、直辖市和较大的市的人民政府根据法律、行政法规和本省、自治区、直辖市的地方性法规制定的规范性文件。

3．以下属于部门规章的是（　　）。（2008 年房地产经纪人制度试题）

A．《城市房地产管理法》　　B．《城市房地产开发经营管理条例》

C．《房屋登记办法》　　D．《城市房地产抵押估价指导意见》

答案：C

解析：《城市房地产管理法》、《城市房地产开发经营管理条例》、《城市房地产抵押估价指导意见》分别属于法律、行政法规、技术规范。

4．全国人大常委会审议通过的法律的效力低于（　　）。（2008 年房地产经纪人制度试题）

A．部门规章　　B．司法解释　　C．行政法规　　D．宪法

答案：D

解析：宪法具有最高的法律效力，一切法律、行政法规、地方性法规、自治条例和单行条例、规章都不得同宪法相抵触。法律的效力高于行政法规、地方性法规、规章。行政法规的效力高于地方性法规、规章。

5．下列主体中，无权制定地方性法规的是（　　）。（2009 年土地登记相关法律知识试题）

A．省、自治区、直辖市的人民代表大会及其常务委员会

B．省、自治区人民政府所在地的市的人民代表大会及其常务委员会

C．经济特区所在地的市的人民代表大会及其常务委员会

D．经省级人民代表大会常务委员会批准的较大的市的人民代表大会及其常务委员会

答案：D

解析：地方性法规是指省、自治区、直辖市以及较大的市的人民代表大会及其常务委员会根据本地区的实际情况，在不与宪法、法律、行政法规相抵触的前提下所制定和颁布的规范性文件的总称。较大的市是指省、自治区的人民政府所在地的市，经济特区所在地的市和经国务院批准的较大的市。

6．下列关于法的效力的表述中，正确的有（　　）。（2009 年房地产经纪人制度试题）

A．行政法规的效力高于地方性法规

B．地方政府规章的效力高于行政法规

C．地方性法规的效力高于本级地方政府规章

D．部门规章与地方政府规章之间具有同等效力

E．部门规章的效力高于地方性法规

答案：ACD

解析：法律的效力高于行政法规、地方性法规、规章。行政法规的效力高于地方性法规

规、规章。地方性法规的效力高于本级和下级地方政府规章。省、自治区的人民政府制定的规章的效力高于本行政区域内的较大的市的人民政府制定的规章。部门规章之间、部门规章与地方政府规章之间具有同等效力，在各自的权限范围内施行。

7. 下列关于法的表述中，不正确的是（　　）。（2004 年房地产经纪人制度试题）

A. 法律、行政法规、地方性法规、自治条例和单行条例、规章一般不溯及既往

B. 地方性法规的效力高于本级和下级地方政府规章

C. 特别规定与一般规定不一致的，适用一般规定

D. 新的规定与旧的规定不一致的，适用新的规定

答案：C

解析：同一机关制定的法律、行政法规、地方性法规、自治条例和单行条例、规章，特别规定与一般规定不一致的，适用特别规定。

（二）民法

1. 民法是调整平等主体的公民之间、法人之间以及他们相互之间（　　）的法律规范的总称。（2007 年房地产经纪人制度试题）

A. 财产所有关系　　B. 财产流转关系

C. 行政管理关系　　D. 单位内部上下级关系

E. 人身关系

答案：ABE

解析：民法是调整平等主体的公民之间、法人之间以及他们相互之间的财产关系和人身关系的法律规范的总称。财产关系是指人们在产品的生产、分配、交换和消费过程中形成的具有经济内容的关系，包括财产归属关系和财产流转关系。

2. 一切正当社会行为所应遵守的道德准则是（　　）。（2004 年房地产经纪人制度试题）

A. 平等原则　　B. 诚实信用原则　C. 公序良俗原则　D. 自愿原则

答案：B

解析：诚实信用是一切正当社会行为所应遵守的道德准则，是道德规范在法律上的表现。

3. 我国民法的基本原则有（　　）。（2008 年房地产经纪人制度试题）

A. 公序良俗原则　　B. 权利公示原则

C. 权利法定原则　　D. 自愿原则

E. 禁止滥用权利原则

答案：ADE

解析：民法的基本原则包括平等原则、自愿原则、公平原则、诚实信用原则、公序良俗原则、禁止滥用权利原则。

4. 民事法律关系构成部分包括（　　）。（2003 年房地产经纪人制度试题）

A. 主体　　B. 行为　　C. 内容　　D. 客体　　E. 权属

答案：ACD

解析：民事法律关系由主体、客体、内容所构成。

5. 一个民事法律关系中至少有（　　）个主体。（2003 年房地产经纪人制度试题）

A. 1　　B. 2　　C. 3　　D. 4

答案：B

解析：一个民事法律关系中至少有 2 个主体。

6．民法上的物不包括（　　）。（2009 年房地产经纪人制度试题）

A．房屋　　B．土地　　C．矿产　　D．智力成果

答案：D

解析：民法上的物应满足如下条件：一是有体物，即应占有一定的空间而有形存在；二是人力可以支配；三是不包括人体本身，即人不能成为民事法律关系的客体。智力成果是一种无形资产，是知识产权法律关系的客体。

7．民事主体所享有的权利和应承担的义务是民事法律关系的（　　）。（2004 年房地产经纪人制度试题）

A．概念　　B．客体　　C．结果　　D．内容

答案：D

解析：民事法律关系的内容是指民事主体之间由法律确定并保证其实现的权利和义务，在违反义务时，还包括民事责任。例如，商品房买卖法律关系的基本内容是：买方承担付款的义务，享有取得商品房所有权的权利；卖方承担交付商品房并转移所有权的义务，享有取得商品房价款的权利等。

8．下列选项中，属于民事权利的财产权是（　　）。（2006 年房地产经纪人制度试题）

A．生命健康权　　B．肖像权　　C．债权　　D．姓名权

答案：C

解析：财产权是指以财产利益为直接内容的权利，如物权、债权等。人身权是指以人身所体现的利益为内容的，与权利人的人身不可分离的民事权利，如生命健康权、姓名权、肖像权等。

9．根据权利的作用，以下民事权利中属于形成权的是（　　）。（2005 年房地产估价师制度试题）

A．物权　　B．知识产权　　C．人身权　　D．撤销权

答案：D

解析：根据权利的作用，民事权利可分为支配权、请求权、形成权和抗辩权。形成权是指权利主体依自己的行为，使自己与他人之间的法律关系发生变动的权利，如撤销权、解除权、追认权、选择之债中的选择权等。

10．下列民事权利的取得方式中，属于继受取得的是（　　）。

A．买卖取得　　B．添附取得　　C．接收遗赠

D．继承遗产　　E．法定孳息

答案：ACD

解析：民事权利的合法取得方式可分为原始取得和继受取得两种。原始取得是指根据法律规定，最初取得民事权利或不依赖于原权利人的意志而取得某项民事权利，包括劳动生产、天然孳息和法定孳息、添附、没收、无主财产收归国有等方式。继受取得是指根据某种法律行为从原权利人那里取得某项民事权利，如通过买卖、赠与、继承遗产、接收遗赠、互易等形式。

11．李某是 17 周岁的高中生，经常利用课余时间打工挣零用钱。根据《中华人民共和国民法通则》，李某（　　）。（2009 年土地登记相关法律知识试题）

A．属于完全民事行为能力人　　B．应被视为完全民事行为能力人

C．属于限制民事行为能力人　　　　　D．属于无民事行为能力人

答案：B

解析：16 周岁以上不满 18 周岁的公民，以自己的劳动收入为主要生活来源的，视为完全民事行为能力人。

12．下列自然人中，具有完全民事行为能力的人有（　　）。（2009 年房地产经纪人制度试题）

A．15 周岁，靠版税独立生活的“90 后”作家

B．17 周岁，隔月将打工节余寄回老家的农民工

C．18 周岁，颈椎以下全瘫痪，手脚均无知觉的残疾人

D．19 周岁的间歇性精神病人

E．21 周岁，在家靠父母遗产生活的待业青年

答案：BCE

解析：在中国，18 周岁以上的公民是成年人，具有完全民事行为能力，可以独立进行民事活动，是完全民事行为能力人。16 周岁以上不满 18 周岁的公民，以自己的劳动收入为主要生活来源的，视为完全民事行为能力人。

13．下列自然人中，属于完全民事行为能力人的是（　　）。（2008 年房地产经纪人制度试题）

A．15 周岁自己挣钱生活的孤儿　　　　B．17 周岁生活费来自父母的学生

C．19 周岁一直未参加工作的待业青年　D．20 周岁不能辨认自己行为的精神病人

答案：C

解析：在中国，18 周岁以上的公民是成年人，具有完全民事行为能力，可以独立进行民事活动，是完全民事行为能力人。

14．下列自然人中，属于限制民事行为能力人的有（　　）。((2007 年房地产经纪人制度试题）

A．以钟点工收入维持生活的 16 周岁在校学生

B．由家长供给一切费用的 17 周岁在校学生

C．不能完全辨认自己行为的 35 周岁精神病人

D．正在读大学二年级的 11 周岁超常儿童

E．腰椎受损、瘫痪在床的 65 周岁退休老人

答案：BCD

解析：在中国，10 周岁以上的未成年人和不能完全辨认自己行为的精神病人是限制民事行为能力人，可以进行与其年龄、智力或精神健康状况相适应的民事活动；其他民事活动须由其法定代理人代理，或者征得其法定代理人的同意。16 周岁以上不满 18 周岁的公民，以自己的劳动收入为主要生活来源的，视为完全民事行为能力人。

15．不属于无效的民事行为的是（　　）。（2003 年房地产经纪人制度试题）

A．一方以欺诈手段使对方在违背真实意思的情况下所为的

B．违反法律的

C．以合法形式掩盖非法目的的

D．限制民事行为能力人依法能独立实施的

答案：D

解析：下列民事行为无效：①无民事行为能力人实施的；②限制民事行为能力人依法不能独立实施的；③一方以欺诈、胁迫的手段或者乘人之危，使对方在违背真实意思的情况下所为的；④恶意串通，损害国家、集体或者第三人利益的；⑤违反法律或者社会公共利益的；⑥经济合同违反国家指令性计划的；⑦以合法形式掩盖非法目的的。

16.《民法通则》规定，精神病人的利害关系人，可以向（　　）申请宣告精神病人为无民事行为能力人或者限制民事行为能力人。

A．人民政府　　B．公证机关　　C．人民法院　　D．人民检察院

答案：C

解析：《民法通则》第十九条规定："精神病人的利害关系人，可以向人民法院申请宣告精神病人为无民事行为能力人或者限制民事行为能力人。"

17．公民下落不明满（　　）的，利害关系人可以向人民法院申请宣告他为失踪人。

A．1年　　B．2年　　C．3年　　D．4年

答案：B

解析：《民法通则》第二十条规定："公民下落不明满二年的，利害关系人可以向人民法院申请宣告他为失踪人。"

18．在代理关系中，与代理人实施民事行为的人称为（　　）。

A．代理人　　B．被代理人　　C．第三人　　D．相对人

答案：D

解析：在代理关系中，被代理人又称为本人，代理他人进行民事活动的人称为代理人，与代理人实施民事行为的人称为相对人。

19．2006年12月，李某在某市购买了甲公司开发建设的1套120 m^2的商品住宅，并与乙房地产经纪公司（以下简称乙公司）签订了代理出租协议。2007年1月，乙公司代理李某与王某订立了房屋租赁合同，约定租金为1 000元，租期为2年，该租赁合同未办理登记备案。乙公司与李某之间为（　　）关系。（2007年房地产经纪人制度试题）

A．委托代理　　B．复代理　　C．法定代理　　D．指定代理

答案：A

解析：委托代理是基于被代理人的委托而发生的代理。

20．根据代理权发生的依据不同，可将代理分为（　　）。（2007年房地产经纪人制度试题）

A．本代理　　B．委托代理　　C．法定代理

D．复代理　　E．指定代理

答案：BCE

解析：根据代理权发生的依据不同，可将代理分为委托代理、法定代理和指定代理。

21．下列关于代理的表述中，正确的有（　　）。（2006年房地产经纪人制度试题）

A．基于被代理人选任代理人而发生的代理被称为本代理

B．基于被代理人选任代理人而发生的代理又可归类为指定代理

C．指定代理是根据法院或有关单位的指定而发生的代理

D．委托代理不可以采用口头形式

E．未成年人的父母作为其代理人属于法定代理

答案：ACE

解析：《民法通则》第六十五条规定："民事法律行为的委托代理可以用书面形式，也可以用口头形式。法律规定用书面形式的，应当用书面形式。"

22．下列属于承担民事责任的方式有（　　）。（2009年房地产估价师制度试题）

A．罚款　　B．吊销证照　　C．赔偿损失

D．赔礼道歉　　E．停止侵害

答案：CDE

解析：承担民事责任的方式主要有十种：停止侵害；排除障碍；消除危险；返还财产；恢复原状；修理、重作、更换；赔偿损失；支付违约金；消除影响、恢复名誉；赔礼道歉。赔偿损失属于违约责任的承担方式。罚款、吊销证照属于行政处罚的种类。

23．承担民事责任的方式有（　　）。（2008年房地产经纪人制度试题）

A．停止侵害　　B．没收财产　　C．返还财产

D．赔偿损失　　E．支付违约金

答案：ACDE

解析：承担民事责任的方式主要有十种：停止侵害；排除障碍；消除危险；返还财产；恢复原状；修理、重作、更换；赔偿损失；支付违约金；消除影响、恢复名誉；赔礼道歉。

24．根据《民法通则》，诉讼时效期间从（　　）时起算。（2009年土地登记相关法律知识试题）

A．权利人知道或应当知道其权利被侵害

B．权利被侵害

C．权利人被告知其权利被侵害

D．权利人起诉

答案：A

解析：《民法通则》第一百三十七条的规定："诉讼时效期间从权利人知道或者应当知道权利被侵害时起计算。"

25．下列情形中，诉讼时效为2年的是（　　）。（2008年房地产估价师制度试题）

A．身体受到伤害要求赔偿的　　B．寄存财物被丢失的

C．环境遭污染或损害的　　D．借出的资金未能收回的

答案：D

解析：《民法通则》规定，向人民法院请求保护民事权利的诉讼时效期间为2年。《民法通则》规定，下列的诉讼时效期间为1年：①身体受到伤害要求赔偿的；②出售质量不合格的商品未声明的；③延付或者拒付租金的；④寄存财物被丢失或者损毁的。

26．延付租金要求赔偿提起诉讼的时效是（　　）年。（2009年房地产经纪人制度试题）

A．0.5　　B．1　　C．2　　D．3

答案：B

解析：《民法通则》规定，下列的诉讼时效期间为1年：①身体受到伤害要求赔偿的；②出售质量不合格的商品未声明的；③延付或者拒付租金的；④寄存财物被丢失或者损毁的。

27．承租人拒付租赁合同约定的租金的，出租人的诉讼时效期间是（　　）年。（2006年房地产经纪人制度试题）

A．1　　B．2　　C．10　　D．20

答案：A

解析：《民法通则》规定，下列的诉讼时效期间为 1 年：①身体受到伤害要求赔偿的；②出售质量不合格的商品未声明的；③延付或者拒付租金的；④寄存财物被丢失或者损毁的。

28．2007 年 1 月 1 日晚，古某被人袭击打成重伤。经过长时间的访查，2009 年 6 月 30 日古某掌握确凿的证据证明将其打伤的人是李某。古某如要通过民事诉讼保护其权益，应当在(　　)前起诉。（2011 年土地登记代理人相关法律试题）

A．2008 年 1 月 1 日　　B．2010 年 6 月 30 日

C．2011 年 1 月 1 日　　D．2011 年 6 月 30 日

答案：B

解析：《民法通则》规定下列的诉讼时效期间为 1 年：①身体受到伤害要求赔偿的；②出售质量不合格的商品未声明的；③延付或拒付租金的；④寄存财物被丢失或损毁的。根据《民法通则》第 137 条的规定，诉讼时效期间从权利人知道或者应当知道权利被侵害时起计算。

29．根据《民法通则》，下列情形中，适用 1 年诉讼时效期间的有（　　）。（2009 年土地登记相关法律知识试题）

A．身体受到伤害要求赔偿的　　B．出售质量不合格的商品未声明的

C．延付租金的　　D．延付货款的

E．寄存货物丢失的

答案：ABCE

解析：《民法通则》规定，下列的诉讼时效期间为 1 年：①身体受到伤害要求赔偿的；②出售质量不合格的商品未声明的；③延付或者拒付租金的；④寄存财物被丢失或者损毁的。

（三）合同法

1．下列关于合同特征的表述中，不正确的是（　　）。（2005 年房地产经纪人制度试题）

A．合同是两方以上当事人的法律行为

B．合同是平等主体之间的民事法律关系

C．合同是当事人之间关于不确定性的权利与义务关系的文件

D．合同是具有相应法律效力的协议

答案：C

解析：合同具有以下特征：①合同是平等主体之间的民事法律关系；②合同是两方以上当事人的法律行为；③合同是法律上明确当事人之间特定权利和义务关系的文件；④合同是具有相应法律效力的协议。

2．下列合同中，属于实践合同的有（　　）。（2009 年土地登记相关法律知识试题）

A．保管合同　　B．借用合同

C．借款合同　　D．定金合同

E．保证合同

答案：ABC

解析：实践合同是指除了当事人双方意思表示一致以外，还需要有一方当事人实际交付标的物的行为才能成立的合同，所以实践合同也称要物合同。在合同法中凡规定了需要交付标的物才能成立的合同为实践合同，保管合同、借用合同等都属于实践合同。

3．商品房买卖合同为（　　）。（2008 年房地产经纪人制度试题）

A．非典型合同　　B．单务合同　　C．从合同　　D．要式合同

答案：D

解析：要式合同是指根据法律规定必须采用特定形式的合同，例如，商品房买卖合同一般有《商品房买卖合同》示范文本。

4．某房地产开发公司以 1 200 万元取得了 1 公顷综合用地 50 年的土地使用权。某咨询公司依法购买了该开发公司办公用地使用权进行自建，成交价格为 300 万元。在建办公楼时，该咨询公司经抵押方式向当地某商业银行贷款 200 万元，另从私人手中借得部分资金。银行为防范贷款风险，要求该公司对所抵押的在建工程办理保险，为此该公司委托某房地产估价机构对该抵押物的保险价值进行了评估，并据此与某财产保险公司签订了保险合同。在下列合同中，属于从合同的有（　　）。（2005 年房地产估价师制度试题）

A．购房合同　　B．抵押合同　　C．保险合同　　D．借款合同

答案：BC

解析：从合同是指不能独立存在而以其他合同的存在为存在前提的合同。

5．张某以 50 万元的价格将其房屋卖给周某，双方签订了房屋买卖合同，该合同属于（　　）。（2003 年房地产经纪人制度试题）

A．典型合同　　B．单务合同　　C．有偿合同

D．要式合同　　E．双务合同

答案：ACDE

解析：该合同属于双务合同。

6．下列关于房地产合同的表述中，正确的是（　　）。（2006 年房地产经纪人制度试题）

A．房地产抵押合同与借款合同均属于主合同

B．房屋租赁合同属于单务合同

C．商品房买卖合同属于诺成合同

D．房屋赠与合同属于非典型合同

答案：C

解析：诺成合同是当事人双方意思表示一致即可成立的合同，即“一诺即成”的合同，也称不要物合同。房屋买卖合同是一种比较特殊的买卖合同，是指出卖人将房屋交付并转移房屋所有权于买受人，买受人支付价款的合同。

7．甲房地产开发公司（以下简称甲公司）与乙建筑工程公司（以下简称乙公司）签订了工程承包合同，由乙公司承建甲公司开发的 W 商场，总建设投资为 5 亿元。甲公司向商业银行申请了年利率为 5.6%的开发贷款 3 亿元，贷款期为 1 年。乙公司于 2005 年 6 月正式开工建设，合同规定建设期为 12 个月。乙公司对该建筑工程所有险种都投了保，保险双方事先约定了保险的最高赔偿限额，但保险标的实际价值要待保险事故发生后进行估算。在建设过程中，一场暴雨使商场外门廊地基发生了塌陷，但建筑主体并没有受到影响，责任鉴定结果为暴雨导致地基发生沉降引起塌陷。此事故在保险承保范围内，保险公司对乙公司进行了赔付。商场建成后，甲公司将商场首层商铺进行销售，成交均价达到了 20 000 元/m^2。甲公司与乙公司签订的合同属于（　　）。（2006 年房地产估价师制度试题）

A．有偿合同　　B．无偿合同　　C．要式合同　　D．单务合同

答案：AC

解析：采取排除法选择。甲房地产开发公司与乙建筑工程公司签订的工程承包合同，不是无偿合同、单务合同。

8．下列关于合同订立程序中承诺的表述中，错误的是（　　）。（2007 年房地产经纪人制度试题）

A．承诺是一种意思表示

B．承诺可以由受要约人作出，也可由第三人作出

C．承诺到达要约人时生效

D．承诺应当在要约确定的期限内到达要约人

答案：B

解析：只有接受要约的特定人即受要约人才有权作出承诺，受要约人以外的第三人无资格向要约人作出承诺。

9．根据《合同法》，下列合同中，属于无效合同的有（　　）。（2009 年土地登记相关法律知识试题）

A．一方以欺诈、胁迫的手段订立的损害对方利益的合同

B．恶意串通损害第三人利益的合同

C．以合法形式掩盖非法目的的合同

D．内容显失公平的合同

E．乘人之危订立的合同

答案：BC

解析：《合同法》第五十二条规定："有下列情形之一的，合同无效：（一）一方以欺诈、胁迫的手段订立合同，损害国家利益；（二）恶意串通，损害国家、集体或者第三人利益；（三）以合法形式掩盖非法目的；（四）损害社会公共利益；（五）违反法律、行政法规的强制性规定。"

10．下列关于房屋买卖合同生效应具备的条件的表述中，不正确的是（　　）。（2004 年房地产经纪人制度试题）

A．经主管部门登记后生效　　B．意思必须表示真实

C．不得违反法律　　D．不得违反社会公共利益

答案：A

解析：合同生效应具备以下三个条件：①当事人具有相应的民事行为能力；②意思表示真实；③不得违反法律和社会公共利益。

11．根据《合同法》，交付货物履行地点不明确，双方又不能达成补充协议的，履行地应当被确定为（　　）。（2009 年土地登记相关法律知识试题）

A．供货方所在地　　B．需货方所在地

C．供货方或需货方所在地　　D．供货方和需货方之间的中间地

答案：C

解析：如果履行地点不明确，给付货币的，在接受货币一方所在地履行；交付不动产的，在不动产所在地履行；其他标的，在履行义务一方所在地履行。

12．下列关于合同履行的表述中，正确的是（　　）。（2007 年房地产经纪人制度试题）

A．当事人对价款或报酬没有约定的可终止履行合同

B．当事人对履行地点约定不明确的，可随意选择履行地点

C．当事人对履行期限约定不明确的，债务人可以随时履行，债权人也可以随时要求履行，但应当给对方必要的准备时间

D．当事人对履行费用约定不明确的，履行费用应由当事人共同承担

答案：C

解析：价款或者报酬不明确的，按照订立合同时履行地的市场价格履行；依法应当执行政府定价或者政府指导价的，按照规定履行。履行地点不明确，给付货币的，在接受货币一方所在地履行；交付不动产的，在不动产所在地履行；其他标的，在履行义务一方所在地履行。履行费用的负担不明确的，由履行义务一方负担。

13．如果合同中对履行地点约定不明确，则合同的履约地为（　　）。（2004 年房地产经纪人制度试题）

A．给付货币的，在给付货币的一方所在地履行

B．交付不动产的，在接受方所在地履行

C．交付不动产的，在不动产所在地履行

D．交付不动产的，在给付一方所在地履行

答案：C

解析：如果合同中履行地点约定不明确，给付货币的，在接受货币一方所在地履行；交付不动产的，在不动产所在地履行；其他标的，在履行义务一方所在地履行。

14．下列关于合同的表述中，正确的有（　　）。（2006 年房地产经纪人制度试题）

A．当事人订立合同，采取要约和承诺的方式进行

B．房屋转让合同和房屋租赁合同不一定要采用书面形式

C．限制民事行为能力的自然人不能自己订立合同

D．严重损害社会公共利益的合同为无效合同

E．履行合同时，对履行费用负担约定不明确的，由履行义务一方负担

答案：ADE

解析：凡房屋转让合同、房屋租赁合同都应当采用书面形式。限制民事行为能力的自然人不能自己订立合同。《民法通则》第十二条规定："十周岁以上的未成年人是限制民事行为能力人，可以进行与他的年龄、智力相适应的民事活动；其他民事活动由他的法定代理人代理，或者征得他的法定代理人的同意。"

15．合同履行期限届满前，当事人一方明确表示不履行合同义务的，对方可以要求其承担（　　）。（2009 年土地登记相关法律知识试题）

A．实际违约责任　　B．预期违约责任　C．缔约过失责任 D．侵权责任

答案：B

解析：预期违约是指在合同有效成立后履行期限届满前的违约行为。《合同法》第一百零八条规定："当事人一方明确表示或者以自己的行为表明不履行合同义务的，对方可以在履行期限届满之前要求其承担违约责任。"

16．下列关于预期违约的表述中，不正确的是（　　）。（2003 年房地产经纪人制度试题）

A．预期违约也称先期违约

B．预期违约是违约形式的一种

C．合同当事人一方无正当理由而明确表示其在履行期到来后将不履行合同义务的，对方可以在履行期限届满之后要求其承担违约责任

D．合同一方当事人的行为表明其在履行期到来后将不可能履行合同，构成预期违约

答案：C

解析：预期违约也称先期违约，是指在履行期限到来之前，一方无正当理由而明确表示其在履行期到来后将不履行合同，或者其行为表明其在履行期到来以后将不可能履行合同。

17. 下列行为中，不属于实际违约的是（　　）。(2009 年房地产经纪人制度试题)

A. 先期违约　　B. 拒绝履行　　C. 迟延履行　　D. 部分履行

答案：A

解析：实际违约是指履行期限到来后，当事人不履行或不完全履行合同义务。实际违约行为的类型有：拒绝履行、迟延履行、不适当履行、部分履行。

18. 王某与甲房地产开发公司签订一购房合同，房屋总价款为 300 万元，王某交付定金 75 万元。如甲房地产开发公司不能履行合同，则应返还王某（　　）万元。(2009 年房地产估价师制度试题)

A. 75　　B. 120　　C. 135　　D. 150

答案：C

解析：《担保法》规定定金的数额不得超过主合同标的额的 20%。这一比例为强制性规定，当事人不得违反。如果当事人约定的定金比例超过了 20%，并非整个定金条款无效，而只是超过部分无效，即 300×20%=60（万元）的定金条款有效，适用"收受定金的一方不履行约定的债务的，应当双倍返还定金"，也即双倍返还定金 120 万元，加上多付的定金 15 万元，共计 135 万元。

19. 根据《担保法》，收受定金的一方不履行约定的债务的，应当（　　）。(2009 年土地登记相关法律知识试题)

A. 全额返还定金　　B. 双倍返还定金

C. 三倍返还定金　　D. 四倍返还定金

答案：B

解析：给付定金的一方不履行约定的债务的，无权要求返还定金；收受定金的一方不履行约定的债务的，应当双倍返还定金。

20. 根据《担保法》，定金的数额由当事人约定，但不得超过主合同标的额的（　　）。(2009 年土地登记相关法律知识试题)

A. 20%　　B. 30%　　C. 40%　　D. 50%

答案：A

解析：《担保法》第九十一条规定："定金的数额由当事人约定，但不得超过主合同标的额的 20%。"

21.《担保法》规定数额不得超过主合同标的额 20%的是（　　）。(2009 年房地产经纪人制度试题)

A. 损害赔偿金　　B. 保证金　　C. 定金　　D. 违约金

答案：C

解析：《担保法》规定定金的数额不得超过主合同标的额的 20%。

22.《合同法》规定，违约责任的可能承担方式有（　　）。(2007 年房地产经纪人制度试题)

A. 继续履行　　B. 赔偿损失　　C. 给付违约金

D. 定金罚则　　E. 扣留预付款

答案：ABCD

解析：违约责任的承担方式包括：继续履行、赔偿损失、给付违约金、定金罚则。

23.《担保法》规定，定金的数额不得超过主合同标的额的（　　）。（2006 年房地产经纪人制度试题）

A．5%　　B．10%　　C．20%　　D．30%

答案：C

解析：《担保法》规定，定金的数额不得超过主合同标的额的 20%，这一比例为强制性规定，当事人不得违反。

24．某房地产开发股份有限公司拟通过竞标方式取得某房地产开发项目，为此委托一家房地产估价机构（以下简称估价机构）提供包括市场分析、项目融资、开发进度、营销计划及投标报价等内容的咨询报告。双方协定，开发公司在签订委托协议的同时向估价机构支付部分款项，余款在估价机构完成和提交咨询报告后支付。关于估价机构与开发公司所达成协议性质的描述中，正确的有（　　）。（2004 年房地产估价师制度试题）

A．双方达成的是一种单务合同

B．双方民事法律关系的客体包括行为和咨询报告

C．估价机构提交咨询报告后享有获得余款的债权

D．开发公司开始支付的款项是一种定金

答案：BC

解析：双方达成的是一种双务合同；开发公司开始支付的款项是一种预付款性质的酬金。预付款是由双方当事人商定的在合同履行前所支付的一部分价款。

25．甲房地产开发公司（以下简称甲公司）拟通过竞标取得一项目土地使用权进行住宅和商业房地产开发，为此与乙房地产经纪公司（以下简称乙公司）达成协议，由乙公司为甲公司提供市场分析、项目融资、营销计划以及投标报价等内容的咨询报告，同时甲公司委托乙公司代理销售其开发的住宅和商业用房。双方协定，根据利益分享和风险共担的原则，甲公司在签订协议时向乙公司支付部分款项，余款和代理佣金根据乙公司提供的咨询服务和代理销售的进度支付。下列关于双方达成协议的表述中，正确的是（　　）。（2007 年房地产估价师制度试题）

A．双方达成的是一种单务合同

B．双方民事法律关系的客体包括行为和咨询报告

C．甲公司是乙公司的被代理人

D．甲公司开始支付的款项是一种定金

答案：BC

解析：定金与预付款的区别在于：预付款是由双方当事人商定的在合同履行前所支付的一部分价款。预付款的交付在性质上是一方履行主合同的行为，合同履行时预付款要充抵价款，合同不履行时预付款应当返还。预付款的适用不存在制裁违约行为的问题，无论发生何种违约行为，都不发生预付款的丧失和双倍返还。所以，预付款与定金的性质是完全不同的。

26．下列关于定金和违约金的表述中，正确的是（　　）。（2008 年房地产经纪人制度试题）

A．不论违约金约定为多少，在违约时违约方都必须无条件按约定给付

B．约定的定金额超过法定限额则全部定金条款无效

C．定金和违约金只能选择其一适用

D．定金是合同双方商定的在合同履行前所支付的一部分价款

答案：C

解析：定金和违约金不能同时并用，只能选择其一适用。《合同法》第一百一十四条规定："约定的违约金低于造成的损失的，当事人可以请求人民法院或者仲裁机构予以增加；约定的违约金过分高于造成的损失的，当事人可以请求人民法院或者仲裁机构予以适当减少。"

27．有关定金和违约金适用的规定是（　　）。（2007年房地产经纪人制度试题）

A．必须适用违约金条款　　B．必须适用定金条款

C．二者同时并用　　D．二者选择其一适用

答案：D

解析：定金和违约金不能同时并用，只能选择其一适用，适用了定金责任就不能再适用违约金责任，适用了违约金责任就不能再适用定金责任，二者只能是单罚而不能是双罚，否则会给违约方施以过重的责任，是不公平的。

28．商品房买卖合同中，由当事人商定的在合同履行前所支付的一部分价款是（　　）。（2007年房地产经纪人制度试题）

A．定金　　B．订金　　C．违约金　　D．预付款

答案：D

解析：预付款是由双方当事人商定的在合同履行前所支付的一部分价款。

29．下列关于合同违约的表述中，正确的有（　　）。（2007年房地产经纪人制度试题）

A．实际违约仅限于延迟履行、不适当履行和拒绝履行三种类型

B．约定的违约金低于造成的损失的，当事人可以请求人民法院或者仲裁机关予以适当增加

C．收受定金的一方不履行约定的债务的，应当双倍返还定金

D．合同约定的定金超过了《合同法》规定的定金比例的，整个定金条款无效

E．在既有定金条款又有实际损失时，可以同时执行合同约定的定金责任和赔偿损失责任

答案：BCE

解析：实际违约行为的类型有：拒绝履行、迟延履行、不适当履行、部分履行。《担保法》规定定金的数额不得超过主合同标的额的20%，这一比例为强制性规定，当事人不得违反。如果当事人约定的定金比例超过了20%，并非整个定金条款无效，而只是超过部分无效。

30．张某购买刘某的住房，两人签订了二手房买卖合同，约定总价款为260万元，双方约定违约金26万元，张某向刘某支付定金70万元，价款于半年后一次付清。5个月后，该住房价格上涨为400万元，若刘某违约，张某可获得的最高违约责任价款是（　　）万元。（2010年房地产估价师制度试题）

A．96　　B．104　　C．140　　D．166

答案：B

解析：《担保法》规定定金的数额不得超过主合同标的额的20%，这一比例为强制性规定，当事人不得违反。如果当事人约定的定金比例超过了20%，并非整个定金条款无效，而只是超过部分无效，即260万元×20%＝52万元的定金条款有效，适用"收受定金的一

方不履行约定的债务的，应当双倍返还定金”，也即双倍返还定金 104 万元，加上多付的定金 18 万元，共计 122 万元。当事人既约定违约金，又约定定金的，一方违约时，对方可以选择适用违约金或者定金条款。因此，此题最高违约责任价款是 104 万元。

31．下列（　　）属于租赁合同的特征。

A．租赁物须为法律允许流通的不动产和动产

B．租赁合同约定的是转移租赁物的使用或收益权，而不是所有权

C．租赁合同属于双务、有偿合同

D．租赁合同是实践合同

E．租赁合同终止时，承租人须返还租赁物

答案：ABCE

解析：租赁合同是诺成合同。租赁合同的成立不以租赁物的交付为要件，当事人只要依法达成协议，合同即告成立。

32．租赁期限届满，当事人可以续订租赁合同，但约定的租赁期限自续订之日起不得超过（　　）。（2004 年房地产经纪人制度试题）

A．10 年　　B．20 年　　C．30 年　　D．50 年

答案：B

解析：《合同法》规定，租赁期限不得超过 20 年，超过 20 年的，超过部分无效。租赁期间届满当事人可以续订租赁合同，但约定的租赁期限自续订之日起不得超过 20 年。

33．居间合同是（　　）。

A．双务合同　　B．实践合同　　C．诺成合同

D．有偿合同　　E．无偿合同

答案：ACD

解析：居间合同是双务合同、有偿合同和诺成合同。

34．下列属于居间合同中居间人的义务的有（　　）。

A．报告订约机会或者提供订立合同媒介的义务

B．忠实义务

C．偿付费用的义务

D．支付居间报酬的义务

E．负担居间费用的义务

答案：ABE

解析：居间人的义务主要有：①报告订约机会或者提供订立合同媒介的义务。居间人应当就有关订立合同的事项向委托人如实报告。②忠实义务。居间人应如实报告订立合同的有关事项和其他有关信息。居间人故意隐瞒与订立合同有关的重要事实或者提供虚假情况，损害委托人利益的，不得要求支付报酬并应当承担损害赔偿责任。③负担居间费用的义务。居间人促成合同成立的，居间活动的费用由居间人负担。

（四）物权与债权

1．下列关于物权和债权的表述中，正确的有（　　）。（2006 年房地产经纪人制度试题）

A．物权的权利主体和义务主体特定

B．物权不能由民事权利主体随意设定

C．物权具有优先性，债权具有平等性

D．物权的设定必须公示，而债权由当事人自由确定

E．物权是一种财产权，而债权不属于财产权

答案：BCD

解析：物权的权利主体是特定的，而义务主体是不特定的。物权不能由民事权利主体随意设定。物权具有优先性，债权具有平等性。物权设定时必须公示，而债权只是在特定的当事人之间存在的，它并不具有公示性，设立债权亦不需要公示。物权和债权都属于财产权的范畴。

2．我国不动产物权的公示方式采取（　　）方式。（2005 年房地产经纪人制度试题）

A．占有　　B．登记　　C．交付　　D．备案

答案：B

解析：一般来说，动产以占有为公示方法，不动产以登记为公示方法；动产物权经交付而变动，不动产物权的变动则需要经过登记。

3．下列关于物权的表述中，正确的有（　　）。（2009 年房地产经纪人制度试题）

A．物权具有优先效力

B．任何情况下的物权均优先于债权

C．物权的设定必须公示

D．不动产物权的公示方式是登记

E．动产物权的公示方式是占有

答案：ACDE

解析："物权优先于债权"也有例外，如"买卖不破租赁"。一般来说，房屋、土地等不动产物权的公示方式是登记，动产物权的公示方式是占有。我国不动产公示也采取登记方式。物权设定时必须公示，动产所有权以动产的占有为权利象征。

4．房屋租赁期内，因买卖、赠与或者继承发生房屋所有权转移，原租赁合同（　　）。（2009 年房地产经纪人制度试题）

A．对承租人和新房主继续有效　　B．对承租人和新房主无效

C．对承租人继续有效，对新房主无效　　D．对承租人无效，对新房主继续有效

答案：A

解析：最高人民法院《关于贯彻执行〈民法通则〉若干问题的意见（试行）》第一百一十九条规定："私有房屋在租赁期内，因买卖、赠与或者继承发生房屋产权转移的，原租赁合同对承租人和新房主继续有效。"即所谓"买卖不破租赁"。

5．物权的共同效力不包括（　　）。（2007 年房地产经纪人制度试题）

A．公示效力　　B．排他效力　　C．优先效力　　D．追及效力

答案：A

解析：物权的效力包括：排他效力、优先效力、追及效力。

6．物权的特征有（　　）。（2007 年房地产经纪人制度试题）

A．物权自愿原则　　B．物权法定原则

C．物权公示原则　　D．物权占有生效原则

E．物权登记生效原则

答案：BCDE

解析：物权的特征包括：物权法定原则、物权公示原则、物权优先原则。物权公示的方式包括登记、交付、占有等。

7. 下列关于所有权的表述中，正确的有（　　）。（2007 年房地产估价师制度试题）

A. 所有权是从物权　　B. 所有权是自物权

C. 可对所有权人的物设置他项权利　　D. 共有是确定份额的共同所有

E. 建筑物区分所有权人仅拥有专有部分所有权

答案：BC

解析：自物权是权利人对自己的物享有的权利，即所有权。共有可分为按份共有和共同共有。共同共有与按份共有的最显著的区别在于，共同共有是不确定份额的共有，只要共同共有关系存在，共有人就不能划分自己对财产的份额。业主对建筑物内的住宅、经营性用房等专有部分享有所有权，对专有部分以外的共有部分享有共有和共同管理的权利。

8. 下列关于用益物权特点的表述中，正确的是（　　）。（2005 年房地产经纪人制度试题）

A. 用益物权的标的物是动产　　B. 用益物权是一种自物权

C. 用益物权重在取得物的使用价值　　D. 用益物权重在取得物的交换价值

答案：C

解析：用益物权是指对他人所有的物，在一定范围内进行使用、收益的他物权。用益物权具有以下特点：①用益物权的标的物是不动产；②用益物权是一种他物权；③用益物权以对物的使用、收益为主要内容，重在取得物的使用价值。

9. 房地产用益物权不包括（　　）。（2009 年房地产经纪人制度试题）

A. 抵押权　　B. 建设用地使用权

C. 地役权　　D. 土地承包经营权

答案：A

解析：用益物权包括土地承包经营权、建设用地使用权、宅基地使用权、地役权等。

10. 下列物权中，属于担保物权的有（　　）。（2009 年房地产经纪人制度试题）

A. 留置权　　B. 所有权　　C. 抵押权

D. 质权　　E. 地役权

答案：ACD

解析：担保物权包括抵押权、质权、留置权等。用益物权包括土地承包经营权、建设用地使用权、宅基地使用权、地役权等。

11. 甲开发商通过出让方式获得了某块土地的使用权，这块土地的使用权为（　　）。（2003 年房地产经纪人制度试题）

A. 自物权　　B. 用益物权　　C. 不动产所有权　D. 地役权

答案：B

解析：用益物权包括土地承包经营权、建设用地使用权、宅基地使用权、地役权等。

（五）消费者权益保护法

1. 下列关于经营者的义务，说法正确的是（　　）。

A. 依法定或约定履行义务　　B. 无出具相应的凭证和单据的义务

C. 有提供符合要求的商品或服务的义务　D. 不得从事不公平、不合理的交易

E．不得侵犯消费者的人身权利

答案：ACDE

解析：经营者应有出具相应的凭证和单据的义务。

2．下列不属于消费者权利的是（　　）。（2004年房地产经纪人制度试题）

A．保障安全权　　B．知悉真情权　　C．商品鉴别权　　D．依法结社权

答案：C

解析：消费者权利包括保障安全权、知悉真情权、自主选择权、公平交易权、依法请求赔偿权、求教获知权、依法结社权、维护尊严权、监督批评权。

3．消费者和经营者发生消费者权益争议的解决途径有（　　）。（2004 年房地产经纪人制度试题）

A．协商和解

B．请求消费者协会调解

C．根据达成的仲裁协议提请仲裁机构仲裁

D．向有关行政部门申请行政复议

E．向人民法院提起诉讼

答案：ABCE

解析：《消费者权益保护法》第三十四条的规定："消费者和经营者发生消费者权益争议的，可以通过与经营者协商和解、请求消费者协会调解、向有关行政部门申诉、根据与经营者达成的仲裁协议提请仲裁和向人民法院诉讼的途径解决。"

四、模拟练习

（一）单项选择题（每题的备选答案中只有一个最符合题意）

1．中国现行法律体系中，国家的根本法是指（　　）。

A．宪法　　B．法律　　C．行政法规　　D．地方性法规

2．行政法规是指（　　）根据宪法和法律，按照法定程序制定的有关行使行政权力、履行行政职责的规范性文件。

A．国务院各部委　　B．省、自治区、直辖市人大及其常委会

C．国务院　　D．全国人大及其常委会

3．（　　）是指国家行政机关根据法律和行政法规在其职权范围内制定的关于行政管理的规范性文件。

A．宪法　　B．法律　　C．地方性法规　　D．行政规章

4．《城市房地产转让管理规定》属于（　　）。

A．单行条例　　B．行政法规　　C．地方性法规　　D．部门规章

5．部门规章与地方政府规章之间的效力关系为（　　）。

A．部门规章高于地方政府规章

B．部门规章低于地方政府规章

C．部门规章与地方政府规章具有同等效力

D．两者不可比

6．下列关于行政规章，表述错误的是（　　）。

A．行政规章分为部门规章和政府规章两种

B．部门规章的制定主体是国务院各部委、中国人民银行、审计署和具有行政管理职能的直属机构
C．政府规章的制定主体只是省级人民政府
D．政府规章除不得与宪法、法律、行政法规相抵触外，还不得与上级和同级地方性法规相抵触

7．中国现行法律体系中，地方政府规章的制定主体不包括（ ）。
A．省、自治区人民政府 B．直辖市人民政府
C．地级市人民政府 D．经济特区所在地的市人民政府

8．法律适用的基本原则中，在效力较高的法律与效力较低的法律相冲突的情况下，应适用效力较高的法律，指的是（ ）
A．新法优先于旧法 B．特别法优先于普通法
C．上位法优先于下位法 D．法律文本优先于法律解释

9．民事法律关系是指由民法确认和保护的（ ）关系。
A．人身 B．社会 C．经济 D．财产

10．参加民事法律关系，享有民事权利、承担民事义务者，是指民事法律关系的（ ）。
A．主体 B．客体 C．内容 D．形式

11．民事法律关系的（ ）是指民事主体间民事权利义务所指向的对象，包括物、行为、智力成果等。
A．主体 B．客体 C．内容 D．形式

12．知识产权法律关系的客体是（ ）。
A．物 B．行为 C．智力成果 D．社会关系

13．根据（ ），民事权利可分为财产权和人身权。
A．权利的内容和性质 B．权利的作用
C．权利效力的不同 D．权利是否具有转移性

14．以下不属于支配权的是（ ）。
A．物权 B．知识产权 C．人身权 D．撤销权

15．在中国，下列属于无民事行为能力人的是（ ）。
A．18 周岁以上的公民 B．10 周岁以上的未成年人
C．不满 10 周岁的未成年人 D．不能完全辨认自己行为的精神病人

16．宣告失踪的部门为（ ）。
A．人民政府 B．人民法院 C．人民检察院 D．公安机关

17．对于公民（ ），利害关系人可以申请宣告其为失踪人。
A．下落不明满 1 年的
B．下落不明满 2 年的
C．因意外事故下落不明，从事故发生之日起满 1 年的
D．因意外事故下落不明，从事故发生之日起满 2 年的

18．下列（ ），符合普通合伙企业合伙人的责任形式。
A．合伙人的责任形式由合伙人在合伙协议中确定
B．全部承担有限责任
C．有的承担有限责任，有的承担无限责任

D．承担无限连带责任

19．在代理关系中，代理他人进行民事活动的人称为（　　）。

A．代理人　　B．被代理人　　C．第三人　　D．相对人

20．（　　）是指依照法律规定直接产生的代理。

A．委托代理　　B．法定代理　　C．本代理　　D．指定代理

21．没有代理权、超越代理权或者代理权终止后的行为，只有经过（　　）的追认，被代理人才承担民事责任。

A．被代理人　　B．代理人　　C．第三人　　D．人民法院

22．下列关于承担民事责任的方式，说法正确的是（　　）。

A．承担民事责任的方式，可以单独适用，也可以合并适用

B．承担民事责任的方式，只能单独适用

C．承担民事责任的方式，不可以单独适用，但可以合并适用

D．承担民事责任的方式，可以单独适用，但不可以合并适用

23．《民法通则》规定，向人民法院请求保护民事权利的诉讼时效期间为（　　）年。

A．1　　B．2　　C．3　　D．5

24．我国《民法通则》规定，身体受到伤害要求赔偿的特别诉讼时效期间为（　　）年。

A．1　　B．2　　C．3　　D．5

25．我国《民法通则》规定，诉讼时效期间从知道或应当知道权利被侵害时起计算。但是，从权利被侵害之日起超过（　　）年的，人民法院不予保护。

A．20　　B．25　　C．30　　D．40

26．甲于2012年5月12日，将小件包裹寄存乙保管处。5月14日，该包裹被盗。5月25日，甲提货时得知货物被盗。甲请求乙赔偿损失的诉讼时效期间至（　　）届满。

A．2013年5月13日　　B．2013年5月24日

C．2014年5月13日　　D．2014年5月24日

27．诉讼时效期间从（　　）起计算。

A．权利人知道或应当知道权利被侵害之日

B．权利被侵害之日

C．权利产生之日

D．权利结束之日

28．下列关于合同，表述错误的是（　　）。

A．合同是具有相应法律效力的协议　　B．合同是一方以上当事人的法律行为

C．合同是平等主体之间的民事法律关系　　D．合同的本质是一种合意或协议

29．根据（　　），可将合同分为双务合同与单务合同。

A．法律是否设有规范并赋予一个特定名称

B．合同当事人是否互相享有权利、承担义务

C．合同当事人是否为从合同中得到的利益支付代价

D．法律是否要求合同必须符合一定的形式才能成立

30．买卖合同属于（　　）合同。

A．双务合同　　B．单务合同　　C．非典型合同　　D．从合同

31．赠与合同属于（　　）合同。

A．双务合同　　B．单务合同　　C．非典型合同　　D．从合同

32．张某与李某订立借款合同，王某为担保李某偿还借款，而与张某签订保证合同，而王某、张某之间的保证合同为（　　）。

A．主合同　　B．次合同　　C．从合同　　D．非主合同

33．根据（　　），可将合同分为典型合同和非典型合同。

A．法律是否设有规范并赋予一个特定名称

B．合同当事人是否互相享有权利、承担义务

C．合同当事人是否为从合同中得到的利益支付代价

D．法律是否要求合同必须符合一定的形式才能成立

34．下列关于合同的履行，表述错误的是（　　）。

A．价款或者报酬不明确的，按照订立合同时履行地的市场价格履行

B．质量要求不明确的，按照国家标准、行业标准履行

C．履行方式不明确的，按照有利于实现合同目的的方式履行

D．履行地点不明确，给付货币的，在交付货币一方所在地履行

35．下列合同的履行中，关于执行政府定价或者政府指导价，说法不正确的是（　　）。

A．执行政府定价或者政府指导价的，在合同约定的交付期限内政府价格调整时，按照交付时的价格计价

B．逾期交付标的物的，遇价格上涨时，按照原价格执行

C．逾期交付标的物的，遇价格下降时，按照新价格执行

D．逾期提取标的物或者逾期付款的，遇价格上涨时，按照原价格执行

36．下列关于承诺，说法不正确的是（　　）。

A．承诺是指受要约人同意接受要约的条件以缔结合同的意思表示

B．承诺是指希望与他人订立合同的意思表示

C．承诺必须由受要约人向要约人作出

D．承诺必须在规定的期限内到达要约人

37．下列关于定金与预付款的区别，说法正确的是（　　）。

A．预付款是由双方当事人商定的在合同履行前所支付的一部分价款

B．定金是由双方当事人商定的在合同履行前所支付的一部分价款

C．预付款的交付在性质上是双方履行主合同的行为

D．预付款的适用存在制裁违约行为的问题

38．《担保法》规定定金的数额不得超过主合同标的额的（　　）。

A．20%　　B．25%　　C．30%　　D．35%

39．《合同法》规定，租赁期限不得超过（　　）年。

A．10　　B．15　　C．20　　D．25

40．下列关于居间合同的说法，不正确的是（　　）。

A．居间合同是由居间人向委托人提供居间服务的合同

B．居间人对委托人与第三人之间的合同没有介入权

C．居间合同是双务合同

D．居间合同是有偿合同、实践合同

41．下列关于“买卖不破租赁”的解释不正确的是（　　）。

A．私有房屋在租赁期内，因买卖发生房屋产权转移的，原租赁合同对承租人和新房主继续有效

B．私有房屋在租赁期内，因买卖发生房屋产权转移的，原租赁合同对承租人和新房主无效

C．私有房屋在租赁期内，因赠与发生房屋产权转移的，原租赁合同对承租人和新房主继续有效

D．私有房屋在租赁期内，因继承发生房屋产权转移的，原租赁合同对承租人和新房主继续有效

42．下列关于用益物权的特点，说法错误的是（　　）。

A．用益物权的标的物是不动产

B．用益物权的标的物是动产

C．用益物权是一种他物权

D．用益物权以对物的使用、收益为主要内容，重在取得物的使用价值

43．担保物权的特征不包括（　　）。

A．以确保债务的履行为目的　　B．具有优先受偿的效力

C．具有从属性和可分性　　D．是一种他物权

44．担保物权不包括（　　）。

A．抵押权　　B．质权　　C．地役权　　D．留置权

45．下列不属于担保物权特征的是（　　）。

A．担保物权以确保债务的履行为目的

B．担保物权是在债务人或第三人的财产上设定的权利，是一种自物权

C．担保物权是以担保物的交换价值为债务履行提供担保的，是以对所有人的处分权能加以限制而实现这一目的

D．担保物权具有从属性和不可分性

46．消费者权益的核心是（　　）。

A．消费者的义务　　B．消费者的权利

C．经营者的权利　　D．经营者的义务

47．（　　）是消费者享有依法成立维护自身合法权益的社会团体的权利。

A．获得知识权　　B．依法结社权

C．获取赔偿权　　D．公平交易权

（二）多项选择题（每题的备选答案中，有两个或两个以上符合题意的答案）

48．中国现行法律体系包括（　　）等。

A．法律　　B．行政法规　　C．地方性法规

D．规章　　E．国际公约

49．中国现行法律体系中，地方性法规的制定主体包括（　　）。

A．省、自治区人民代表大会及其常务委员会

B．直辖市人民代表大会及其常务委员会

C．省、自治区的人民政府所在地的市人民代表大会及其常务委员会

D．省、自治区、直辖市人民政府

E．经济特区所在地的市人民代表大会及其常务委员会

50．下列有关法的效力问题，表述正确的是（　　）。

A．宪法具有最高的法律效力

B．一切其他法律、行政法规、地方性法规、自治条例和单行条例、规章都不得同宪法相抵触

C．法律的效力高于行政法规、地方性法规、规章

D．行政法规的效力高于地方性法规、规章

E．地方性法规的效力等同于本级地方政府规章，但高于其下级地方政府规章

51．下列属于法律适用基本原则的包括（　　）。

A．上位法优先于下位法　　B．新法优先于旧法

C．普通法优先于特别法　　D．法律文本优先于法律解释

E．法不溯及既往

52．民法是调整平等主体的公民之间、法人之间以及他们相互之间的（　　）的法律规范的总称。

A．合同关系　　B．财产关系　　C．人身关系

D．社会关系　　E．经济关系

53．财产关系是指人们在产品的生产、分配、交换和消费过程中形成的具有经济内容的关系，包括（　　）。

A．财产归属关系　　B．财产流转关系

C．财产形成权关系　　D．人格权关系

E．身份权关系

54．民法中的人身关系包括（　　）。

A．财产归属关系　　B．财产流转关系

C．财产关系　　D．人格关系

E．身份关系

55．根据权利的作用，民事权利可分为（　　）。

A．专属权　　B．支配权　　C．请求权

D．形成权　　E．抗辩权

56．下列属于形成权的是（　　）。

A．解除权　　B．追认权

C．选择之债中的选择权　　D．异议权

E．人身权

57．民事权利的取得方式中，下列属于原始取得的是（　　）。

A．天然孳息　　B．添附

C．无主财产收归国有　　D．接收遗赠

E．劳动生产

58．法律根据自然人不同的认知能力，将自然人分为（　　）三种。

A．有条件的限制民事行为能力人　　B．限制民事行为能力人

C．完全民事行为能力人　　D．无民事行为能力人

E．完全无民事行为能力人

59. 在中国，下列属于限制民事行为能力人的包括（　　）。
A. 18周岁以上的成年人　　B. 10周岁以上的未成年人
C. 不满10周岁的未成年人　　D. 不能完全辨认自己行为的精神病人
E. 不能辨认自己行为的精神病人

60. 公民有下列（　　）情形之一的，利害关系人可以向人民法院申请宣告其死亡。
A. 下落不明满1年的
B. 下落不明满2年的
C. 下落不明满4年的
D. 因意外事故下落不明，从事故发生之日起满1年的
E. 因意外事故下落不明，从事故发生之日起满2年的

61. 下列民事行为属于无效的包括（　　）。
A. 有完全民事行为能力人实施的
B. 一方以欺诈、胁迫的手段或者乘人之危，使对方在违背真实意思的情况下所为的
C. 限制民事行为能力人依法不能独立实施的
D. 恶意串通，损害国家、集体或者第三人利益的
E. 经济合同违反国家指令性计划的

62. 按照代理产生的不同原因和方式，可将代理分为（　　）。
A. 委托代理　　B. 法定代理　　C. 指定代理
D. 本代理　　E. 复代理

63. 下列关于代理权和代理行为，表述正确的是（　　）。
A. 代理人应当在代理权限范围内，从被代理人的利益出发，争取在对被代理人最有利的情况下完成代理行为
B. 没有代理权、超越代理权或者代理权终止后的行为，不用经被代理人的追认，被代理人也要承担民事责任
C. 代理权不得滥用
D. 双方代理是指代理人以被代理人的名义与自己同时代理的其他人进行民事法律行为
E. 代理权应为维护被代理人的最大利益而行使

64. 根据合同是否必须以其他合同的存在为前提而存在，可将合同分为（　　）。
A. 要式合同　　B. 不要式合同　　C. 主合同
D. 从合同　　E. 单务合同

65. 下列行为属于双务合同的是（　　）。
A. 买卖　　B. 赠与　　C. 租赁
D. 借用　　E. 购物

66. 下列合同属于无效的情形有（　　）。
A. 一方以欺诈、胁迫的手段订立合同，损害国家利益
B. 恶意串通，损害国家、集体或者第三人利益
C. 未损害社会公共利益
D. 损害社会公共利益
E. 双方以协商的手段订立合同

67. 违约责任的承担方式有（　　）。

A．继续履行　　B．赔偿损失
C．债权人免除债务　　D．给付违约金
E．定金罚则

68．根据法律是否设有规范赋予一个特定名称，可将合同分为（　　）。
A．典型合同　　B．非典型合同　　C．诺成合同
D．主合同　　E．从合同

69．根据合同的成立是否以交付标的物为要件，可将合同分为（　　）。
A．典型合同　　B．实践合同　　C．诺成合同
D．主合同　　E．从合同

70．下列关于合同的订立程序，表述正确的是（　　）。
A．当事人订立合同，采取要约和承诺的方式进行
B．承诺是指受要约人同意接受要约的全部条件以缔结合同的意思表示
C．要约是指希望与他人订立合同的意思表示
D．寄送的价目表应视为要约
E．承诺只有到达要约人时才能生效

71．张某将其房屋卖给周某，双方签订了房屋买卖合同，该合同属于（　　）。
A．典型合同　　B．单务合同　　C．有偿合同
D．要式合同　　E．双务合同

72．一般买卖合同属于（　　）。
A．有偿合同　　B．实践合同　　C．诺成合同
D．双务合同　　E．不要式合同

73．下列属于租赁合同出租人的义务的主要有（　　）。
A．依照合同约定的时间和方式交付租赁物
B．在租赁期间保持租赁物符合约定的用途
C．按照约定的期限支付租金
D．按照合同约定的方法使用租赁物
E．对出租物的瑕疵担保

74．委托合同为（　　）。
A．双务合同　　B．实践合同　　C．诺成合同
D．要式合同　　E．不要式合同

75．以下关于行纪合同的特征，表述正确的是（　　）。
A．行纪合同属于双务合同、有偿合同
B．行纪人的行纪行为具有限定性
C．行纪合同是诺成合同
D．行纪人以委托人的名义为委托人从事贸易活动
E．行纪合同是不要式合同，可以书面形式、口头形式和其他形式订立

76．物权是一种财产权，是指权利人在法律规定的范围内对一定的物享有直接支配并排除他人干涉的权利，包括（　　）。
A．使用物权　　B．他物权　　C．所有权
D．担保物权　　E．用益物权

77. 下列属于限制物权的是（　　）。
　　A．用益物权　　　　B．所有权
　　C．担保物权　　　　D．国有建设用地使用权
　　E．抵押权
78. 地役权具有的特征包括（　　）。
　　A．地役权是按照合同设立的　　B．地役权是为了提高自己不动产的效益
　　C．地役权是利用本人的不动产　　D．地役权具有从属性
　　E．地役权不具有不可分性
79. 用益物权包括（　　）。
　　A．承包经营权　　　　B．抵押权
　　C．建设用地使用权　　D．质权
　　E．地役权
80. 根据《消费者权益保护法》规定：消费者和经营者发生消费者权益争议的，可以通过（　　）的途径解决。
　　A．与经营者协商和解
　　B．请求消费者协会调解
　　C．向有关行政部门申诉
　　D．根据与经营者达成的仲裁协议，提请仲裁机构仲裁和向人民法院提起诉讼
　　E．双方通过各自的实力解决

（三）综合分析题（每个小题的备选答案中有一个或一个以上符合题意。错选不得分；少选，但选择正确的每个选项得相应分）

综合分析题一

2010年3月，B县P房地产公司（以下简称P公司）通过招标方式，取得一住宅建设项目土地使用权。2012年3月，H公司经批准预售该住宅。H公司委托D中介公司代理销售该商品房。李某委托张某购买住房一套，通过D中介公司与H公司签订《商品房买卖合同》。

81. D中介公司代理销售该商品房，属于（　　）代理。
　　A．委托代理　　B．法定代理　　C．指定代理　　D．复代理
82. 在H公司委托D中介公司代理销售该商品房的代理关系中，被代理人是（　　）。
　　A．H公司　　B．D中介公司　　C．张某　　D．李某
83. 在李某委托张某购买住房的代理关系中，代理人是（　　）。
　　A．H公司　　B．D中介公司　　C．张某　　D．李某
84. 按照规定，D中介公司作为法人，应具备的条件包括（　　）。
　　A．依法成立　　　　B．有必要的财产或经费
　　C．有良好的信誉　　D．有自己的名称、组织机构和场所
　　E．能独立承担民事责任

综合分析题二

2010年10月，B房地产开发公司在A县县城内建设康居住宅小区。在报纸上刊登了一则售楼广告，广告中称：“本公司首次独家举办销售让利活动，为你提供防盗门、地下车

库、屋顶花园……”，张某看到广告后，购买了该小区的住宅一套，该套商品房价格 20 万元。按照 B 房地产开发公司的要求，张某交付购房定金 5 万元，并与 B 房地产开发公司签订了购房合同，合同约定 2011 年 2 月交房。至 2011 年 10 月，该房仍未竣工。张某到现场发现，该房已更改为坡屋顶，B 房地产开发公司已无法提供屋顶花园，并将房价上调。张某要求退房，让 B 房地产开发公司返还定金，赔偿损失。

85. 按照《担保法》规定，张某交付购房定金的数额不得超过（　　）万元。

A. 2　　B. 3　　C. 4　　D. 5

86. 如 B 房地产开发公司违约，根据定金罚则，张某可得到返还定金（　　）万元。

A. 2.5　　B. 5　　C. 9　　D. 15

87. 本例中，下列关于张某与 B 房地产开发公司解除合同的表述中，正确的有（　　）。

A. 定金责任不能替代赔偿责任

B. 定金责任能替代赔偿责任

C. 定金责任不以实际发生的损害为前提

D. 张某有实际损失时，应分别适用定金责任和赔偿损失的责任，二者可同时执行

88. 根据《消费者权益保护法》规定，张某与 B 房地产开发公司发生消费者权益争议的，可以通过（　　）的途径解决。

A. 张某与 B 房地产开发公司协商和解

B. 请求消费者协会调解或向有关行政部门申诉

C. B 房地产开发公司自行裁决

D. 根据与 B 房地产开发公司达成的仲裁协议提请仲裁机构仲裁

E. 张某向人民法院提起诉讼

89. 张某与 B 房地产开发公司签订的购房合同应属于（　　）。

A. 典型合同　　B. 单务合同　　C. 有偿合同

D. 要式合同　　E. 双务合同

五、参考答案

答　案

（一）单项选择题

1. A　2. C　3. D　4. D　5. C　6. C　7. C　8. C　9. B　10. A
11. B　12. C　13. A　14. D　15. C　16. B　17. B　18. D　19. A　20. B
21. A　22. A　23. B　24. A　25. A　26. B　27. A　28. B　29. B　30. A
31. B　32. C　33. A　34. D　35. D　36. B　37. A　38. A　39. C　40. D
41. B　42. B　43. C　44. C　45. B　46. B　47. B

（二）多项选择题

48. ABCD　49. ABCE　50. ABCD　51. ABDE　52. BC　53. AB　54. DE
55. BCDE　56. ABC　57. ABCE　58. BCD　59. BD　60. CE　61. BCDE
62. ABC　63. ACDE　64. CD　65. ACE　66. ABD　67. ABDE　68. AB
69. BC　70. ABCE　71. ACDE　72. ACDE　73. ABE　74. ACE　75. ABCE

76. CDE 77. ACDE 78. ABD 79. ACE 80. ABCD

（三）综合分析题

81. A 82. A 83. C 84. ABDE 85. C 86. C 87. ACD 88. ABDE 89. ACDE

解析

（三）综合分析题

85.《担保法》规定定金的数额不得超过主合同标的额的 20%。该套商品房价格为 20 万元，故定金数额不得超过 20×20%＝4（万元）。

86. 根据《合同法》规定："给付定金的一方不履行约定的债务的，无权要求返还定金；收受定金的一方不履行约定的债务的，应当双倍返还定金"。故应返还定金为（4×2）+1＝9（万元）。

第二章　建筑和房地产测绘

一、大纲要求

本部分的考试目的是测试应考人员对建筑物的认识程度和对建筑构造、建筑设备、建筑识图、房地产测绘等基础知识的了解、熟悉和掌握程度。本章考试要求包括：

（1）了解建筑的相关概念；

（2）掌握建筑物的分类；

（3）掌握对建筑物的基本要求；

（4）掌握建筑构造；

（5）熟悉建筑设备；

（6）熟悉建筑识图；

（7）了解测绘中的相关概念；

（8）熟悉地形图和房地产图；

（9）了解土地面积测算；

（10）掌握房屋面积的种类、含义及测算。

二、考点汇总

（1）建筑分类知识汇总（见表 2-1）。

表 2-1　建筑分类知识汇总表

	分类依据	主要分类
建筑物	建筑物的使用性质	建筑物分为民用建筑、工业建筑和农业建筑三大类
	房屋层数	住宅按照层数，分为低层住宅、多层住宅、中高层住宅和高层住宅
	建筑结构	建筑物一般分为五类：①砖木结构建筑；②砖混结构建筑；③钢筋混凝土结构建筑；④钢结构建筑；⑤其他结构建筑
	建筑物的结构类型	建筑物可分为：①砌体结构建筑；②框架结构建筑；③空间结构建筑
	施工方法	建筑物分为三种：①现浇、现砌式建筑；②预制、装配式建筑；③部分现浇现砌、部分装配式建筑
	建筑物耐火等级	建筑物的耐火等级分为一级、二级、三级、四级
	房屋完损等级	分为完好房屋、基本完好房屋、一般损坏房屋、严重损坏房屋和危险房屋五类
基础	基础使用的材料	基础分为灰土基础、三合土基础、砖基础、石基础、混凝土基础、毛石混凝土基础、钢筋混凝土基础等
	基础的埋置深度	基础分为浅基础、深基础和不埋基础

续表

	分类依据	主要分类
基础	基础的受力性能	基础分为刚性基础和柔性基础
	基础的构造形式	基础分为条形基础、独立基础、筏板基础、箱形基础和桩基础
墙体	墙体在建筑物中的位置	墙体分为外墙和内墙
	墙体在建筑物中的方向	墙体分为纵墙和横墙
	墙体的受力情况	墙体分为承重墙和非承重墙
	墙体使用的材料	墙体分为砖墙、石块墙、小型砌块墙、钢筋混凝土墙
	墙体的构造方式	墙体分为实体墙、空心墙和复合墙
地面	面层使用的材料和施工方式	地面分为以下几类：①整体类地面；②块材类地面；③卷材类地面；④涂料类地面
梁	梁使用的材料	梁分为钢梁、钢筋混凝土梁和木梁
	力的传递路线	梁分为主梁和次梁
	梁与支撑的连接状况	梁分为简支梁、连续梁和悬臂梁
楼梯	楼梯的结构形式	楼梯分为板式楼梯、梁式楼梯和悬挑楼梯
	楼梯的施工方法	楼梯分为现浇钢筋混凝土楼梯和预制装配式钢筋混凝土楼梯
	楼梯在建筑物中的位置	楼梯分为室内楼梯和室外楼梯
	楼梯的使用性质	楼梯分为室内主要楼梯、辅助楼梯、室外安全楼梯和防火楼梯
	楼梯使用的材料	楼梯分为钢筋混凝土楼梯、木楼梯和钢楼梯等
	楼层间楼梯的数量和上下楼层方式	楼梯分为直跑式楼梯、双跑式楼梯、多跑式楼梯、折角式楼梯、双分式楼梯、双合式楼梯、剪刀式楼梯和曲线式楼梯等
	楼梯间封闭程度不同	楼梯间分为开敞楼梯间、封闭楼梯间和防烟楼梯间
供水方式		常用的供水方式有四种：①直接供水方式；②设置水箱的供水方式；③设置水泵、水箱的供水方式；④分区、分压供水方式
采暖方式		常用的采暖方式：①区域供热；②集中采暖；③局部采暖
通风系统	动力	分为自然通风和机械通风
	作用范围	分为全面通风和局部通风
	特征	分为进气式通风和排气式通风
电梯	使用性质	电梯可分为客梯、货梯、消防电梯和观光电梯
	行驶速度	电梯可分为高速电梯、中速电梯和低速电梯
建筑材料的性质		建筑材料的性质有物理性质、力学性质、耐久性等
建筑材料的物理性质		建筑材料的物理性质可分为与质量有关的性质、与水有关的性质和与温度有关的性质。与质量有关的性质包括：①密度；②表观密度；③密实度；④孔隙率。与水有关的性质包括：①吸水性；②吸湿性；③耐水性；④抗渗性；⑤抗冻性。与温度有关的性质包括：①导热性；②热容量
建筑材料的力学性质		建筑材料的力学性质包括强度、弹性、塑性、脆性、韧性、硬度和耐磨性

（2）地形图和房地产图知识点汇总（见表 2-2）。

表 2-2　地形图和房地产图知识汇总表

<table>
<tr><th></th><th></th><th>含　义</th><th>内　容</th><th>比　例　尺</th><th>作　用</th></tr>
<tr><td colspan="2">地形图</td><td>是按照一定的比例，用规定的符号表示地物、地貌的平面位置和高程的正射投影图</td><td>主要内容有水系、地貌、居民地、交通线、境界线和土质植被等要素</td><td>1:500 ～ 1:1 000 000 不等</td><td>由于地形图具有现实性和可量测性的特点，决定了它是基础用图，可作为各种专题地图的底图，应用十分广泛。房地产开发项目中的规划设计，尤其是整体规划和竖向设计，离不开地形图</td></tr>
<tr><td rowspan="4">房地产图</td><td>地籍图</td><td>是地籍测量绘制的图件，是用来说明和反映地籍调查区域内各宗土地的分布、境界、位置和面积的，经过土地登记具有法律效力的专题地图</td><td>地籍图是土地权属状况和利用状况的真实写照，与地形图的最大区别是精确表示了土地权属界线，特别是标出了独立权属地段的界线、编号及土地权属状况</td><td></td><td>是土地登记、统计和确认权属的法律依据</td></tr>
<tr><td>宗地图</td><td>是通过实地调查绘制的，包括一宗地的宗地号、地类号、宗地面积、界址点及界址点号、界址边长、邻宗地号及邻宗地界址示意线等内容的专业图</td><td>宗地图包括的内容主要有：①图幅号、地籍号、坐落；②单位名称、宗地号、地类号、宗地面积；③界址点、界址点号、界址线、界址边长；④宗地内房屋和构筑物；⑤邻宗地号及邻宗地界址示意线；⑥相邻道路、街巷及名称。此外，宗地图中还标出了指北方向，注明了比例尺，有绘图员和审核员的签名，以及宗地图的绘制日期</td><td>1:500 或大于 1:500</td><td>宗地图详尽准确地表示了该宗地的地籍内容及该宗地周围的权属单位和四至，是核发土地权属证书和地籍档案的附图</td></tr>
<tr><td>房产分幅图</td><td>是全面反映房屋及其用地的位置和权属等状况的基本图</td><td>房产分幅图表示的内容有：控制点、行政境界、丘界、房屋、房屋附属设施和房屋围护物、房产要素和房产编号以及与房产管理有关的地形地籍要素和注记</td><td>一般为 1:500</td><td>是测绘房产分丘图和房产分户图的基础资料，也是房产登记和建立产籍资料的索引和参考资料</td></tr>
<tr><td>房产分丘图</td><td>以丘为单位绘制，是房产分幅图的局部明细图</td><td>房产分丘图表示的内容除了房产分幅图表示的内容，还有房屋权界线、界址点、界址点号、房角点、建成年份、用地面积、建筑面积、墙体归属和四至关系等各项房地产要素</td><td>1:100 ～ 1:1 000</td><td>是绘制房屋产权证附图的基本图</td></tr>
</table>

续表

		含　义	内　容	比例尺	作　用
房地产图	房产分户图	以产权登记户为单位绘制，是在房产分丘图基础上绘制的细部图	主要内容有：房屋权界线、四面墙体的归属和楼梯、走道等部位以及门牌号、所在层次、户号、室号、房屋建筑面积和房屋边长等。房产分户图图框内标注有房屋产权面积，它包括套内建筑面积和共有分摊面积	一般为1:200	是以一户产权人为单位，表示房屋权属范围的细部，以明确异产毗连房屋的权利界线，是房屋所有权证的附图

（3）房地产测绘计算知识点汇总（见表2-3）。

表2-3　房地产测绘计算知识点汇总表

	计算公式
建筑面积	成套房屋的建筑面积由套内建筑面积和分摊的共有建筑面积组成，即 建筑面积＝套内建筑面积＋分摊的共有建筑面积
套内建筑面积	成套房屋的套内建筑面积由套内房屋使用面积、套内墙体面积、套内阳台建筑面积三部分组成，即 套内建筑面积＝套内房屋使用面积＋套内墙体面积＋套内阳台建筑面积
各套应分摊的共有建筑面积	$\delta S_i=K\cdot S_i$ 式中　δS_i——各套应分摊的共有建筑面积，m^2 K——共有建筑面积的分摊系数 S_i——参加共有建筑面积分摊的各套内建筑面积，m^2
共有建筑面积分摊系数	$K=\sum\delta S_i/\sum S_i$ 式中　$\sum\delta S_i$——应分摊的共有建筑面积，m^2 $\sum S_i$——参加共有建筑面积分摊的各套内建筑面积之和，m^2

三、例题分析

（一）建筑概述

1．按照建筑物使用性质的分类，建筑物可分为公共建筑、工业建筑、农业建筑和（　　）。

A．民用建筑　　B．居住建筑　　C．住宅建筑　　D．综合性建筑

答案：B

解析：按照建筑物的使用性质，可将建筑物分为居住建筑、公共建筑、工业建筑和农业建筑四大类。居住建筑和公共建筑通常统称为民用建筑。

2．建筑物可以按照层数或总高度进行分类，下列表述中错误的是（　　）。

A．4～6层的住宅为多层住宅

B．9层以上的住宅为高层住宅

C．总高度超过24 m的公共建筑及综合性建筑（非单层）为高层建筑

D．总高度超过100 m的公共建筑和综合性建筑为超高层建筑

答案：B

解析：住宅按层数分为低层住宅、多层住宅、中高层住宅和高层住宅。其中，1～3 层的住宅为低层住宅，4～6 层的住宅为多层住宅，7～9 层的住宅为中高层住宅，10 层及以上的住宅为高层住宅。

3．砖木结构建筑墙柱体一般采用砖砌，楼板屋架采用木材，该类建筑的层数通常是（　　）。（2008 年试题）

A．二层以下　　B．三层以下　　C．四层以下　　D．六层以下

答案：B

解析：砖木结构建筑的主要承重构件是用砖、木做成。其中，竖向承重构件的墙体和柱采用砖砌，水平承重构件的楼板、屋架采用木材。这类建筑物的层数一般较低，通常在三层以下。

4．房屋由钢筋混凝土梁、板、柱形成承重骨架，墙体只起围护和分割作用的建筑结构是（　　）。（2008 年试题）

A．剪力墙结构　　B．框剪结构　　C．框架结构　　D．现浇装配式结构

答案：C

解析：框架结构建筑的承重部分是由钢筋混凝土或钢材制作的梁、板、柱形成的骨架承担，墙体只起围护和分割空间的作用。

5．结构适应性强、抗震性能好、耐久年限较长，多层、高层建筑都可采用的建筑结构类型是（　　）。（2009 年试题）

A．砖混结构　　B．砖木结构　　C．钢结构　　D．钢筋混凝土结构

答案：D

解析：钢筋混凝土结构的特点是结构的适应性强、抗震性能好、耐久年限较长。从多层到高层，甚至超高层建筑都可以采用此类结构。

6．按建筑物的层数分类，（　　）层为中高层建筑。

A．1～3　　B．4～6　　C．7～9　　D．10 层以上

答案：C

解析：7～9 层为中高层建筑。

7．按照《民用建筑设计通则》的规定，普通建筑和构筑物的建筑设计使用年限为（　　）年。（2008 年试题）

A．40　　B．50　　C．70　　D．100

答案：B

解析：普通建筑和构筑物的建筑设计使用年限为 50 年。

8．影响建筑物实际使用年限的因素有（　　）。（2009 年试题）

A．建筑设计标准　　B．实际建筑设计水平

C．工程施工质量　　D．房屋使用维护状况

E．建筑规模大小

答案：ABCD

解析：影响建筑物实际使用年限的因素，除了建筑设计标准的要求，还有工程业主的要求、实际建筑设计水平、施工质量及房屋使用维护状况等。

9．在房屋完损等级分类中，基本完好房屋是指（　　）。（2007 年试题）

A．主体结构完好，虽有一些漏雨或轻微破损，但经过小修就能修复的房屋

B．主体结构基本完好，少数部件有破损，但不严重，经过维修就能修复的房屋

C．主体结构完好，少数部件虽有损坏，但不严重，经过维修就能修复的房屋

D．主体结构基本完好，虽有一些漏雨或轻微破损，但经过小修就能修复的房屋

答案：C

解析：在房屋完损等级分类中，基本完好房屋是指主体结构完好，少数部件虽有损坏，但不严重，经过维修就能修复的房屋。

10．某房屋为八成新，可判定该房屋是（　　）。

A．基本完好房屋　　B．完好房屋

C．一般损坏房屋　　D．严重损坏房屋

答案：B

解析：房屋新旧程度（成新率）的判定标准是：①完好房屋：十、九、八成；②基本完好房屋：七、六成；③一般损坏房屋：五、四成；④严重损坏房屋及危险房屋：三成以下。

11．防止建筑物倒塌是建筑物安全的基本要求，具体包括（　　）。（2008年试题）

A．地基与房屋结构稳固　　B．抵抗地震能力强

C．没有被洪水淹没的风险　　D．不易发生滑坡、塌方和遭受泥石流

E．建筑高度比较低

答案：ABCD

解析：对建筑物安全的基本要求，是在选址及建造上使建筑物不会倒塌，没有严重污染。不会倒塌包括地基、基础、上部结构等均稳固，能抵抗地震，不会被洪水淹没，不会发生塌方、滑坡，不会遭受泥石流，木结构的房屋还包括没有白蚁危害。

（二）建筑构造

1．（　　）适用于地基土承载力较低的情况，此外还有利于调整地基土的不均匀沉降，或用来跨过溶洞，用筏板基础作为地下室或坑槽的底板有利于防水、防潮。

A．筏板基础　　B．桩基础　　C．柔性基础　　D．箱形基础

答案：A

解析：筏板基础适用于地基土承载力较低的情况，此外还有利于调整地基土的不均匀沉降，或用来跨过溶洞，用筏板基础作为地下室或坑槽的底板有利于防水、防潮。

2．当建筑场地的上部土层较弱、承载力较小，不适宜在天然地基上做浅基础时，宜采用的基础类型是（　　）。（2007年试题）

A．条形基础　　B．独立基础　　C．筏板基础　　D．桩基础

答案：D

解析：当建筑场地的上部土层较弱、承载力较小，不适宜在天然地基上做浅基础时，宜采用的基础类型是桩基础。

3．墙体应满足的基本要求主要有（　　）。（2009年试题）

A．具有足够的强度和稳定性　　B．满足热工方面的要求

C．符合美观经济的要求　　D．具有一定的隔声性能

E．具有一定的防火性能

答案：ABDE

解析：墙体应满足下列基本要求：①具有足够的强度和稳定性；②满足热工方面（保温、隔热、防止产生凝结水）的性能；③具有一定的隔声性能；④具有一定的防火性能。

4. 某建筑物一段墙体的一面与该建筑物以外的空间接触，且与该建筑物长轴方向一致，则该墙体（ ）。（2007 年房地产估价师制度试题）

A. 既是外墙也是纵墙　　B. 既是外墙也是横墙

C. 既是山墙也是纵墙　　D. 既是山墙也是横墙

答案：A

解析：按其方向不同，墙可分为纵墙与横墙。纵墙指与建筑长轴方向一致的墙；横墙是与建筑短轴方向一致的墙。

5. 按照建筑物地面面层使用的材料和施工方式划分，室内水泥地面、水磨石地面和细石混凝土地面属于（ ）。（2008 年试题）

A. 块材类地面　　B. 由预制方式形成的地面

C. 整体类地面　　D. 由安装方式形成的地面

答案：C

解析：整体类地面，包括水泥砂浆地面、细石混凝土地面和水磨石地面等。

6. 为了提高砖混结构建筑物整体稳定性，环绕整个建筑物墙体所设置的梁是（ ）。（2009 年试题）

A. 连续梁　　B. 简支梁　　C. 圈梁　　D. 主梁

答案：C

解析：圈梁主要是为了提高建筑物整体结构的稳定性，环绕整个建筑物墙体所设置的梁。

（三）建筑设备

1. 基本供水方式可分为（ ）四种。

A. 直接供水方式　　B. 分质供水

C. 水泵水箱的供水方式　　D. 分区分压供水方式

E. 设置水箱的供水方式

答案：ACDE

解析：分质供水不是基本供水方式。

2. 室外配水管网水压在一天之内有定期高低变化的情况下应采用（ ）。（2006 年试题）

A. 直接的供水方式　　B. 设置水箱的供水方式

C. 设置水泵的供水方式　　D. 分区、分压的供水方式

答案：B

解析：设置水箱的供水方式适用于室外配水管网的水压在一天之内有定期的高低变化需设置屋顶水箱的情况。水压高时，水箱蓄水；水压低时，水箱放水。

3. 影剧院、俱乐部等房屋属于间歇性采暖建筑，其采暖系统的类型一般多采用（ ）。（2008 年试题）

A. 热水采暖系统　　B. 蒸汽采暖系统

C. 集中式空调系统　　D. 分布式空调系统

答案：B

解析：蒸汽采暖与热水采暖相比，蒸汽采暖热得快，冷得也快，多适用于间歇性的采暖建筑（如影剧院、俱乐部）。

4．在商业建筑中，电梯对人群的垂直交通和疏散发挥着重要作用。例如，在商场和写字楼里，一般一部电梯的服务面积为（　　）。（2004 年试题）

A．200～300 m^2　　B．300～450 m^2　　C．450～500 m^2　　D．500～600 m^2

答案：C

解析：一般一部电梯的服务人数在 400 人以上，服务面积为 450～500 m^2。

5．下列类型的电梯中，一般需要选用高速电梯的是（　　）。（2009 年试题）

A．客梯　　B．货梯　　C．消防电梯　　D．观光电梯

答案：C

解析：电梯按行驶速度可分为高速电梯、中速电梯、低速电梯。消防电梯的常用速度大于 2.5 m/s，客梯速度随层数增加而提高。中速电梯的速度为 1.5～2.5 m/s。低速电梯的速度在 1.5 m/s 之内。

6. 建筑物楼宇自动化是对建筑物内所有机电设施和能源设备实现高度自动化和智能化管理，其基本功能包括（　　）。（2008 年试题）

A．保安监视控制功能　　B．消防灭火报警监控功能

C．通信与网络服务功能　　D．信息检索与分析功能

E．公用设施监视控制功能

答案：ABE

解析：楼宇自动化系统应具备以下基本功能：①保安监视控制功能；②消防灭火报警监控功能；③公用设施监视控制功能。

7．建筑物楼宇智能化以综合布线系统为基础，其中进行综合管理的现代 4C 技术包括（　　）。（2009 年试题）

A．现代计算机技术　　B．现代通信技术

C．现代地理信息技术　　D．现代控制技术

E．现代图形显示技术

答案：ABDE

解析：现代 4C 技术包括现代计算机技术、现代通信技术、现代控制技术、现代图形显示技术。

（四）建筑识图

1．如果我们想了解“建筑物的外观特征及凹凸变化”，应查找（　　）。

A．建筑平面图　　B．建筑剖面图　　C．建筑立面图　　D．总平面图

答案：C

解析：从建筑立面图中可以看出下列内容：①建筑物的外观特征及凹凸变化；②建筑物各主要部分的标高及高度关系，如室内外地面、窗台、门窗顶、阳台、雨篷、檐口等处完成面的标高，门窗等洞口的高度尺寸；③建筑立面所选用的材料、色彩和施工要求等。

2．总平面图中的室外地坪标高应采用（　　）。（2006 年试题）

A．相对标高　　B．负数标高　　C．正数标高　　D．绝对标高

答案：D

解析：从建筑总平面图中可以看出以下内容：①该建筑场地的位置、大小及形状；②新建建筑物在场地内的位置及与邻近建筑物的相对位置关系；③场地内的道路布置与

绿化安排；④新建建筑物的方位；⑤新建建筑物首层室内地面与室外地坪及道路的绝对标高；⑥扩建建筑物的预留地。

3. 如果房地产装修商希望通过施工图了解表示吊顶、花饰等房屋特殊装修部位的做法依据，应查找（　　）。

A. 建筑平面图　　B. 建筑立面图

C. 建筑详图　　D. 建筑剖面图

答案：C

解析：建筑详图包括：①表示局部构造的详图，如外墙身详图、楼梯详图、阳台详图等；②表示房屋设备的详图，如卫生间、厨房、实验室内设备的位置及构造等；③表示房屋特殊装修部位的详图，如吊顶、花饰等。

4. 在建筑物的有关图纸中，按其专业内容或作用不同进行划分，基础平面图属于（　　）。（2004 年试题）

A. 建筑施工图　　B. 建筑平面图

C. 结构施工图　　D. 建筑详图

答案：C

解析：一幢建筑物的结构施工图通常包括基础平面图，基础剖面图，楼层结构布置图，屋盖结构布置图，柱、梁、板配筋图，楼梯图，结构构件图或表（如框架结构的梁柱表），以及必要的详图。结构施工图简称结施图。

5. 建筑施工图上标注的标高的尺寸单位通常是（　　）。（2007 年试题）

A. 毫米　　B. 厘米

C. 分米　　D. 米

答案：D

解析：尺寸单位除标高及总平面以米（m）为单位外，其他均以毫米（mm）为单位。

6. 下列属于结构施工图的有（　　）。（2006 年试题）

A. 基础平面图　　B. 基础剖面图

C. 梁、板、柱配筋图　　D. 楼梯图

E. 建筑剖面图

答案：ABCD

解析：一幢建筑物的结构施工图通常包括基础平面图，基础剖面图，楼层结构布置图，屋盖结构布置图，柱、梁、板配筋图，楼梯图，结构构件图或表（如框架结构的梁柱表），以及必要的详图。

7. 能够从中查阅或确认建筑物室内外地面标高和外墙构造情况的施工图是（　　）。（2009 年试题）

A. 建筑平面图　　B. 建筑立面图

C. 建筑剖面图　　D. 建筑详图

答案：B

解析：从建筑立面图中可以看出下列内容：①建筑物的外观特征及凹凸变化；②建筑物各主要部分的标高及高度关系；如室内外地面、窗台、门窗顶、阳台、雨篷、檐口等处完成面的标高，门窗等洞口的高度尺寸；③建筑立面所选用的材料、色彩和施工要求等。

（五）房地产测绘

1．测量地面点空间位置的基准面是（　　）。（2005 年试题）

A．大地水平面　　B．大地水准面

C．区域水平面　　D．平均高程地面点

答案：B

解析：测量地面点空间位置的基准面是大地水准面。地面点的平面位置用该点在大地水准面上的位置来表示。

2．下列有关丘的表述中，不正确的是（　　）。（2003 年房地产估价师制度试题）

A．一个地块属于一个产权单元时称为独立丘

B．房地产权属档案中，房地产卡片一般按丘的顺序填制

C．组合丘一定大于独立丘

D．房屋权属证书中应注明丘号

答案 C

解析：组合丘不一定大于独立丘。

3．房屋用地调查与测绘时，当用地单元的权属混杂和面积过小时，则划为（　　）。（2005 年房地产经纪相关知识试题）

A．组合丘　　B．独立丘

C．固定丘　　D．分散丘

答案：A

解析：当用地单元的权属混杂和面积过小时，则划为组合丘。

4．独立丘是属于一个产权单元房屋用地的地块，一般可以划分为独立丘的房屋用地单位有（　　）。（2004 年试题）

A．一个单位　　B．一个住宅小区

C．一个门牌号　　D．一处院落

E．一个胡同

答案：CD

解析：一般以一个单元、一个门牌号或一处院落的房屋用地单元划分独立丘。

5．地籍即土地的“户籍”，主要记载的内容包括（　　）。（2005 年试题）

A．宗地的权利人　　B．土地使用条件

C．宗地的自然地貌　　D．土地质量等级

E．权属界址

答案：ABDE

解析：地籍是记载宗地的权利人、土地权利内容及来源、权属界址、面积、用途、质量等级、价值和土地使用条件等土地登记要素的簿册。

6．在房地产或土地使用权权属证书附图的测绘中，必须测绘的图是（　　）。（2004 年试题）

A．地形图　　B．地籍图

C．建筑总平面图　　D．总平面图

答案：B

解析：地籍图是土地权属状况和利用状况的真实写照，与地形图的最大区别是精确表

示了土地权属界线，特别是标出了独立权属地段的界线、编号及土地权属状况。因此，它是土地登记、统计和确认权属的法律依据。

7. 下列图件中，可作为核发土地权属证书和地籍档案附图的是（　　）。（2008 年试题）

A. 地形图　　B. 地籍图

C. 宗地图　　D. 地貌图

答案：C

解析：宗地图详尽准确地表示了该宗地的地籍内容及该宗地周围的权属单位和四至，是核发土地权属证书和地籍档案的附图。

8. 能够反映调查区域内各宗土地的分布、界线、位置和面积，经过土地登记具有法律效力的专题地图是（　　）。（2009 年试题）

A. 地形图　　B. 房产图

C. 宗地图　　D. 地籍图

答案：D

解析：地籍图是地籍测量绘制的图件，是用来说明和反映地籍调查区域内各宗土地的分布、境界、位置和面积的，经过土地登记具有法律效力的专题地图。

9. 宗地图不包括的内容是（　　）。（2006 年试题）

A. 分幅图、分丘图、坐落

B. 单位名称、宗地面积

C. 界址点、界址边长

D. 宗地内房屋和构筑物

答案：A

解析：宗地图包括的内容主要有：①图幅号、地籍号、坐落；②单位名称、宗地号、地类号、宗地面积；③界址点、界址点号、界址线、界址边长；④宗地内房屋和构筑物；⑤邻宗地号及邻宗地界址示意线；⑥相邻道路、街巷及名称。

10. 关于房产图的测绘顺序，正确的是（　　）。（2009 年试题）

A. 房产分幅图，房产分户图，房产分丘图

B. 房产分幅图，房产分丘图，房产分户图

C. 房产分丘图，房产分幅图，房产分户图

D. 房产分户图，房产分幅图，房产分丘图

答案：B

解析：房产图的测绘是在房产平面控制测量和房产调查完成后，对房屋及其用地状况进行的细部测量。首先测绘房产分幅图——测定房屋平面位置，绘制房产分幅图；其次测绘房产分丘图——测定房屋四至归属及丈量房屋边长，计算面积，绘制房产分丘图；然后测绘房产分户图——测定权属单元产权面积，绘制房产分户图。

11. 房产图的测绘顺序为（　　）。（2006 年房地产估价师制度试题）

A. 先测绘分户图，再测绘分丘图，最后测绘分幅图

B. 先测绘分幅图，再测绘分丘图，最后测绘分户图

C. 先测绘分丘图，再测绘分幅图，最后测绘分户图

D. 先测绘分幅图，再测绘分户图，最后测绘分丘图

答案：B

解析：首先测绘房产分幅图——测定房屋平面位置，绘制房产分幅图；其次测绘房产分丘图——测定房屋四至归属及丈量房屋边长，计算面积，绘制房产分丘图；然后测绘房产分户图——测定权属单元产权面积，绘制房产分户图。

12. 在房产图中，房产分幅图是反映（　　）。（2006年试题）

A. 房屋产权证附图的基本图

B. 房屋权属范围的细部图

C. 房屋产权界线、建成年份等要素的房产图

D. 房屋及其用地位置和权属等状况的基本图

答案：D

解析：房产分幅图是全面反映房屋及其用地位置和权属等状况的基本图，是测绘分丘图和分户图的基础资料，也是房产登记和建立产籍资料的索引和参考资料。

13. 作为房产登记和建立产籍资料的索引和参考资料的房地产图是（　　）。（2008年房地产估价师制度试题）

A. 宗地图　　B. 房产分幅图　　C. 房产分丘图　　D. 房产分户图

答案：B

解析：房产分幅图是全面反映房屋及其用地位置和权属等状况的基本图，是测绘分丘图和分户图的基础资料，也是房产登记和建立产籍资料的索引和参考资料。

14. 能够全面反映房屋及其用地位置和权属等状况的房地产图是（　　）。（2009年房地产估价师制度试题）

A. 地籍图　　B. 房产分幅图

C. 房产分丘图　　D. 房产分户图

答案：B

解析：房产分幅图是全面反映房屋及其用地位置和权属等状况的基本图，是测绘分丘图和分户图的基础资料，也是房产登记和建立产籍资料的索引和参考资料。

15. 全面反映房屋及其用地的位置和权属等状况的基本图是（　　）。（2007年房地产估价师制度试题）

A. 宗地图　　B. 房产分幅图

C. 房产分丘图　　D. 房产分户图

答案：B

解析：房产分幅图是全面反映房屋及其用地位置和权属等状况的基本图，是测绘分丘图和分户的基础资料，也是房产登记和建立产籍资料的索引和参考资料。

16. 下列关于房产分丘图的表述中，正确的有（　　）。（2004年房地产估价师制度试题）

A. 房产分丘图是全面反映房屋及其用地的位置和权属等状况的基本图

B. 房产分丘图是房产分幅图的局部明细图

C. 房产分丘图的比例尺为1:100～1:1 000

D. 房产分丘图包括控制点、行政境界、丘界、房屋、附属设施等要素和注记

E. 房产分丘图是在分户图基础上进一步绘制的明细

答案：BC

解析：房产分丘图是房产分幅图的局部明细图，也是绘制房产权证附图的基本图；房产分户图是在房产分丘图的基础上进一步绘制的明细图。

17．房产分户图表示的内容有（　　）。（2004 年试题）

A．控制点　　B．房屋权界线

C．房屋附属设施　　D．房屋产权面积

E．门牌号

答案：BDE

解析：房产分户图的主要内容有：房屋权界线、四面墙体的归属和楼梯、走道等部位以及门牌号、所在层次、户号、室号、房屋建筑面积和房屋边长等。

18．下列明确异产毗连房屋权利界线，供核发房屋所有权证附图使用的图为（　　）。（2004 年试题）

A．房产分幅图　　B．房产分户图　　C．房产平面图　　D．房产分丘图

答案：B

解析：房产分户图表示房屋权属范围的细部图，以明确异产毗连房屋的权利界线，供核发房屋所有权证的附图使用。

19．能够表示房屋权属范围以明确异产毗连房屋权利界线，供核发房屋所有权证的附图，属于（　　）。（2005 年试题）

A．房产分幅平面图　　B．房产分丘平面图

C．房产分户平面图　　D．房产分幢平面图

答案：C

解析：房产分户平面图表示房屋权属范围的细部，明确异产毗连房屋的权利界线，是房产证的附图。

20．在房地产测绘中，通过测定房屋四至归属及丈量房屋外墙边长，绘制的房产图是（　　）。（2008 年试题）

A．房产分幅图　　B．房产分丘图　　C．房产分户图　　D．房产宗地图

答案：B

解析：测定房屋四至归属及丈量房屋边长，计算面积，绘制房产分丘图。

21．房屋产权证书上的登记面积是（　　）。（2008 年试题）

A．房产测绘单位测算的面积　　B．建筑工程图标示尺寸确定的面积

C．房屋合同约定的面积　　D．房屋当事人共同测定的面积

答案：A

解析：产权登记面积是指由房产测绘单位测算，标注在房屋权属证书上、记入房屋权属档案的房屋的建筑面积。

22．下列不计入宗地面积范围的有（　　）。（2004 年试题）

A．无明确使用权属的冷巷、巷道或间隙地

B．市政管辖的道路、街道、巷道等公共用地

C．公共使用的河滩、水沟、排污沟

D．未划拨或者属于原房地产证记载范围，经规划部门核定需作市政建设的用地

E．厂区绿地及道路用地

答案：ABC

解析：不计入宗地面积的范围有：①无明确使用权属的冷巷、巷道或间隙地；②市政管辖的道路、街道、巷道等公共用地；③公共使用的河滩、水沟、排污沟；④已征用、划

拨或者属于原房地产证记载范围，经规划部门核定需要作市政建设的用地；⑤其他按规定不计入宗地面积的。

23. 根据《房产测量规范》，下列项目中，计算一半建筑面积的是（　　）。（2005 年房地产估价师制度试题）

A. 无顶盖的室外楼梯　　B. 无柱的雨篷

C. 无顶盖的阳台　　D. 房屋之间无上盖的架空通廊

答案：A

解析：无顶盖的室外楼梯属于计算一半建筑面积的范围。

24. 根据《房产测量规范》，计算一半建筑面积的是（　　）。（2006 年房地产估价师制度试题）

A. 无柱的雨篷

B. 有顶盖不封闭的永久性架空通廊

C. 房屋内高度在 2.20 m 以上的技术层

D. 与室内不相通的装饰性阳台

答案：B

解析：房屋内的夹层、插层、技术层及其楼梯间、电梯间等其高度在 2.20 m 以上部位计算全部建筑面积。无柱的雨篷，与室内不相通的类似于阳台、挑廊、檐廊的建筑，均不计算建筑面积。

25. 在房产测量中，下列部分不计算建筑面积的有（　　）。（2008 年试题）

A. 房间之间无上盖的架空通廊　　B. 突出房屋外墙面的无柱雨篷

C. 无顶盖的各层室外楼梯　　D. 建筑物内的操作平台

E. 活动板房、简易房屋

答案：ABDE

解析：无顶盖的室外楼梯按各层水平投影面积的一半计算。

26. 挑廊（　　）计算建筑面积。（2001 年房地产估价师制度试题）

A. 按其围护结构外围水平投影面积的一半

B. 按其外围水平投影面积

C. 一般不

D. 按净面积

答案：A

解析：未封闭的阳台、挑廊，按其围护结构外围水平投影面积的一半计算。

27. 下列有关房屋建筑面积计算的表述中，正确的有（　　）。（2003 年房地产估价师制度试题）

A. 层高不超过 2.20 m（含 2.20 m）的永久性建筑不计算建筑面积

B. 大厅内的回廊部分，层高在 2.20 m 以上的，按其水平投影面积计算建筑面积

C. 与两边房屋相连无上盖的架空通廊，按其围护结构外围水平投影面积的一半计算建筑面积

D. 无顶盖的室外楼梯按各层水平投影面积的一半计算建筑面积

E. 突出房屋墙面的无柱雨篷按其上盖水平投影面积的一半计算建筑面积

答案：BD

解析：层高超过 2.20 m（含 2.20 m）的永久性建筑，应计算建筑面积；与两边房屋相连无上盖的架空通廊、突出房屋墙面的无柱雨篷，都是不计算面积的。

28．根据《房产测量规范》，不计算房屋建筑面积的是（　　）。（2007 年房地产估价师试题）

A．属永久性建筑有柱的货棚　　B．有顶盖不封闭的永久性架空通廊

C．无顶盖的室外楼梯　　D．与室内不相通的类似于阳台的建筑

答案：D

解析：属永久性建筑有柱的车棚、货棚等按其柱外围水平投影面积计算全部建筑面积。有顶盖不封闭的永久性的架空通廊，按外围水平投影面积的一半计算。无顶盖的室外楼梯按各层水平投影面积的一半计算。

29．成套房屋的套内建筑面积通常是由（　　）组成的。（2004 年试题）

A．套内房屋使用面积、套内墙体面积

B．套内房屋使用面积、套内阳台建筑面积

C．套内房屋使用面积、套内墙体面积、套内阳台建筑面积

D．套内房屋使用面积、分摊的共有建筑面积

答案：C

解析：套内建筑面积，是指由套内房屋使用面积、套内墙体面积、套内阳台建筑面积三部分组成的面积。

30．某住宅楼共有 30 套住宅，应分摊的共有建筑面积为 270 m^2，参加共有建筑面积分摊的住宅套内建筑面积共为 2 160 m^2，则共有建筑面积的分摊系数为（　　）。（2004 年试题）

A．0.125　　B．3.6　　C．3.75　　D．8

答案：A

解析：共有建筑面积的分摊系数 K＝应分摊的共有建筑面积÷参加共有建筑面积分摊的各套内建筑面积之和＝270÷2 160＝0.125。

31．成套房屋的套内建筑面积包括（　　）。（2008 年试题）

A．分摊的共有建筑面积　　B．套内房屋使用面积

C．套内墙体面积　　D．套内阳台建筑面积

E．未计入建筑面积的其他面积

答案：ABCD

解析：成套房屋的建筑面积由套内建筑面积和分摊的共有建筑面积组成，成套房屋的套内建筑面积由套内房屋使用面积、套内墙体面积、套内阳台建筑面积三部分组成。

32．下列计算商品住宅套内墙体面积的方法中，正确的有（　　）。（2009 年试题）

A．套内自有墙体，按水平投影面积全部计入套内墙体面积

B．各套之间共有墙体，按水平投影面积的 50%计入套内墙体面积

C．各套之间共有墙体，按套内建筑面积比例分摊计入套内墙体面积

D．套内小于或等于 60 mm 厚的分隔墙，不计入套内墙体面积

E．靠近墙体的套内楼梯，按自然层面积计入套内墙体面积

答案：AB

解析：套内墙体面积是套内使用空间周围的围护或承重墙体或其他承重支撑体所占面积，其中各套之间的分隔墙和套与公共建筑空间的分隔墙以及外墙（包括山墙）等共有墙，均按水平投影面积的一半计入套内墙体面积。套内自有墙体按水平投影面积全部计入套内墙体面积。套内楼梯按自然层数的面积总和计入使用面积。

33．张某购买了一套住宅，测量结果表明：该住宅套内使用面积为 110 m^2；套内自有墙体的水平投影面积为 8 m^2，共有墙体的水平投影面积为 12 m^2；封闭阳台的水平投影面积为 6 m^2，未封闭阳台的水平投影面积为 4 m^2，则该住宅的套内建筑面积为（　　）m^2。（2009 年试题）

A．128　　B．132　　C．134　　D．140

答案：B

解析：套内建筑面积是指由套内房屋使用面积、套内墙体面积、套内阳台建筑面积三部分组成的面积。该住宅的套内建筑面积＝110＋8＋12/2＋6＋4/2＝132（m^2）。

34．房产分户图的主要内容有（　　）。（2010 年房地产估价师制度试题）

A．房屋权界线　　B．房屋建筑面积

C．用地面积　　D．四面墙体的归属和楼梯、走道等部位

E．房屋边长

答案：BDE

解析：房产分户图表示的主要内容包括房屋权界线、四面墙体的归属和楼梯、走道等部位以及门牌号、所在层次、户号、室号、房屋建筑面积和房屋边长等。房产分丘图反映本丘内所有房屋权界线、界址点、房角点、房屋建筑面积、用地面积、四至关系、建成年份、用地面积、建筑面积、墙体归属等各项房地产要素，以丘为单位绘制。

35．下列房地产图中，用作房地产产权证书附图的是（　　）。（2010 年房地产估价师制度试题）

A．地籍图和房产分户图　　B．宗地图和房产分户图

C．地形图和房产分户图　　D．宗地图和房产分丘图

答案：B

解析：宗地图详尽准确地表示了该宗地的地籍内容及该宗地周围的权属单位和四至，是核发土地权属证书和地籍档案的附图。房产分户图以产权登记户为单位绘制，是在房产分丘图基础上绘制的细部图，以一户产权人为单位，表示房屋权属范围的细部，以明确异产毗连房屋的权利界线，是房屋所有权证的附图。

四、模拟练习

（一）单项选择题（每题的备选答案中只有一个最符合题意）

1．住宅按层数分类，5 层住宅属于（　　）。

A．低层住宅　　B．多层住宅

C．中高层住宅　　D．高层住宅

2．按建筑物的层数分类，多层建筑指（　　）层的建筑。

A．1～3　　B．4～6　　C．7～9　　D．10 层以上

3．建筑总高度超过（　　）m 的，不论是住宅，还是公共建筑、综合性建筑，均为超高层建筑。

A．60 B．80 C．90 D．100

4．公共建筑及综合性建筑（非单层建筑），总高度超过（ ）的为高层。

A．18 m B．21 m C．24 m D．36 m

5．《中华人民共和国国家标准建筑设计防火规范》（GBJ16—87）把建筑物的耐火等级分为（ ）。

A．两级 B．三级 C．四级 D．五级

6．根据房屋新旧程度（成新率）的判定标准，七成新属于（ ）。

A．完好房屋 B．基本完好房屋

C．一般损坏房屋 D．严重损坏房屋及危险房屋

7．建筑物通常是由若干个大小不等的室内空间组合而成的。这些室内空间的形成往往又要借助于一片片实体的围合。这一片片实体，被称为（ ）。

A．建筑组合 B．建筑构件 C．建筑空间 D．建筑构造

8．砖混结构房屋一般采用（ ）。

A．筏板基础 B．刚性基础 C．柔性基础 D．箱形基础

9．（ ）由于刚度大、整体性好、底面积较大，所以既能将上部结构的荷载较均匀地传到地基，又能适应地基的局部软硬不均，有效地调整基底的压力。

A．刚性基础 B．桩基础 C．柔性基础 D．箱形基础

10．当建筑场地的上部土层较弱、承载力较小，不适宜采用在天然地基上作浅基础时宜采用（ ）。

A．刚性基础 B．桩基础 C．柔性基础 D．箱形基础

11．沿建筑物长轴方向布置的墙是（ ）。

A．纵墙 B．横墙 C．山墙 D．外墙

12．按照楼梯的（ ），楼梯分为板式楼梯、梁式楼梯和悬挑楼梯。

A．封闭程度 B．结构形式 C．使用性质 D．数量和上下楼层方式

13．总平面图中的室外地坪标高常采用（ ）。

A．规定标高 B．相对标高 C．绝对标高 D．水平标高

14．（ ）的主要功能是去除污水中含有的油脂，以免堵塞排水管道。

A．污水泵 B．化粪池 C．中水道 D．污水抽升设备

15．为降低市政建设中给排水工程的投资，改善环境卫生，缓和城市供水紧张而采用废水处理后回用的技术措施，是（ ）。

A．污水泵 B．化粪池 C．中水道 D．污水抽升设备

16．下列关于通风系统及其分类，表述错误的是（ ）。

A．通风的任务是将室内的污浊空气排出，并将经过处理的新鲜空气送入

B．通风系统按动力分类为自然通风和机械通风

C．通风系统按特征分类为全面通风和局部通风

D．在实际工程中，各种通风方式常常是联合使用的

17．城市燃气供应管网通常分为街道燃气管网和庭院燃气管网两部分，根据输送压力的不同，又可分为低压管网、中压管网、次高压管网、高压管网，其中中压管网为（ ）。

A．$5\ kPa < p \leqslant 100\ kPa$ B．$5\ kPa < p \leqslant 150\ kPa$

C．$10\ kPa < p \leqslant 100\ kPa$ D．$5\ kPa < p \leqslant 200\ kPa$

18. 有关燃气表设置下列说法不正确的是（　　）。
A. 燃气表所在的房间室温应高于 0 ℃
B. 当燃气表与燃气灶之间的净距大于 300 mm 时，表底距地面的净距不小于 1.4 m
C. 当燃气表与燃气灶之间的净距小于 300 mm 时，表底距地面的净距不小于 1.8 m
D. 当燃气表与燃气灶之间的净距大于 300 mm 时，表底距地面的净距不小于 1.5 m
19. 消防电梯的常用速度大于（　　）。
A. 1.5 m/s　　B. 2 m/s　　C. 2.5 m/s　　D. 3 m/s
20. 住宅建筑 14 层，设置电梯不应少于（　　）部。
A. 一　　B. 两　　C. 三　　D. 四
21. 下列关于建筑制图有关要求的表述中，错误的是（　　）。
A. 图纸幅面内应有标题栏和会签栏
B. 定位轴线是指确定各主要承重构件相对位置的基准线
C. 尺寸单位除标高及总平面以米（m）为单位外，其他均以毫米（mm）为单位
D. 标高的单位用毫米计
22. 如果某建筑物±0.000＝30.800，按照规定，其室内地面标高±0.000 相当于绝对标高（　　）m。
A. 30.8　　B. 30.80　　C. 30.800　　D. 30.800 0
23. 如果某建筑物±0.000＝38.500，且设计楼顶标高 50.000 m，则其楼顶的绝对标高为（　　）m。
A. 38.500　　B. 68.500　　C. 88.000　　D. 88.500
24. 用来说明建筑场地内的建筑物、道路、绿化等的总体布置的平面图，是（　　）。
A. 建筑平面图　　B. 建筑剖面图
C. 建筑立面图　　D. 建筑总平面图
25. 如果想了解门、窗的位置、尺寸及编号，应查找（　　）。
A. 建筑平面图　　B. 建筑剖面图
C. 建筑立面图　　D. 总平面图
26. 如果房地产开发商希望通过施工图了解外墙的定位轴线及其间距，应查找（　　）。
A. 建筑平面图　　B. 建筑立面图
C. 结构施工图　　D. 建筑剖面图
27. 测绘工作的基本任务是（　　）。
A. 测定海洋点的空间位置　　B. 测定地面点的地理位置
C. 测定地面点的时间位置　　D. 测定地面点的空间位置
28. 基本地籍图的比例尺，大中城市市区一般为（　　）。
A. 1:300　　B. 1:500　　C. 1:1 000　　D. 1:1 500
29. 房屋调查与测绘是以（　　）为单元分户进行的。
A. 丘　　B. 幢　　C. 户　　D. 单元
30. 关于测量中的平面直角坐标系，下列说法正确的是（　　）。
A. 纵坐标轴为 x，正向指东，横坐标轴为 y，正向指北
B. 纵坐标轴为 x，正向指北，横坐标轴为 y，正向指东
C. 纵坐标轴为 x，正向指西，横坐标轴为 y，正向指东

D．纵坐标轴为 x，正向指北，横坐标轴为 y，正向指南

31．水准面有无数多个，点到除大地水准面之外的任一水准面的铅垂距离，称为（　　）。

A．绝对高程　　B．海拔　　C．相对高程　　D．高差

32．下列有关丘的表述中，不正确的是（　　）。

A．一个地块属于一个产权单元时称为独立丘

B．房屋用地调查与测绘是以丘为单元分户进行的

C．组合丘一定大于独立丘

D．丘是指地表上一块有界空间的地块

33．在同一幅地形图中，下列说法正确的是（　　）。

A．等高线越密，地面坡度就越小　　B．等高线越稀，地面坡度就越大

C．等高线越密，地面坡度就越大　　D．等高线越稀，地面坡度就越大

34．（　　）是按照一定的比例，用规定的符号表示地物、地貌的平面位置和高程的正射投影图。

A．地形图　　B．地籍图　　C．宗地图　　D．房产图

35．下列关于地籍图，表述不正确的是（　　）。

A．地籍图是地籍测量绘制的图件，经过土地登记具有法律效力的专题地图

B．地籍图是用线条和符号来描述地物

C．地籍图精确表示了土地权属界线

D．地籍图是土地登记、统计和确认权属的法律依据

36．宗地图要求必须按比例真实绘制，比例尺一般为（　　）。

A．1:200　　B．1:500

C．1:500 或大于 1:500　　D．1:1 000 或大于 1:1 000

37．下列关于宗地图，表述错误的是（　　）。

A．宗地图是根据地籍图纸绘制的

B．宗地图包括一宗地的宗地号、地类号、宗地面积、界址点及界址点号、界址边长、邻宗地号及邻宗地界址示意线等内容的专业图

C．宗地图详尽准确地表示了该宗地的地籍内容及该宗地周围的权属单位和四至

D．宗地图是核发土地权属证书和地籍档案的附图

38．（　　）详尽准确地表示了该宗地的地籍内容及该宗地周围的权属单位和四至，是核发土地权属证书和地籍档案的附图。

A．地形图　　B．地籍图　　C．宗地图　　D．房产图

39．房产分丘图的比例尺为（　　）。

A．1:200　　B．1:100～1:1 000

C．1:500～1:1 000　　D．1:100～1:2 000

40．房产分户图的比例尺一般为（　　）。

A．1:200　　B．1:500　　C．1:800　　D．1:1 000

41．下列关于房产图，表述错误的是（　　）。

A．房产图的测绘顺序是先测绘房产分幅图，再测绘房产分丘图，最后测绘房产分户图

B．测定房屋平面位置，绘制房产分幅图

C．测定房屋四至归属及丈量房屋边长，计算面积，绘制房产分丘图
D．测定权属单元产权面积，就要绘制房产分丘图

42．下列关于房产分幅图，说法错误的是（　　）。
A．房产分幅图是测绘房产分丘图和房产分户图的基础资料
B．房产分幅图是全面反映房屋及其用地的位置和权属等状况的基本图
C．一般采用 1:1 000 比例尺
D．房产分幅图表示的内容包括房产管理有关的地形地籍要素和注记

43．房产分户图是在（　　）的基础上进一步绘制的明细图。
A．地籍图　　B．宗地图
C．房产分幅图　　D．房产分丘图

44．房产证的附图是（　　）。
A．房产分户图　　B．宗地图
C．房产分幅图　　D．房产分丘图

45．下列应计入用地面积的有（　　）。
A．有明确使用权属的冷巷、巷道或间隙地
B．市政管辖的道路、街道等公共用地
C．公共使用的河滩、水沟、排水沟
D．经规划部门核定需要作为市政建设的用地

46．房屋面积测算时，边长以 m 为单位，取至（　　）m；面积以 m^2 为单位，取至（　　）m^2。
A．0.01，0.01　　B．0.1，0.1
C．0.001，0.001　　D．0.01，0.001

47．房屋内的大厅、门厅均按（　　）计算面积。
A．1 层　　B．2 层　　C．3 层　　D．房屋自然层

48．无顶盖的室外楼梯（　　）计算建筑面积。
A．按各层水平投影的一半　　B．按其外围水平投影面积
C．一般不　　D．按净面积

49．玻璃幕墙等作为房屋外墙的，属于（　　）的范围。
A．计算全部建筑面积　　B．计算一半建筑面积
C．计算少半建筑面积　　D．不计算建筑面积

50．（　　）是指房屋外墙（柱）勒脚以上各层的外围水平投影面积。
A．房屋建筑面积　　B．房屋共有建筑面积
C．房屋产权登记面积　　D．房屋使用面积

51．人防工程的地下室面积（　　）建筑面积。
A．属不应分摊的共有　　B．属分摊的共有
C．不属共有　　D．属物业公司所有

52．某住宅楼共有 36 套住宅，应分摊的共有建筑面积为 360 m^2，参加共有建筑面积分摊的住宅套内建筑面积共为 4 500 m^2，则共有建筑面积的分摊系数为（　　）。
A．0.05　　B．0.08　　C．1.75　　D．2.15

53．王某购买的一套住宅套内使用面积为 120 m^2；套内自有墙体的水平投影面积为 10 m^2，共有墙体的水平投影面积为 16 m^2；封闭阳台的水平投影面积为 10 m^2，未封闭阳台的

水平投影面积为 6 m^2，则该住宅的套内建筑面积为（　　）m^2。

A．128　　B．143　　C．151　　D．163

（二）多项选择题（每题的备选答案中，有两个或两个以上符合题意的答案）

54．根据建筑物的使用性质，可将建筑物分为（　　）

A．居住建筑　　B．公共建筑

C．商业建筑　　D．工业建筑

E．农业建筑

55．下列关于高层建筑，表述正确的是（　　）。

A．7～9 层为高层建筑

B．10 层以上（含 10 层）为高层建筑

C．公共建筑及综合性建筑通常是按照建筑总高度来划分的，总高度超过 24 m 的建筑物（但不包括总高度 24 m 的单层建筑）为高层建筑

D．建筑总高度超过 100 m 的住宅，为超高层建筑

E．建筑总高度超过 100 m 的综合性建筑，为超高层建筑

56．钢筋混凝土结构建筑的结构形式主要有（　　）等多种形式。

A．框架结构　　B．剪力墙结构、筒体结构

C．框架剪力墙结构　　D．框架筒体结构和筒中筒结构

E．墙承重结构

57．按照基础的受力性能，基础分为（　　）。

A．刚性基础　　B．桩基础

C．柔性基础　　D．条形基础

E．单独基础

58．基础按其构造特点可分为（　　）等。

A．条形基础　　B．单独基础

C．联合基础和箱形基础　　D．桩基础

E．平面基础

59．墙体在建筑物中的作用有（　　）。

A．围护作用　　B．承重作用

C．水平支撑作用　　D．装饰作用

E．分隔作用

60．墙体应满足下列（　　）基本要求。

A．具有一定的隔声性能

B．具有足够的强度和稳定性

C．具有一定的防火性能

D．满足热工方面（保温、隔热、防止产生凝结水）的性能

E．具有一定的美观性能

61．常见的地面由（　　）所构成。

A．面层　　B．垫层　　C．基层

D．夹层　　E．基础

62. 按供水用途，给水系统可分为（　　）。
A. 生产给水系统　　B. 综合给水系统
C. 生活给水系统　　D. 消防给水系统
E. 热水给水系统

63. 基本供水方式可分为（　　）四种。
A. 分质供水　　B. 直接供水方式
C. 水泵水箱的供水方式　　D. 分区分压供水方式
E. 设置水箱的供水方式

64. 常用的采暖方式包括（　　）。
A. 集中采暖　　B. 局部采暖　　C. 区域供热
D. 分散采暖　　E. 集体供热

65. 导线选择的一般原则中，导线型号的选择是根据（　　）而定。
A. 使用的环境　　B. 敷设方式　　C. 供货的情况
D. 机械强度　　E. 通过导线电流的大小

66. 建筑物的防雷装置一般由（　　）组成。
A. 接闪器　　B. 引下线　　C. 引上线
D. 接地线　　E. 接天线

67. 建筑物的耐火等级是由组成建筑物的构件的（　　）决定的。
A. 燃烧性能　　B. 燃烧材料　　C. 耐火极限
D. 耐火时间　　E. 燃烧时间

68. 下列属于建筑平面图内容的是（　　）。
A. 门、窗的位置、尺寸及编号　　B. 走廊、楼梯的位置及尺寸
C. 建筑物的平面形状　　D. 建筑立面所选用的材料、色彩和施工要求
E. 室内地面的高度

69. 燃气是一种气体燃料，根据其来源，可分为（　　）。
A. 集体供气　　B. 液化石油气　　C. 人工煤气
D. 天然气　　E. 瓶装气

70. 房地产测绘是对房屋和土地进行测绘，即以房地产为对象的测绘，其目的是为（　　）等提供基础数据和图档资料。
A. 房地产产权管理　　B. 房地产产籍管理
C. 房地产交易　　D. 城市规划
E. 房地产开发

71. 地面点的空间位置由（　　）来确定。
A. 水面位置　　B. 平面位置（坐标）
C. 高程　　D. 低程
E. 海拔

72. 中国高程基准有（　　）。
A. "1950年黄海高程系"　　B. "1956年黄海高程系"
C. "1965年黄海高程系"　　D. "1975年黄海高程系"
E. "1985年国家高程基准"

73. 房产图按房产管理的需要分为（　　）。
A. 地籍图　　B. 房产分幅平面图
C. 房产分丘平面图　　D. 房产分户平面图
E. 宗地图

74. 下列关于房产分丘图，表述正确的有（　　）。
A. 房产分丘图是绘制房产权证附图的基本图
B. 房产分丘图是房产分幅图的局部明细图
C. 房产分丘图的比例尺为 1:100～1:1 000
D. 房产分丘图包括控制点、行政境界、丘界、房屋、附属设施等要素和注记
E. 房产分丘图是在房产分户图基础上进一步绘制的明细

75. 土地面积的量算可采用（　　）等方法。
A. 坐标法　　B. 求积仪法　　C. 几何解析法
D. 代数计算法　　E. 求积透明膜片法

76. 下列关于房地产面积测算的一般规定中，表述正确的是（　　）。
A. 房地产面积的测算，是指水平投影面积的测算
B. 各类面积的测算，必须独立测算五次，其较差应在规定的限差以内，取中数作为最后结果
C. 边长以 m 为单位，取至 0.01 m
D. 面积以 m^2 为单位，取至 0.1 m^2
E. 量距应使用经检定合格的卷尺或其他能达到相应精度的仪器和工具

77. 下列属于应计算全部建筑面积的范围包括（　　）。
A. 永久性结构的单层房屋
B. 房屋内的夹层、插层、技术层及其梯间、电梯间等其高度在 2.20 m 以上的部位
C. 穿过房屋的通道，房屋内的门厅、大厅
D. 未封闭的阳台、挑廊
E. 地下室、半地下室及其相应出入口，层高在 2.20 m 以下

78. 下列不应计算房屋面积的范围包括（　　）。
A. 层高小于 2.20 m 以下的夹层、插层、技术层
B. 层高小于 2.20 m 的地下室
C. 有顶盖不封闭的永久性的架空通廊
D. 房屋之间无上盖的架空通廊
E. 与房屋室内不相通的房屋间的伸缩缝

79. 下列有关房屋建筑面积计算的表述中，正确的有（　　）。
A. 层高不超过 2.20 m（含 2.20 m）的永久性建筑不计算建筑面积
B. 大厅内的回廊部分，层高在 2.20 m 以上的，按其水平投影面积计算建筑面积
C. 与两边房屋相连无上盖的架空通廊，按其围护结构外围水平投影面积的一半计算建筑面积
D. 无顶盖的室外楼梯按各层水平投影面积的一半计算建筑面积
E. 突出房屋墙面的无柱雨篷按其上盖水平投影面积的一半计算建筑面积

80．在测量和计算成套住宅的建筑面积中，住宅套内建筑面积包括（　　）。
A．套内房屋使用面积　　B．电梯井面积
C．套内墙体面积　　D．套内结构面积
E．套内阳台建筑面积

81．下列属于计算一半建筑面积的是（　　）。
A．与房屋相连有上盖无柱的走廊、檐廊
B．独立柱、单排柱的门廊、车棚、货棚等属永久性建筑的
C．突出房屋墙面的构件、无柱雨篷等
D．无顶盖的室外楼梯
E．与两边房屋相连无上盖的架空通廊

82．下列属于不计算房屋面积的是（　　）。
A．未封闭的阳台、挑廊
B．房屋之间无上盖的架空通廊
C．突出房屋墙面的装饰性的玻璃幕墙
D．房屋的天面、挑台、天面上的花园、泳池
E．骑楼、骑街楼的底层用作道路街巷通行的部分

83．成套房屋的建筑面积由（　　）组成。
A．套内建筑面积　　B．分摊的共有建筑面积
C．套内墙体面积　　D．套内阳台建筑面积
E．套内使用面积

84．根据房屋共有建筑面积的不同使用功能，应分摊的共有建筑面积可分为（　　）
A．幢共有建筑面积　　B．楼间共有建筑面积
C．功能共有建筑面积　　D．本层共有建筑面积
E．作为人防工程的避难室

（三）综合分析题（每个小题的备选答案中有一个或一个以上符合题意的答案。错选不得分；少选，但选择正确的每个选项得相应分）

综合分析题一

2012 年 1 月，G 省 A 市一级资质 B 房地产开发公司，在 A 市城市规划区内取得两块建设用地使用权，一块是商品住宅小区建设；一块是位于 A 市城市市中心的一幢 45 层国际宾馆的建设，该国际宾馆为重点国际性旅游贸易建筑。该国际宾馆±0.000＝45.000，建筑高度为 126 m。2012 年 3 月，B 房地产开发公司通过招标将该两个项目的设计任务委托给了 A 市乙级资质 D 建筑设计公司，D 建筑设计公司按设计合同规定，为 B 房地产开发公司提供了设计方案、设计概算及设计图纸。据此，请回答以下问题。

85．按建筑物的层数分类，B 房地产开发公司开发建设的国际宾馆项目应属于（　　）建筑。
A．超高层建筑　　B．中高层建筑　　C．多层建筑　　D．低层建筑

86．B 房地产开发公司开发建设的国际宾馆项目首层室内地面绝对标高为（　　）m。
A．0.000　　B．45.000　　C．90.000　　D．171.000

87．B 房地产开发公司开发建设的国际宾馆项目楼顶的绝对标高为（　　）m。
A．0.000　　B．45.000　　C．90.000　　D．171.000

88. 如果B房地产开发公司希望通过施工图，了解该国际宾馆外墙装修建筑立面所选用的材料、色彩和施工要求等，D建筑设计公司应为其提供（　　）。

A. 结构施工图　　B. 建筑剖面图　　C. 建筑立面图　　D. 建筑平面图

89. 如果B房地产开发公司希望通过施工图，了解该国际宾馆的外墙的定位轴线及其间距，D建筑设计公司应为其提供（　　）。

A. 结构施工图　　B. 建筑剖面图　　C. 建筑立面图　　D. 建筑平面图

90. 按照建筑设计使用年限分类的4级标准设计，D建筑设计公司在设计该国际宾馆的设计使用年限应为（　　）年。

A. 5　　B. 25　　C. 50　　D. 100

综合分析题二

2012年4月，甲拟购买某开发公司开发建设的B小区住房。该开发公司销售人员向甲推荐了C户型，并作了如下介绍。该户型经实测，套内建筑面积为85 m^2，套内使用面积为71 m^2。阳台为全封闭，阳台底板水平投影面积为3 m^2，由于阳台围护物向外倾斜，增大了阳台的使用空间5%。该户型应分摊的共有建筑面积为15 m^2。2012年5月，甲将A小区的住房出售后，以2 500元/m^2购买了B小区C户型的住房，并随即办理了房产证。

91. B小区C户型的建筑面积为（　　）m^2。

A. 93　　B. 93.3　　C. 100　　D. 104

92. 对该商品房面积进行实地测量的要求，不正确的是（　　）。

A. 房屋面积测算必须独立进行两次，其较差应在规定的限差以内，取简单算术平均数作为最后结果

B. 边长以米（m）为单位，取至0.1 m

C. 面积以平方米（m^2）为单位，取至0.1 m^2

D. 房屋面积测量的精度必须达到现行国家标准《房产测量规范》GB / T17986—2000规定的房产面积的精度要求

93. 甲领取的房屋所有权证附图，指的是（　　）。

A. 房产分幅立面图　　B. 房产分幅图

C. 房产分丘图　　D. 房产分户图

94. 甲领取的房屋所有权证附图中，该房屋的边长应实际丈量，注记取至（　　）m。

A. 0.1　　B. 0.01　　C. 0.001　　D. 0.000 1

95. 甲领取的房屋所有权证附图的比例尺一般为（　　）。

A. 1:100　　B. 1:200　　C. 1:500　　D. 1:800

96. 甲领取的房屋所有权证附图表示的主要内容包括（　　）等。

A. 控制点　　B. 房屋权界线

C. 四面墙体的归属　　D. 所在层次、户号、室号

97. 甲领取的房屋所有权证所载明的该房屋产权面积包括（　　），并标注在图框内。

A. 套内建筑面积　　B. 用地面积

C. 使用面积　　D. 共有分摊面积

综合分析题三

2011年1月，H房地产开发公司通过招标出让方式取得了一宗毛地的使用权，用于住

宅和商业房地产开发，并于 2011 年 3 月，取得土地使用权证书。该项目设计公司在初步设计阶段，根据设计意图，预先测算和确定的工程造价为 4 200 万元。2012 年 4 月，购房户入住并办理了房产证。

98. H 房地产开发公司在投标前应了解该地段控制性详细规划的内容不包括（　　）。
A. 宗地用途　　B. 容积率
C. 建筑物的允许高度　　D. 建筑物的结构

99. 2011 年 3 月，H 房地产开发公司取得土地使用权证书。该土地使用权证书的附图是（　　）。
A. 地形图　　B. 宗地图　　C. 地籍图　　D. 房产图

100. H 房地产开发公司将商品房销售给购房者后，购房者办理的房屋所有权证书中的附图表明了所购房屋的权属范围，明确了异产毗连房屋的权利界线，注明了套内建筑面积和分摊面积，此附图是（　　）。
A. 宗地图　　B. 房产分幅图　　C. 房产分丘图　　D. 房产分户图

综合分析题四

张某在 2012 年 4 月购买了某住宅小区第 12 号住宅楼 15 层（顶层）的一套二手房。该房屋建筑面积 86 m^2，二室一厅，2005 年竣工，阳台全封闭。该套房屋主体结构完好，设施、设备完整，上下水道通畅，但屋顶有轻微渗漏，门窗油漆局部脱落，需要进行小修。

101. 结合我国住宅开发建造情况，该住宅楼的建筑结构类型不可能为（　　）。
A. 砖木结构　　B. 砖混结构　　C. 钢筋混凝土结构　　D. 钢结构

102. 该套住宅房屋所有权证上的房产附图为（　　）。
A. 房产分幅图　　B. 房产分丘图　　C. 房产分户图　　D. 宗地图

103. 该套住宅的建筑面积中，阳台面积应（　　）。
A. 全部计入　　B. 计入一半
C. 计入四分之一　　D. 全部不计入

五、参考答案

答　　案

（一）单项选择题

1. B　2. B　3. D　4. C　5. C　6. B　7. B　8. B　9. D　10. B
11. A　12. B　13. C　14. B　15. C　16. C　17. B　18. D　19. C　20. B
21. D　22. C　23. D　24. D　25. A　26. D　27. D　28. B　29. B　30. B
31. C　32. C　33. C　34. A　35. B　36. C　37. A　38. C　39. B　40. A
41. D　42. C　43. D　44. A　45. A　46. A　47. A　48. A　49. A　50. A
51. A　52. B　53. C

（二）多项选择题

54. ABDE　55. BCDE　56. ABCD　57. AC　58. ABCD　59. ABDE　60. ABCD
61. ABC　62. ACD　63. BCDE　64. ABC　65. ABC　66. ABD　67. AC
68. ABCE　69. BCD　70. ABC　71. BC　72. BE　73. BCD　74. ABC

75. ABCE 76. ACE 77. ABC 78. ABDE 79. BD 80. ACE 81. ABD
82. BCDE 83. AB 84. ACD

（三）综合分析题

85. A 86. B 87. D 88. C 89. B 90. D 91. C 92. BC 93. D 94. B
95. B 96. BCD 97. AD 98. D 99. B 100. D 101. AB 102. C 103. A

解 析

（一）单项选择题

23．我国青岛附近的黄海平均海平面定为绝对标高的零点，其他各地以它为基准所定标高即绝对标高。其楼顶的绝对标高＝38.500＋50.000＝88.500（m）。

52．共有建筑面积的分摊系数 K＝应分摊的共有建筑面积÷参加共有建筑面积分摊的各套内建筑面积之和＝360÷4 500＝0.08。

53．套内建筑面积是指由套内房屋使用面积、套内墙体面积、套内阳台建筑面积三部分组成的面积。该住宅的套内建筑面积＝120＋10＋16/2＋10＋6/2＝151（m^2）。

（三）综合分析题

87．该写字楼±0.000＝45.000，建筑高度为 126 m，该项目国际宾馆楼顶的绝对标高＝45.000＋126＝171.000 （m）。

91．成套房屋的建筑面积由套内建筑面积及共有建筑面积的分摊组成。该户型经实测，套内建筑面积为 85 m^2，该户型应分摊的共有建筑面积为 15 m^2。B 小区 C 户型的建筑面积＝85＋15＝100（m^2）。

第三章　建筑装饰装修和材料

一、大纲要求

本部分的考试目的是测试应考人员对建筑装饰装修风格、室内外装修要求和构造、建筑装修材料等知识的了解、熟悉和掌握程度。本章考试要求包括：

（1）了解建筑装饰装修的概念和风格；

（2）熟悉室内装饰装修的风格和流派；

（3）了解室外装饰装修风格；

（4）熟悉外墙装饰装修；

（5）掌握室内装饰装修的基本要求和构造；

（6）熟悉室内装饰装修的色彩和质感；

（7）了解建筑材料的概念和性质；

（8）掌握建筑装饰装修材料的概念、分类、功能和选择。

二、考点汇总

建筑材料性质知识汇总（见表3-1）。

表3-1　建筑材料性质知识汇总表

分类依据	主要分类
建筑材料的性质	建筑材料的性质有物理性质、力学性质、耐久性等
建筑材料的物理性质	建筑材料的物理性质可分为与质量有关的性质、与水有关的性质和与温度有关的性质。与质量有关的性质包括：①密度；②表观密度；③密实度；④孔隙率。与水有关的性质包括：①吸水性；②吸湿性；③耐水性；④抗渗性；⑤抗冻性。与温度有关的性质包括：①导热性；②热容量
建筑材料力学性质	建筑材料的力学性质包括强度、弹性、塑性、脆性、韧性、硬度和耐磨性

三、例题分析

（一）建筑装饰装修概述

1．建筑物通过装饰装修所表现出来的主要艺术特点或者个性是指（　　）。

A．建筑装饰装修特征　　B．建筑装饰装修文化

C．建筑装饰装修风格　　D．建筑装饰装修流派

答案：C

解析：建筑装饰装修风格是指建筑物通过装饰装修所表现出来的主要艺术特点或者个性。

2. 下列属于影响建筑装饰装修风格内在因素的是（　　）。

A. 地理位置　　B. 气候特点　　C. 艺术特点

D. 创作个性　　E. 宗教信仰

答案：CD

解析：外在因素包括民族特性、社会体制、生活方式、文化潮流、科技发展、风俗习惯、宗教信仰、气候特点、地理位置等。内在因素包括个人或群体创作与构思。

3. 在西方传统风格中，以古典主义风格为例，主要是以（　　）为重点，突出轴线、强调对称、注重式例、讲究主从关系，形成了经过文艺复兴总结的五种柱式。

A. 柱式　　B. 台式　　C. 筒式

D. 雕刻　　E. 回归自然

答案：AD

解析：在西方传统风格中，以古典主义风格为例，主要是以柱式和雕刻为重点，突出轴线、强调对称、注重式例、讲究主从关系，形成了经过文艺复兴总结的五种柱式，即多立克柱式、爱奥尼克柱式、科林斯柱式、塔司干柱式和混合柱式。

4. 室内装饰装修风格中，后现代风格讲究（　　）。

A. 建筑形象特征　　B. 建筑内在特征　　C. 隐喻性

D. 透明性　　E. 装饰性

答案：ACE

解析：后现代风格讲究建筑形象特征、隐喻性和装饰性。

5. 室内装饰装修效果（或设计）的艺术派别，是指（　　）。

A. 建筑装饰装修特征　　B. 建筑装饰装修文化

C. 建筑装饰装修风格　　D. 建筑装饰装修流派

答案：D

解析：室内装饰装修流派是指室内装饰装修效果（或设计）的艺术派别。

6. 香港中国银行是室内装饰装修流派中（　　）典型的实例。

A. 新洛可可派　　B. 光亮派　　C. 白色派　　D. 高技派

答案：D

解析：高技派典型的实例如北京鸟巢、法国巴黎蓬皮杜国家艺术与文化中心、香港中国银行等。

7. 室内装饰装修流派中，光亮派也称（　　）。

A. 银色派　　B. 平淡派　　C. 白色派　　D. 黑色派

答案：A

解析：光亮派也称为银色派，强调在室内装饰装修中突出新型材料及现代加工工艺的精密细致及光亮效果，往往在室内大量采用镜面及平曲面玻璃、不锈钢、磨光的花岗石、大理石和玉石等作为装饰面材。在室内环境的照明方面，通常使用投射、折射等各类新型光源和灯具，通过金属和镜面材料的烘托，形成光彩照人、绚丽夺目的室内环境。

8. 室内装饰装修流派中，（　　）的室内环境较为适应具有视觉形象特殊要求的某些展示或娱乐的室内空间。

A．超现实派　　B．光亮派　　C．风格派　　D．白色派

答案：A

解析：超现实派的室内环境较为适应具有视觉形象特殊要求的某些展示或娱乐的室内空间。

9．室外装饰装修的风格中。下列关于中国古建筑外立面的表述，不正确的是（　　）。

A．中国古典建筑的外立面基本由台基、屋身、屋顶三大部分组成

B．屋身墙体承受屋顶重量

C．外墙可以是实体墙，也可以不用墙只安装门窗

D．其主要特点是结构灵巧，风格优雅

答案：B

解析：中国古典建筑的外立面中，屋身墙体不承受屋顶重量，因此外墙可以灵活处理。

（二）外墙装饰装修

1．外墙面装饰按照材料及施工方式的不同，通常分为（　　）。

A．铺钉类　　B．抹灰类　　C．贴面类

D．涂刷类　　E．装饰类

答案：ABCD

解析：外墙面装饰按照材料及施工方式的不同，通常分为抹灰类、贴面类、涂刷类、铺钉类和清水墙饰面。

2．外墙面装饰构造中，按建筑标准及不同墙体，抹灰可分为（　　）。

A．初级抹灰　　B．低级抹灰　　C．普通抹灰

D．中级抹灰　　E．高级抹灰

答案：CDE

解析：按建筑标准及不同墙体，抹灰可分为三种标准：①普通抹灰：其构造做法是一层底灰，一层面灰或不分层一次成活。②中级抹灰：其构造做法是一层底灰，一层中灰，一层面灰。③高级抹灰：其构造做法是一层底灰，一层或数层中灰，一层面灰。

3．外墙面装饰构造中，（　　）抹灰构造做法是：一层底灰，一层中灰，一层面灰。

A．初级抹灰　　B．中级抹灰　　C．高级抹灰　　D．普通抹灰

答案：B

解析：抹灰可分为三种标准：①普通抹灰：其构造做法是一层底灰，一层面灰或不分层一次成活。②中级抹灰：其构造做法是一层底灰，一层中灰，一层面灰。③高级抹灰：其构造做法是一层底灰，一层或数层中灰，一层面灰。

4．外墙面装饰构造铺钉类外墙面装饰中，常用的贴面材料可分为三类，其中天然石材包括（　　）。

A．花岗岩　　B．瓷砖　　C．仿大理石板

D．水磨石　　E．大理石

答案：AE

解析：常用的贴面材料可分为三类：①天然石材，如花岗岩、大理石等；②陶瓷制品，如瓷砖、面砖、陶瓷锦砖等；③预制块材，如仿大理石板、水磨石、水刷石等。

5．外墙面装饰构造中，（　　）是指将各种天然的或人造板材通过构造连接或镶贴的方法形成墙体装饰面层。它具有坚固耐用、装饰性强、容易清洗等优点。

A．贴面类外墙面装饰　　B．涂刷类外墙面装饰
C．铺钉类外墙面装饰　　D．清水墙饰面

答案：A

解析：贴面类外墙面装饰是指将各种天然的或人造板材通过构造连接或镶贴的方法形成墙体装饰面层。它具有坚固耐用、装饰性强、容易清洗等优点。

6．玻璃幕墙的结构类型中，（　　）也称为支点式玻璃幕墙，是当今最新型的玻璃幕墙。

A．全玻式玻璃幕墙　　B．型钢框架结构体系
C．铝合金隐蔽框架结构体系　　D．不锈钢索玻璃幕墙

答案：D

解析：不锈钢索玻璃幕墙也称为支点式玻璃幕墙，是当今最新型的玻璃幕墙。

7．玻璃幕墙的隔声效果主要考虑隔除室外噪声，一般多采用（　　）。

A．非透明玻璃　　B．不锈钢玻璃　　C．密封玻璃　　D．中空玻璃

答案：D

解析：玻璃幕墙的隔声效果主要考虑隔除室外噪声，一般多采用中空玻璃（有效隔声量达 27～32 dB）。

8．建筑是一种必不可少的视觉艺术，建筑外立面艺术形式遵循着很多形式美规律，如（　　）等。

A．统一变化　　B．比例尺度　　C．均衡稳定
D．节奏韵律　　E．基础结构

答案：ABCD

解析：建筑是一种必不可少的视觉艺术，建筑外立面艺术形式遵循着很多形式美规律，如统一变化、比例尺度、均衡稳定、节奏韵律等。

9．建筑外立面的色彩中，色调由色彩的色相、明度和纯度三要素决定。从纯度来分，有（　　）等。

A．红色调　　B．黄色调　　C．浊色调
D．清色调　　E．暗色调

答案：CD

解析：色调由色彩的色相、明度和纯度三要素决定。从色相来分，有红色调、黄色调、绿色调、蓝色调、紫色调等。从明度来分，有亮色调、中性色调、暗色调。从纯度来分，有清色调、浊色调（纯色加灰）。色调还常以色彩给人以冷暖色调等。

（三）室内装饰装修

1．室内装饰装修的基本要求中，下列属于“满足室内界面物理要求”的包括（　　）。

A．满足空间的使用要求　　B．满足相应部位尺寸、性能要求
C．应充分利用材料的质感　　D．装饰构造要尽可能做到简洁、经济、合理
E．满足建筑物理方面的特殊要求

答案：ABE

解析：满足室内界面物理要求包括：①满足空间的使用要求；②满足相应部位尺寸、性能要求；③满足建筑物理方面的特殊要求。

2．悬吊式顶棚的类型很多。按饰面层与龙骨的关系分类，有（　　）。

A．轻钢龙骨悬吊式顶棚　　B．活动装配式悬吊式顶棚

C．铝合金龙骨悬吊式顶棚　　D．木龙骨悬吊式顶棚

E．固定式悬吊式顶棚

答案：BE

解析：悬吊式顶棚的类型很多。按饰面层与龙骨的关系分类，有活动装配式悬吊式顶棚、固定式悬吊式顶棚。

3．室内楼地面应满足下列（　　）要求。

A．自然性　　B．坚固性　　C．耐久性

D．安全性　　E．装饰性

答案：BCDE

解析：室内楼地面应满足下列要求：①坚固性和耐久性；②安全性；③舒适感；④装饰性。

4．室内楼地面的基本构造中，下列属于复合地板施工方法的有（　　）。

A．干铺法　　B．胶粘法　　C．注胶法

D．打钉法　　E．悬浮法

答案：BDE

解析：复合地板施工方法主要有三种：一是胶粘法；二是打钉法，同实铺式木地面；三是悬浮法。

5．下列室内装饰装修的色彩要点，正确的有（　　）。

A．一般情况下，墙面要比天棚色稍浅

B．为了使墙裙不被碰脏，通常使用明度较低的颜色

C．踢脚线应采用明度比墙面低的颜色

D．天棚可用白色或接近于白色的明亮色

E．门框、窗框的颜色不宜与墙面形成过分的对比，一般可采用明亮色

答案：BCDE

解析：一般情况下，墙面要比天棚色稍深，采用明亮的中间色。

（四）建筑装修材料

1．与质量有关的性质中，材料的质量与材料在自然状态下的体积之比是（　　）。

A．密度　　B．表观密度　　C．密实度　　D．孔隙率

答案：B

解析：材料的表观密度是指材料在自然状态下单位体积的质量，即材料的质量与材料在自然状态下的体积之比。

2．建筑材料的力学性质中，材料的（　　）是指材料在外力作用下抵抗破坏的能力。

A．弹性　　B．强度　　C．塑性　　D．脆性与韧性

答案：B

解析：材料的强度是指材料在外力作用下抵抗破坏的能力。

3．建筑材料的力学性质中，材料的（　　）是指材料在外力作用下产生变形，外力去掉后变形不能完全恢复，但也不即行破坏的性质。

A．弹性　　B．强度　　C．塑性　　D．脆性与韧性

答案：C

解析：材料的塑性是指材料在外力作用下产生变形，外力去掉后变形不能完全恢复，但也不即行破坏的性质。

4．建筑材料的力学性质有（　　）等。

A．孔隙率　　B．抗渗性　　C．抗冻性

D．弹性和塑性　　E．耐磨性

答案：DE

解析：孔隙率是与质量有关的性质，弹性和塑性、耐磨性才是建筑材料的力学性质。

5．建筑材料的力学性质是指建筑材料在各种外力作用下抵抗破坏或变形的性质，包括（　　）等。

A．强度　　B．塑性　　C．密实度

D．孔隙率　　E．硬度和耐磨性

答案：ABE

解析：建筑材料的力学性质是指建筑材料在各种外力作用下抵抗破坏或变形的性质，包括强度、弹性、塑性、脆性、韧性、硬度和耐磨性。

6．建筑材料强度是指建筑材料抵抗外力的破坏能力，其具体包括抗拉、抗弯和（　　）强度。（2004年试题）

A．抗磨　　B．抗脆性破坏　　C．抗腐蚀　　D．抗剪

答案：D

解析：材料在建筑物上所受的外力主要有拉力、压力、弯曲及剪力。材料抵抗这些外力破坏的能力分别称为抗拉、抗压、抗弯和抗剪强度。

7．建筑材料与水有关的物理性质有（　　）等。（2004年房地产估价师制度试题）

A．孔隙率　　B．抗渗性　　C．抗冻性

D．弹性和塑性　　E．耐磨性

答案：BC

解析：孔隙率是与质量有关的性质，弹性和塑性、耐磨性是建筑材料的力学性质。

8．为使厨房吊顶耐火和不变形，常选用的理想吊顶面层材料是（　　）。（2009年试题）

A．石膏板　　B．PVC板　　C．矿棉板　　D．铝合金板

答案：D

解析：常用的吊顶面层材料主要有石膏板、PVC板和铝合金板等。石膏板主要用于客厅、餐厅、卧室等无水汽的地方。PVC板由于不耐火、易变形，只适用于浴室或卫生间。铝合金板是厨房、浴室等空间的理想吊顶面层材料，但与PVC板相比，价格较贵。

9．按照装饰装修建筑物的化学性质，可分为（　　）。

A．有机材料　　B．无机材料　　C．地面装饰材料

D．内墙面装饰材料　　E．有机、无机复合材料

答案：ABE

解析：按照建筑装饰装修材料的化学性质，可分为有机材料，无机材料和有机、无机复合材料。无机材料又可分为金属材料和非金属材料两大类。

10. 按照成膜物状的性质，涂料可分为（　　）。
A. 油性涂料　　B. 水性涂料　　C. 溶剂性涂料
D. 水溶性涂料　　E. 乳液性涂料
答案：AB
解析：按照成膜物状的性质，可分为油性涂料和水性涂料。

四、模拟练习

（一）单项选择题（每题的备选答案中只有一个最符合题意）

1. 根据装饰装修的（　　），建筑装饰装修可分为室外装饰装修和室内装饰装修。
A. 建筑时间不同　　B. 建筑物部位不同
C. 建筑工艺不同　　D. 建筑物材料不同

2. 在西方传统风格中，“一般采用木质结构，不尚装饰，突出呈现简约、简洁；其空间意识极强，形成小、精、巧模式，常利用檐、龛空间，创造出幽柔、润泽的光影”。此种室内装饰装修风格属于（　　）。
A. 古罗马风格　　B. 哥特式风格　　C. 意大利风格　　D. 和式风格

3. 室内装饰装修风格中，狭义的（　　）观点认为，建筑“美的观念随着思想和技术的进步而改变”，“建筑没有终极，只有不断的变革”。
A. 传统风格　　B. 现代风格　　C. 后现代风格　　D. 自然风格

4. 室内装饰装修风格中，“在建筑装饰装修中倡导回归自然，强调要在审美上推崇自然、结合自然”。此种风格属于（　　）。
A. 传统风格　　B. 后现代风格　　C. 自然风格　　D. 现代风格

5. 北京鸟巢是室内装饰装修流派中（　　）典型的实例。
A. 平淡派　　B. 光亮派　　C. 光亮派　　D. 高技派

6. 室内装饰装修流派中，（　　）也称为重技派，突出当代工业技术成就，并在建筑形体和室内环境设计中加以渲染，崇尚“机械美”，在室内暴露梁板、网架等结构构件以及暖通风管、线缆桥架等各种设备和管道，强调工艺技术与时代感。
A. 白色派　　B. 光亮派　　C. 高技派　　D. 新洛可可派

7. 室内装饰装修流派中，白色派也称（　　）。
A. 银色派　　B. 平淡派　　C. 光亮派　　D. 黑色派

8. 室内装饰装修流派中，（　　）认为“把生活环境抽象化，这对人们的生活就是一种真实”。
A. 超现实派　　B. 光亮派　　C. 风格派　　D. 白色派

9. 室外装饰装修的原则中，（　　）是指室外装饰装修要综合社会、经济、技术、文化发展状况等诸多因素，注意当地人们的生活特点和审美习惯，创造出能够为广大群众认同和欣赏的室外装饰装修效果，做到“雅俗共赏”。
A. 地域性原则　　B. 大众性原则　　C. 时代性原则　　D. 经济性原则

10. 室外装饰装修的风格中，下列关于中国古建筑外立面的表述，不正确的是（　　）。
A. 中国古典建筑的外立面基本由台基、屋身、屋顶三大部分组成
B. 屋身墙体承受屋顶重量

C．外墙可以是实体墙，也可以不用墙只安装门窗
D．其主要特点是结构灵巧，风格优雅

11．中国古典建筑的外立面中，屋身一般采取（　　）的方式。
A．明间面阔略小、两侧面阔递减　　B．明间面阔略大、两侧面阔递加
C．明间面阔略大、两侧面阔递减　　D．明间面阔略小、两侧面阔递加

12．室外装饰装修风中，（　　）的特征是反映当代建筑工业化时代精神，建筑外观成为新技术的体现，建筑造型自由且不对称，外立面简洁、明亮、轻快。
A．生态建筑的外立面　　B．后现代主义风格建筑的外立面
C．古典主义风格的外立面　　D．现代主义风格建筑的外立面

13．抹灰的构造层次通常由底层、中间层和面层三部分组成。底层厚（　　）。
A．3～15 mm　　B．5～12 mm　　C．5～15 mm　　D．3～8 mm

14．外墙面装饰构造中，（　　）构造做法是：一层底灰，一层面灰或不分层一次成活。
A．初级抹灰　　B．中级抹灰　　C．高级抹灰　　D．普通抹灰

15．外墙面装饰构造中，（　　）是指墙面不加其他覆盖性装饰面层，只在墙面进行勾缝或模纹处理，利用墙面材料的质感和颜色，以取得装饰效果的一种墙体的装饰方法。
A．贴面类外墙面装饰　　B．涂刷类外墙面装饰
C．铺钉类外墙面装饰　　D．清水墙饰面

16．玻璃幕墙的结构类型中，（　　）是指在视线范围内不出现金属框料，形成在某一范围内幅面比较大的无遮挡透明墙面。
A．全玻式玻璃幕墙　　B．型钢框架结构体系
C．铝合金隐蔽框架结构体系　　D．不锈钢索玻璃幕墙

17．在建筑外立面的视觉中，一般而言，上小下大的造型会给人以强烈的（　　）。
A．对称感　　B．非均衡对称感　C．稳定感　　D．非稳定感

18．与质量有关的性质中，材料的质量与材料在绝对密实状态下的体积之比是（　　）。
A．密度　　B．表观密度　　C．密实度　　D．孔隙率

19．与质量有关的性质中，材料在绝对密实状态下的体积与在自然状态下的体积之比是（　　）。
A．密度　　B．表观密度　　C．密实度　　D．孔隙率

20．与质量有关的性质中，凡是内部有孔隙的材料，其密实度都（　　）。
A．等于1　　B．大于1　　C．小于1　　D．大于2

21．建筑材料的力学性质中，材料的（　　）指材料在外力作用下产生变形，外力去掉后变形能完全消失的性质。
A．弹性　　B．强度　　C．塑性　　D．脆性与韧性

22．建筑材料的力学性质中，材料的（　　）是指材料在外力作用下未发生显著变形就突然破坏的性质
A．弹性　　B．强度　　C．塑性　　D．脆性

23．建筑材料的力学性质中，材料的（　　）是指材料在冲击或振动荷载作用下产生较大变形尚不致破坏的性质，如钢材、木材等。
A．弹性　　B．强度　　C．塑性　　D．韧性

24．下列关于建筑材料的耐久性，表述错误的是（　　）。

A．材料被用于建筑物后，要长期受到来自使用方面的破坏因素及来自环境方面的破坏因素的作用

B．材料的耐久性是指材料在使用过程中经受各种常规破坏因素的作用而能保持其原有性能的能力

C．采用耐久性好的材料有时会增加成本、提高价格

D．不同材料的耐久性相同，影响其耐久性的因素也相同

（二）多项选择题（每题的备选答案中，有两个或两个以上符合题意的答案）

25．下列属于影响建筑装饰装修风格外在因素的是（　　）。

A．民族特性　B．社会体制　C．生活方式

D．创作个性　E．风俗习惯

26．室内装饰装修风格主要分为（　　）。

A．传统风格　B．现代风格　C．后现代风格

D．社会风格　E．自然风格

27．在西方室内装饰装修传统风格中，洛可可风格的总体特征是（　　）。

A．轻盈　B．华丽　C．细腻

D．精致　E．动感

28．室外装饰装修的原则包括（　　）。

A．时代性原则　B．地域性原则　C．大众性原则

D．个别性原则　E．经济性原则

29．室外装饰装修的基本要求是（　　）。

A．保护墙体、装饰立面

B．与工程技术密切配合

C．满足人们对建筑物的精神需要和艺术欣赏要求

D．与整体环境保持一致

E．淡化经济条件

30．外墙面装饰构造中，抹灰的构造层次通常由（　　）三部分组成。

A．基层　B．底层　C．垫层

D．中间层　E．面层

31．外墙面装饰构造中，以下关于清水墙饰面的说法，正确的是（　　）。

A．只在墙面进行勾缝或模纹处理

B．主要有砖墙、石墙和混凝土墙面

C．常用的有青砖和红砖

D．骨架多为木骨架和金属骨架

E．砌筑工艺讲究，灰缝要一致，阴阳角要锯砖磨边，接槎要严密，有美感。

32．涂刷类外墙面装饰具有的优点包括（　　）等优点。

A．工效低　B．工效高　C．自重轻

D．造价低　E．工期短

33．按照结构体系的不同，玻璃幕墙可分为（　　）。

A．显框式玻璃幕墙　　B．型钢框架结构体系
C．铝合金隐蔽框架结构体系　　D．铝合金型材框架结构体系
E．无框架结构体系和不锈钢索玻璃幕墙

34．按照组合形式和构造方式的不同，玻璃幕墙可分为（　　）。
A．分件式玻璃幕墙　　B．显框式玻璃幕墙
C．工厂预置后到现场组装的板块式玻璃幕墙　　D．隐框式玻璃幕墙
E．钢管骨架玻璃幕墙

35．玻璃幕墙一般由（　　）组成。
A．骨架材料　　B．幕墙玻璃材料　　C．无机材料
D．有机材料　　E．填缝密封材料

36．建筑外立面的视觉中，下列（　　），属于使用韵律进行设计构图的方法。
A．连续的韵律　　B．渐变的韵律　　C．交错的韵律
D．内在的韵律　　E．外在的韵律

37．建筑外立面的色彩中，色彩的要素包括（　　）。
A．色相　　B．明度　　C．浓度
D．纯度　　E．饱和度

38．建筑外立面的色彩中，色调由色彩的色相、明度和纯度三要素决定。从色相来分，有（　　）等。
A．红色调　　B．黄色调　　C．绿色调
D．蓝色调　　E．暗色调

39．建筑外立面色彩的影响因素包括（　　）。
A．自然因素　　B．地域因素　　C．个体因素
D．建筑周边环境　　E．建筑功能

40．室内装饰装修的基本要求中，下列属于“满足审美要求”的包括（　　）。
A．界面的色彩不能过分突出
B．满足相应部位尺寸、性能要求
C．应考虑自然采光和室内灯光的设置，借助于光线获得理想的效果
D．充分利用色彩的效果，对人的生理、心理产生影响
E．应充分利用材料的质感

41．悬吊式顶棚的类型很多。从外观上分类，有（　　）。
A．平滑式顶棚　　B．井格式顶棚　　C．阶梯式顶棚
D．悬浮式顶棚　　E．塑料板悬吊式顶棚

42．直接式顶棚按施工方法，可分为（　　）。
A．直接现代式顶棚　　B．直接式抹灰顶棚
C．直接喷刷式顶棚　　D．直接固定装饰板顶棚
E．直接粘贴式顶棚

43．室内墙体饰面的常见种类中贴面类墙体饰面包括（　　）。
A．陶瓷制品　　B．天然石材　　C．一般抹灰饰面
D．装饰抹灰饰面　　E．预制板材

44．室内地面中，底层地面的基本构造层次为（　　）。

A. 隔热层　　B. 面层　　C. 垫层
D. 保温层　　E. 基层

45. 下列关于室内装饰装修的色彩要点，表述正确的是（　　）。
A. 办公用的桌子、椅子等功能性强的家具，可采用无刺激的颜色和彩度低的颜色
B. 墙面要比天棚色稍深，采用明亮的中间色
C. 踢脚线的颜色，应采用明度比墙面低的颜色
D. 为使墙裙不被碰脏，通常使用明度较低的颜色
E. 门框、窗框的颜色不宜与墙面形成过分的对比，一般可采用明度低的颜色

46. 按照装饰装修建筑物的部位不同，可分为（　　）。
A. 有机装饰材料　　B. 外墙面装饰材料
C. 地面装饰材料　　D. 内墙面装饰材料
E. 顶棚装饰装修材料

47. 建筑材料的性质有（　　）等。
A. 物理性质　　B. 力学性质　　C. 耐久性
D. 耐热性　　E. 耐湿性

48. 建筑材料的物理性质中，与质量有关的性质包括（　　）。
A. 密度　　B. 表观密度　　C. 密实度
D. 孔隙率　　E. 吸水性

49. 建筑材料的物理性质中，与温度有关的性质包括（　　）。
A. 耐水性　　B. 抗渗性　　C. 抗冻性
D. 导热性　　E. 热容量

50. 建筑材料的力学性质包括（　　）等。
A. 强度　　B. 塑性　　C. 硬度
D. 密实度　　E. 耐磨性

51. 一个建筑物的室内外装饰装修是通过建筑装饰材料的（　　）来表现的。
A. 材料　　B. 位置　　C. 线条
D. 质感　　E. 色彩

52. 按施工部位不同，涂料可分为（　　）。
A. 油性涂料　　B. 外墙涂料　　C. 溶剂性涂料
D. 水性涂料　　E. 内墙涂料

53. 根据壁纸所用的材料分类，壁纸有（　　）。
A. 装饰性壁纸　　B. 纸基壁纸　　C. 天然材料面壁纸
D. 织物壁纸　　E. 塑料壁纸

（三）综合分析题（每个小题的备选答案中有一个或一个以上符合题意的答案。错选不得分；少选，但选择正确的每个选项得相应分）

2012 年 1 月，甲房地产开发公司开发建设的新华住宅小区通过竣工验收。该住宅小区住宅建筑基底总面积为 2.5 万 m^2，总建筑面积为 20 万 m^2，建筑用地面积为 8 万 m^2，其中住宅用地面积为 6.25 万 m^2。2012 年 3 月，张某和李某分别在该小区购买了一套建筑面积为 90 m^2 的毛坯房，并按规定交纳了装修押金。张某的住房室内使用大镜面作装饰，并大

量运用花环、花束、弓箭、贝壳图案及纹样；李某的住房坚持东、西方合璧，室内色彩跳跃、对比、华丽，表面装饰突出粉画，以彩色玻璃面砖镶嵌；门窗用雕花、透雕的板材作栏板，用石膏浮雕作装饰。

54．新华住宅小区住宅建筑净密度为（　　）。

A．28.60%　　B．35.00%　　C．40.00%　　D．50.00%

55．新华住宅小区的容积率为（　　）。

A．2.0　　B．2.5　　C．3.0　　D．3.5

56．张某的住房室内装饰装修风格属于（　　）。

A．巴洛克风格　　B．哥特式风格　　C．洛可可风格　　D．意大利风格

57．李某的住房室内装饰装修风格属于（　　）。

A．意大利风格　　B．伊斯兰风格　　C．洛可可风格　　D．哥特式风格

58．张某选择的顶棚材料中，石膏板应主要用于（　　）的顶面层材料。

A．客厅　　B．卧室　　C．浴室　　D．餐厅

59．张某在选择的浴室顶棚材料中，（　　）比较理想。

A．石膏板　　B．矿棉板　　C．PVC 板　　D．铝合金板

60．李某比较的地面材料中，不适宜用于卧室的为（　　）。

A．实木地板　　B．复合地板　　C．陶瓷地砖　　D．塑料地板

五、参考答案

答　案

（一）单项选择题

1．B　2．D　3．B　4．C　5．D　6．C　7．B　8．C　9．B　10．B
11．C　12．D　13．C　14．D　15．D　16．A　17．C　18．A　19．C　20．C
21．A　22．D　23．D　24．D

（二）多项选择题

25．ABCE　26．ABCE　27．ABCD　28．ABCE　29．ABCD　30．BDE　31．ABCE
32．BCDE　33．BCDE　34．BDE　35．ABE　36．ABC　37．ABDE　38．ABCD
39．BCDE　40．ACDE　41．ABCD　42．BCDE　43．ABE　44．BCE　45．ABCD
46．BCDE　47．ABC　48．ABCD　49．DE　50．ABCE　51．CDE　52．BE
53．BCDE

（三）综合分析题

54．C　55．B　56．C　57．B　58．ABD　59．CD　60．C

解　析

54．新华住宅小区住宅建筑净密度= $\frac{\text{住宅建筑基底总面积}}{\text{住宅用地面积}}$ (%) =2.5/6.25=40%。

55．新华住宅小区的容积率= $\frac{\text{总建筑面积}}{\text{建筑用地面积}}$ =20/8=2.5。

第四章　环境和景观

一、大纲要求

本部分的考试目的是测试应考人员对环境、环境污染、景观、景观设计和景观评价等基础知识的了解、熟悉和掌握程度。本章考试要求包括：

（1）熟悉环境的概念和分类；

（2）了解生态、生态系统、生态环境的概念；

（3）掌握环境污染的概念、类型和环境污染源；

（4）掌握大气污染；

（5）掌握环境噪声污染；

（6）了解水污染；

（7）了解固体废物污染；

（8）熟悉辐射污染；

（9）掌握室内环境污染；

（10）熟悉景观的概念和分类；

（11）了解景观要素与功能；

（12）熟悉景观设计；

（13）熟悉景观评价。

二、考点汇总

（1）此类内容是多年来房地产经纪人《房地产经纪相关知识》考试中的一项重要内容。从其历年考试试题来看，环境知识的采分点比较多，特别是环境知识的概念、特征、种类以及教材所举的小例子，都是重要的考点。

（2）环境知识主要类别知识汇总（见表 4-1）。

表 4-1　环境知识主要类别知识汇总表

	分类依据	主要分类
环境	按照环境的属性	环境可分为自然环境、人工环境和社会环境
环境污染	按照环境要素	环境污染可分为大气污染、水污染、土壤污染等
	按照污染物的性质	环境污染可分为物理污染、化学污染、生物污染
	按照污染物的形态	环境污染可分为废气污染、废水污染、噪声污染、固体废物污染、辐射污染等
	按照污染产生的原因	环境污染可分为工业污染、交通污染、农业污染、生活污染等
	按照污染的空间	环境污染可分为室内环境污染和室外环境污染
	按照污染物分布的范围	环境污染分为全球性污染、区域性污染、局部性污染等

续表

	分类依据	主要分类
环境污染源	按照污染物发生的类型	环境污染源可分为工业污染源、交通污染源、农业污染源和生活污染源等
	按照污染源存在的形式	环境污染源可分为固定污染源和移动污染源
	按照污染物排放的形式	环境污染源可分为点源、线源和面源
	按照污染物排放的空间	环境污染源可分为高架源和地面源
	按照污染物排放的时间	环境污染源可分为连续源、间断源和瞬时源
	按照污染源存在的时间	环境污染源可分为暂时性污染源和永久性污染源
环境噪声	按照噪声产生的机理	噪声分为机械噪声、空气动力噪声和电磁性噪声三类
	按照噪声随时间的变化情况	噪声分为稳态噪声和非稳态噪声两类
水污染		水污染可分为地表水污染、地下水污染和海洋污染
固体废物	按照废物的形状	固体废物可分为颗粒状废物、粉状废物、块状废物和泥状废物（污泥）
	按照废物的化学性质	固体废物可分为有机废物和无机废物
	按照废物的危害状况	固体废物可分为有害废物和一般废物
	按照废物的来源	固体废物可分为城市垃圾、工业固体废物、农业废弃物和放射性固体废物
辐射污染		辐射污染可分为电磁辐射污染和放射性辐射污染两大类

三、例题分析

（一）环境概述

对于选购某套住宅的人来说，周边居民的文化素养、职业、社会地位等，是其（　　）。（2003 年试题）

A．自然环境　　B．人工环境

C．社会环境　　D．五大圈环境

答案：C

解析：社会环境是指由人与人之间的各种社会关系所形成的环境，包括政治制度、经济体制、文化传统、社会治安、邻里关系等。对于某套住宅来说，周边居民的文化素养、收入水平、职业、社会地位等，都是影响其价值高低的社会环境。

（二）环境污染

1．按照污染物的形态划分，环境污染可分为（　　）。（2003 年试题）

A．废气、废水污染　　B．噪声污染

C．固体废物污染　　D．土壤污染

E．辐射污染

答案：ABCE

解析：按照污染物的形态，环境污染分为废气污染、废水污染、噪声污染、固体废物污染、辐射污染等。

2. 在环境污染类型划分方法中，将环境污染分为物理污染、化学污染和生物污染的依据是污染的（　　）。（2006 年试题）

A. 环境要素　　B. 性质　　C. 产生原因　　D. 空间

答案：B

解析：按照污染物的性质，环境污染分为物理污染（如声、光、热、辐射等）、化学污染（如无机物、有机物）、生物污染（如霉菌、细菌、病毒等）。

3. 按照污染物排放的空间分类，在距地面一定高度上排放污染物的污染源称为（　　）。（2004 年试题）

A. 空中源　　B. 空气源　　C. 高架源　　D. 高空源

答案：C

解析：按照污染物排放的空间，污染源可分为高架源和地面源。其中，高架源是指在距地面一定高度上排放污染物的污染源，如烟囱。

4. 烟囱作为环境污染源的类型是（　　）。（2007 年试题）

A. 固定污染源　　B. 点源　　C. 线源

D. 高架源　　E. 地面源

答案：ABD

解析：固定污染源是指像工厂、烟囱之类位置固定的污染源；点源是集中在某一点的小范围内排放污染物的污染源；高架源是指在距地面一定高度上排放污染物的污染源。

5.《环境空气质量标准》规定的环境空气中各项污染物不允许超过的质量标准是（　　）。（2006 年试题）

A. 重量限值　　B. 浓度限值　　C. 体积限值　　D. 质量限值

答案：B

解析：《环境空气质量标准》（GB 3095—1996）规定了环境空气中各项污染物不允许超过的浓度限值。

6. 直径在 10 μm 以下，能长时间在空中漂浮的人体可吸入颗粒污物，称为（　　）。（2005 年试题）

A. 雾尘　　B. 降尘　　C. 烟尘　　D. 飘尘

答案：D

解析：飘尘又称可吸入颗粒物，颗粒相对较小，不易沉降，能长时间在空中漂浮。

7. 冬季供暖中，按照颗粒污染物的分类，在燃料的燃烧、高温熔融和化学反应等过程中形成的漂浮于空中的颗粒物是（　　）。（2004 年试题）

A. 尘粒　　B. 粉尘　　C. 烟尘　　D. 雾尘

答案：C

解析：颗粒污染物主要有尘粒、粉尘、烟尘和雾尘。烟尘是指在燃料的燃烧、高温熔融和化学反应等过程中形成的漂浮于空中的颗粒物。

8. 颗粒相对较小、直径在 10 μm 以下、不易沉降、能长时间在空中飘浮的颗粒污染物是（　　）。（2007 年试题）

A. 尘粒　　B. 飘尘　　C. 烟尘　　D. 雾尘

答案：B

解析：飘尘又称可吸入颗粒物，颗粒相对较小，直径在 10 μm 以下，不易沉降，能长时间在空中漂浮。

9. 酸雨是由（　　）随雨雪降落形成的。（2009 年试题）

A. 硫酸雾　　B. 一氧化氮雾　　C. 二氧化氮雾　　D. 碳氢化合物

答案：A

解析：硫酸雾随雨雪降落，形成“酸雨”。酸雨除了损害人体呼吸道系统和皮肤，还会腐蚀建筑物、设备和露天放置的各种金属。

10. 导致酸雨形成的主要污染物是（　　）。（2008 年试题）

A. 一氧化碳　　B. 二氧化硫　　C. 二氧化氮　　D. 碳氢化合物

答案：B

解析：二氧化硫在空气中能同水蒸气和其他化合物结合形成硫酸雾，其毒性比二氧化硫大得多。人体吸入硫酸雾，会引起支气管炎、支气管哮喘和肺气肿等病症。硫酸雾随雨雪降落，形成“酸雨”。

11. 在城市大气污染中，一氧化碳含量最多，它无色、无味，可以使人体组织缺氧、头痛、恶心甚至昏迷。这种有害污染气体大部分来自（　　）。（2008 年试题）

A. 钢铁企业　　B. 化工企业

C. 建筑工业扬尘　　D. 汽车尾气

答案：D

解析：一氧化碳在城市大气污染物中含量最多，约占大气污染物总量的 1/3，它大部分来自汽车尾气。

12. 在高浓度环境中滞留 1～2 小时，可使人头痛、恶心甚至昏迷的大气污染物是（　　）。（2006 年试题）

A. 一氧化碳　　B. 碳氢化合物　　C. 硫氧化物值　　D. 氮氧化物

答案：A

解析：在一氧化碳高浓度环境中滞留 1～2 小时，可使人头痛、恶心甚至昏迷；即使在低浓度下，长时间的停留也会有很大的害处。

13. 下列气态污染物中，对建筑物有腐蚀作用的有（　　）。（2006 年试题）

A. 二氧化硫　　B. 一氧化氮　　C. 一氧化碳

D. 甲醛　　E. 碳氢化合物

答案：AE

解析：二氧化硫在空气中能同水蒸气和其他化合物结合形成硫酸雾，其毒性比二氧化硫大得多。人体吸入硫酸雾，会引起支气管炎、支气管哮喘和肺气肿等病症。硫酸雾随雨雪降落，形成“酸雨”。酸雨除了损害人体呼吸道系统和皮肤，还会腐蚀建筑物、设备和露天放置的各种金属。碳氢化合物与空气中的氮氧化物在阳光作用下形成浅蓝色烟雾，被称为光化学烟雾，危害非常大。光化学烟雾还会加速橡胶制品的老化，腐蚀建筑物和衣物。

14. 火力发电由于煤和油用量大，造成的大气污染问题主要有（　　）。

A. 产生氯氨化合物　　B. 产生粉尘多

C．释放硫氧化物　　D．易形成光污染
E．释放氮氧化物
答案：BC
解析：火力发电的煤和油用量大，主要产生粉尘污染和硫氧化物污染，一般煤燃烧后约有原重量的 1/10 以烟尘的形式排入大气，油燃烧后约有原重量 1%的烟尘排出，并且煤和油的不充分燃烧是产生硫氧化物的源泉。

15．在城市大气污染中，生活污染源包括（　　）等。（2008 年试题）
A．家庭汽车污染　　B．生活燃料污染
C．居住环境污染　　D．城市垃圾污染
E．食品加工形成的大气污染
答案：BCD
解析：家庭汽车污染，属于交通污染源。

16．造成大气污染的生活污染源主要有（　　）。（2003 年试题）
A．建筑施工工地的扬尘　　B．用于取暖或做饭的煤炭等生活燃料
C．家庭装修材料　　D．汽车排放的铅
E．城市垃圾与臭水沟
答案：BCE
解析：生活污染源主要有：①生活燃料的污染；②居住环境的污染；③其他生活污染。

17．城市环境噪声污染的特征包括（　　）。（2006 年试题）
A．能量污染　　B．感觉公害　　C．生活污染
D．局限性污染　　E．空气污染
答案：ABD
解析：环境噪声污染有下列三个特征：①环境噪声污染是能量污染；②环境噪声污染是感觉公害；③环境噪声污染具有局限性和分散性。

18．下列关于环境噪声污染特征的表述中，不正确的是（　　）。（2005 年试题）
A．环境噪声污染是能量污染
B．环境噪声污染是感觉公害
C．环境噪声污染具有局限性和集中性
D．随着离噪声源距离的增加和受建筑物及绿化林带的阻挡，声能量衰减
答案：C
解析：环境噪声污染具有局限性和分散性。

19．下列关于环境噪声污染特征的表述中，错误的是（　　）。（2007 年试题）
A．发声源停止发声，污染即自行消除
B．环境噪声污染影响受害者的生理与心理状态
C．环境噪声污染具有局限性和集中性
D．随着噪声源距离的增加，声能量衰减
答案：C
解析：环境噪声污染具有局限性和分散性。

20．长期在强噪声环境中工作对听力的主要危害有（　　）。（2009 年试题）
A．听觉疲劳不能恢复　　B．内耳感觉器官会发生器质性病变

C．记忆力明显减退　　　　D．细胞减少

E．头痛头晕、食欲不振

答案：AB

解析：噪声对听力的损害是人们最早认识到的一种损害。人们在强噪声环境中暴露一定时间后，听力会下降；离开噪声环境到安静的场所休息一段时间，听觉会恢复，这种现象为听觉疲劳。但长期在强噪声环境中工作，听觉疲劳就不能恢复，而且内耳感觉器官会发生器质性病变，造成噪声性耳聋或噪声性听力损失。例如，噪声污染是老年耳聋的一个重要因素。

21．环境噪声污染对人的伤害主要有（　　）。（2007 年试题）

A．对视力的影响　　　　B．对人体生理的影响

C．对人体心理的影响　　　　D．对儿童智力的影响

E．对睡眠的影响

答案：BCDE

解析：对视力的影响属于光污染。

22．在环境噪声中，有一类经常发生在城市建设中的噪声，其特点为突发性、冲击性、不连续性，这种噪声是（　　）。（2008 年试题）

A．施工噪声　　　　B．社会生活噪声

C．工业生产噪声　　　　D．交通噪声

答案：A

解析：建筑施工噪声是建筑工地的各种施工机械产生的噪声。这种噪声具有突发性、冲击性、不连续性等特点，容易引起人们的烦躁。

23．根据国家《城市区域环境噪声标准》，规定了城市五类区域的环境噪声标准，其中 1 类标准适用于（　　）。(2007 年试题）

A．居住区　　B．工业区　　C．商业区　　D．混杂区

答案：A

解析：1 类标准适用于以居住、文教机关为主的区域，乡村居住环境可参照执行 1 类标准。

24．下列关于《城市区域环境噪声标准》的表述中，正确的有（　　）。（2005 年试题）

A．0 类标准适用于疗养区、高级别墅区等特别需要安静的区域

B．1 类标准适用于以居住、高级宾馆等为主的区域

C．2 类标准适用于居住、商业、工业混杂区

D．3 类标准适用于城市道路交通干线两侧的区域

E．4 类标准用于工业区

答案：AC

解析：0 类标准适用于疗养区、高级别墅区、高级宾馆区等特别需要安静的区域；1 类标准适用于以居住、文教机关为主的区域；2 类标准适用于居住、商业、工业混杂区；3 类标准适用于工业区；4 类标准适用于城市中的道路交通干线道路两侧区域，穿越城区的内河航道两域。

25．工业和城市生活排放的污水以及农田、农村居民点的排水，按其来源属于水污染

中的（　　）。（2006年试题）

A．地下水的污染物　　B．地表水的污染物

C．微生物的污染物　　D．酸碱水的污染物

答案：B

解析：地表水的污染物多来自工业和城市生活排放的污水以及农田、农村居民点的排水。

26．天然水体中过量的营养物质主要来自（　　）。

A．地球内部渗出物　　B．农田施肥

C．农业废弃物　　D．某些工业废水

E．城市生活污水

答案：BCDE

解析：天然水体中过量的营养物质主要来自农田施肥、农业废弃物、城市生活污水及某些工业废水。

27．生活污水的主要特点是（　　）。（2009年试题）

A．富营养化　　B．含氮、硫、磷高

C．含污染物多　　D．含金属碎屑多

答案：B

解析：生活污水的特点是含氮、磷、硫高，含大量合成洗涤剂，含有多种微生物。

28．水污染源中，下列关于生活污染源，表述正确的是（　　）。

A．生活污染源是指由人类消费活动所产生的污水

B．生活污染源主要是由城市化造成的

C．城市和人口密集的居住区不是主要的生活污染源

D．人们生活中产生的污水包括由厨房、浴室、厕所等场所排放出的污水和污物

E．生活污水的特点是含氮、磷、硫高，含大量合成洗涤剂，含有多种微生物

答案：ABDE

解析：由于城市人口增多，城市规模扩大，人口越来越密集，排放的污染物和生活污水越来越多，病菌的扩散和传播也更容易，所以，城市和人口密集的居住区是主要的生活污染源。

29．环境污染中固体废物种类繁多，其中，按废物的化学性质可以分为（　　）。（2007年试题）

A．有机废物和无机废物

B．有害废物和一般废物

C．城市垃圾、工业固体废物、农业废弃物和放射性固体废物

D．颗粒状废物与粉状废物等块状废物和泥状废物

答案：A

解析：按照废物的化学性质，可分为有机废物和无机废物。

30．固体废物的种类很多，按废物的来源，可分为（　　）。

A．城市垃圾　　B．农业废弃物

C．放射性气体废物　　D．放射性固体废物

E．工业固体废物

答案：ABDE

解析：按照废物的来源，可分为城市垃圾、工业固体废物、农业废弃物和放射性固体废物。

31．城市中杂乱的垃圾堆、乱摆的货摊、五颜六色的广告和招贴是一种（　　）。（2009年试题）

A．灯光污染　　B．视觉污染

C．不可见光污染　　D．电磁波辐射污染

答案：B

解析：视觉污染是一种特殊形式的光污染，是指城市中杂乱的视觉环境，如杂乱的垃圾堆、乱摆的货摊、五颜六色的广告和招贴等。

32．城市中常见的眩光污染有（　　）。（2009年试题）

A．夜间汽车灯光　　B．电焊弧光

C．强光线的路灯　　D．建筑物玻璃幕墙反光

E．车站、机场闪动的信号灯

答案：ABE

解析：眩光污染如电焊时产生的强烈眩光，在无防护情况下会对人的眼睛造成伤害；夜间迎面驶来的汽车的灯光，会使人视物不清，造成事故；车站、机场等过多闪动的信号灯，使人视觉不舒服。

33．光污染中可见光污染的种类有（　　）。（2005年试题）

A．灯光污染　　B．红外光污染　　C．眩光污染

D．紫外光污染　　E．视觉污染

答案：ACE

解析：光污染可分为可见光污染和不可见光污染。不可见光污染又可分为红外光污染和紫外光污染。

34．光污染分为可见光污染和不可见光污染，下列属于不可见光污染的有（　　）。（2008年试题）

A．灯光污染　　B．眩光污染　　C．红外光污染

D．反射光污染　　E．紫外光污染

答案：CE

解析：不可见光污染又可分为红外光污染和紫外光污染。

35．电磁波对人体的危害程度从大到小排序正确的是（　　）。（2008年房地产估价师制度试题）

A．超短波 < 短波 < 微波 < 中波 < 长波

B．微波 < 超短波 < 短波 < 中波 < 长波

C．微波 > 超短波 > 短波 > 中波 > 长波

D．超短波 > 短波 > 微波 > 中波 > 长波

答案：C

解析：根据电磁波的波长，电磁波分为微波、超短波、短波、中波、长波。因此，它们对人体的危害程度分别是：微波>超短波>短波>中波>长波。

36．购房中人们选择的房源尽可能避开广播、电视发射塔、人造卫星通信系统地面站

等，主要是为了防止或减少（　　）。（2009 年试题）

A．人为放射性辐射污染　　B．天然放射性辐射污染

C．电磁辐射污染　　D．遭受雷击的可能性

答案：C

解析：人为电磁辐射污染源主要有广播、电视辐射系统的发射塔，人造卫星通信系统的地面站，雷达系统的雷达站，高压输电线路、变压器和变电站，各种高频设备，如高频热合机、高频淬火机、高频焊接机、高频烘干机、高频和微波理疗机以及微波炉等。

37．下列设施中，属于电磁辐射污染源的有（　　）。（2008 年试题）

A．电视发射塔　　B．高压输电线路

C．人造卫星通信系统地面站　　D．原子能核电站

E．高频设备

答案：ABCE

解析：人为电磁辐射污染源主要有广播、电视辐射系统的发射塔，人造卫星通信系统的地面站，雷达系统的雷达站，高压输电线路、变压器和变电站，各种高频设备。

38．电磁辐射中，对人体危害程度最强的是（　　）。（2008 年试题）

A．微波　　B．短波　　C．中波　　D．长波

答案：A

解析：根据电磁波的波长，电磁波分为微波、超短波、短波、中波、长波。因此，它们对人体的危害程度分别是：微波 > 超短波 > 短波 > 中波 > 长波。

39．光污染可分为（　　）。

A．紫外光污染　　B．不可见光污染

C．可见光污染　　D．辐射光污染

E．照明光污染

答案：BC

解析：光污染可分为可见光污染和不可见光污染。

40．下列污染类型中，属于辐射污染的有（　　）。（2010 年房地产估价师制度试题）

A．灯光污染　　B．视觉污染

C．高压输电线污染　　D．垃圾臭气污染

E．医疗照射

答案：ABDE

解析：辐射污染可分为电磁辐射污染和放射性辐射污染两大类。电磁辐射污染可分为光污染和其他电磁辐射污染。光污染可分为可见光污染和不可见光污染。不可见光污染又可分为红外光污染和紫外光污染。可见光污染有下列几种：①灯光污染；②眩光污染；③视觉污染；④其他可见光污染。人为电磁辐射污染源主要有广播、电视辐射系统的发射塔，人造卫星通信系统的地面站，雷达系统的雷达站，高压输电线路、变压器和变电站，各种高频设备，如高频热合机、高频淬火机、高频焊接机、高频烘干机、高频和微波理疗机以及微波炉等。现代医学的发展，使放射在医学上得到广泛的应用。医用照射已经成为主要的人工污染源，放射线在医学上主要用于对癌症的诊断和治疗。

41．根据国家《城市区域环境噪声标准》，3 类标准适用于（　　）。（2010 年房地产估

价师制度试题）

A．疗养区　　B．居住区　　C．工业区　　D．大学区

答案：C

解析：根据国家《城市区域环境噪声标准》，0 类标准适用于疗养区、高级别墅区、高级宾馆区等特别需要安静的区域；1 类标准适用于以居住、文教机关为主的区域；2 类标准适用于居住、商业、工业混杂区；3 类标准适用于工业区；4 类标准适用于城市中的道路交通干线道路两侧区域、穿越城区的内河航道两域。

（三）室内环境污染

1. 查看估价对象房屋室内环境污染状况时，对室内来源的污染物，应重点查看（　　）。（2009 年房地产估价师制度试题）

A．墙体承重材料　　B．竹质的家具

C．装修装饰材料　　D．家用电器

答案：C

解析：建筑材料是一个重要的室内环境污染源。

2．室内环境污染中，属于室内来源的主要污染物是（　　）。（2008 年试题）

A．生活垃圾　　B．生活用水　　C．建筑材料　　D．建筑设备

答案：C

解析：室内来源的污染物主要来自建筑材料，尤其是装修装饰材料。

3. 有些石材和砖中含有的污染物蜕变成氡，能引起肺癌，这种污染物是（　　）。（2009 年试题）

A．甲醛　　B．高苯底的镭　　C．一氧化碳　　D．二氧化氮

答案：B

解析：有些石材和砖中含有高本底的镭，镭可蜕变成放射性很强的氡，能引起肺癌。

4．有些石材、砖、水泥、混凝土等材料含有高本底的镭，该物质可蜕变成对人体十分有害的放射性污染物是（　　）。（2007 年试题）

A．苯　　B．氡　　C．甲醛　　D．石棉

答案：B

解析：有些石材、砖、水泥和混凝土等材料中含有高本底的镭，镭可蜕变成氡，通过墙缝、窗缝等进入室内，造成室内氡的污染。

5．室内环境污染中，室外来源主要有（　　）。

A．地层中固有的，如氡及其子体

B．地基在建房前已遭受工农业生产或生活废弃物的污染

C．建筑材料

D．装修装饰材料

E．该房屋原已受污染，原使用者迁出后未进行彻底清理，使后迁入者遭受危害

答案：ABE

解析：室内环境污染中，室外来源主要有：①地层中固有的，如氡及其子体；②地基在建房前已遭受工农业生产或生活废弃物的污染；③该房屋原已受污染，原使用者迁出后未进行彻底清理，使后迁入者遭受危害。室内来源的污染物主要来自建筑材料，尤其是装修装饰材料。

（四）景观概述

1．某居住小区内设置的下列景观设施中，属于硬质景观的是（　　）。（2010年试题）

A．喷泉　　B．草皮　　C．树木　　D．音响设施

答案：D

解析：硬质景观主要包括雕塑小品、便民设施、音响设施、围墙/栅栏、挡墙、坡道、台阶等。

2．下列关于园林景观的特点，表述不正确的是（　　）。

A．园林景观是固定在某处的标志性景观

B．树是园林景观的标志

C．园林景观是心理和生理的共同表现

D．所有园林景观需要进行护理

答案：B

解析：园林景观的特点包括：①园林景观是固定在某处的标志性景观；②美是园林景观的标志；③园林景观是心理和生理的共同表现；④所有园林景观需要进行护理。

3．下列关于景观的表述中，错误的是（　　）。（2009年试题）

A．景观可分为自然景观、人文景观和社会景观

B．景观应包括客观形象信息和主观感受两个方面

C．景观的好坏判别，与审视者的心理、生理、知识层次的高低等有关

D．毗邻好景观的房屋，其价值通常较高

答案：A

解析：景观可以分为自然景观和人文景观。

4．下列关于人文景观的表述中，正确的是（　　）。

A．人文景观是有人为因素作用形成（或构成）的各种景观

B．人文景观是指自然景观加上人工改造所形成的景观及印象

C．人文景观是指被人类活动改变过的自然景观

D．硬景观是指人工植被、河流等仿自然景观，如喷泉、水池、抗压草皮、修剪过的树木等

E．软景观是指人工设施，通常包括铺装、雕塑、凉棚、座椅、灯光、果皮箱等

答案：ABC

解析：在景观规划设计中对景观因素的考虑，通常分为硬景观和软景观。硬景观是指人工设施，通常包括铺装、雕塑、凉棚、座椅、灯光、果皮箱等。软景观是指人工植被、河流等仿自然景观，如喷泉、水池、抗压草皮、修剪过的树木等。

5．下列属于自然景观要素的有（　　）。

A．非常宜人的气候条件　　B．富有魅力的风景

C．清晰的城市结构　　D．洁净的空气

E．古树名木

答案：ABDE

解析：自然景观要素主要指自然风景，包括大小山丘、古树名木、石头、河流、湖泊、海洋、公园、树林、富有魅力的风景、洁净的空气、非常宜人的气候条件等。

（五）景观设计

1. 在居住区景观设计中，能体现所在地域自然环境特征，因地制宜地创造出具有时代特点和当地特征的空间环境的原则，是（ ）。（2010 年试题）

A. 生态原则 B. 可持续原则 C. 地域性原则 D. 历史性原则

答案：C

解析：地域性原则应体现所在地域的自然环境特征，因地制宜地创造出具有时代特点和地域特征的空间环境，避免盲目移植。

2. 游乐场的选址应充分考虑儿童活动产生的嘈杂声对附近居民的影响，离开居民窗户（ ）m 远为宜。

A. 3 B. 5 C. 8 D. 10

答案：D

解析：游乐场的选址应充分考虑儿童活动产生的嘈杂声对附近居民的影响，离开居民窗户 10 m 远为宜。

（六）景观评价

景观负向美学特征有（ ）。

A. 杂乱无章 B. 空间组分不协调

C. 清洁性和安静性的丧失 D. 出现废弃物和垃圾

E. 有序而又不整齐划一

答案：ABCD

解析：景观负向美学特征有：①尺度的过大或过小；②杂乱无章；③空间组分不协调；④清洁性和安静性的丧失；⑤出现废弃物和垃圾。

四、模拟练习

（一）单项选择题（每题的备选答案中只有一个最符合题意）

1. 下列关于环境的分类，表述不正确的是（ ）。

A. 通常按照环境的属性，将房地产的环境分为自然环境、人工环境和社会环境

B. 自然环境是指经过人的加工改造而形成的环境

C. 从学术上讲，自然环境是指直接或间接影响到人类的一切自然形成的物质、能量和自然现象的总体

D. 通俗地说，人工环境是指在自然环境的基础上经过人的加工改造所形成的环境，或人为创造的环境

2. 下列环境污染类型中，根据污染产生的原因划分的污染类型是（ ）。

A. 大气污染 B. 室内污染 C. 交通污染 D. 全球性污染

3. 按照污染源存在的时间划分，居住区旁边道路上汽车噪声所带来的污染属于（ ）。

A. 暂时性污染 B. 永久性污染 C. 线源污染 D. 移动污染

4. 按照（ ），环境污染分为工业污染、交通污染、农业污染、生活污染等。

A. 环境要素 B. 污染物的性质

C. 污染物的形态 D. 污染产生的原因

5．按照（　　），环境污染分为废气污染、废水污染、噪声污染、固体废物污染、辐射污染等。
A．环境要素
B．污染物的性质
C．污染物的形态
D．污染的空间
6．按照（　　），环境污染分为大气污染、水污染、土壤污染等。
A．环境要素
B．污染物的性质
C．污染物的形态
D．污染产生的原因
7．建筑施工噪声，属于（　　）。
A．点源
B．面源
C．永久性污染源
D．暂时性污染源
8．按照污染源存在的形式，环境污染源可分为（　　）。
A．工业污染源、交通污染源、农业污染源和生活污染源等
B．固定污染源和移动污染源
C．点源、线源和面源
D．暂时性污染源和永久性污染源
9．按照污染物排放的空间分，在距地面一定高度上排放污染物的污染源称为（　　）。
A．空中源　B．空气源　C．高架源　D．高空源
10．按照（　　），环境污染源可分为连续源、间断源和瞬时源。
A．污染物发生的类型
B．污染物排放的时间
C．污染物排放的形式
D．污染源存在的时间
11．在环境污染类型划分方法中，将环境污染分为物理污染、化学污染和生物污染的依据是污染的（　　）。
A．环境要素　B．性质　C．产生原因　D．空间
12．工业区许多烟囱构成一个区域性的污染源，属于（　　）。
A．点源　B．线源　C．面源　D．瞬时源
13．按照污染物的（　　），大气污染物分为颗粒污染物和气态污染物两大类。
A．特点　B．形态　C．质量　D．颜色
14．硫酸雾随雨雪降落，形成（　　）。
A．酸雾　B．酸云　C．酸雪　D．酸雨
15．一氧化碳在城市大气污染物中含量最多，约占大气污染物总量的1/3，它大部分来自（　　）。
A．生活垃圾　B．汽车尾气　C．建筑垃圾　D．生物垃圾
16．在住宅旁边修筑一条道路所带来的汽车噪声污染属于（　　）。
A．点源
B．面源
C．永久性污染源
D．暂时性污染源
17．颗粒污染物又称总悬浮颗粒物，是指能悬浮在空气中空气动力学当量直径≤（　　）μm的颗粒物。
A．100　B．200　C．500　D．800
18．《环境空气质量标准》规定的环境空气中各项污染物不允许超过的质量标准是（　　）。
A．重量限值　B．浓度限值　C．体积限值　D．质量限值

19. 下列关于气态污染物的种类，表述不正确的是（　　）。
   A. 污染大气的硫氧化物主要是二氧化硫、三氧化硫。其中以二氧化硫的数量最多，危害也最大
   B. 污染大气的氮氧化物主要是一氧化氮和二氧化氮
   C. 二氧化碳在城市大气污染物中含量最多，约占大气污染物总量的1/3，它大部分来自汽车尾气
   D. 碳氢化合物是空气中的一类重要的污染物，包括甲烷、乙烷、乙烯等
20. 在高浓度环境中滞留1～2小时，可使人头痛、恶心甚至昏迷的大气污染物是（　　）。
   A. 一氧化碳　B. 碳氢化合物　C. 硫氧化物　D. 氮氧化物
21. 碳氢化合物与空气中的氮氧化物在阳光作用下形成浅蓝色烟雾，被称为（　　），危害非常大。
   A. 乙烯　B. 光化学烟雾　C. 甲烷　D. 乙烷
22. （　　）一般都是移动污染源，主要是各种机动车辆、飞机、轮船等排放的有毒有害物质进入大气。
   A. 生活污染源　B. 气态污染物　C. 交通污染源　D. 工业污染源
23. 下列关于环境噪声污染特征的表述中，不正确的是（　　）。
   A. 环境噪声污染是能量污染
   B. 环境噪声污染是感觉公害
   C. 环境噪声污染具有局限性和集中性
   D. 随着离噪声源距离的增加和受建筑物及绿化林带的阻挡，声能量衰减
24. （　　）有强烈的刺激作用，浓度超过0.15 ppm时就能刺激眼睛，使眼睛红肿。
   A. 乙烯　B. 光化学烟雾　C. 甲烷　D. 乙烷
25. 产生大气污染的（　　）主要有钢铁、有色金属、火力发电、水泥、石油冶炼以及造纸、农药、医药等企业。
   A. 生活污染源　B. 气态污染物　C. 交通污染源　D. 工业污染源
26. 固体废物的种类很多，按照（　　），可分为城市垃圾、工业固体废物、农业废弃物和放射性固体废物。
   A. 废物的形状　B. 废物的来源　C. 废物的大小　D. 废物的危害状况
27. 按照废物的危害状况，可分为（　　）。
   A. 城市垃圾、工业固体废物、农业废弃物和放射性固体废物
   B. 有机废物和无机废物
   C. 颗粒状废物、粉状废物、块状废物和泥状废物（污泥）
   D. 有害废物和一般废物
28. 可见光污染中，车站、机场等过多闪动的信号灯，使人视觉不舒服，属于（　　）。
   A. 灯光污染　B. 其他可见光污染
   C. 视觉污染　D. 眩光污染
29. 可见光污染中，城市中五颜六色的广告和招贴等属于（　　）。
   A. 灯光污染　B. 其他可见光污染
   C. 视觉污染　D. 眩光污染

30. 电磁辐射对人体的危害程度随着电磁波波长的缩短而增加。下列对人体的危害程度从高到低的顺序是（　　）。

A. 超短波>微波>短波>中波>长波　　B. 微波>短波>超短波>中波>长波

C. 微波>超短波>短波>中波>长波　　D. 微波>长波>短波>超短波>中波

31. 下列关于电磁辐射污染中的光污染，表述不正确的是（　　）。

A. 光污染是指人类活动造成的过量光辐射对人类生活和生产环境形成不良影响的现象

B. 光污染可分为可见光污染和不可见光污染

C. 不可见光污染又可分为红外光污染和紫外光污染

D. 可见光污染有灯光污染、紫外光污染、视觉污染、其他可见光污染

32. 可见光污染中，建筑工地的聚光灯照进住宅，影响居民休息，此属于（　　）。

A. 灯光污染　　B. 其他可见光污染

C. 视觉污染　　D. 眩光污染

33. 可见光污染中，夜间迎面驶来的汽车的灯光会使人视物不清，此属于（　　）。

A. 灯光污染　　B. 其他可见光污染

C. 视觉污染　　D. 眩光污染

34. 下列电磁波对人体的危害程度最大的是（　　）。

A. 微波　　B. 超短波　　C. 短波　　D. 中波

35. 一定地域内由山水、花草、树木、建筑物以及某些自然现象等形成的可供人观赏的景象是（　　）。

A. 环境　　B. 景观　　C. 形象　　D. 生态

36. 下列关于景观与环境，表述不正确的是（　　）。

A. 环境可以实体形式存在

B. 环境不可以非实体形式存在

C. 景观则指构成人们周围环境的实体部分，是看得见的

D. 一方面环境影响景观的形成和发展变化，另一方面景观又往往能反映自然环境的某些方面

37. 景观功能的重点放在（　　）。

A. 其外部各个功能要素之间的相互作用关系

B. 其内部各个功能要素之间的相互作用关系

C. 其局部各个功能要素之间的相互作用关系

D. 其外部有关功能要素之间的相互作用关系

38. 下列关于景观设计的表述中，错误的是（　　）。

A. 景观设计是人类社会发展到一定阶段的产物，也是历史悠久的造园活动发展的必然结果

B. 景观设计是一种只具有空间单一性质的创造活动

C. 景观设计是指在某一地域范围内创造一个具有形态、形式因素构成的较为独立的，具有一定社会文化内涵及审美价值的景物

D. 景观设计的最终目的是使人与人之间、人与自然之间相互和谐

（二）多项选择题（每题的备选答案中，有两个或两个以上符合题意的答案）

39．环境（　　）。

A．包括以大气、水、土壤、岩石、生物等为内容的物质因素

B．不包括以观念、制度、行为准则等为内容的非物质因素

C．包括自然因素

D．不包括社会因素

E．包括非生命体形式和生命体形式

40．水污染可分为（　　）。

A．海洋污染　B．地下水污染　C．地表水污染

D．承压水污染　E．潜水污染

41．环境污染源按照污染物发生的类型，可分为（　　）等。

A．工业污染源　B．交通污染源

C．生活污染源　D．农业污染源

E．暂时性污染源

42．颗粒污染物主要有（　　）。

A．尘粒　B．粉尘　C．烟尘

D．雾尘　E．碳氢化合物

43．气态污染物的种类很多，主要有（　　）。

A．硫氧化物　B．氮氧化物　C．粉尘

D．一氧化碳　E．碳氢化合物

44．按照污染物的形态，环境污染分为（　　）和辐射污染等。

A．生物污染　B．固体废物污染

C．噪声污染　D．废水污染

E．废气污染

45．按照污染物排放的形式，污染物可分为（　　）。

A．点源　B．高架源　C．地面源

D．线源　E．面源

46．工厂烟囱之类位置固定的污染源，属于（　　）。

A．固定污染源　B．移动污染源　C．点源

D．高架源　E．线源

47．大气污染源情况的影响可从（　　）两方面来看。

A．源大　B．源弱　C．源强

D．源低　E．源高

48．下列气态污染物中，对建筑物有腐蚀作用的有（　　）。

A．二氧化硫　B．一氧化氮　C．一氧化碳

D．甲醛　E．碳氢化合物

49．按照噪声产生的机理，噪声分为（　　）。

A．机械噪声　B．空气动力噪声

C．电磁性噪声　D．稳态噪声

E．非稳态噪声

50．环境噪声污染的特征有（　　）。
A．环境噪声污染是能量污染
B．环境噪声污染是感觉公害
C．环境噪声污染是视觉公害
D．环境噪声污染具有分散性
E．环境噪声污染具有局限性

51．下列关于交通噪声，表述正确的是（　　）。
A．交通噪声特点是声源面广且固定
B．交通噪声日益成为城市的主要噪声，城市中 50%～70%的噪声来自交通运输工具
C．汽车噪声除喇叭声外，主要来自发动机运转、进排气和轮胎与地面摩擦等
D．飞机噪声来自升降及飞行时发出的高音压
E．交通噪声是由交通运输工具（包括汽车、火车、飞机、船舶等）发出的噪声

52．水污染源中，其中工业污染源的特点是（　　）。
A．量大
B．含污染物多
C．成分复杂
D．处理比较容易
E．面广

53．海洋污染的范围主要是沿海水域的污染，主要是由（　　）造成的。
A．海洋生物排放的废物
B．航行沿海的船舶排出的废油
C．油轮触礁而漏散的原油
D．临海工厂排放的废水
E．沿海居民抛弃的垃圾

54．水污染源中，下列关于生活污染源表述正确的是（　　）。
A．生活污染源是指由人类消费活动所产生的污水
B．生活污染源主要是由城市化造成的
C．城市和人口密集的居住区不是主要的生活污染源
D．人们生活中产生的污水包括由厨房、浴室、厕所等场所排放出的污水和污物
E．生活污水的特点是含氮、磷、硫高，含大量合成洗涤剂，含有多种微生物

55．地表水的污染物多来自（　　）。
A．工业和城市生活排放的污水
B．农田的排水
C．农村居民点的排水
D．航行沿海的船舶排出的废油
E．油轮触礁而漏散的原油

56．海洋污染的范围主要是（　　）等所致。
A．沿海居民抛弃的垃圾
B．农田、农村居民点的排水
C．临海工厂排放的废水
D．油轮触礁而漏散的原油
E．航行沿海的船舶排出的废油

57．固体废物按照废物的来源，可分为（　　）。
A．城市垃圾
B．工业固体废物
C．农业废弃物
D．放射性固体废物
E．颗粒状废物

58．放射性辐射污染的主要来源有（　　）等。
A．宇宙射线
B．紫外光污染
C．地球上的天然放射性源
D．人类活动增加的辐射
E．医疗照射引起的放射性源

59．固体废物按废物的形状可分为（　　）。
A．块状废物　　B．泥状废物（污泥）
C．颗粒状废物　　D．粉状废物
E．固体的废物

60．按照废物的化学性质，固体废物可分为（　　）。
A．污泥　　B．一般废物
C．有害废物　　D．无机废物
E．有机废物

61．常用的吸声材料包括（　　）。
A．无机材料　　B．有机材料　　C．多孔材料
D．无孔材料　　E．纤维材料

62．景观应包括客观（　　）两个方面。
A．形象信息　　B．生态信息　　C．自然信息
D．客观信息　　E．主观感受

63．园林景观的基本成分中，软质的东西包括（　　）。
A．树木　　B．墙体　　C．水体
D．和风　　E．天空

64．下列关于自然景观的表述中，错误的是（　　）。
A．通俗地说，自然景观即天然景观，泛指地表自然景色
B．自然景观按照类型，可分为草原景观、森林景观等
C．自然景观是未受到或者仅受到人类间接、轻微、偶尔影响而原有自然面貌未发生明显变化的景观
D．自然景观中的人为因素主要有文化、建筑等因素
E．自然景观指被人类活动改变过的自然景观

65．在景观规划设计中对景观因素的考虑，通常分为硬景观和软景观。硬景观是指人工设施，通常包括（　　）。
A．雕塑　　B．灯光
C．修剪过的树木　　D．抗压草皮
E．果皮箱

66．下列属于人工景观要素的有（　　）。
A．大小山丘　　B．宽阔的林荫道系统
C．大量的喷泉　　D．优美的城市广场
E．清晰的城市结构

67．雕塑按照使用功能分为（　　）雕塑等。
A．抽象性　　B．纪念性　　C．主题性
D．功能性　　E．装饰性

68．大多数人能感知的景观正向美学特征有（　　）。
A．尺度的过大或过小　　B．有序而又不整齐划一
C．多样性和复杂性　　D．安静性
E．景观要素的运动与生命的活力

69. 景观评价方法主要有（　　）。

A. 调查分析法　　B. 民意测验法

C. 认知评判法　　D. 算术平均法

E. 定量分析法

（三）综合分析题（每个小题的备选答案中有一个或一个以上符合题意的答案。错选不得分；少选，但选择正确的每个选项得相应分）

某建成于 2005 年 5 月末的临街商住两用商品房，共 6 层，一层为商业用房，为钢筋混凝土框架结构；其余各层均为住宅，为砖混结构。据了解，该商住房附近有一家垃圾处理厂和 3 个长年生产并排放污染物的烟囱。

70. 商业用房部分几年来连续出租，其租金由业主结合市场需求与承租人在租赁合同中商定。此类租金属于（　　）。

A. 商品租金　　B. 成本租金　　C. 市场租金　　D. 协议租金

71. 按照污染物排放的形式，该商住房附近 3 个长年生产并排放污染物的烟囱排放污染物，属于（　　）。

A. 点源　　B. 线源　　C. 面源　　D. 瞬时源

72. 根据以上背景，该商住房所面临的污染源有（　　）。

A. 工业污染源　　B. 生活污染源

C. 农业污染源　　D. 移动污染源

73. 由于该商住房临街，受到的环境噪声污染的特征包括（　　）。

A. 环境噪声污染是能量污染

B. 环境噪声污染是感觉公害

C. 环境噪声污染具有局限性

D. 环境噪声污染具集中性

74. 该商住房所面临的环境噪声污染源主要有（　　）。

A. 建筑施工噪声　　B. 工业噪声　　C. 交通噪声　　D. 社会生活噪声

75. 该商住房附近的垃圾处理厂的污染，主要属于固体废物中的（　　）。

A. 放射性固体废物　　B. 农业废弃物

C. 工业固体废物　　D. 城市垃圾

76. 在夜间，该商住房经常有街道上迎面驶来的汽车的灯光照进住户室内，按照可见光污染的类别，此夜间迎面驶来的汽车灯光污染属于（　　）。

A. 灯光污染　　B. 眩光污染　　C. 视觉污染　　D. 其他可见光污染

77. 在夜间，建筑工地聚光灯照进住宅的污染属于（　　）。

A. 灯光污染　　B. 眩光污染　　C. 视觉污染　　D. 其他可见光污染

五、参考答案

答　　案

（一）单项选择题

1. B　2. C　3. B　4. D　5. C　6. A　7. D　8. B　9. C　10. B

11. B　12. C　13. B　14. D　15. B　16. C　17. A　18. B　19. C　20. A
21. B　22. C　23. C　24. B　25. D　26. B　27. D　28. D　29. C　30. C
31. D　32. A　33. D　34. A　35. B　36. B　37. B　38. B

（二）多项选择题

39. ACE　40. ABC　41. ABCD　42. ABCD　43. ABDE　44. BCDE　45. ADE
46. ACD　47. CE　48. AE　49. ABC　50. ABDE　51. BCDE　52. ABCE
53. BCDE　54. ABDE　55. ABC　56. ACDE　57. ABCD　58. ACDE　59. ABCD
60. DE　61. ABCE　62. AE　63. ACDE　64. DE　65. ABE　66. BCDE
67. BCDE　68. BCDE　69. ABC

（三）综合分析题

70. CD　71. A　72. ABD　73. ABC　74. BCD　75. D　76. B　77. A

第五章　城市和城市规划

一、大纲要求

本部分的考试目的是测试应考人员对房地产所在城市的认识程度和对城市规划等基础知识的了解、熟悉和掌握程度。本章考试要求包括：

（1）了解城市的概念和类型；

（2）了解城市的地域范围；

（3）掌握城市的功能分区；

（4）熟悉城市土地利用类型；

（5）掌握城市化的概念和衡量指标；

（6）掌握城市化的类型；

（7）熟悉城市用地评价；

（8）掌握城市规划常用术语和控制指标；

（9）熟悉城乡规划体系；

（10）熟悉城市居住区规划设计。

二、考点汇总

（1）城市和城市规划主要分类知识汇总（见表 5-1）。

表 5-1　城市和城市规划主要分类知识汇总表

	分类依据	主要分类
城市	按照城市人口规模	可将城市分为大城市、中等城市和小城市
	按照城市职能	首先可以将城市分为具有综合职能的城市和以某种职能为主的城市，然后可以进一步细分为各种各样职能的城市
	按照城市行政等级	从低到高分别是建制镇、县级市、地级市、副省级市和直辖市。有的省还有事实上的副县级镇和副地级市
	按照城市所处的地理位置	可将城市分为南方城市和北方城市、沿海城市和内陆城市、边境城市和内地城市
	按照城市的地形地貌	可将城市分为平原城市、丘陵城市、山地城市、高原城市、盆地城市和河谷城市等
	按照城市的平面几何形状	可将城市分为块状城市、带状城市、星状城市等
	按照城市的内部结构	可将城市分为单中心城市、多中心城市；或者根据其中的道路形态，将城市分为棋盘形城市、放射形城市、不规则形城市等
	按照城市的综合实力、房地产业发展水平等	可将城市分为一线城市、二线城市、三线城市和四线城市

续表

	分类依据	主要分类
城市土地利用	按城市中土地使用的主要性质	城市土地利用类型分为：居住用地、公共设施用地、工业用地、仓储用地、对外交通用地、道路广场用地、市政公用设施用地、绿地、特殊用地、水域和其他用地、保留地
城市化	从城市中心来考察城市发展过程	可将城市化分为向心型城市化与离心型城市化
	按照城市离心扩散方式	可将城市化分为外延型城市化和飞地型城市化
城市详细规划	根据城市建设的阶段和工作需要	可将城市详细规划分为控制性详细规划和修建性详细规划
城镇体系规划		城镇体系规划分为全国城镇体系规划、省域城镇体系规划、市域城镇体系规划、县域城镇体系规划四个基本层次及按流域或其他跨行政区域进行的城镇体系规划
居住区	按居住户数或人数规模	可将居住区分为居住区、居住小区、居住组团三级

（2）城市和城市规划主要计算知识汇总（见表 5-2）。

表 5-2　城市和城市规划主要计算知识汇总表

	含　义	计算公式
容积率	是指一定地块内总建筑面积与建筑用地面积的比值	容积率＝总建筑面积/建筑用地面积
绿地率	是指城市一定地区内各类绿地（公共绿地、宅旁绿地、公共服务设施所属绿地和道路绿地）面积的总和占该地区总面积的比率（%）	
绿化覆盖率	是指城市一定地区内绿化覆盖面积占该地区总面积的比率（%）	
日照间距系数	是指根据日照标准确定的房屋间距与遮挡房屋檐高的比值	
户均人口	是指居住区内平均每住户的人口数量（人/户）	
高层住宅比例	是指高层住宅总建筑面积与住宅总建筑面积的比率（%）	
住宅建筑套密度（净）	是指每公顷住宅用地上拥有的住宅建筑套数（套/hm^2）	
人口毛密度	是指每公顷居住区用地上容纳的规划人口数量（人/hm^2）	
人口净密度	是指每公顷住宅用地上容纳的规划人口数量（人/hm^2）	
中高层住宅比例	是指中高层住宅总建筑面积与住宅总建筑面积的比率（%）	中高层住宅比例＝中高层住宅总建筑面积/住宅总建筑面积

续表

	含　　义	计算公式
住宅建筑套密度（毛）	是指每公顷居住区用地上拥有的住宅建筑套数（套/hm²）	
住宅建筑面积毛密度	是指每公顷居住区用地上拥有的住宅建筑面积（万 m²/hm²）	
住宅建筑面积净密度	是指每公顷住宅用地上拥有的住宅建筑面积（万 m²/hm²）	
居住区建筑面积毛密度（容积率）	是指每公顷居住区用地上拥有的各类建筑的建筑面积（万 m²/m²）或以居住区总建筑面积（万 m²）与居住区用地面积（万 m²）的比值表示	
住宅建筑净密度	是指住宅建筑基底总面积与住宅用地面积的比率（%）	住宅总建筑净密度＝住宅建筑基底总面积/住宅用地面积
总建筑密度	也称居住区建筑密度、建筑毛密度，是指居住区用地内各类建筑的基底总面积与居住区用地面积的比率（%）	居住区总建筑密度＝居住区用地内各类建筑的基底总面积/居住区用地面积
拆建比	是指拆除的原有建筑总面积与新建的建筑总面积的比值	拆建比＝拆除的原有建筑总面积/新建的建筑总面积
住宅周围的空地率		住宅周围的空地率＝100%－住宅建筑净密度
居住区的空地率		居住区的空地率＝100%－总建筑密度

三、例题分析

（一）城市和城市化

1．按照（　　），可将城市分为平原城市、丘陵城市、山地城市、高原城市、盆地城市和河谷城市等。

A．城市所处的地理位置　　B．城市的地形地貌

C．城市的平面几何形状　　D．城市的内部结构

答案：B

解析：按照城市的地形地貌，城市分为平原城市、丘陵城市、山地城市、高原城市、盆地城市和河谷城市等。

2．在城市众多职能中，最突出的职能构成城市的（　　）。（2008 年试题）

A．特点　　B．性质　　C．发展潜力　　D．综合实力

答案：B

解析：在城市众多职能中，最突出的职能构成城市性质。

3．按城市平面几何形状，可将城市分为（　　）等。（2004 年房地产经纪相关知识试题）

A．棋盘形城市　　B．放射形城市　　C．星状城市

D．块状城市　　E．带状城市

答案：CDE

解析：按照城市的平面几何形状，城市分为块状城市、带状城市、星状城市等。

4. 目前，在我国大多数地级市属于（　　）。

A. 一线城市　　B. 二线城市　　C. 三线城市　　D. 四线城市

答案：C

解析：人们通常按照城市的综合实力、房地产业发展水平等，把中国城市分为一线城市、二线城市、三线城市和四线城市。一线城市包括北京、上海、广州、深圳等。二线城市指对本国的经济和社会具有较大影响作用的大都市，相对于一线城市影响小些，主要是地域性影响。三线城市主要指一些经济欠发达地区的省会城市及大多数地级市。四线城市主要为县级市和县城。

5. 一个城市的经济规模与人口规模之间的关系，通常为（　　）。（2005 年房地产经纪相关知识试题）

A. 正相关　　B. 负相关　　C. 不确定　　D. 不相关

答案：A

解析：由于用地规模和经济规模与人口规模之间通常是正相关的，所以一般用城市人口规模来表示城市规模。

6. 城市性质是指城市在一定地域范围内的政治、经济与社会发展中所处的地位和担负的主要职能，它代表了城市的（　　）。（2009 年试题）

A. 个性　　B. 人口密度

C. 特点　　D. 发展方向

E. 发展速度

答案：ACD

解析：城市性质是城市在一定地区、国家以至更大范围内的政治、经济与社会发展中所处的地位和担负的主要职能，它代表了城市的个性、特点和发展方向。

7. 下列用地类型中，不属于公共设施用地的是（　　）。（2008 年试题）

A. 文物古迹用地　　B. 社会福利院用地

C. 体育场馆用地　　D. 公交站场用地

答案：D

解析：公交站场用地属于交通设施用地。

8. 下列工业用地中，属于二类工业用地的是（　　）。（2008 年试题）

A. 食品工业用地　　B. 电子工业用地

C. 造纸工业用地　　D. 采掘工业用地

答案：A

解析：二类工业用地是对居住和公共环境有一定干扰、污染和安全隐患的工业用地，如食品工业、医药制造工业、纺织工业等用地。

9. 城市中市政设施齐全、布局完整、环境较好，并以多、中、高层住宅为主的用地，称之为（　　）。（2004 年房地产经纪相关知识试题）

A. 一类居住用地　　B. 二类居住用地　　C. 三类居住用地　D. 四类居住用地

答案：B

解析：二类居住用地是指公用设施、交通设施和公共服务设施较齐全、布局较完整、环境良好的多、中、高层住区用地，包括保障性住宅用地、住宅用地和服务设施用地。

10. 对居住和公共设施等环境有严重干扰和污染的工业用地，如化学工业、造纸工业、制革工业、建材工业等用地，属于（　　）。

A. 一类工业用地　B. 二类工业用地　C. 三类工业用地 D. 四类工业用地

答案：C

解析：三类工业用地是指对居住和公共环境有严重干扰、污染和安全隐患的工业用地，如采掘工业、冶金工业、大中型机械制造工业、化学工业、造纸工业、制革工业、建材工业等用地。

11. 公共管理与公共服务用地包括（　　）。

A. 机关团体用地　　B. 新闻出版用地

C. 科教用地　　D. 居住用地中的服务设施用地

E. 医卫慈善用地

答案：ABCE

解析：公共管理与公共服务用地是指行政、文化、教育、体育、卫生等机构和设施的用地，不包括居住用地中的服务设施用地。

12. 三类居住用地包括（　　）。

A. 公用设施、交通设施和公共服务设施齐全、布局完整、环境良好的低层住区用地

B. 公用设施、交通设施和公共服务设施较齐全、布局较完整、环境良好的多、中、高层住区用地

C. 公用设施、交通设施不齐全，公共服务设施较欠缺，环境较差，需要加以改造的简陋住区用地

D. 保障性住宅用地

答案：C

解析：三类居住用地是指公用设施、交通设施不齐全，公共服务设施较欠缺，环境较差，需要加以改造的简陋住区用地，包括危房、棚户区、临时住宅等用地。

13. 通常采用城市化率指标来测度城市化水平，城市化率的计算公式为（　　）。（2009年试题）

A. 城镇人口数/农村人口数　　B. 城镇企业生产总值/国内生产总值

C. 工业总产值/农业总产值　　D. 城镇人口数/总人口数

答案：D

解析：衡量城市化水平应当包括数量和质量两大方面，一般采用城镇人口占总人口比重这个单一指标来测度城市化水平。这一指标又被称为城市化率。

14. 城市进化理论认为，在后工业化社会进入成熟期的阶段，城市发展阶段属于（　　）时期。（2005年房地产经纪相关知识试题）

A. 绝对集中　B. 相对集中　C. 相对分散　D. 绝对分散

答案：D

解析：城市进化理论认为，在后工业化社会进入成熟期的阶段，城市发展阶段属于绝对分散时期。

15. 在城市化的离心发展阶段，城市化类型可分为（　　）。（2009年试题）

A. 集中型城市化　　B. 相对集中型城市化

C. 郊区化　　D. 卫星城镇化

E．逆城市化

答案：CE

解析：在城市离心发展过程中有郊区化（又称郊外化）和逆城市化两种不同类型和不同阶段。

（二）城市用地评价

1．在城市用地自然条件评价中，适宜作为住宅用地的是（　　）。（2007 年房地产经纪相关知识试题）

A．山地、丘陵地区的阳坡　　B．全年最小风向的上风侧

C．百年以上洪水位以下的地段　　D．不稳定的滑坡体下滑方向

答案：A

解析：在山地、丘陵地区，朝南的方向称为阳坡，这里日照充足，通风良好，是理想的居住用地。对大气有污染的工业应布置在全年最小风频风向的上风侧，居住区应布置在其下风侧，因为这个方位全年受污染的概率最小。不稳定的滑坡体本身以及处于滑坡体下滑方向的地段，均不宜作为城市建设用地。一般要求百年一遇洪水位以上 0.5～1 m 的地段，才可作为城市建设用地。

2．虽然某些自然条件有一定缺陷，但采取相应的工程措施改善条件后仍可加以利用。如地基承载力较小，只要经过人工加固后就能使用的土地属于（　　）。

A．适宜城市建设用地　　B．比较适宜城市建设用地

C．基本适宜城市建设用地　　D．不适宜城市建设用地

答案：C

解析：基本适宜城市建设用地虽然某些自然条件有一定缺陷，但采取相应的工程措施改善条件后仍可加以利用。如地基承载力较小，只要经过人工加固后就能使用的土地等。

3．工程地质病害除地震外，常见的还有（　　）。（2008 年试题）

A．冲沟　　B．滑坡　　C．洪涝

D．地下溶洞　　E．塌方

答案：ABDE

解析：除了地震，常见的工程地质病害还有冲沟、滑坡与塌方、地下溶洞。

4．地震烈度分为 12 度，在地震烈度（　　）以上的地区，除临时建筑外，都必须进行抗震设防。

A．5 度及度以下　　B．6 度及 6 度以下

C．7 度及 7 度以下　　D．7 度及 7 度以上

答案：D

解析：在 7 度及 7 度以上的地区，除临时建筑外，都必须进行抗震设防。

（三）城市规划常用术语和控制指标

1．城市规划确定的江、河、湖、库、渠和湿地等城市地表水体保护和控制的地域界线，属于（　　）。

A．城市绿线　　B．城市紫线　　C．城市黄线　　D．城市蓝线

答案：D

解析：城市蓝线是指城市规划确定的江、河、湖、库、渠和湿地等城市地表水体保护和控制的地域界线。

2．下列关于城市规划控制指标的表述中，正确的有（　　）。（2008 年试题）

A．建筑限高是指地块内允许的建筑（地面上）最大高度限制

B．绿地率是指城市一定地区内绿化覆盖面积占该地区总面积的比率

C．建筑间距是指两幢建筑物外墙之间的水平距离

D．日照间距系数是指根据日照标准确定的房屋间距与遮挡房屋檐高的比值

E．建筑后退红线距离是指建筑控制线与用地红线的距离

答案：ABCD

解析：建筑后退红线距离是指建筑控制线与道路红线或道路边界、地块边界的距离。

3．在城市规划中，用来确定城市地表水体保护和控制地域界线的是（　　）。（2009 年房地产估价师制度试题）

A．城市蓝线　　B．城市绿线　　C．城市紫线　　D．城市黄线

答案：A

解析：城市蓝线是指城市规划确定的江、河、湖、库、渠和湿地等城市地表水体保护和控制的地域界线。

4．根据城市景观要求，沿街建筑物通常需适当退后建设，所依据的规划控制线是（　　）。（2009 年试题）

A．建筑控制线　　B．道路红线　　C．城市绿线　　D．用地红线

答案：B

解析：根据城市景观的要求，沿街建筑物可以从道路红线外侧退后建设。

5．下列关于城市规划常用指标的表述中，不正确的是（　　）。（2004 年房地产经纪相关知识试题）

A．容积率为一定地块内建筑物的总建筑面积与地块面积的比值

B．建筑密度为一定地块内所有建筑物的基底总面积与地块面积的比率

C．用地红线是指经城市规划行政主管部门批准的建设用地范围的界线

D．建筑间距是指两栋建筑物外墙两轴线之间的水平距离

答案：D

解析：建筑间距是指两栋建筑物外墙之间的水平距离。

6．划定城市规划紫线的作用是确定（　　）。（2008 年房地产估价师制度试题）

A．绿地控制范围　　B．历史建筑保护范围

C．地表水保护范围　　D．城市基础设施用地控制界线

答案：B

解析：城市紫线是指国家历史文化名城内的历史文化街区和省、自治区、直辖市人民政府公布的历史文化街区的保护范围界线，以及历史文化街区外经县级以上人民政府公布保护的历史建筑的保护范围界线。

7．某项目建筑基底总面积为 20 000 m^2，建筑密度为 25%，规划容积率为 3.5，则该项目的建筑总面积为（　　）m^2。（2008 年试题）

A．17 500　　B．70 000　　C．80 000　　D．280 000

答案：D

解析：建筑密度也称为建筑覆盖率，是指一定地块内所有建筑物的基底总面积占建筑用地面积的比率。建筑用地面积＝建筑基底总面积÷建筑密度＝20 000÷25%＝800 000 m^2。根

据容积率$=\frac{总建筑面积}{建筑用地面积}$，总建筑面积=容积率×建筑用地面积=80 000×3.5=280 000 m^2。

8．某项目建筑用地面积 40 000 m^2，代征地 3 700 m^2，规划容积率为 3.3，建筑覆盖率 50%，则总建筑面积是（　　）m^2。（2006 年房地产经纪相关知识试题）

A．66 000　　B．72 105　　C．132 000　　D．144 210

答案：C

解析：根据容积率$=\frac{总建筑面积}{建筑用地面积}$，总建筑面积=容积率×建筑用地面积=3.3×40 000 =132 000 m^2。

（四）城市规划体系

1．依据《中华人民共和国城乡规划法》的规定，城乡规划包括（　　）等。（2008 年《土地管理基础与法规》试题）

A．城镇体系规划　　B．全国土地利用总体规划

C．城市土地利用总体规划　　D．乡（镇）土地利用总体规划

答案：A

解析：《城乡规划法》所称的城乡规划包括城镇体系规划、城市规划、镇规划、乡规划和村庄规划。

2．为了解城市未来发展，注册房地产经纪人在查阅城市总体规划时应研究的内容有（　　）。

A．城市的发展布局　　B．功能分区

C．禁止、限制和适宜建设的地域范围　　D．建筑形态控制指标

E．各类专项规划

答案：ABCE

解析：《城乡规划法》规定：城市总体规划、镇总体规划的主要内容包括城市的发展布局，功能分区，用地布局，综合交通体系，禁止、限制和适宜建设的地域范围，各类专项规划等。

3．城镇体系规划分为（　　）四个基本层次及按流域或其他跨行政区域进行的城镇体系规划。

A．全国城镇体系规划　　B．省域城镇体系规划

C．市域城镇体系规划　　D．县域城镇体系规划

E．乡镇域城镇体系规划

答案：ABCD

解析：城镇体系规划分为全国城镇体系规划、省域城镇体系规划、市域城镇体系规划、县域城镇体系规划四个基本层次及按流域或其他跨行政区域进行的城镇体系规划。

4．以城市总体规划或分区规划为依据，对城市某区域进行土地使用性质与使用强度控制、道路与管线位置控制的规划，称为（　　）。（2005 年房地产经纪相关知识试题）

A．控制性详细规划　　B．修建性详细规划

C．城市分区规划　　D．居住区规划

答案：A

解析：控制性详细规划是以城市总体规划或分区规划为依据，确定建设地区的土地

使用性质和使用强度的控制指标、道路和工程管线控制性位置以及空间环境控制的规划要求。

5. 确定各级支路的红线位置、控制点坐标和标高属于（　　）的内容。（2005 年房地产估价师制度试题）

A. 城市总体规划　　B. 控制性详细规划

C. 修建性详细规划　　D. 住宅区规划

答案：B

解析：控制性详细规划的基本内容中包括：确定各级道路的红线位置、断面、控制点坐标和标高。

6. 下列指标中，属于控制性详细规划的指标有（　　）。（2009 年试题）

A. 各类工程管线走向与用地界线　　B. 交通出入口方位与停车泊位

C. 建筑后退红线距离　　D. 各级道路的红线位置

E. 建筑总平面布置

答案：ABCD

解析：控制性详细规划基本内容如下：①详细确定规划地区各类用地的界线和适用范围，提出建筑高度、建筑密度、容积率、绿地率等控制指标；②规定各类用地内适建、不适建、有条件可建的建筑类型；③规定交通出入口方位、停车泊位、建筑后退红线距离、建筑间距等要求；④提出各地块的建筑体量、体型、色彩等规划引导性要求；⑤确定各级道路的红线位置、断面、控制点坐标和标高；⑥根据规划容量，确定工程管线的走向、管径和工程设施的用地界线；⑦确定公共设施的位置、规模和布局；⑧制定相应的土地使用与建筑管理细则。

（五）城市居住区规划设计

1. 居住区的组成要素也是居住区的规划因素，主要有（　　）。

A. 住宅　　B. 行政机关　　C. 公共服务设施

D. 道路　　E. 绿地

答案：ACDE

解析：居住区的组成要素也是居住区的规划因素，主要有住宅、公共服务设施、道路和绿地。

2. 某城市居住生活聚居地的人口规模约为 12 000 户，配套建设有一套较完善的、能满足该区居民物资与文化生活所需的公共服务设施，则该区域最可能是城市规划意义上的（　　）。（2007 年房地产估价师制度试题）

A. 居住区　　B. 居住小区　　C. 居住组团　　D. 居住社区

答案：A

解析：居住区是特指城市干道或自然分界线所围合，并与居住人口规模（30 000～50 000 人、10 000～16 000 户）相对应，配套建设有整套较完善的、能满足该区居民物质与文化生活所需的公共服务设施的居住生活聚居地。

3. 某居住区住宅用地 210 000 m^2，公建用地 50 000 m^2，道路用地 100 000 m^2，公共绿地 200 000 m^2，又知其周边规划范围内还有其他单位用地 30 000 m^2，非直接为本居住区建设的道路用地 20 000 m^2，则该居住区的规划总用地为（　　）m^2。（2004 年房地产经纪相关知识试题）

A．560 000　　B．580 000　　C．590 000　　D．610 000

答案：D

解析：居住区规划总用地包括居住区用地和其他用地两类。其他用地是指规划范围内除居住区用地以外的各种用地，包括非直接为本区居民配套建设的道路用地、其他单位用地、保留的自然村或不可建设用地等。该居住区的规划总用地＝住宅用地 210 000 m^2＋公建用地 50 000 m^2＋道路用地 100 000 m^2＋公共绿地 200 000 m^2＋30 000 m^2＋非直接为本居住区建设的道路用地 20 000 m^2＝610 000 m^2。

4．下列绿地中，不计入居住区内绿地面积的是（　　）。（2009 年试题）

A．公共绿地　　B．宅旁绿地　　C．晒台绿地　　D．地下建筑屋顶绿地

答案：C

解析：居住区内绿地有公共绿地、宅旁绿地、公共服务设施所属绿地和道路绿地，包括满足当地植树绿化覆土要求、方便居民出入的地下建筑或半地下建筑的屋顶绿地，不包括其他屋顶、晒台的人工绿地。

5．在居住区住宅规划布置中，老年人住宅宜靠近（　　）。（2009 年试题）

A．停车场　　B．城市道路

C．相关服务设施　　D．市政公用设施

E．公共绿地

答案：CE

解析：老年人住宅宜靠近相关服务设施和公共绿地。

6．在居住区规划与设计中，无电梯的住宅楼层数不应超过（　　）层。（2008 年试题）

A．4　　B．5　　C．6　　D．7

答案：C

解析：无电梯住宅不应超过 6 层。

7．为保证居住区与城市有良好的交通联系，居住区内主要道路与外围道路至少有（　　）相连。（2008 年试题）

A．一个方向　　B．两个方向　　C．三个方向　　D．四个方向

答案：B

解析：居住区内主要道路至少应有两个方向与外围道路相连，以保证居住区与城市有良好的交通联系。

8．某居住区中，总建筑密度为 40%，住宅建筑净密度为 35%，容积率为 90%，则该居住区的空地率为（　　）。（2004 年试题）

A．10%　　B．60%　　C．65%　　D．75%

答案：B

解析：空地率＝1－总建筑密度＝1－40%＝60%。

9．某居住小区原有住宅建筑面积为 50 000 m^2，其中按规划需拆除原有住宅建筑面积 10 000 m^2，新建住宅建筑面积 80 000 m^2，则该小区的拆建比是（　　）。（2008 年试题）

A．7.7%　　B．12.5%　　C．20.0%　　D．62.5%

答案：D

解析：拆建比是指拆除的原有建筑总面积与新建的建筑总面积的比值。50 000÷80 000×100%＝62.5%。

10. 某规划居住区原有高层建筑面积 30 000 m^2，其中拆除原有高层建筑面积 15 000 m^2，新建高层建筑面积 60 000 m^2，则拆建比为（　　）。（2006 年房地产经纪相关知识试题）

A. 12.5%　　B. 20.0%　　C. 25.0%　　D. 50.0%

答案：C

解析：拆建比是指拆除的原有建筑总面积与新建的建筑总面积的比值。15 000÷60 000×100%＝25.0%。

11. 某住宅组团占地 20 000 m^2，共建住宅楼 10 幢，总建筑面积为 62 832 m^2。其中 8 层住宅楼 2 幢、10 层住宅楼 2 幢、12 层住宅楼 4 幢、16 层住宅楼 2 幢。该组团住宅建筑基底总面积为 5 712 m^2，则该组团住宅楼的平均层数是（　　）层。（2009 年试题）

A. 11.0　　B. 11.5　　C. 11.6　　D. 12.0

答案：A

解析：住宅平均层数反映了居住区空间形态与景观的特征，它是住宅总建筑面积与住宅基底总面积的比值。该组团住宅楼的平均层数＝62 832÷5 712＝11（层）。

12. 反映每公顷居住区用地上拥有的住宅建筑面积的居住区技术经济指标是（　　）。（2009 年试题）

A. 住宅建筑面积净密度　　B. 容积率

C. 住宅建筑净密度　　D. 住宅建筑面积毛密度

答案：D

解析：住宅建筑面积毛密度是指每公顷居住区用地上拥有的住宅建筑面积（万 m^2/hm^2）。

13. 某居住区占地 160 000 m^2，住宅建筑基底总面积为 80 000 m^2，商店、学校等建筑占地 8 000 m^2。居住区内道路用地 16 000 m^2，停车场、公共活动场所占地 8 000 m^2，计划预留建设用地 8 000 m^2。该居住区目前的空地率为（　　）。（2009 年试题）

A. 25%　　B. 30%　　C. 35%　　D. 45%

答案：B

解析：总建筑密度也称居住区建筑密度、建筑毛密度，是指居住区用地内各类建筑的基底总面积与居住区用地面积的比率（%）。该居住区目前的总建筑密度＝（80 000＋8 000＋16 000＋8 000）÷160 000＝70%。居住区的空地率习惯上以总建筑密度来反映，即以居住区用地为单位（100%），居住区的空地率＝100%－总建筑密度。该居住区目前的空地率＝100%－70%＝30%。

四、模拟练习

（一）单项选择题（每题的备选答案中只有一个最符合题意）

1. 按照（　　），城市分为块状城市、带状城市、星状城市等。

A. 城市所处的地理位置　　B. 城市的地形地貌

C. 城市的平面几何形状　　D. 城市的内部结构

2. 一般用城市的（　　）来表示城市规模。

A. 用地规模　　B. 经济规模　　C. 人口规模　　D. 建设规模

3.（　　）是城市在一定地区、国家以至更大范围内的政治、经济与社会发展中所处的地位和担负的主要职能，它代表了城市的个性、特点和发展方向。

A．城市性质 B．城市规模 C．城市行政等级 D．城市地形条件

4．城市规划区通常（ ）。

A．大于城市行政区，小于或等于城市建成区

B．大于城市建成区，小于或等于城市行政区

C．小于或等于城市建成区

D．大于城市行政区

5．公用设施、交通设施和公共服务设施较齐全、布局完整、环境良好的多、中、高层住区用地，称为（ ）。

A．一类居住用地 B．二类居住用地

C．三类居住用地 D．四类居住用地

6．一类居住用地包括（ ）。

A．公用设施、交通设施和公共服务设施齐全、布局完整、环境良好的低层住区用地

B．公用设施、交通设施和公共服务设施较齐全、布局较完整、环境良好的多、中、高层住区用地

C．公用设施、交通设施不齐全，公共服务设施较欠缺，环境较差，需要加以改造的简陋住区用地

D．棚户区住宅用地

7．对居住和公共环境有一定干扰、污染和安全隐患的工业用地，如食品工业、医药制造工业、纺织工业等用地，属于（ ）。

A．一类工业用地 B．二类工业用地 C．三类工业用地 D．四类工业用地

8．城市进化理论认为，从工业化社会到后工业化社会，城市发展具有相似的进化过程，其中第三阶段是（ ）。

A．“绝对集中”时期 B．“相对集中”时期

C．“相对分散”时期 D．“绝对分散”时期

9．城市化的类型中，如果在推进城市化过程中，出现了空间上与建成区断开，职能上与中心城市保持联系的城市扩散方式，则称为（ ）。

A．向心型城市化 B．离心型城市化

C．外延型城市化 D．飞地型城市化

10．自然条件很差，在现有的技术经济条件下要付出很大代价进行改造才能用于建设的用地，属于（ ）。

A．适宜城市建设用地 B．比较适宜城市建设用地

C．基本适宜城市建设用地 D．不适宜城市建设用地

11．一般要求百年一遇洪水位以上（ ）m的地段，才可作为城市建设用地；地势过低或经常受洪水威胁的地段，不宜作为城市建设用地，否则必须修筑堤坝等防洪设施。

A．0.1～0.5 B．0.3～0.4 C．0.3～0.5 D．0.5～1

12．工程地质条件中，以下关于地基承载力的表述，不正确的是（ ）。

A．不同建筑物对地基承载力的要求也不同

B．建筑物的层数越高，对地基承载力的要求也越高

C．工业建筑对地基承载力的要求一般比民用建筑要低

D．在城市建设中，选择承载力大的岩土作为建筑地基，不仅可以使建筑物安全稳固，

还可节省大量用于加强地基承载力的投资

13. 地震烈度分为 12 度，在地震烈度为（　　）的地区则不宜选作城市建设用地。

A. 6 度及 6 度以下　　B. 6 度及 6 度以上

C. 7 度及 7 度以上　　D. 9 度以上

14. 下列关于容积率的计算公式，正确的是（　　）。

A. 容积率＝土地面积/总建筑面积

B. 容积率＝总建筑面积/土地面积

C. 容积率＝建筑基底占地面积/地块面积

D. 容积率＝地块面积/建筑基底占地面积

15.（　　）是指对城市发展全局有影响的、城市规划中确定的、必须控制的城市基础设施用地的控制界线。

A. 城市绿线　　B. 城市紫线　　C. 城市黄线　　D. 城市蓝线

16. 历史文化街区外经县级以上人民政府公布保护的历史建筑的保护范围界线是（　　）。

A. 建筑红线　　B. 用地红线　　C. 建筑控制线　　D. 城市紫线

17. 城市各类绿地范围的控制线，属于（　　）。

A. 城市绿线　　B. 城市紫线　　C. 城市黄线　　D. 城市蓝线

18. 某建筑项目，总建筑面积为 100 万 m^2，容积率为 2.5，该建筑项目用地面积为（　　）万 m^2。

A. 25　　B. 30　　C. 35　　D. 40

19. 某建筑项目，用地面积为 20 000 m^2，总建筑面积为 50 000 m^2，该建筑项目容积率为（　　）。

A. 2　　B. 2.5　　C. 3　　D. 3.5

20. 某建筑项目，用地面积为 10 000 m^2，容积率为 3，该建筑项目总建筑面积为（　　）m^2。

A. 15 000　　B. 20 000　　C. 30 000　　D. 40 000

21. 根据《城乡规划法》，城乡规划的范围包括（　　）。

A. 城镇体系规划、城市总体规划、城市分区规划、镇规划和村庄规划

B. 城镇体系规划、城市规划、镇规划、乡规划和村庄规划

C. 城镇体系规划、城市总体规划、城市详细规划、镇规划和乡村规划

D. 城镇体系规划、城市规划、镇规划和村庄规划

22. 城市详细规划分为（　　）。

A. 近期性详细规划和远期性详细规划　　B. 近期性详细规划和控制性详细规划

C. 近期性详细规划和修建性详细规划　　D. 控制性详细规划和修建性详细规划

23.（　　）的主要内容包括城市的发展布局，功能分区，用地布局，综合交通体系，禁止、限制和适宜建设的地域范围，各类专项规划等。

A. 城市总体规划　　B. 控制性详细规划

C. 修建性详细规划　　D. 城市分区规划

24. 根据规划容量，确定工程管线的走向、管径和工程设施的用地界线，属于（　　）的内容。

A. 城市总体规划　　B. 分区规划

C. 控制性详细规划　　D. 修建性详细规划

25. 某居住生活聚居地的特点是，被小区道路分割，居住人口规模 2 000 人，配套建设有居民所需的基层公共服务设施，则该区域最可能是城市规划意义上的（　　）。

A．居住区　　B．居住小区　　C．居住组团　　D．居住社区

26．某居住生活聚居地被城市道路或自然分界线所围合，人口规模约为 11 000 人、3 000 户，配套建设有一套能满足该区居民基本的物质与文化生活所需的公共服务设施，则该区域最可能是城市规划意义上的（　　）。

A．居住区　　B．居住小区　　C．居住组团　　D．居住社区

27．某地块面积 10 公顷，居住用地面积为 6 公顷，住宅用地面积为 5 公顷，住宅总建筑面积为 30 公顷，住宅建筑基底总面积 4 公顷，则其住宅建筑净密度为（　　）。

A．6　　B．5　　C．0.8　　D．0.66

28．居住区用地内各类建筑的基底总面积与居住区用地面积比率，称为（　　）。

A．居住建筑净密度　　B．总建筑密度

C．住宅建筑面积密度　　D．居住区建筑面积毛密度

29．某居住区住宅用地面积 17.8 hm^2，建有 42 栋住宅，分别为：6 栋 24 层的住宅每栋基底面积和建筑面积分别为 900 m^2、21 600 m^2；16 栋 3 层的住宅，每栋基底面积和建筑面积分别为 1 080 m^2、14 040 m^2；20 栋 8 层的住宅，每栋基底面积和建筑面积分别为 1 080 m^2、8 640 m^2，则该居住区住宅平均层数为（　　）层。

A．7.9　　B．11.9　　C．12.1　　D．19.0

30．拆建比是指（　　）的比值。

A．拆除的建筑总面积与原有建筑总面积

B．拆除的建筑总面积与应拆除的建筑总面积

C．拆除的建筑总面积与尚未拆除的建筑总面积

D．拆除的原有建筑总面积与新建的建筑总面积

31．A 住宅小区的住宅建筑基底总面积是 12 500 m^2，而该小区的住宅用地面积是 50 000 m^2，该小区的住宅建筑净密度是（　　）。

A．20%　　B．25%　　C．50%　　D．60%

（二）多项选择题（每题的备选答案中，有两个或两个以上符合题意的答案）

32．城市规模是指城市的大小，包括（　　）。

A．用地规模　　B．经济规模　　C．人口规模

D．建设规模　　E．工业规模

33．城市规划区通常（　　）。

A．大于城市建成区　　B．小于城市建成区

C．等于城市建成区　　D．小于城市行政区

E．等于城市行政区

34．按市政公用设施齐全程度和环境质量等，居住用地可进一步分为（　　）。

A．一类居住用地　　B．二类居住用地

C．三类居住用地　　D．四类居住用地

E．五类居住用地

35．按对环境的干扰和污染程度，工业用地可进一步分为（　　）。

A．一类工业用地　　B．二类工业用地

C．三类工业用地　　D．四类工业用地

E．五类工业用地

36．下列关于我国城市土地利用类型中的工业用地，表述正确的是（　　）。
A．工业用地包括露天矿用地
B．工业用地不包括露天矿用地
C．按对环境的干扰和污染程度，工业用地可进一步分为三类
D．工业用地应归入“水域和其他用地”
E．工业用地是指城市中工矿企业的生产车间、库房、堆场、构筑物及其附属设施（包括其专用的铁路、码头和道路等）的建设用地

37．城市化的具体内涵包括（　　）四个方面。
A．依附于农村土地的农业劳动力越来越多地向城镇非农产业转移
B．分散的农村人口逐步向各种类型的城镇地域空间集聚
C．城市居民越来越多地到农村集聚
D．城镇建设促进城镇物质环境的改善和城镇景观地域的拓展或更新
E．城市文明与城市生活方式的传播和扩散

38．从20世纪20年代以来，西方发达国家的城市（主要是大城市）发生了多次从城市中心向郊外发展的浪潮，主要是（　　）。
A．第一次浪潮是人口外迁
B．第二次浪潮是工业外迁
C．第三次浪潮是零售业外迁
D．第四次浪潮是办公室也在一些主要城市的郊外得到了强有力的发展
E．第五次浪潮是住宅外迁

39．城市进化理论认为，从工业化社会到后工业化社会，城市发展具有相似的进化过程，可以分为如下（　　）阶段。
A．“绝对集中”时期　　B．“相对集中”时期
C．“相对分散”时期　　D．“绝对分散”时期
E．“比较分散”时期

40．下列不宜作为城市建设用地的有（　　）。
A．基本农田保护区用地　　B．坡度超过10%的坡地
C．江河堤坝内的河滩地　　D．地震裂度在9度以上地区的用地
E．地下具有开采价值矿藏的用地

41．以下（　　），均不宜作为城市建设用地或居住用地。
A．不稳定的滑坡体本身　　B．处于滑坡体下滑方向的地段
C．在地震烈度7度以下的地区　　D．在地震烈度9度以上的地区
E．朝北的山坡

42．不适宜作为城市建设用地的土地主要有（　　）。
A．军事用地
B．需经人加固才可使用的土地
C．经常被洪水淹没，且淹没深度超过1.5 m的土地
D．受冲沟、滑坡一定影响的土地
E．基本农田保护区、历史文化保护区内的土地

43．下列城市规划术语和控制指标，表述正确的有（　　）。

A．建筑容积率，是指一定地块内总建筑面积与建筑用地面积的比值
B．建筑密度也称为建筑覆盖率，是指一定地块内所有建筑物的基底总面积
C．日照间距系数是指根据日照标准确定的房屋间距与遮挡房屋檐高的比值
D．城市黄线是指城市各类绿地范围的控制线
E．建筑后退红线距离是指建筑控制线与道路红线或道路边界、地块边界的距离

44．城镇体系是一定区域内在经济、社会和空间发展上具有有机联系的城市群体。城镇体系按行政区划可分为（　　）的城镇体系。
A．全国　B．省域　C．市域
D．县域　E．乡镇域

45．城市总规划的内容有（　　）。
A．城市的发展布局　B．综合交通体系
C．禁止、限制和适宜建设的地域范围　D．建筑形态控制指标
E．各类专项规划

46．城市总体规划是对一定时期内（　　）。
A．城市局部地区的土地利用所作的具体安排
B．城市局部地区的空间环境所作的具体安排
C．城市土地利用、空间布局以及各项建设的综合部署和实施措施
D．城市性质和发展目标的综合部署和实施措施
E．城市发展规模的综合部署和实施措施

47．城市总体规划是对一定时期内城市（　　）、空间布局以及各项建设的综合部署和实施措施。
A．性质　B．发展目标　C．居住区规模
D．土地利用　E．发展规模

48．控制性详细规划是以城市总体规划或分区规划为依据，确定（　　）。
A．建设地区的土地使用性质的控制指标
B．建设地区的土地使用强度的控制指标
C．道路和工程管线控制性位置
D．空间环境控制的规划要求
E．各项建筑和工程设施设计及施工

49．控制性详细规划的基本内容包括（　　）等。
A．详细确定规划地区各类用地的界线和适用范围
B．规定各类用地内适建、不适建、有条件可建的建筑类型
C．规定交通出入口方位、停车泊位、建筑后退红线距离、建筑间距等要求
D．禁止、限制和适宜建设的地域范围
E．确定公共设施的位置、规模和布局

50．居住小区是指与居住人口规模相对应，配套建设一套能满足该区居民基本的物质与文化生活所需的公共服务设施，并被（　　）所围合的居住生活聚居地。
A．城市道路　B．自然分界线　C．管辖界
D．权属范围线　E．行政分界线

51．居住区按居住户数或人数规模，分为（　　）三级。

A．居住楼　B．居住小区　C．居住组团
D．居住区　E．独立式组团

52．居住区内道路分为（　　）四级。
A．街道（级）道路　B．居住区（级）道路
C．小区（级）路　D．组团（级）路
E．宅间小路

53．在居住区的技术经济指标中，（　　）是反映居住区环境质量的主要指标。
A．建筑密度　B．拆建比　C．高层住宅比例
D．户均人口　E．绿地率

（三）**综合分析题**（每个小题的备选答案中有一个或一个以上符合题意的答案。错选不得分；少选，但选择正确的每个选项得相应分）

综合分析题一

2010年3月，A市（县级市）B房地产开发公司利用C村的200亩基本农田，欲建一住宅小区。经城市规划部门批准，该项目的建筑密度为0.72，容积率为4.8。2012年3月，该小区全部竣工并入住。经测算，该小区住宅总建筑面积为50万m^2，住宅的基底总面积为5万m^2。住宅的用地面积为7万m^2。根据以上背景，请回答以下问题。

54．按照A市城乡规划主管部门关于该项目的建筑密度批准意见，该小区内的基底总面积约为（　　）万m^2。
A．3.2　B．4.8　C．6.4　D．9.6

55．按照A市城市规划部门关于该项目的容积率批准意见，该小区允许建设的住宅及其他建筑物的总建筑面积约为（　　）万m^2。
A．32　B．48　C．64　D．96

56．该小区的住宅平均层数为（　　）。
A．5　B．7　C．10　D．12

57．该小区的住宅建筑净密度约为（　　）。
A．61.4%　B．71.4%　C．6.14　D．7.14

58．目前，A市应属于（　　）。
A．一线城市　B．二线城市　C．三线城市　D．四线城市

综合分析题二

2012年4月，A房地产开发公司在城市边缘地带开发建成一B住宅区，该住宅区规模属于居住区。据了解，A房地产开发公司严格按照国家关于居住区规划设计和居住环境的要求进行规划设计和建设。

59．B住宅区人口规模一般为（　　）。
A．25 000～40 000人　B．30 000～50 000人
C．8 000～13 000户　D．10 000～16 000户

60．B住宅区下列（　　）用地中，属于住宅用地。
A．配套建设停车场用地　B．住宅建筑基底占地
C．宅间小路用地　D．宅间绿地

61．B住宅区中各类绿地面积总和占居住区用地面积的比率应不低于（　　）。

A．25%　　B．30%　　C．35%　　D．40%

62．B住宅区内地面停车率比率应宜超过（　　）。

A．10%　　B．15%　　C．20%　　D．25%

63．B住宅区内居民汽车停车率不应小于（　　）。

A．3%　　B．5%　　C．8%　　D．10%

五、参考答案

答　　案

（一）单项选择题

1．C　2．C　3．A　4．B　5．B　6．A　7．B　8．C　9．D　10．D
11．D　12．C　13．D　14．B　15．C　16．D　17．A　18．D　19．B　20．C
21．B　22．D　23．A　24．C　25．C　26．B　27．C　28．B　29．B　30．D
31．B

（二）多项选择题

32．ABC　33．ADE　34．ABC　35．ABC　36．BCDE　37．ABDE　38．ABCD
39．ABCD　40．AE　41．ABDE　42．ACDE　43．ABCE　44．ABCD　45．ABCE
46．CDE　47．ABDE　48．ABCD　49．ABCE　50．AB　51．BCD　52．BCDE
53．AE

（三）综合分析题

54．D　55．C　56．C　57．B　58．D
59．BD　60．BCD　61．B　62．A　63．D

解　　析

（一）单项选择题

6．一类居住用地（R1）是指公用设施、交通设施和公共服务设施齐全、布局完整、环境良好的低层住区用地，包括住宅用地和服务设施用地。二类居住用地（R2）是指公用设施、交通设施和公共服务设施较齐全、布局较完整、环境良好的多、中、高层住区用地，包括保障性住宅用地、住宅用地和服务设施用地。三类居住用地是指公用设施、交通设施不齐全，公共服务设施较欠缺，环境较差，需要加以改造的简陋住区用地，包括危房、棚户区、临时住宅等用地。

7．二类工业用地（M2）是指对居住和公共环境有一定干扰、污染和安全隐患的工业用地。

18．由容积率$=\frac{总建筑面积}{建筑用地面积}$导出，建筑用地面积＝总建筑面积÷2.5＝100÷2.5＝40万（m^2）。

19．容积率$=\frac{总建筑面积}{建筑用地面积}$＝50 000÷20 000＝2.5。

20．由容积率$=\frac{总建筑面积}{建筑用地面积}$导出，总建筑面积＝容积率×建筑用地面积＝3×10 000＝30 000（m^2）。

27．住宅建筑净密度＝住宅建筑基底总面积÷住宅用地面积＝4÷5＝0.8。

29．该题中，总建筑面积＝（21 600×6＋14 040×16＋8 640×20）＝527 040（m^2）。基底总面积＝（900

×6+1 080×16+1 080×20）=44 280（m^2）。住宅平均层数反映了居住区空间形态与景观的特征，它是住宅总建筑面积与住宅基底总面积的比值（层）。住宅平均层数$=\frac{住宅总建筑面积}{住宅基底总面积}$=527 040÷44 280=11.9 024（层）。

32．住宅建筑净密度$=\frac{住宅建筑基底总面积}{住宅用地面积}$(%)=12 500÷50 000=25%。

（三）综合分析题

54．解析：A市B房地产开发公司利用C村的200亩基本农田，1亩约等于666.67 m^2，该地块面积=200×666.67=133 334（m^2）。经城市规划部门批准，该项目的建筑密度为0.72。根据建筑密度的含义（指规划地块内所有建筑物的基底总面积与建筑用地面积之比）。所有建筑物的基底总面积=建筑密度×建筑用地=0.72×133 334=96 000.48（m^2）。

55．解析：A市B房地产开发公司利用C村的200亩基本农田，1亩约等于666.67 m^2，该地块面积=200×666.67=133 334（m^2）。经城市规划部门批准，该项目的容积率为4.8。根据容积率的含义（指规划地块内各类总建筑面积与建筑用地面积之比）。容积率=总建筑面积/建筑用地面积。该小区允许建设的住宅及其他建筑物的总建筑面积=容积率×建筑用地面积=4.8×133 334=640 003.2（m^2）。

56．解析：住宅平均层数反映了居住区空间形态与景观的特征，它是住宅总建筑面积与住宅基底总面积的比值（层）。经测算，该小区住宅总建筑面积为50万m^2，住宅的基底总面积为5万m^2。

住宅平均层数$=\frac{住宅总建筑面积}{住宅基底总面积}$=50÷5=10（层）。

57．解析：经测算，该小区住宅总建筑面积为50万m^2，住宅的基底总面积为5万m^2。住宅的用地面积为7万m^2。

住宅建筑净密度$=\frac{住宅建筑基底总面积}{住宅用地面积}$×100%=5÷7×100%=71.4%。

61．解析：绿地率是指居住区用地内各类绿地面积的总和占居住区用地面积的比率（%），其中新区建设不应低于30%，旧区改建不宜低于25%。

第六章　房地产市场和投资

一、大纲要求

本部分的考试目的是测试应考人员对房地产市场、房地产投资等知识的了解、熟悉和掌握程度。本章考试要求包括：

（1）了解房地产市场的概念和基本要素；

（2）掌握房地产市场的作用、特点和分类；

（3）熟悉房地产市场竞争和波动；

（4）掌握房地产的需求、供给和供求平衡；

（5）了解房地产的供求弹性；

（6）掌握资金时间价值的概念及存在原因；

（7）掌握单利和复利的概念及计算；

（8）掌握名义利率和实际利率；

（9）掌握资金时间价值的换算；

（10）熟悉房地产投资分析。

二、考点汇总

（1）房地产市场知识点汇总（见表6-1）。

表 6-1　房地产市场知识点汇总表

	要　点
概念	房地产市场是指所交易的商品是房地产或房地产权益的市场，交易包括买卖、交换（互换）、租赁、抵押等。房地产市场可能是有形的，也可能是无形的。有形的房地产市场是指固定的房地产交易场所；反之，称为无形的房地产市场
特点	房地产市场的特点有：①交易的房地产实物不能进行空间位置上的移动，只能是房地产权益（如房屋所有权、建设用地使用权）的转移；②交易的对象非标准化，是一个产品差异化（异质性）的市场；③供求状况、价格水平和价格走势等在不同地区各具特色，是一个地区性市场，通常以一个城市为一个市场；④容易出现垄断和投机，房地产投机是指不是为了使用而是为了再出售（或再购买）而暂时购买（或出售）房地产，利用房地产价格的涨落变化，以期从差价中获利的行为；⑤较多地受法律、法规、政策的影响和限制；⑥一般人非经常参与，很多人一生中难得有几次交易经历；⑦交易金额较大，依赖于金融机构的支持与配合；⑧交易程序较复杂，需要签订书面交易合同，办理产权登记过户手续等；⑨广泛需要房地产经纪人提供服务
分类	①按照房地产流转次数，房地产市场可分为房地产一级市场、房地产二级市场和房地产三级市场；②按照房地产交易方式，房地产市场可分为房地产买卖市场和房地产租赁市场；③按照房地产市场区域范围，房地产市场可分为区域房地产市场和整体房地产市场；④按照房地产交易目的，房地产市场可分为房地产使用市场和房地产投资市场；⑤按照达成交易与入住时间的异同，房地产市场可分为现房市场和期房市场；⑥按照房地产用途（或功能、使用性质），房地产市场可分为居住房地产市场和非居住房地产市场；⑦按照房地产档次（建造标准、装饰装修标准或者价格水平等），房地产市场可分为高档房地产市场、中档房地产市场和低档房地产市场；⑧按照房地产市场所处时间，房地产市场可分为过去的市场、现在的市场和未来的市场

续表

	要　点
结构	市场结构又称市场类型，是根据同一市场上竞争程度的不同来划分的，通常分为完全竞争市场、垄断竞争市场、寡头垄断市场和完全垄断市场
周期	房地产市场周期大体有下列几个阶段：①上升期；②高峰期；③衰退期；④低谷期
房地产“泡沫”	房地产“泡沫”的形成原因有多种，归结起来主要有两个：一是群体的非理性预期，二是过度的投机炒作。判断房地产是否有“泡沫”的方法，是看房地产市场价格是否持续、越来越高地背离其理论价格。简单的衡量指标有房价与房租之比（又称“毛租金乘数”、“租售比价”）、入住率

（2）房地产供给与需求知识点汇总（见表6-2）。

表6-2　房地产供给与需求知识点汇总表

	供　给	需　求
概念	房地产需求是指消费者在某一特定的时间内，在每一价格水平下，对某种房地产所愿意并且能够购买（或承租）的数量	房地产供给是指房地产开发商和拥有者（即房地产出售者或出租者）在某一特定的时间内，在每一价格水平下，对某种房地产所愿意并且能够提供出售（或出租）的数量
条件	形成条件有两个：①消费者愿意购买，即有购买欲望；②消费者能够购买，即有支付能力	形成供给有两个条件：①房地产开发商和拥有者愿意供给；②房地产开发商和拥有者有能力供给
决定因素	某种房地产的需求量是由许多因素决定的，除了随机因素，经常起作用的因素有：①该种房地产的价格水平；②消费者的收入水平；③消费者的偏好；④相关物品的价格水平；⑤消费者对未来的预期	某种房地产的供给量是由许多因素决定的，除了随机因素，经常起作用的因素有：①该种房地产的价格水平；②该种房地产的开发建设成本；③该种房地产的开发技术水平；④房地产开发商和拥有者对未来的预期
要点	当一种房地产的价格较低时，当消费者的收入较高时，当消费者对该种房地产的偏好增强时，当该种房地产的替代品的价格较高或者互补品的价格较低时，当消费者预期未来该种房地产价格会上涨时，消费者对该种房地产的当前需求通常会增加；反之，对该种房地产的当前需求通常会减少	当一种房地产的价格较高时，当该种房地产的开发建设成本较低或开发技术水平提高时，当房地产开发商和拥有者预期未来该种房地产的价格会上涨时，该种房地产的当前供给通常会增加；反之，该种房地产的当前供给通常会减少

三、例题分析

（一）房地产市场

1．要分析市场，必须从（　　）三个方面同时入手。

A．人口　　B．购买能力　　C．购买水平

D．购买时间　　E．购买动机

答案：ABE

解析：要分析市场，必须从人口、购买能力和购买动机三个方面同时入手。

2．商品住宅市场需求的总和，是由商品住宅所有现实买主和（　　）共同组成的。（2008年试题）

A．现实卖主　　B．潜在买主　　C．潜在卖主　　D．年轻居民

答案：B

解析：市场是指某种商品或某类商品需求的总和。而商品需求是通过买主体现出来的，因而也可以说，市场是某一产品所有现实买主和潜在买主所组成的群体。

3．下列关于房地市场特点的表述中，正确的有（　　）。（2005 年试题）

A．房地产市场需要房地产经纪人提供服务

B．房地产市场是一个地区性市场

C．房地产市场容易出现垄断和投机

D．房地产市场是一个产品非差异化的市场

E．房地产市场是一般人经常参与的市场

答案：BC

解析：房地产经纪人不是必需的，但广泛需要房地产经纪人提供服务；房地产市场交易的对象非标准化，是一个产品差异化的市场。

4．按照交易目的，房地产市场可划分为（　　）。（2004 年试题）

A．住宅市场和写字楼市场　　B．买卖市场和租赁市场

C．使用市场和投资市场　　D．增量市场和存量市场

答案：C

解析：按照房地产交易目的，房地产市场分为房地产使用市场和房地产投资市场。

5．房地产交易方式除买卖外，还包括（　　）。（2004 年试题）

A．投资　　B．划拨　　C．租赁

D．抵押　　E．互换

答案：CDE

解析：投资、划拨不属于房地产交易方式。

6．旧房市场又称为（　　）。

A．增量房市场　　B．存量房市场

C．住房一级市场　　D．住房二级市场

E．二手房市场

答案：BDE

解析：新房市场又称为增量房市场、住房一级市场，旧房市场又称为二手房市场、存量房市场、住房二级市场。

7．房地产投资市场是买卖或租赁房地产的目的为投资的市场，具体指（　　）。（2005 年试题）

A．出租、再卖或转租的市场　　B．自用或抵押的市场

C．典当或投机的市场　　D．抵押或投机的市场

答案：A

解析：按照房地产交易目的，房地产市场分为房地产使用市场和房地产投资市场。房地产投资市场是买卖或租赁房地产的目的是投资（出租、再卖或转租）的市场。

8．某城市商品房市场需求大于供给，卖方掌握着市场主动权。这种房地产市场通常被称为（　　）。（2009 年试题）

A．买方市场　　B．完全垄断市场

C．垄断竞争市场　　D．卖方市场

答案：D

解析：买方市场是供大于求、相对过剩、买方掌握着主动权的市场。卖方市场是求大于供、相对短缺、卖方掌握着主动权的市场。

9．下列关于完全竞争的房地产市场的表述，正确的是（ ）。（2008 年试题）

A．有相当多的买者和卖者　　B．买者少而卖者多

C．买者多而卖者少　　D．只有一个买者和一个卖者

答案：A

解析：完全竞争市场必须具备下列条件：①所买卖的商品具有同质性，不存在差别；②有相当多的买者和卖者；③市场信息完全；④买者和卖者都可以自由进出市场；⑤买者和卖者无串通共谋行为，也没有政府干预。

10．按照经济学中的市场结构理论，在寡头垄断市场上，当产品无较大差异时，为取得更多利润，寡头生产者往往（ ）。（2009 年试题）

A．展开价格竞争　　B．倾向于非价格竞争

C．在定价方面进行勾结　　D．进行质量和数量竞争

答案：C

解析：在寡头垄断市场上，生产者之间存在着竞争，但寡头生产者在竞争中往往倾向于非价格竞争。在产品无多大差异的情况下，非价格竞争难以进行，寡头生产者在定价方面就会进行勾结。

11．在房地产市场周期的某个阶段，初期房屋空置率略高于正常水平，随后需求增加使空置率下降，后期空置率回到正常水平，这个时期为房地产市场周期的（ ）。（2008 年试题）

A．上升期　　B．高峰期　　C．衰退期　　D．低谷期

答案：A

解析：上升期的主要特征有：租金和售价几乎同步上涨；二手房屋的价格上涨。另外，在这一阶段的初期，房屋空置率略高于正常水平，随后，需求的不断增加使房屋空置率不断下降。到这一阶段的后期，房屋空置率下降到正常水平。

12．房地产市场处于不断上升期间，一般不会出现的现象是（ ）。（2005 年试题）

A．租金上涨　　B．二手房价格上涨

C．投资需求增加　　D．投资需求夹杂着消费需求增加

答案：D

解析：房地产市场周期的上升期可描述为“消费需求夹杂着投资需求增加的时期”。

13．在房地产市场周期的高峰期，房屋空置率的变化规律是（ ）。

A．继续下降　　B．继续上升

C．先上升再下降　　D．先下降后上升

答案：D

解析：房地产市场周期的高峰期中，房屋空置率经历了在上升期的基础上继续下降到该阶段后期开始上升的过程。

14．房地产“泡沫”的形成原因主要有（ ）。（2004 年试题）

A．土地供应量过大　　B．房地产价格快速上涨

C．过度的投机炒作　　D．房地产投资失败

E．群体的非理性预期

答案：CE

解析：房地产“泡沫”的形成原因有多种，归结起来主要有两个：一是群体的非理性预期，二是过度的投机炒作。

15．王某购买了一套住宅，其目的是供自己使用。此购买房地产的需求属于（　　）。

A．消费需求　　B．投机需求　　C．投资需求　　D．跟风需求

答案：A

解析：消费需求是购买房地产后自己使用的需求。

16．李某购买了一套住宅，自用三年后看到房价上涨就将其住宅转卖，他的这种经济活动属于（　　）。（2008 年试题）

A．直接投资　　B．投机炒作　　C．间接投资　　D．资本报酬

答案：A

解析：直接投资主要有：①购买现房（如现成的写字楼、铺面或住宅）、场地或期房后出租；②购买房地产后出租一段时间（如若干年），然后再转卖；③购买房地产后等待一段时间，涨价后再转卖；④购买房地产后自用一段时间（如若干年），然后再转卖等。

17．在房地产市场上，购买房地产的需求类型有（　　）。（2009 年试题）

A．投资需求　　B．消费需求　　C．投机需求

D．意愿需求　　E．跟风需求

答案：ABCE

解析：将购买房地产的需求归纳为下列四类：①消费需求。它是购买房地产后自己使用的需求。②投资需求。它是购买房地产后以出租来获得回报的需求。③投机需求。它是为卖而买的需求，特别是发生在投机者对未来的房地产价格看涨时而现在购买房地产，甚至出现疯狂的抢购、囤积居奇。④跟风需求。它是购买者还没有明确的购买目的，看到别人购买，自己也跟着购买的需求。

（二）房地产供给与需求

1．房地产需求是指在某一特定的时间内，在每一价格水平下，对某种房地产（　　）。（2009 年试题）

A．消费者需要的数量　　B．消费者愿意而且能够购买的数量

C．企业提供的数量的总和　　D．企业愿意且能够提供的数量

答案：B

解析：房地产需求是指消费者在某一特定的时间内，在每一价格水平下，对某种房地产所愿意并且能够购买（或承租）的数量。

2．如果市场上某种房地产的价格上升，会导致对另一种房地产的需求增加，表明这两种房地产是（　　）。（2004 年试题）

A．替代品　　B．互补品　　C．吉芬物品　　D．配套品

答案：A

解析：在替代品之间，一种房地产的价格不变，另一种房地产的价格如果上涨，则消费者就会把需求转移到该种房地产上，从而使该种房地产的需求增加。

3．当一种房地产的开发建造技术水平提高时，该种房地产的供给通常（　　）。（2005

年试题）

A．减少　　B．无任何变化

C．可能增加也可能减少　　D．增加

答案：D

解析：在一般情况下，开发技术水平的提高可以降低开发建设成本，增加开发利润，房地产开发商就会开发更多的房地产。

4．消费者收入水平提高对需求曲线的影响是（　　）。（2005 年试题）

A．需求曲线右移

B．需求曲线左移

C．需求曲线不动，但需求量沿着曲线上移

D．需求曲线不动，但需求量沿着曲线下移

答案：A

解析：消费者的收入水平、偏好、对未来的预期和相关物品价格水平的变化，会改变消费者在给定房地产价格水平下对房地产的需求量。如果在每一房地产价格水平下房地产的需求量都增加了，则需求曲线会向右位移；反之，需求曲线会向左位移。

5．下列情形中，可能导致消费者对某种房地产当前需求增加的有（　　）。（2009 年试题）

A．该种房地产价格下降

B．该种房地产的替代品价格下降

C．消费者预期未来收入会增加

D．消费者预期未来该种房地产价格会上涨

E．消费者对该种房地产的偏好程度增强

答案：ACDE

解析：某种房地产的需求量是由许多因素决定的，除了随机因素，经常起作用的因素有：①该种房地产的价格水平；②消费者的收入水平；③消费者的偏好；④相关物品的价格水平；⑤消费者对未来的预期。在替代品之间，一种房地产的价格上升，另一种房地产的价格如果不变，则对另一种房地产的需求就会增加。

6．决定某种房地产需求量的因素包括（　　）。（2005 年试题）

A．该种房地产的价格水平　　B．消费者的职业及文化水平

C．消费者的偏好　　D．相关物品的销售情况

E．消费者对未来的预期

答案：ACE

解析：决定某种房地产需求量的因素包括：①该种房地产的价格水平；②消费者的收入水平；③消费者的偏好；④相关物品的价格水平；⑤消费者对未来的预期。

7．一般来说，有利于增加所在地区房地产市场需求的因素有（　　）。（2009 年房地产估价师制度试题）

A．城市化水平的提高　　B．房地产开发建设的技术进步

C．房地产本身价格的提高　　D．消费者收入水平的提高

E．房地产开发建设要素价格下降

答案：AD

解析：一般来说，影响商品需求的因素有：①消费者的偏好；②消费者的收入水平；③该商品本身的价格；④相关商品的价格；⑤消费者对商品未来价格的预期；⑥其他因素。其他因素也会影响商品的市场需求，如城市化、人口因素、政府产业政策、消费政策等。房地产开发建设的技术进步、房地产开发建设要素价格下降，属于影响商品供给的主要因素。

8．通常所说的"买涨不买落"，反映的房地产需求量决定因素是（　　）。

A．该种房地产的价格水平　　B．消费者的收入水平

C．消费者对未来的预期　　D．相关物品的价格水平

答案：C

解析：消费者的行为不仅受许多现实因素的影响，还受其对未来预期的影响。例如，消费者的现时房地产需求不仅取决于当前的房地产价格水平，还取决于其对未来房地产价格涨落的预期。当消费者预期未来房地产价格会上涨时，就会增加对房地产的现时需求，因为"今天不买，明天更贵"；反之，消费者就会持币观望，减少对房地产的现时需求，因为"今天买进，明天更低"。这就是通常所说的"买涨不买落"。

9．一定时期内，一种房地产供给量的相对变化对于该种房地产价格的相对变化会有一定反应，用以衡量这种反应程度的指标是（　　）。（2009 年试题）

A．房地产价格弹性　　B．房地产需求弹性

C．房地产供给弹性　　D．房地产供求弹性

答案：C

解析：房地产供给弹性用来表示在一定时期内一种房地产供给量的相对变化对于该种房地产自身价格的相对变化的反应程度。

（三）资金的时间价值

1．资金存在时间价值的原因主要有（　　）。（2008 年试题）

A．资金增值　　B．机会成本　　C．实现剥削

D．承担风险　　E．通货膨胀

答案：ABDE

解析：从经济理论上讲，资金存在时间价值的原因主要有下列几个：①资金增值；②机会成本；③承担风险；④通货膨胀。

2．若年利率为 8%，复利计息，则 5 年后的 300 万元资金相当于现在的（　　）万元。（2009 年试题）

A．119.13　　B．201.36　　C．204.17　　D．214.29

答案：C

解析：$P=F(1+i)^{-n}=300\times1/(1+8\%)^{5}=204.17$（万元）。

3．某开发商向银行贷款 1 000 万元，复利计息，贷款期限为 3 年，银行基准利率为 6%，投资基准收益率为 8%，银行实际利率为 7%，假设开发商贷款到期后一次性偿还本息，则开发商到期需偿还的贷款本息是（　　）万元。（2009 年试题）

A．1 191.02　　B．1 210.00　　C．1 225.04　　D．1 259.71

答案：C

解析：$F=P(1+i)^{n}=1000\times(1+7\%)^{3}=1225.04$（万元）。

4. W 银行为某家庭提供了期限为 10 年的按月等额还本付息的个人住房抵押贷款，若该笔贷款的实际年利率为 7.25%，则名义年利率是（　　）。

A. 7.02%　　B. 7.04%　　C. 7.50%　　D. 7.85%

答案：A

解析：根据 $i=(1+r/m)^{m}-1$，$7.25\%=(1+r/12)^{12}-1$，求得 $r=7.02\%$。

5. 张某以贷款方式购买住房，贷款期限为 3 年，年利率为 6%，按月计息，则贷款的实际年利率为（　　）。（2009 年试题）

A. 6.00%　　B. 6.17%　　C. 6.37%　　D. 6.56%

答案：B

解析：贷款的实际年利率 $i=(1+r/m)^{m}-1=(1+6\%/12)^{12}-1=6.168\%$。

6. 宋某拟每年以相同的数额向商业银行存款，若在 15 年后存款余额要达到 18 万元，假定银行存款年利率为 5%，宋某每年须向银行存款（　　）元。（2009 年试题）

A. 5 772.21　　B. 8 341.61　　C. 11 428.57　　D. 12 000.00

答案：B

解析：$A=F\dfrac{i}{(1+i)^{n}-1}=180\,000\times\dfrac{5\%}{(1+5\%)^{15}-1}-1=8\,341.61$（元）

7. 已知年利率为 14%，则按季度计息时的实际年利率为（　　）。

A. 12.55%　　B. 12.68%　　C. 14.75%　　D. 15.01%

答案：C

解析：实际年利率 $i=(1+r/m)^{m}-1=(1+14\%/4)^{4}-1=14.75\%$。

8. 王某每年向银行存款 6 000 元，若按复利计算的年存款利率为 3%，则 10 年后存款的本利为（　　）元。（2005 年试题）

A. 60 900.00　　B. 61 800.00　　C. 68 783.28　　D. 69 870.71

答案：C

解析：根据将等额年金转换为将来值的公式：

$$F=A\frac{(1+i)^{n}-1}{i}=6\,000\times\frac{(1+3\%)^{10}-1}{3\%}=68\,783.28\text{（元）}$$

9. 张某准备每年按相同的数额向银行存款，并打算在 8 年后达到 10 万元，假定银行存款年利率为 5%，张某每年应向银行存款（　　）元。（2008 年试题）

A. 8 460.49　　B. 10 472.18　　C. 12 500.00　　D. 18 468.19

答案：B

解析：$A=F\dfrac{i}{(1+i)^{n}-1}=100\,000\times\dfrac{5\%}{(1+5\%)^{8}-1}=10\,472.18$（元）。

10. K 家庭以抵押贷款的方式购买了一套价值为 25 万元的住宅，首付款为房价的 30%，其余房款用抵押贷款支付。如果抵押贷款的期限为 10 年，按月等额偿还，年贷款利率为 15%，K 家庭的月还款额为（　　）元。

A. 2 821.66　　B. 2 823.4　　C. 2 837.3　　D. 2 836.31

答案：B

解析：（1）抵押贷款额 $P=25\times70\%=17.5$（万元）；月贷款利率 $i=15\%/12=1.25\%$，计息周期数 $n=10\times12=120$（月）。

（2）月还款额：$A=P[i(1+i)^n]/[(1+i)^n-1]=175\,000\times[1.25\%\times(1+1.25\%)^{120}]/[(1+1.25\%)^{120}-1]=2\,823.4$（元）。

（四）房地产投资分析

1．房地产投资与投机在内涵上的区别通常在于（　　）。（2004 年试题）

A．投资人直觉判断特点突出　　B．投资重视长期的时间介入

C．投资隐含着合理的收益与风险　　D．投资看重短期的时间介入

E．投资强调理性分析与论证

答案：BCE

解析：投资、投机、赌博三者在内涵上通常有下列区别：投资较重视长期的时间介入，而且强调理性的分析与评估，背后隐含着合理的风险与收益；投机较看重短期的时间介入，缺乏理性的分析与评估，主要凭直觉或非正规渠道的信息作判断，背后隐含着不正常的风险与收益；赌博没有时间的因素介入，无法进行理性的分析与评估，背后隐含着极大的风险，并且长期平均收益为负值。

2．下列关于投资风险选择与评价的表述中，正确的有（　　）。（2009 年试题）

A．投机型投资者通常选择风险大、收益高的投资

B．保守型投资者通常选择风险中等的投资

C．保守型投资者最通常的做法是将资金存入银行获取利息

D．房地产投资的风险一般比较确定

E．在给定风险下，投资者会选择收益较低的投资

答案：AC

解析：根据风险偏好，可将投资者分为三类：①投机型的投资者，如通常所说的冒险家、赌徒，他们通常选择有较大风险的投资；②保守型的投资者，如通常所说的胆小鬼，他们最通常的做法是将资金存入银行获取利息；③普通投资者，大多数投资者属于这一类。一般来说，投入是现实的，是比较确定的，产出是未来的，是不很确定的，即是有风险的。在给定的风险下，预期的未来收益是否大到足以证明当前的费用支出是合理的。

3．房地产投资包括的阶段有（　　）。

A．寻找投资机会　B．投资方案评价　C．投资决策　D．方案设计

E．实施投资方案

答案：ABCE

解析：房地产投资具有四个阶段：①寻找投资机会；②评价投资机会（又称投资方案评价、投资项目评价）；③选择投资方案（又称投资决策，其结果为投资和不投资两种）；④实施投资方案。

4．下列房地产投资项目经济评价指标中，可以用来判断项目可行性的有（　　）。（2008 年试题）

A．财务净现值≥0　　B．财务净现值<0

C．内部收益率≥基准收益率　　D．投资回收期≤基准回收期

E．投资回收期>基准回收期

答案：ACD

解析：如果 $FNPV\geq 0$，则表明项目的赢利能力达到或者超过了按设定的折现率计算的

赢利水平，因而是可以接受的。如果投资回收期（P_t）≤基准投资回收期（P_c），则表明项目的赢利能力达到或超过了所要求的收益率，因而是可以接受的。

5．当折现率为10%时，某房地产项目净现值为1 380万元，当折现率为11%时，净现值为−258万元，若投资者要求的基准收益率为12%，则该项目在经济上（　　）。（2009年试题）

A．不可接受　　B．可接受

C．能否接受无法判断　　D．可以接受，也可以不接受

答案：A

解析：根据公式 $r=i_1+(i_2-i_1)\dfrac{|PW_1(i_1)|}{|PW_1(i_1)|+|PW_2(i_2)|}$，该项目的内部收益率＝10%＋（11%−10%）$\times\dfrac{1380}{(1380+258)}$＝10.84%。10.84%小于投资者要求的基准收益率为12%，该项目在经济上不可接受。

6．某房地产投资项目累计净现金流量开始出现正值的年份数为4，又知上年累计净现金流量为-240万元，出现正值的当年净现金流量为300万元，则该房地产投资项目的投资回收期是（　　）年。（2008年试题）

A．3.8　　B．4.0　　C．4.8　　D．5.8

答案：A

解析：投资回收期＝（累计净现金流量折现值开始出现正值的年数−1）＋（上年累计净现金流量折现值的绝对值÷当年净现金流量的折现值）＝（4−1）＋240÷300＝3.8（年）。

四、模拟练习

(一) 单项选择题（每题的备选答案中只有一个最符合题意）

1．市场是某一产品所有（　　）所组成的群体。

A．潜在买主和潜在卖主　　B．现实买主和现实卖主

C．现实买主和真正买主　　D．现实买主和潜在买主

2．按照房地产的用途（或功能、使用性质），房地产市场分为（　　）。

A．现房市场和期房市场　　B．房地产买卖市场和房地产租赁市场

C．整体房地产市场和区域房地产市场　　D．居住房地产市场和非居住房地产市场

3．下列不属于同一房地产市场分类的是（　　）。

A．普通住宅市场　　B．写字楼市场

C．高档公寓市场　　D．别墅市场

4．建设用地使用权出让后的房地产开发经营，具体为建设用地使用权转让市场，新开发的商品房、经济适用住房等的初次交易市场是（　　）。

A．房地产一级市场　　B．房地产二级市场

C．房地产三级市场　　D．土地二级市场

5．房地产一级市场包括（　　）。

A．建设用地使用权的出让　　B．建设用地使用权出让后的房地产开发经营

C．投入使用后的房地产交易方式　　D．投入使用后的抵押、租赁方式

6．垄断竞争市场要具有的特点中，不包括（　　）。

A．卖者和买者都比较多　　B．所买卖的商品具有同质性，不存在差别

C．产品存在差异　　D．市场信息比较完全

7．房地产市场周期阶段中，（　　）阶段的初期，房屋空置率略高于正常水平，随后，需求的不断增加使房屋空置率不断下降。到这一阶段的后期，房屋空置率下降到正常水平。

A．上升期　　B．高峰期　　C．衰退期　　D．低谷期

8．在房地产市场周期理论中，（　　）可描述为“消费需求夹杂着投资需求增加的时期”。

A．上升期　　B．高峰期　　C．衰退期　　D．低谷期

9．在房地产市场周期理论中，（　　）可描述为“投资需求夹杂着消费需求增加的时期”。

A．上升期　　B．高峰期　　C．衰退期　　D．低谷期

10．投资者纷纷设法将自己持有的房地产脱手，旧房交易量大，这种特点属于房地产市场的（　　）。

A．上升期　　B．高峰期　　C．衰退期　　D．低谷期

11．房地产市场在高峰期，一般不会出现的现象是（　　）。

A．售价以比租金快得多的速度上涨　　B．大批房地产开发项目开工

C．房屋空置率逐渐上升　　D．新房换手快，交易量大

12．房地产市场周期阶段中，（　　）阶段的房屋空置率经历了在上升期的基础上继续下降到该阶段后期开始上升的过程。

A．上升期　　B．高峰期　　C．衰退期　　D．低谷期

13．房地产“泡沫”表现为（　　）。

A．地价、房价合理地持续上涨，且其上涨速度远远超过了整个经济的增长速度

B．地价、房价按照市场规律持续上涨，且其上涨速度远远超过了整个经济的增长速度

C．地价、房价人为地、不合理地持续上涨，且其上涨速度远远超过了整个经济的增长速度

D．地价、房价人为地、不合理地持续上涨，但是其上涨速度远远低于整个经济的增长速度

14．这几年，市民李某由于下岗，利用手中的资金购买了两套小户型住宅，用于出租经营，维持生计。此购买房地产的需求属于（　　）。

A．消费需求　　B．投机需求　　C．投资需求　　D．跟风需求

15．近年来，房地产经纪人孙某，利用自身和朋友的资金投资二手房并赚取差价。此购买房地产的需求属于（　　）。

A．消费需求　　B．投机需求　　C．投资需求　　D．跟风需求

16．从房价与房租之比来看，在房租由市场决定及经济正常发展的情况下，房价与年房租（或月房租）有一个合理的倍数，一般为（　　）倍左右。

A．3　　B．5　　C．10　　D．20

17．房地产“泡沫”实际上是（　　）。

A．供不应求　　B．供等于求　　C．供小于求　　D．供大于求

18．需求量与价格负相关的这种关系非常普遍，经济学家称之为（　　）。

A．炫耀性物品　　B．吉芬物品　　C．需求规律　　D．供给规律

19．某种生活必需品，在某种特定的条件下，消费者对这种商品的需求与其价格成同方向变化，这种商品被称为（　　）。

A．炫耀物品　　B．吉芬物品　　C．中档物品　　D．低档物品

20．通常所说的“今天不买，明天更贵”，反映的房地产需求量决定因素是（　　）。

A．该种房地产的价格水平　　B．消费者的收入水平

C．消费者对未来的预期　　D．相关物品的价格水平

21．通常所说的“今天买进，明天更低”，反映的房地产需求量决定因素是（　　）。

A．该种房地产的价格水平　　B．消费者的收入水平

C．消费者对未来的预期　　D．相关物品的价格水平

22．在现实中，某种房地产在未来某一时间的潜在供给量为（　　）。

A．潜在供给量＝存量＋拆毁量－转换为其他种类房地产量＋其他种类房地产转换为该种房地产量＋新竣工量

B．潜在供给量＝存量－拆毁量＋转换为其他种类房地产量＋其他种类房地产转换为该种房地产量＋新竣工量

C．潜在供给量＝存量－拆毁量－转换为其他种类房地产量－其他种类房地产转换为该种房地产量＋新竣工量

D．潜在供给量＝存量－拆毁量－转换为其他种类房地产量＋其他种类房地产转换为该种房地产量＋新竣工量

23．房地产市场卖方与卖方之间竞争的结果会（　　）房地产价格。

A．降低　　B．抬高　　C．平抑　　D．不影响

24．当该种房地产的开发建设成本较低或开发技术水平提高时，该种房地产的当前供给通常会（　　）。

A．减少　　B．无任何变化

C．可能增加也可能减少　　D．增加

25．当消费者预期未来该种房地产价格会上涨时，消费者对该种房地产的当前需求通常会（　　）。

A．减少　　B．不变　　C．增加　　D．大量减少或大量增加

26．房地产需求的价格弹性通常是（　　）。

A．负数　　B．零　　C．正数　　D．零或正数

27．需求的价格弹性计算方法中，一个通用的计算规则是既不根据较低的也不根据较高的数字来计算变化的百分比，而是使用两者的平均数。这种计算方法称为（　　）。

A．原点法　　B．起点法　　C．中点法　　D．终点法

28．A市2011年5月，普通住宅的价格由3 000元/m^2上涨到3 500元/m^2，但需求量则从200套下降到100套，采用中点法计算，该普通住宅需求的价格弹性为（　　）。

A．0.1307　　B．0.2307　　C．4.3349　　D．6.2307

29．已知某贷款的年利率为15%，借贷双方约定按季度计息，则该贷款的实际利率是（　　）。

A．15.32%　　B．15.68%　　C．15.87%　　D．15.93%

30．已知某贷款的年名义利率为12%，年实际利率为12.55%，则该贷款是按照（　　）作为计息周期的。

A．年　　B．半年　　C．季度　　D．月

31．假设某贷款的月利率为1%，每月计息一次，按复利计息，那么，年名义利率是（　　）。

A．12%　　B．12.55%　　C．12.68%　　D．13.55%

32．当计息周期短于1年时，实际利率与名义利率的关系是（　　）。

A．名义利率大于实际利率　　B．实际利率大于名义利率

C．名义利率等于实际利率　　D．实际利率小于名义利率

33．张某申请个人住房贷款20万元，贷款年利率为6%，贷款期限为15年，采用按月等额本息还款方式的月还款额为（　　）元。

A．1 563.22　　B．1 687.71　　C．1 890.56　　D．2 058.92

34．某住房的建筑面积100 m^2，总价为45万元。如果首付15万元，余款可以在三年内的每年年末支付10万元，假设年利率为5%，则该套住房的实际单价为（　　）元/m^2。

A．4 223　　B．4 288　　C．4 357　　D．4 500

35．财务净现值是评价项目赢利能力的（　　）。

A．相对指标　　B．绝对指标　　C．平均指标　　D．变异指标

（二）多项选择题（每题的备选答案中，有两个或两个以上符合题意的答案）

36．房地产市场的形成必须具备三个基本要素，包括（　　）。

A．存在着可供交换的房地产法律体系

B．存在着可供交换的房地产政策

C．存在着可供交换的房地产商品

D．存在着提供房地产商品的卖方和具有购买欲望与购买能力的买方

E．交换价格符合买卖双方的利益要求

37．房地产市场的交易方式包括（　　）。

A．出让　　B．买卖　　C．交换（互换）

D．租赁　　E．抵押

38．房地产市场的特点包括（　　）。

A．交易的房地产实物不能进行空间位置上的移动

B．交易的对象标准化

C．供求状况、价格水平和价格走势等在不同地区各具特色

D．是一个全国性市场

E．交易程序较复杂，需要签订书面交易合同，办理产权登记过户手续等

39．以下（　　）属于非居住房地产市场。

A．商业用房市场　　B．别墅市场　　C．写字楼市场

D．工业用房市场　　E．高档公寓市场

40．新房市场又称为（　　）。

A．增量房市场　　B．存量房市场

C．住房一级市场　　D．住房二级市场

E．二手房市场

41．以下（　　）属于房地产二级市场。

A．建设用地使用权的出让市场　　B．建设用地使用权转让市场

C. 经济适用住房等的初次交易市场　　D. 新开发的商品房市场
E. 房地产抵押市场

42. 以下（　　）属于房地产三级市场。
A. 投入使用后的房地产交易　　B. 房屋租赁市场
C. 经济适用住房等的初次交易　　D. 新开发的商品房
E. 房地产抵押市场

43. 完全竞争市场必须具备下列（　　）等条件。
A. 所买卖的商品具有同质性，不存在差别
B. 有相当多的买者和卖者
C. 市场信息不完全
D. 买者和卖者都可以自由进出市场
E. 买者和卖者无串通共谋行为，也没有政府干预

44. 卖方垄断市场具有以下（　　）几个特点。
A. 只有一个卖者，而买者很多　　B. 只有一个卖者，而买者很少
C. 有多个卖者，而买者很多　　D. 产品无相近的替代品
E. 新生产者不能进入市场，潜在竞争与实际竞争一样是不存在的

45. 房地产市场周期大体有下列（　　）几个阶段。
A. 基础期　　B. 上升期　　C. 高峰期
D. 衰退期　　E. 低谷期

46. 房地产市场周期阶段中，衰退期的主要特征有（　　）。
A. 房屋空置率上升　　B. 售价以比租金快得多的速度上涨
C. 售价以比租金快得多的速度下降　　D. 新房销售困难
E. 投资者纷纷设法将自己持有的房地产脱手，旧房交易量大

47. 房地产市场周期阶段中，高峰期的主要特征有（　　）。
A. 售价以比租金快得多的速度上涨　　B. 新房换手快，交易量大
C. 大批房地产开发项目开工　　D. 新房销售困难
E. 房屋空置率也经历了在上升期的基础上继续上升到该阶段后期开始下降的过程

48. 判断房地产是否有“泡沫”的方法中，简单的衡量指标有（　　）。
A. 房价与房租之比　B. 毛租金乘数　　C. 租售比价
D. 入住率　　E. 容积率

49. 某种房地产的需求量是由许多因素决定的，除了随机因素，经常起作用的因素有（　　）。
A. 消费者对未来的预期　　B. 房地产的开发技术水平
C. 消费者的收入水平　　D. 相关物品的价格水平
E. 消费者的偏好

50. 需求规律的例外是（　　）。
A. 需求量与价格负相关
B. 预期房地产价格未来上升，会增加对房地产的现期需求
C. 炫耀性物品
D. “吉芬难题”
E. 吉芬物品

51．以下（　　），会减少对房地产商品的需求。

A．对于正常房地产来说，当消费者的收入增加

B．对于正常房地产来说，当消费者的收入减少

C．消费者对某种房地产的偏好程度增强

D．消费者对某种房地产的偏好程度减弱

E．消费者预期房地产价格未来会上涨

52．以下（　　），属于消费者对该种房地产的当前需求通常更多。

A．当一种房地产的价格较低时

B．当消费者的收入较低时

C．当消费者对该种房地产的偏好程度增强时

D．当该种房地产的替代品价格较低或互补品价格较高时

E．消费者预期未来该种房地产价格会上涨时

53．某种房地产的供给量是由许多因素决定的，除了随机因素，经常起作用的因素有（　　）。

A．该种房地产的价格水平　　B．该种房地产的开发建设成本

C．该种房地产的开发技术水平　　D．消费者的偏好

E．房地产开发商和拥有者对未来的预期

54．当（　　）时，该种房地产的当前供给通常更少。

A．一种房地产的价格较高

B．一种房地产的价格较低

C．该种房地产的开发建设成本较高

D．该种房地产的开发技术水平提高

E．当房地产开发商预期该种房地产的价格未来会下降时

55．房地产需求弹性主要有（　　）。

A．需求的价格弹性　　B．需求的收入弹性

C．需求的数量弹性　　D．需求的人口弹性

E．需求的交叉价格弹性和需求的价格预期弹性

56．在经济学里，将弹性数值分为（　　）等类型。

A．弹性数值大于 1 的情况，称为富有弹性

B．弹性数值小于 1 的情况，称为缺乏弹性

C．弹性数值等于 1 的情况，称为单一弹性

D．弹性数值为无穷大的情况，称为完全弹性

E．弹性数值等于零的情况，称为完全有弹性

57．从经济理论上讲，资金存在时间价值的原因主要有（　　）。

A．资金增值　　B．经济衰退　　C．机会成本

D．承担风险　　E．通货膨胀

58．投资具有的特性包括（　　）。

A．投资必须有收入　　B．投资必须有投入

C．投资必须求回报　　D．投资具有时间性

E．投资具有风险性

59．设定的折现率通常为投资者可接受的最低收益率，也称为（　　）。

A．投资者所要求的最低收益率　　　　B．投资者最低期望收益率
C．投资者最低满意收益率　　　　　　D．投资者最高期望收益率
E．投资者最高满意收益率

（三）综合分析题（每个小题的备选答案中有一个或一个以上符合题意的答案。错选不得分；少选，但选择正确的每个选项得相应分）

综合分析题一

2011 年 8 月，A 县甲房地产开发有限责任公司（以下简称甲公司）拟通过竞标方式取得某房地产开发项目，为此委托一级资质房地产估价机构（以下简称估价机构），负责提供包括市场分析、项目融资、开发进度、营销计划及投标报价等内容的咨询报告。双方协定，开发公司在签订委托协议的同时向估价机构支付部分款项，余款在估价机构完成和提交咨询报告后支付。

60．估价机构在关于市场分析的报告中，分析了消费者的收入水平下降对居民购房产生的影响，指出目前该城市房地产价格虽然没有下降，但（　　）。
A．需求曲线已向右上方移动　　　　B．需求曲线已向左下方移动
C．需求曲线已停止移动　　　　　　D．需求曲线是一条向垂直下方的直线

61．估价机构在房地产市场分析报告关于影响商品房需求的因素分析中，不应包括（　　）。
A．消费者偏好　　　　　　　　　　B．消费者的收入水平
C．开发商对商品房未来价格的预期　D．消费者对商品房未来价格的预期

62．估价机构在房地产市场分析报告关于影响商品房供给的因素分析中，正确的是（　　）。
A．在影响商品房供给的其他因素既定不变的条件下，当前商品房市场的价格与其供给量之间存在负相关关系
B．当高档商品房价格不变，而普通商品房价格上涨，开发商应增加普通商品房的开发建设
C．尽管受国家政策调控因素影响，小面积户型成为今后住房供应的主要户型，为追求经济效益，仍需加大大面积户型商品房的开发建设
D．受国家政策调控因素影响，预计未来几年，高档商品房价格将下降，开发商应减少对高档商品房的开发建设

63．下列（　　），属于甲公司增加普通商品住宅供给的因素。
A．房地产的开发建设成本降低　　　B．普通商品住宅价格走低
C．目前普通商品住宅价格较高　　　D．开发技术水平提高

64．下列（　　），属于消费者对普通商品住宅需求提高的因素。
A．普通商品住宅价格处于较低水平
B．当前消费者的收入高
C．消费者对普通商品住宅价格的偏好程度增强
D．消费者预期未来的收入会降低

综合分析题二

2011 年 3 月，L 房地产开发公司通过摘牌方式，以 1 800 万元取得某宗住宅用地使用权，其土地面积为 120 000 m^2，规划容积率为 1.5。2012 年 6 月，王某通过首付加贷款方式，

购买了一套住宅。

65. 在 L 房地产开发公司规划与开发建设中，反映该住宅小区的居住环境质量的主要指标有（　　）。

A. 停车率　　B. 建筑密度　　C. 绿地率　　D. 拆建比

66. 假设王某向银行贷款 20 万元，贷款年利率为 6%，如果按季还款，则王某还款的实际利率为（　　）。

A. 6.03　　B. 6.14　　C. 6.25　　D. 6.36

67. 假设王某向银行贷款 20 万元，贷款年利率为 6%，如果按月还款，则王某还款的实际利率为（　　）。

A. 6.03　　B. 6.14　　C. 6.17　　D. 6.36

68. 假设王某向银行贷款 20 万元，贷款年利率为 6%，贷款期限为 5 年，到期后一次偿还本息。则到期后应偿还的本息为（　　）元。

A. 226 895.34　　B. 238 000.43　　C. 2 432 575.22　　D. 267 645.12

69. 假设王某向银行贷款 20 万元，贷款年利率为 6%，贷款期限为 5 年，如果按月等额还贷款本息。则王某的月还款额为（　　）元。

A. 2 896.13　　B. 2 983.66　　C. 3 866.56　　D. 3 973.43

五、参考答案

答　　案

（一）单项选择题

1. D　2. D　3. B　4. B　5. A　6. B　7. A　8. A　9. B　10. C
11. C　12. B　13. C　14. C　15. B　16. C　17. D　18. C　19. B　20. C
21. C　22. D　23. A　24. D　25. C　26. A　27. C　28. C　29. C　30. C
31. A　32. B　33. B　34. A　35. B

（二）多项选择题

36. CDE　37. BCDE　38. ACE　39. ACD　40. AC　41. BCD　42. ABE
43. ABDE　44. ADE　45. BCDE　46. ACDE　47. ABC　48. ABCD　49. ACDE
50. CDE　51. BD　52. ACE　53. ABCE　54. BCE　55. ABDE　56. ABCD
57. ACDE　58. BCDE　59. ABC

（三）综合分析题

60. B　61. C　62. BD　63. ACD　64. ABC　65. BC　66. B　67. C　68. D　69. C

解　　析

（一）单项选择题

28. 用中点法计算需求的价格弹性 E_D 的公式：

$$E_D=\frac{Q_2-Q_1}{(Q_2+Q_1)/2}\div\frac{(P_2-P_1)}{(P_1+P_2)/2}=\frac{200-100}{(200+100)/2}\div\frac{3\,500-3\,000}{(3\,500+3\,000)/2}=4.334\,9。$$

29．已知 $r=15\%$，$m=12/3=4$，则该笔贷款的实际利率 $i=(1+r/m)^m-1=(1+15\%/4)^4-1=15.87\%$。

33．$A=P\dfrac{i(1+i)^n}{(1+i)^n-1}=200\,000\times\dfrac{6\%/12\times(1+6\%/12)^{15\times12}}{(1+6\%/12)^{15\times12}-1}=1\,687.71$ 元。

34．实际总价为$=15+10/(1+5\%)+10/(1+5\%)^2+10/(1+5\%)^3=42.23$（万元），故实际单价为 4 223 元/$m^2$。

（三）综合分析题

66．根据名义利率与实际利率的关系公式：$i=(1+r/m)^m-1=(1+6\%\div4)^4-1=6.14$。

67．根据名义利率与实际利率的关系公式：$i=(1+r/m)^m-1=(1+6\%\div12)^{12}-1=6.17$。

68．到期后应偿还的本息为：$200\,000\times(1+6\%)^5=267\,645.12$（元）。

69．根据将现值转换为等额年金的公式 $A=P\dfrac{i(1+i)^n}{(1+i)^n-1}=200\,000\times\dfrac{\frac{6\%}{12}(1+\frac{6\%}{12})^{5\times12}}{(1+\frac{6\%}{12})^{5\times12}-1}=3\,866.56$（元）。

第七章　房地产价格和估价

一、大纲要求

本部分的考试目的是测试应考人员对房地产价值和价格的种类、影响因素以及房地产估价的三大基本方法等的了解、熟悉和掌握程度。本章考试要求包括：

（1）了解房地产价格的概念和形成条件；

（2）了解房地产价格的特征；

（3）掌握房地产价格和价值的种类；

（4）熟悉房地产价格的影响因素；

（5）掌握房地产估价的市场法；

（6）熟悉房地产估价的收益法、成本法。

二、考点汇总

（1）房地产价格和价值的种类知识汇总（见表 7-1）。

表 7-1　房地产价格和价值的种类知识汇总表

概　　念	基 本 内 涵
价值	指的是经济学范畴的价值
使用价值	使用价值是指物品能满足人们某种需要的效用
交换价值	交换价值是指一种商品同另一种商品相交换的量的关系或比例，即交换价值表现为一定数量的其他商品
投资价值	某一房地产的投资价值是指某个特定的投资者（如某个具体的购买者）基于个人的需要或意愿，对该房地产所评估出的价值
市场价值	房地产的市场价值是指该房地产对于一个典型的投资者（市场上抽象的一般投资者，它代表了市场上大多数人的观点）的价值
成交价格	成交价格简称成交价，是指一笔房地产交易中交易双方实际达成交易——买方同意支付、卖方同意接受，或者买方付出、卖方收取的货币或实物、无形资产和其他经济利益
市场价格	市场价格简称市价，是指某种房地产在市场上的一般、平均水平价格，是该类房地产大量成交价格的抽象结果（如平均数、中位数或众数）
理论价格	理论价格是在经济学假设的“经济人”的行为和预期是理性的，或者真实需求与真实供给相等的条件下形成的价格
总价格	总价格简称总价，是指某一宗或者某一区域范围内的房地产整体的价格
单位价格	单位价格简称单价，其中，土地单价是指单位土地面积的土地价格
楼面地价	楼面地价是一种特殊的土地单价，是按照土地上的建筑物面积均摊的土地价格
实际价格	实际价格一般直接观察不到，通常需要在名义价格的基础上进行计算或者处理才能得到
名义价格	名义价格是表面上的价格，能直接观察到
现房价格	房地产的现货价格是指以现状房地产为交易标的的价格

续表

概　　念	基 本 内 涵
期房价格	期房价格是指以目前尚未建造完成而在将来建造完成后的建筑物及其占用范围内的土地为交易标的的房地产价格
起价	起价是指销售新建商品房的最低价。起价通常不能反映所销售商品房的真实价格水平
均价	均价是所销售商品房的平均价格，一般有标价的平均价格和成交价的平均价格两种。成交价的平均价格一般可以反映所销售商品房的总体价格水平
标价	标价也称为报价、表格价，是新建商品房销售者在其“价目表”上标注的不同楼幢、楼层、朝向、户型的商品房的出售价格，即卖方要价
成交价（买卖）	成交价是商品房买卖双方的实际交易价格。商品房买卖合同中写明的价格一般就是这个价格
评估价	房地产拍卖活动中的评估价，一般是指为人民法院或者有关当事人确定拟拍卖房地产的保留价提供参考依据，对拟拍卖房地产的市场价值或快速变现价值进行分析、测算和判断的结果。此外，房地产拍卖活动中还有一种评估价，即为竞买人确定最高出价提供参考依据，对拍卖房地产的投资价值或市场价值进行分析、测算和判断的结果
保留价	保留价也称为拍卖底价，是在拍卖前确定的拍卖标的可售的最低价
起拍价	起拍价也称为开叫价格、起叫价，是拍卖师在拍卖时首次报出的拍卖标的的价格
应价	应价是竞买人对拍卖师报出的价格的应允，或是竞买人自己报出的购买价格
成交价（拍卖）	成交价是经拍卖师落槌或者以其他公开表示买定的方式确认后的竞买人的最高应价
买卖价格	买卖价格也称为销售价格，简称买卖价，是房地产权利人采取买卖方式将其房地产转移给他人，由房地产权利人（作为卖方）收取或他人（作为买方）支付的货币或实物、无形资产和其他经济利益
租赁价格	租赁价格通常称为租金，有时称为租价，在土地或以土地为主的情况下一般称为地租，在土地与建筑物合在一起的情况下习惯上称为房屋租赁价格，简称房租，是房屋所有权人或土地使用权人作为出租人将其房地产出租给承租人使用，由承租人向出租人支付或出租人向承租人收取的货币或实物、无形资产和其他经济利益
抵押价值	房地产抵押价值是在抵押期间的各个时点，特别是在债务人不履行到期债务或者发生当事人约定的实现抵押权的情形时，将抵押房地产拍卖、变卖最可能所得的价款扣除法定优先受偿款后的余额
保险价值	保险价值是将房地产投保时，为确定保险金额提供参考依据而评估的价值
计税价值	计税价值也称为课税价值，有些场合称为计税租金，是为税务机关核定计税依据提供参考而评估的房地产价值或租金
征收价值	征收价值也称为征收补偿价值，是为国家征收房地产确定补偿金额提供参考而评估的被征收房地产的价值
基准地价	基准地价也称为城镇基准地价，是指在某个城镇的一定区域范围内，对现状利用条件下不同级别或不同均质地域的土地，按照商业、办公、居住、工业等用途，分别评估确定的一定使用期限的建设用地使用权在某一时点的平均价格
标定地价	标定地价是指政府根据管理需要，评估的某一宗地在正常土地市场条件下于某一时点的建设用地使用权价格。它是该类土地在该区域的标准指导价格
房屋重置价格	房屋重置价格是指不同区域、不同用途、不同建筑结构、不同档次或等级的房屋，在某一基准日期开发建设所发生的必要支出及应当获得的利润
补地价	补地价是指建设用地使用权人因改变国有建设用地使用权出让合同约定的土地使用条件等而需向国家缴纳的地价款、土地使用权出让金、土地收益等
市场调节价	市场调节价是指由经营者自主制定，通过市场竞争形成的价格。对实行政府指导价的房地产，因经营者应在政府指导价规定的幅度内制定价格，所以估价结果不得超出政府指导价规定的幅度
政府指导价	政府指导价是指由政府价格主管部门或者其他有关部门，按照定价权限和范围规定基准价及其浮动幅度，指导经营者制定的价格
政府定价	政府定价是指由政府价格主管部门或者其他有关部门，按照定价权限和范围制定的价格

（2）有关房地产价格计算公式知识汇总（见表 7-2）。

表 7-2　房地产价格计算公式知识汇总表

	计算公式
楼面地价	楼面地价＝$\frac{土地总价}{总建筑面积}$；楼面地价＝土地单价/容积率
期房价格	期房价格＝现房价格－预计从期房达到现房期间现房出租的净收益的折现值－风险补偿
补地价	补地价＝改变后的地价－改变前的地价 如果将提高后的容积率称为现容积率，提高前的容积率称为原容积率，则补地价的数额为：补地价（单价）＝现楼面地价×现容积率－原楼面地价×原容积率 补地价（总价）＝补地价（单价）×土地总面积 如果楼面地价不随容积率的改变而改变，则 补地价（单价）＝原楼面地价×（现容积率－原容积率） 或者 补地价（单价）＝原容积率下的土地单价/原容积率×（现容积率－原容积率）
人口增长率	人口增长率＝（本年人口增长绝对数/年平均总人数）×1 000‰
人口自然增长率	人口自然增长率＝［（本年出生人数－本年死亡人数）/年平均总人数］×1 000‰＝人口出生率－人口死亡率
人口机械增长率	人口机械增长率＝［（本年迁入人数－本年迁出人数）/年平均总人数］×1 000‰
建筑面积下的价格	建筑面积下的价格＝套内建筑面积下的价格×套内建筑面积/建筑面积 建筑面积下的价格＝使用面积下的价格×使用面积/建筑面积
套内建筑面积下的价格	套内建筑面积下的价格＝使用面积下的价格×使用面积/套内建筑面积
实际价格	正常成交价格－应由卖方缴纳的税费＝卖方实际得到的价格 正常成交价格＋应由买方缴纳的税费＝买方实际付出的价格
税费	应由卖方缴纳的税费＝正常成交价格×应由卖方缴纳的税费比率 应由买方缴纳的税费＝正常成交价格×应由买方缴纳的税费比率
正常成交价格	正常成交价格＝$\frac{卖方实际得到的价格}{1-应由卖方交纳的税费比率}$ 正常成交价格＝$\frac{买方实际付出的价格}{1+应由买方交纳的税费比率}$
成本法最基本公式	房地产价格＝重新购建价格－折旧 新开发土地价格＝取得待开发土地的成本＋土地开发成本＋管理费用＋投资利息＋销售费用＋销售税费＋开发利润 在新建房地产的情况下，成本法的基本公式为 新建房地产价格＝土地取得成本＋土地开发成本＋建筑物建造成本＋管理费用＋投资利息＋销售费用＋销售税费＋开发利润 在旧房地产的情况下，成本法的基本公式为 旧房地产价格＝房地产的重新购建价格－建筑物的折旧 或者 旧房地产价格＝土地的重新购建价格＋建筑物的重新购建价格－建筑物的折旧
建筑物折旧	建筑物折旧＝建筑物重新购建价格－建筑物市场价值
剩余经济寿命	剩余经济寿命＝经济寿命－有效年龄
直线法年折旧额	$D=C(1-R)/N$
建筑物现值	$V=C\times[1-(1-R)\times t/N]$

续表

	计 算 公 式
报酬资本化法的主要计算公式	① 收益期限为有限年且净收益每年不变的公式为：$V=\frac{A}{Y}[1-\frac{1}{(1+Y)^n}]$ ② 净收益在前若干年有变化的公式为 $V=\sum_{i=1}^{t}\frac{A_i}{(1+Y)^i}+\frac{A}{Y(1+Y)^t}[1-\frac{1}{(1+Y)^{n-t}}]$

三、例题分析

(一) 房地产价格概述

1．房地产价格是由房地产的（　　）三者相互结合而产生的。(2003 年房地产估价师试题)

A．有用性、稀缺性、有效需求　　B．供给、需求、利用状况

C．权利、租金、利率　　D．价值、使用价值、供求

答案：A

解析：房地产与其他物品一样，之所以有价格，是因为同时具有有用性、稀缺性和有效需求。

2．房地产价格的特征主要有（　　）。

A．房地产价格受区位的影响很大

B．房地产价格实质上是房地产权益的价格

C．房地产价格既有交换代价的价格，又有使用代价的租金

D．房地产价格容易受交易者的个别情况影响

E．房地产价格形成的时间通常较短

答案：ABCD

解析：房地产价格形成的时间通常较长。

3．在区位选择中，人们越来越重视（　　）。(2006 年试题)

A．空间交通距离　B．空间直线距离　C．交通时间距离　D．交通路线距离

答案：C

解析：最常见、最简单的是用距离来衡量区位的好坏。距离可分为空间直线距离、交通路线距离和交通时间距离。由于路况、交通拥挤、交通管制以及时间对于人们越来越宝贵等原因，现在人们越来越重视交通时间距离而不是空间直线距离。

4．使用房地产一定时间的价格，经济学上称为（　　）。

A．服务价格　B．源泉价格　C．成本价格　D．市场价格

答案：A

解析：房地产同时有两个价格：一是其本身有一个价格，经济学上称为源泉价格，即这里的交换代价的价格；另一个是使用它一定时间的价格，经济学上称为服务价格，即这里的使用代价的租金。

(二) 房地产价格和价值的种类

1．从经济学的角度分析，下列关于价值的表述中，正确的有（　　）。(2008 年试题)

A．广义的价值有使用价值和交换价值之分

B．人们在经济活动中一般简称的价值，指的是使用价值

C．没有使用价值肯定就没有交换价值

D．没有交换价值肯定就没有使用价值

E．作为商品的房地产，既有使用价值，也有交换价值

答案：ACE

解析：人们在经济活动中通常简称的价值，一般指的是交换价值。没有交换价值不一定没有使用价值，如空气。

2．在某一时点，（　　）。

A．房地产投资价值是唯一的，而房地产市场价值会因投资者的不同而不同

B．房地产市场价值是唯一的，而房地产投资价值会因投资者的不同而不同

C．房地产市场价值和房地产投资价值都是唯一的，而会因投资者的不同而不同

D．房地产市场价值和房地产投资价值都会因投资者的不同而不同

答案：B

解析：在某一时点，市场价值是唯一的，而投资价值会因投资者的不同而不同。

3．下列房地产出售价格实行政府指导价的是（　　）。（2008 年试题）

A．公有住房出售的标准价格　　B．公有住房出售的成本价格

C．新建商品住房的出售价格　　D．新建经济适用住房的出售价格

答案：D

解析：在城镇住房制度改革中，出售公有住房的标准价、成本价就属于政府定价。新建的经济适用住房出售价格实行政府指导价，按保本微利原则确定。

4．某宗房地产占地面积为 4 000 m^2，容积率为 5，土地单价为 3 000 元/m^2，建筑覆盖率为 35%，则其楼面地价为（　　）元/m^2。（2004 年试题）

A．600　　B．1 050　　C．3 000　　D．5 250

答案：A

解析：楼面地价又称单位建筑面积地价，是平均到每单位建筑面积上的土地价格。楼面地价＝土地单价/容积率＝3 000/5＝600（元/m^2）。

5．某期房还需 9 个月才能交付使用，市场上类似的现房价格为 8 000 元/m^2，该类房屋出租一年净收益为 500 元/m^2，假设折现率为 12%，风险补偿估计为现房价格的 1.5%，则该期房目前的价格是（　　）元/m^2。（2008 年试题）

A．7 434　　B．7 553　　C．7 700　　D．8 339

答案：A

解析：期房价格与现房价格之间的关系有：期房价格＝现房价格－预计从期房达到现房期间现房出租的净收益的折现值－风险补偿。$V=8\,000-\dfrac{500}{1+12\%}-8\,000\times1.5\%=7\,434$（元/$m^2$）。

6．人民法院依法拍卖抵押房地产时，拍卖保留价应由（　　）确定。（2007 年房地产估价师制度试题）

A．房地产估价机构　　B．人民法院

C．抵押权人　　D．人民法院和房地产估价机构共同

答案：B

解析：人民法院依法对抵押物拍卖的，拍卖保留价由人民法院参照评估价确定；未作评估的，参照市价确定，并应当征询当事人的意见。

7．在司法处置拍卖中，某房地产评估价格为100万元，如果第一次拍卖流拍，则第二次拍卖保留价的范围应在（　　）万元之间。（2008年房地产估价师制度试题）

A．60～100　　B．64～80　　C．64～100　　D．80～100

答案：C

解析：人民法院确定保留价，第一次拍卖时，不得低于评估价格或者市价的80%；如果出现流拍，再行拍卖时，可以酌情降低保留价，但每次降低的数额不得超过前次保留价的20%。第一次确定保留价最低为100×80%＝80（万元），第二次确定保留价最低为100×80%×80%＝64（万元）。因此在64～100万元之间。

8．在某房地产年租金中，房屋折旧费为10万元，维修费为8万元，贷款利息为3万元，保险费为0.8万元，地租为0.3万元，房产税为1.5万元，利润为1.2万元，管理费用为5万元。该宗房地产年成本租金为（　　）万元。（2004年试题）

A．23　　B．27.5　　C．28.6　　D．29.8

答案：B

解析：成本租金由五项因素构成：房屋折旧费、维修费、管理费、投资利息、房产税。该宗房地产年成本租金＝10+8+3+1.5+5＝27.5（万元）。

9．一宗2 000 m^2的工业用地，容积率为0.8，楼面地价为690元/m^2。现按规划拟改为商业用地，容积率为5.1，楼面地价为950元/m^2，理论上应补地价（单价）为（　　）元/m^2。

A．552　　B．3 519　　C．4 293　　D．4 854

答案：C

解析：这是有关单纯提高容积率、改变土地用途的补地价计算题，根据补地价（单价）＝现楼面地价×现容积率－原楼面地价×原容积率，补地价（单价）＝950×5.1－690×0.8＝4 293（元/m^2）。

10．下列经济活动中，需要补交地价的有（　　）。（2009年试题）

A．出租商品房　　B．提高容积率

C．延长土地使用期限　　D．转让经济适用住房

E．工业用地改为商业用地

答案：BCDE

解析：需要补交地价的情形主要有以下三类：①改变土地用途、容积率等土地使用条件；②延长土地使用期限（包括建设用地使用权期间届满后的续期）；③转让、出租、抵押以划拨方式取得建设用地使用权的房地产。

（三）房地产价格的影响因素

1．2010年底W市年平均总人数200万人，2010年出生人口2 000人，死亡1 100人，迁入人数3 000人，迁出人数1 500人，则W市2010年的人口增长率为（　　）。

A．0.45‰　　B．0.55‰　　C．0.65‰　　D．0.75‰

答案：D

解析：人口机械增长率＝[（本年迁入人数－本年迁出人数）/年平均总人数]×1 000‰＝

（3 000−1 500）÷2 000 000×1 000‰=0.75‰。

2．居民收入增加会加大对居住房地产的需求，其中，（　　）阶层收入增加对居住房地产的需求的影响最大。（2008 年试题）

A．超低收入者　　B．低收入者　　C．中等收入者　　D．高收入者

答案：C

解析：如果居民收入的增加是中等收入者的收入增加，因为其边际消费倾向较大，且衣食等基本生活已有了较好的基础，其所增加的收入大部分甚至全部此时依消费顺序会用于提高居住水平，这自然会增加对居住房地产的需求，从而会促使居住房地产价格上涨。

3．从综合效应看，房地产价格与利率的关系是（　　）。

A．负相关　　B．正相关

C．利率上升，房地产价格会下降　　D．利率下降，房地产价格会上升

E．利率下降，房地产价格会下降

答案：ACD

解析：从综合效应看，利率升降对房地产需求的影响大于对房地产供给的影响，从而房地产价格与利率负相关：利率上升，房地产价格会下降；利率下降，房地产价格会上涨。

4．当预期某国的货币会升值时，就会吸引国外资金购买该国房地产，从而会导致其房地产价格（　　）。

A．下降　　B．上涨

C．或下降或上涨　　D．只下降不上涨

答案：B

解析：当预期某国的货币会升值时，就会吸引国外资金购买该国房地产，从而会导致其房地产价格上涨；相反，会导致其房地产价格下降。

5．对收益性房地产来说，物业税会减少房地产净收益，从而会直接导致房地产价格（　　）。

A．下降　　B．上涨

C．或下降或上涨　　D．只上涨或不下降

答案：A

解析：对收益性房地产来说，物业税会减少房地产净收益，从而会直接导致房地产价格下降。反之，减免房地产保有环节的税收，会使房地产价格上涨。

6．以下（　　）等房地产价格影响因素中，能够引起房地产价格下降。

A．人口数量减少　　B．家庭数量减少

C．利率提高　　D．降低房地产开发环节的税收

E．降低甚至取消对保有房地产课税

答案：ABCD

解析：增加房地产开发环节的税收，会增加房地产开发建设成本，从而会推动房地产价格上升，相反会使房地产价格下降。房地产价格与利率负相关：利率上升，房地产价格会下降，利率下降，房地产价格会上升。

7．结合物价因素分析，从较长时期来看，房地产价格上涨率通常（　　）。（2009 年

试题）

A．高于一般物价上涨率　　B．低于一般物价上涨率
C．与一般物价上涨没有关系　　D．等于一般物价上涨率

答案：A

解析：从较长时期来看，国内外统计资料表明，房地产价格的上涨率要高于一般物价的上涨率和国民收入的增长率。

8．下列情况中会导致房地产价格上升的是（　　）。

A．上调贷款利率　　B．收紧房地产开发贷款
C．开征房地产持有环节的税收　　D．增加土地供应

答案：B

解析：严格控制房地产开发贷款，会减少未来的房地产供应量，从而会使房地产价格上升；采取诸如上调贷款利率、提高最低购房首付款比例等抑制房地产需求的措施，会减少房地产需求，从而会降低房地产价格。

9．下列决定利率水平的因素中，能导致利率水平上升的因素有（　　）。（2008 年试题）

A．借贷资金的供给大于需求　　B．预期通货膨胀率下降
C．中央银行提高再贴现率　　D．国际收支持续出现大量逆差
E．社会平均利润率下降

答案：BCD

解析：当借贷资金的供给大于需求时，利率会下降；反之，利率会上升。当预期通货膨胀率上升时，贷款人会要求提高贷款利率；反之，当预期通货膨胀率下降时，利率一般也会相应下调。中央银行采用货币紧缩政策时，往往会提高再贴现率，从而引起市场利率上升。当一国国际收支持续出现大量逆差时，为了弥补国际收支逆差，该国金融管理当局就会提高本国利率。企业借款是为了获取利润，如果利率高于利润率，企业就要将其利润全部付给贷款人，从而就不会去借款。

10．下列因素变化中，会引起房地产价格上涨的有（　　）。（2009 年试题）

A．建筑材料价格上涨　　B．迁入人口增多
C．地区经济衰退　　D．交通管制增多
E．房地产保有税增加

答案：ABE

解析：建筑材料价格（特别是水泥、钢材、木材的价格）、建筑设备价格、建筑人工费的上涨，会增加房地产的开发建设成本，从而可能推动房地产价格上涨。房地产价格与人口数量的关系非常密切。当人口数量增加时，对房地产的需求就会增加，房地产价格也就会上涨；而当人口数量减少时，对房地产的需求就会减少，房地产价格也就会下落。增加房地产开发环节的税收，会增加房地产开发建设成本，从而会推动房地产价格上升，相反会使房地产价格下降。

11．会导致房地产价格上涨的因素有（　　）。（2005 年试题）

A．人口增加　　B．建筑材料价格下降
C．利率下降　　D．国际购房投资流入
E．增加买方的交易税

答案：ACD

解析：当人口数量增加时，对房地产的需求就会增加，房地产价格也就会上涨。建筑材料价格的上涨，会增加房地产的开发建设成本，从而可能推动房地产价格上涨。从房地产价值是房地产预期净收益的现值之和的角度看，由于房地产价值与折现率负相关，而折现率与利率正相关，所以利率上升或下降会使房地产价格下降或上涨。土地增值税、营业税、城市维护建设税、教育费附加、企业所得税、个人所得税、印花税是向卖方征收的税收，契税是向买方征收的税收。增加买方的税收，比如提高契税税率，会抑制房地产需求，从而会使房地产价格下降；反之，减免契税，会刺激房地产需求，从而会使房地产价格上涨。

（四）房地产估价基本方法

1．以下（　　）项目，难以采用市场法估价。

A．房地产开发用地　　B．普通商品住宅

C．学校　　D．古建筑

E．教堂

答案：CDE

解析：下列房地产难以采用市场法估价：①数量很少的房地产，例如特殊厂房、机场、码头、博物馆、教堂、寺庙、古建筑等；②很少发生交易的房地产，例如学校、医院、行政办公楼等；③可比性很差的房地产，例如在建工程等。

2．下列房地产类型中，适用市场法进行估价的有（　　）。（2008 年试题）

A．寺庙　　B．商铺　　C．公寓

D．学校　　E．标准厂房

答案：BCE

解析：市场法适用的对象是具有交易性的房地产，如房地产开发用地、普通商品住宅、高档公寓、别墅、写字楼、商铺、标准厂房等，而那些很少发生交易的房地产，如特殊厂房、学校、纪念馆、古建筑、教堂、寺庙等，则难以采用市场法估价。

3．市场比较法中，选取的可比实例应符合的基本要求包括（　　）。

A．可比实例应是与估价对象相似的房地产

B．可比实例的成交日期应尽量接近估价时点

C．可比实例的交易类型应与估价目的吻合

D．可比实例的成交价格应尽量为正常价格

E．可比实例的成交价格不能低于成本

答案：ABCD

解析：选取的可比实例应符合以下基本要求：①可比实例应是与估价对象相似的房地产；②可比实例的交易类型应与估价目的吻合；③可比实例的成交日期应尽量接近估价时点；④可比实例的成交价格应尽量为正常价格。

4．采用市场法评估房地产价格时，选取的可比实例一般不少于（　　）个。（2009 年试题）

A．2　　B．3　　C．5　　D．10

答案：B

解析：选取的可比实例数量从理论上讲越多越好，但是，如果要求选取的数量过多，

一是可能由于交易实例的数量有限而难以做到，二是后续进行修正、调整的工作量大，因此，一般选取 3 个以上（含 3 个）、10 个以下（含 10 个）可比实例即可。

5．某住宅的套内建筑面积为 145 m^2，套内使用面积为 132 m^2，应分摊的公共部分建筑面积为 9 m^2，按套内建筑面积计算的价格为 3 500 元/m^2，该住宅按建筑面积计算的价格为（　　）元/m^2。

A．3 000　　B．3 277　　C．3 295　　D．3 599

答案：C

解析：建筑面积＝套内建筑面积+分摊的公共部分建筑面积＝145+9＝154（m^2），建筑面积下的价格＝套内建筑面积下的价格×套内建筑面积/建筑面积＝3 500×145/154＝3 295.45（元/m^2）。

6．某房地产的土地使用年限为 50 年，至今已使用了 8 年，预计该房地产正常情况下每年有效毛收入为 30 万元，年运营费用为 12 万元。假设该房地产的报酬率为 9%，则其收益价格为（　　）万元。（2009 年试题）

A．194.64　　B．197.31　　C．324.40　　D．328.85

答案：A

解析：该房地产的收益价格 $V=\frac{A}{Y}[1-\frac{1}{(1+Y)^n}]$ =（30−12）/9%×［1−1/（1+9%）$^{50-8}$］＝194.64（万元）。

7．某商店的建筑面积为 1 000 m^2，土地使用年限为 40 年，不可续期。从 2001 年 5 月 1 日起计。2006 年 5 月 1 日开始对外出租，租期为 20 年，月租金为 150 元/m^2，运营费用率为租金收入的 30%，房地产报酬率为 8%，则该商店 2011 年 5 月 1 日的收益价格为（　　）万元。

A．1 078.49　　B．1 038.77　　C．1 237.09　　D．995.88

答案：A

解析：A＝150×1 000×12×（1−30%）＝126（万元），n＝20−5＝15（年），该商店 2011 年 5 月 1 日的收益价格为 $V=\frac{A}{Y}[1-\frac{1}{(1+Y)^n}]$＝126/8%×［1−1/（1+8%）^{15}］＝1 078.49（万元）。

8．经预测，某宗房地产未来 4 年的年净收益均为 80 万元，假定 4 年后的价格比现在上涨 10%，该类房地产的报酬率为 8.6%，则该房地产现在的价格是（　　）万元。（2008 年试题）

A．773.58　　B．930.17　　C．961.99　　D．1 249.86

答案：D

解析：

$$V=\sum_{i=1}^{t}\frac{A_t}{(1+Y)^i}+\frac{V_t}{(1+Y)^t}=\frac{80}{1+8.6\%}+\frac{80}{(1+8.6\%)^2}+\frac{80}{(1+8.6\%)^3}+\frac{80}{(1+8.6\%)^4}+\frac{V(1+10\%)}{(1+8.6\%)^4}=1\ 249.86$$

（万元）。

9．某房地产建筑面积 500 m^2，重置价格为 7 000 元/m^2，预计年净收益为 8 万元。房地产收益年限为 30 年，房地产的报酬率为 10%，则该房地产的收益价格为（　　）万元

A．375.41　　B．350　　C．342　　D．75.41

答案：D

解析：该房地产的收益价格$V=\frac{A}{Y}[1-\frac{1}{(1+Y)^n}]$＝8/10%×［1－1/（1+10%）^{30}］＝75.41（万元）。

10．某公司购买一宗房地产，土地使用期限为40年，不可续期，至今已使用了8年。该宗房地产当时在正常情况下第一年获得净收益6万元，以后每年净收益增长2%，从第8年开始，净收益保持稳定，该宗房地产的报酬率为 7%。则该宗房地产的现时收益价格为（　）万元。

A．85.45　　B．87.16　　C．88.50　　D．88.90

答案：B

解析：A＝6×（1+2%）^{7}＝6.89（万元），n＝40－8＝32（年），套入公式$V=\frac{A}{Y}[1-\frac{1}{(1+Y)^n}]$该宗房地产的现时收益价格 V＝6.89/7%×［1－1/（1+7%）^{32}］＝87.16（万元）。

11．某宗面积为6 000 m^2的房地产开发用地，楼面地价为800元/m^2，容积率为3，受让人需按照受让价格的3%缴纳契税，则土地取得成本为（　）万元。

A．494.4　　B．1 396.8　　C．1 440　　D．1 483.2

答案：D

解析：根据楼面地价＝土地单价/容积率，土地单价＝楼面地价×容积率＝800×3＝2 400（元/m^2）。土地取得成本为：2 400×6 000×（1+3%）＝1 483.2（万元）。

12．物质折旧可进一步从（　）四个方面来认识和把握。

A．自然经过的老化　　B．非正常使用的磨损

C．正常使用的磨损　　D．意外破坏的损毁

E．延迟维修的损坏残存

答案：ACDE

解析：物质折旧可进一步从自然经过的老化、正常使用的磨损、意外破坏的损毁、延迟维修的损坏残存四个方面来认识和把握。

四、模拟练习

（一）单项选择题（每题的备选答案中只有一个最符合题意）

1．一套30万元的住房，甲家庭需要，可是买不起；乙家庭买得起，但是不需要；丙家庭既需要，也买得起；丁家庭不需要，也买不起。在这种情况下，（　）对这套住房有有效需求。

A．甲家庭　　B．乙家庭　　C．丙家庭　　D．丁家庭

2．零售商业用途的房地产尤其明显，有"一步三市"之说。此说明了房地产价格具有（　）特征。

A．房地产价格容易受交易者的个别情况的影响

B．房地产价格受区位的影响很大

C．房地产价格形成的时间通常较长

D．房地产价格实质上是房地产权益的价格

3．房地产价格实质上是（　）的价格。

A．房地产所有权　B．房地产使用权　C．房地产租赁权　D．房地产权益

4. 房地产的价格与租金的关系，类似于（　　）的关系。
   A. 本金与利息　　B. 本金与本金　　C. 利息与利息　　D. 利率与本金
5. 房地产理论价格是经济学假设的“经济人”的行为和预期是理性的，或（　　）相等的条件下形成的价格。
   A. 虚假需求与虚假供给　　B. 模拟需求与模拟供给
   C. 真实需求与真实供给　　D. 总体需求与总体供给
6. 房地产本身有一个价格，经济学上称为（　　）。
   A. 服务价格　　B. 源泉价格　　C. 成本价格　　D. 市场价格
7. 市场价格是指某种房地产在市场上的一般、（　　）价格，是该类房地产大量成交价格的抽象结果（如平均数、中位数或众数）。
   A. 成本　　B. 成交　　C. 理论　　D. 平均水平
8. 某宗房地产土地单价为3 000元/m^2，容积率为3，则其楼面地价为（　　）元/m^2。
   A. 500　　B. 800　　C. 1 000　　D. 1 200
9. 某住宅小区土地总价为5 000万元，总建筑面积为25 000 m^2，则其楼面地价为（　　）元/m^2。
   A. 500　　B. 1 000　　C. 1 800　　D. 2 000
10. 某块土地的规划容积率为3，可兴建6 000 m^2的商住楼，经评估总地价为180万元，该宗土地的单价为（　　）元/m^2。
   A. 100　　B. 300　　C. 600　　D. 900
11. 某宗地面积为5 000 m^2，现状容积率为0.8，土地市场价值为4 000元/m^2，拟进行改造。批准的规划容积率为5.0，楼面地价为1 150元/m^2，则理论上应补交地价（　　）元/m^2。
   A. 1 250　　B. 1 750　　C. 2 050　　D. 2 150
12. 在期房与现房同品质（包括质量、功能、环境和物业管理等）下，期房价格（　　）。
   A. 高于现房价格　　B. 等于现房价格
   C. 低于现房价格　　D. 等于或低于现房价格
13. 基准地价是指在某个城镇的一定区域范围内，对现状利用条件下不同级别或不同均质地域的土地，按照商业、办公、居住、工业等用途，分别评估确定的一定使用期限的建设用地使用权在某一时点的（　　）。
   A. 指导价格　　B. 标准价格　　C. 平均价格　　D. 参考价格
14. 期房价格是指（　　）。
   A. 以现状房地产为交易标的的价格
   B. 商品房买卖双方的实际交易价格
   C. 以目前已经建造完成的建筑物及其占用范围内的土地为交易标的的房地产价格
   D. 以目前尚未建造完成而在将来建造完成后的建筑物及其占用范围内的土地为交易标的的房地产价格
15. 在一笔成功的房地产交易中，卖方最低要价、买方最高出价和买卖双方成交价三者的高低关系为（　　）。
   A. 买方最高出价≥卖方最低要价≥买卖双方成交价
   B. 买卖双方成交价≥买方最高出价≥卖方最低要价

C．买方最高出价≥买卖双方成交价≥卖方最低要价
D．卖方最低要价≥买方最高出价≥买卖双方成交价

16．在通常情况下，采取（　　）方式出让建设用地使用权的地价最低。
A．协议方式　　B．招标方式　　C．拍卖方式　　D．挂牌方式

17．某房地产项目评估价为 6 000 万元，人民法院在该房地产项目第一次拍卖时确定的保留价应不低于（　　）万元。
A．3 000　　B．4 500　　C．4 800　　D．6 600

18．W 法院在某房地产项目第一次拍卖时确定的保留价为 3 000 万元。如果出现流拍，W 法院在第二次拍卖时确定的保留价应不低于（　　）万元。
A．1 200　　B．2 400　　C．2 700　　D．3 300

19．在增价拍卖中，起拍价通常（　　）。
A．高于保留价，也可以等于保留价
B．高于保留价，也可以低于保留价
C．高于保留价，也可以高于保留价
D．低于保留价，也可以等于保留价

20．某出租房产年租金中，房屋折旧费 5 万元、维修费 3 万元、管理费 2 万元、投资利息 1 万元、房产税 0.3 万元、保险费 0.4 万元，地租 6 万元，利润 1.3 万元。那么该出租房产年成本租金为（　　）万元。
A．10　　B．11　　C．11.3　　D．18.7

21．标定地价是指政府根据管理需要，评估的某一宗地在正常土地市场条件下于某一时点的建设用地使用权价格，是该类土地在该区域的（　　）价格。
A．标准区域价格　　B．标准指导价格
C．区域平均价格　　D．区域指导价格

22．保留价也称为拍卖底价，是在拍卖前确定的拍卖标的可售的（　　）。
A．最高价　　B．最低价　　C．正常价　　D．较高价

23．某宗土地总面积 1 000 m^2，出让时容积率为 2.5，土地单价为 5 000 元/m^2，经批准将容积率提高到 5，楼面地价不变，则应补交地价为（　　）万元。
A．350　　B．450　　C．500　　D．550

24．一宗 2 000 m^2 的工业用地，容积率为 0.8，楼面地价为 690 元/m^2。现按规划拟改为商业用地，容积率为 5.1，楼面地价为 950 元/m^2，理论上应补地价（单价）为（　　）元/m^2。
A．552　　B．3 519　　C．4 293　　D．4 845

25．甲土地的楼面地价 2 000 元/m^2，建筑容积率为 5，乙土地的楼面地价 1 500 元/m^2，建筑容积率为 7，若两块土地的面积等其他条件相同，其总价相比有（　　）。
A．甲等于乙　　B．甲大于乙　　C．甲小于乙　　D．难以判断

26．当人口数量增加时，对房地产的需求就会（　　），房地产价格也就会上涨；而当人口数量减少时，对房地产的需求就会（　　），房地产价格也就会下降。
A．增加，增加　　B．减少，减少　　C．减少，增加　　D．增加，减少

27．（　　）是指在一定时期内因迁入和迁出因素的消长导致的人口数量增加或减少，即迁入的人数与迁出的人数的净差值。

A．人口机械增长　B．人口自然增长　C．人口净增长　D．人口负增长

28．2010年底W市年平均总人数200万人，2010年出生人口2000人，死亡1100人，迁入人数3000人，迁出人数1500人，则W市2010年的人口增长率为（　　）。

A．1.1‰　B．1.2‰　C．1.3‰　D．1.4‰

29．一般地说，随着家庭人口规模小型化，即每个家庭平均人口数的下降，家庭数量增多，所需要的住宅总量将增加，住宅价格有（　　）的趋势。

A．下降　B．上涨

C．或下降或上涨　D．只下降不上涨

30．从较长时期来看，国内外统计资料表明，房地产价格的上涨率要（　　）一般物价的上涨率和国民收入的增长率。

A．高于　B．低于　C．小于　D．等于

31．下列关于利率因素对房地产价格的影响，表述错误的是（　　）。

A．从房地产供给的角度看，利率上升会使房地产开发建设成本上升，进而会使房地产价格上涨

B．从房地产需求的角度看，利率的上升会加重房地产购买者的贷款偿还负担，进而导致房地产价格上涨

C．从房地产价值是房地产预期净收益的现值之和的角度看，利率上升会使房地产价格下降

D．从综合效应看，利率升降对房地产需求的影响大于对房地产供给的影响

32．下列（　　）房地产，易采用市场法估价。

A．数量很少的房地产，如特殊厂房、机场

B．很少发生交易的房地产，如学校、医院

C．可比性很差的房地产，如在建工程

D．房地产开发用地

33．市场比较法中，选取可比实例主要在于精而不在于多，一般选取（　　）可比实例即可。

A．1个以上（含1个）、5个以下（含5个）

B．3个以上（含3个）、10个以下（含10个）

C．5个以上（含5个）、15个以下（含15个）

D．10个以上（含10个）、20个以下（含20个）

34．某地区房地产交易中买方和卖方应交纳的税费分别为正常交易价格的3%和6%，某房地产建筑面积为120 m^2，买卖双方商定，买方付给卖方30万元，并由买方交纳所有的税费。则该房地产的正常成交单价为（　　）元/m^2。

A．2427.18　B．2500.00

C．2575.00　D．2659.57

35．某房地产成交价格为4000元/m^2，首付40%之后以后平均每半年支付一次，分五次付清，年折现率为8%，则该宗房地产的实际成交价格为（　　）元/m^2。

A．3620　B．3742

C．3909　D．4000

36．某房地产交易实例，其成交总价为40万元，其中首付10%，余款在半年和1年后分两次平均支付，假设月利率为0.5%，则在成交日期一次付清的价格为（　　）

万元。

A. 37.91　　B. 38.25　　C. 38.42　　D. 50

37. W住宅可比实例的成交价格为3 000元/m²，建筑面积100 m²，首付12万元，余款半年后支付8万元，1年后支付10万元。已知年利率为8%，则W住宅可比实例的实际价格为（　　）元/m²。

A. 3 000　　B. 2 895.73　　C. 2 985.71　　D. 2 960.80

38. 某住宅建筑面积100 m²，套内建筑面积为92 m²，使用面积系数为0.8，每平方米使用面积为3 000元，则该住宅建筑面积下的价格为（　　）元/m²。

A. 2 400　　B. 2 580　　C. 2 607　　D. 2 760

39. 某住宅建筑面积为100 m²，可使用面积为80 m²，分摊的共有面积系数为10%，套内建筑面积下的价格为2 600元/m²，该套住宅建筑面积下的价格为（　　）元/m²。

A. 2 080　　B. 2 288　　C. 2 340　　D. 2 392

40. 某房地产成交总价为30万元，其中首付款20%，余款于一年后一次性支付。假设月利率为0.5%，则该宗房地产在其成交日期一次性付清的价格为（　　）万元。

A. 27.91　　B. 28.61　　C. 30.42　　D. 31.22

41. 下列（　　）房地产估价中，适用收益法。

A. 有收益或有潜在收益的房地产　　B. 行政办公楼

C. 学校　　D. 公园

42. 某宗房地产的收益期限为30年，判定其未来每年的净收益基本上固定不变，预测其未来30年,每年净收益为24.21万元,报酬率为10%。则该房地产的收益价格为（　　）万元。

A. 228.23　　B. 229.36　　C. 224.74　　D. 223.63

43. 某商铺建筑面积为5 000 m²，建筑物的剩余经济寿命和剩余土地使用年限为35年，市场上类似商铺按建筑面积计的月租金为120元/m²，运营费用率为租金收入的25%，该类房地产的报酬率为10%。该商铺的价值为（　　）万元。

A. 5 207.85　　B. 5 330.05　　C. 6 950　　D. 7 111

44. 某房地产在正常情况下，每年可获得有效毛收入30万元，运营费用需要10万元，报酬率为10%，该房地产所在的土地是通过有偿出让获得使用权的，在估价时点剩余的土地使用权年限为40年，不可续期。则该宗房地产的收益价格为（　　）万元。

A. 180　　B. 196　　C. 200　　D. 300

45. 某商铺的收益年限为30年，同土地使用权年限相同。年有效毛收入为6 000元/m²。假设净收益率为75%，报酬率为10%，则该商铺目前的价值为（　　）元/m²。

A. 14 140　　B. 42 421　　C. 56 561　　D. 60 000

46. 某宗房地产的土地使用年限为40年，不可续期。包括土地开发和房屋建造过程，至今已有8年，预计该宗房地产正常情况下的年有效毛收入为100万元，运营费用率为40%，该类房地产的报酬率为8%，该宗房地产的收益价格为（　　）万元。

A. 457.40　　B. 476.98　　C. 686.10　　D. 715.48

47. 预期原理是（　　）等估价方法的理论基础。

A. 市场比较法　　B. 收益法　　C. 成本法　　D. 路线价法

48. 某面积为5 000 m²的房地产开发用地，市场价格（楼面地价）为800元/m²，容积率为

2，受让人需按照受让价格的3%缴纳契税等税费，则土地取得成本为（　　）。

A．793　　B．812　　C．824　　D．863

49．在完善、成熟的土地市场下，土地取得成本一般是由购置土地的价款和在购置时应由（　　）构成。

A．房地产开发商缴纳的税费

B．土地出让方缴纳的税费

C．政府管理部门缴纳的税费

D．房地产开发商和土地出让方共同缴纳的税费

50．对既无收益又很少发生交易的房地产估价适用的房地产估价方法是（　　）。

A．市场法　　B．成本法　　C．收益法　　D．路线价法

51．在房地产保险（包括投保和理赔）及其他损害赔偿中，一般也是采用（　　）估价。

A．成本法　　B．假设开发法　　C．收益法　　D．比较法

52．房地产的重新购建价格中，对于有特殊保护价值的建筑物，如人们看重的有特殊建筑风格的建筑物，适用（　　）。

A．成本价格　　B．重建价格　　C．重置价格　　D．市场价格

53．建筑物在实体上的老化、损坏所造成的建筑物价值损失，属于（　　）。

A．物质折旧　　B．功能折旧　　C．经济折旧　　D．技术折旧

54．（　　）是指建筑物本身以外的各种不利因素所造成的建筑物价值损失。

A．物质折旧　　B．功能折旧　　C．经济折旧　　D．技术折旧

55．重置价格通常（　　）重建价格。

A．低于　　B．等于　　C．高于　　D．高于或等于

56．某房地产项目的土地取得费用为1 000万元，土地开发费用为500万元，建筑物建造所需直接费用为2 000万元，管理费为100万元。该房地产的开发成本为（　　）万元。

A．2 500　　B．2 600　　C．3 500　　D．3 600

57．假设建筑物重置价格为500万元，建筑物已使用10年，目前剩余经济寿命为30年，残值率为10%，土地剩余使用年限为25年，此时建筑物的每年折旧额是（　　）万元。

A．12.91　　B．12.30　　C．11.25　　D．10.23

58．某建筑物的建筑面积为200 m2，有效年龄为12年，重置价格为800元/m2，建筑物经济寿命为40年，残值率为2%，则运用直线法计算该建筑物的现值为（　　）万元。

A．10.2　　B．11.0　　C．11.3　　D．11.5

（二）多项选择题（每题的备选答案中，有两个或两个以上符合题意的答案）

59．下列属于房地产价格特征的是（　　）。

A．房地产价格受区位的影响很大

B．房地产价格实质上是房地产权益的价格

C．房地产价格不易受交易者的个别情况影响

D．房地产价格形成的时间通常较长

E. 房地产价格既有交换代价的价格，又有使用代价的租金

60. 以下关于价值、使用价值和交换价值，表述正确的是（　　）。

A. 在经济学里，广义的价值有使用价值和交换价值之分

B. 使用价值是指物品能满足人们某种需要的效用

C. 没有使用价值的物品不会被交换对方所接受，也就不能成为商品，不会有交换价值

D. 使用价值是交换价值的前提

E. 没有交换价值一定没有使用价值

61. 成交价格（　　）。

A. 简称成交价

B. 可能是正常的，也可能是不正常的

C. 是一个尚未完成的事实，是普遍价格

D. 可分为正常成交价格和非正常成交价格

E. 非正常成交价格不受诸如垄断或强迫交易、对交易对象或市场行情不了解等不良因素的影响

62.（　　）是在新建商品房销售中出现的一组价格。

A. 评估价　　B. 起价

C. 均价　　D. 标价

E. 成交价

63. 下列关于价格种类反映价格水平问题，表述正确的是（　　）。

A. 房地产的总价格一般可以反映房地产价格水平的高低

B. 房地产的单位价格一般不能反映房地产价格水平的高低

C. 起价通常不能反映所销售商品房的真实价格水平

D. 成交价的平均价格一般可以反映所销售商品房的总体价格水平

E. 在现实中，楼面地价往往比土地单价更能反映土地价格水平的高低

64.（　　）是在房地产拍卖活动中出现的一组价格。

A. 评估价　　B. 保留价　　C. 均价

D. 起拍价　　E. 应价和成交价

65. 在过去"提高公房租金"的城镇住房制度改革中，将房租分为（　　）和福利租金。

A. 市场租金　　B. 商品租金

C. 成本租金　　D. 标准租金

E. 准成本租金

66. 租赁价格中，成本租金由（　　）和房产税五项因素构成。

A. 房屋折旧费　　B. 维修费

C. 管理费　　D. 投资利息

E. 利润

67. 房地产抵押价值中，法定优先受偿款包括（　　）。

A. 诉讼费用　　B. 已抵押担保的债权数额

C. 拖欠建设工程价款　　D. 拍卖费用

E. 营业税

68.（　　）是一组《城市房地产管理法》规定应当定期确定并公布的房地产价格。

A．买卖价格　　B．基准地价
C．标定地价　　D．房屋重置价格
E．租赁价格

69．需要补地价的情形主要有（　　）。
A．改变土地用途等土地使用条件　　B．改变容积率等土地使用条件
C．延长土地使用期限　　D．缩短土地使用期限
E．转让、出租、抵押以划拨方式取得建设用地使用权的房地产

70．补地价是指建设用地使用权人因改变国有建设用地使用权出让合同约定的土地使用条件等而需向国家缴纳的（　　）等。
A．地价款　　B．管理费
C．开发建设成本　　D．土地使用权出让金
E．土地收益

71．（　　）实质上是按照政府对房地产价格的管制或干预程度来划分的房地产价格。
A．市场调节价　　B．基准地价
C．政府指导价　　D．政府定价
E．标定地价

72．下列属于政府定价的包括（　　）。
A．城镇住房制度改革中，出售公有住房的标准价
B．城镇住房制度改革中，出售公有住房的成本价
C．政府指导经营者制定的价格
D．最高限价和最低限价
E．经营者自主制定的价格

73．根据人口增长的绝对数量，人口增长有（　　）。
A．人口正增长　　B．人口累计增长
C．人口净增长　　D．人口零增长
E．人口负增长

74．影响房地产价格的心理因素主要有（　　）。
A．购买或出售时的心态　　B．购买能力
C．个人欣赏趣味（偏好）　　D．时尚风气、跟风或从众心理
E．接近名家住宅心理

75．以下房地产价格影响因素中，能够引起房地产价格上涨的是（　　）。
A．人口数量增加　　B．家庭数量增多
C．利率下降　　D．预期本国的货币会升值
E．降低甚至取消对保有房地产课税

76．房地产交易环节的税收中，下列（　　）属于向卖方征收的税收。
A．土地增值税　　B．营业税
C．教育费附加　　D．契税
E．企业所得税

77．运用市场法估价一般分为下列（　　）四大步骤进行。
A．搜集交易实例

B．选取可比实例

C．对可比实例的成交价格进行适当的处理

D．计算建筑物折旧

E．求取最终的比准价值

78．市场比较法中，选取的可比实例应符合的基本要求包括（　　）。

A．可比实例应是与估价对象相似的房地产

B．可比实例的交易类型应与估价目的吻合

C．可比实例的成交日期应尽量接近估价时点

D．可比实例的成交价格应尽量为正常价格

E．可比实例的成交群体应尽量一致

79．下列关于公顷、亩、平方英尺、坪下的价格换算关系，正确的是（　　）。

A．平方米下的价格＝公顷下的价格÷666.67

B．平方米下的价格＝公顷下的价格÷10 000

C．平方米下的价格＝亩下的价格÷666.67

D．平方米下的价格＝平方英尺下的价格÷0.092 903 04

E．平方米下的价格＝坪下的价格÷3.305 79

80．在下列（　　）的交易中，成交价格往往会偏离正常市场价格。

A．利害关系人之间

B．急于出售或急于购买

C．交易双方对市场行情都比较了解

D．交易双方或某一方有特别动机或偏好

E．交易税费非正常负担

81．运用成本法估价一般分为下列（　　）四个步骤进行。

A．弄清估价对象的价格构成，搜集有关房地产开发建设的成本、税费、利润等资料

B．搜集交易实例

C．测算重新购建价格

D．测算折旧

E．求取积算价格

82．成本法适用于（　　）。

A．既无收益又很少发生交易的房地产估价

B．单纯的建筑物估价

C．房地产保险（包括投保和理赔）及其他损害赔偿的地区的房地产估价

D．类似房地产交易实例较少的地区的房地产估价

E．有收益或有潜在收益的房地产估价

83．房地产价格构成中的开发成本包括（　　）等。

A．取得土地使用权时的出让金或转让金

B．基础设施建设费

C．公共配套设施建设费

D．勘察设计和前期工程费

E．房屋建筑安装工程费

84. 根据造成建筑物折旧的原因，可将建筑物折旧分为（　　）三大类。
A. 物质折旧　　B. 功能折旧
C. 经济折旧　　D. 时间折旧
E. 成本折旧

85. 下列关于重新购建价格的说法中，正确的有（　　）。
A. 重新购建价格是指重新开发建设全新状况的估价对象所必需的支出
B. 重新购建价格是在估价时点的价格
C. 重新购建价格是客观的价格
D. 建筑物的重新购建价格是全新状况下的价格
E. 土地的重新购建价格是法定最高出让年限状况下的价格

（三）综合分析题（每个小题的备选答案中有一个或一个以上符合题意的答案。错选不得分；少选，但选择正确的每个选项得相应分）

综合分析题一

甲房地产开发公司通过竞标取得一项目土地使用权进行住宅和商业房地产开发，为此先后与乙房地产经纪公司、丙房地产估价公司达成协议，由乙房地产经纪公司为甲房地产开发公司提供市场分析、项目融资、营销计划以及投标报价等内容的咨询报告，同时负责代理销售其开发的住宅和商业用房。丙房地产估价公司负责在建工程及有关甲房地产开发公司的房地产估价业务。2011 年 11 月王某购买该项目的商品住宅，办理了房产证。2012 年 1 月甲房地产开发公司委托丙房地产估价公司对其所属的某宗商业用房进行估价，该商业用房是通过出让所得，并取得最高出让年限，目前已使用了 15 年。

86. 该地块招标文件中明确规定，项目总建筑面积中应当有 70%以上用于建造 90 m^2 以下的住房，则该指标为统计指标中的（　　）。
A. 结构相对指标　　B. 强度相对指标
C. 比较相对指标　　D. 比例相对指标

87. 在销售前，乙房地产经纪公司确定了该项目一期工程的起价、标价和均价，其中起价（　　）。
A. 是所销售新建商品房的最低价格
B. 是所销售新建商品房的最高价格
C. 通常是最差的楼层、朝向、户型的商品房价格
D. 通常其能反映所销售商品房的真实价格水平

88. 在对甲房地产开发公司所属的某宗商业用房估价中，经测算，该商业用房正常情况下每年获得的收益为 10 万元，报酬率为 10%，此商业用房的收益价格为（　　）万元。
A. 88.76　　B. 90.77　　C. 94.53　　D. 98.88

89. 王某购买的住宅的产权登记面积为（　　）。
A. 套内建筑面积+分摊的共有建筑面积
B. 套内房屋使用面积+分摊的共有建筑面积
C. 套内建筑面积+套内阳台面积+分摊的共有建筑面积
D. 套内房屋使用面积+套内墙体面积+套内阳台建筑面积+分摊的共有建筑面积

综合分析题二

2009 年，甲房地产开发公司（以下简称甲公司）依法取得一宗城镇商住综合用地，面积 35 亩，出让价 185 万元/亩，土地使用权年限为该类用地的法定最高年限，出让年限从 2009 年 2 月起计。甲公司用该宗地上的在建工程进行抵押贷款。2010 年 3 月 12 日，经评估，在建工程的市场价值为 8 000 万元，其中在建工程拖欠工程款 2 000 万元。2012 年 5 月，人民法院查封其土地，并对其地上建筑物拍卖抵债，并委托某房地产估价机构评估其市场价值为 6 800 万元。

90．该项目 2010 年 3 月 12 日估价时点的房地产抵押价值为（　　）万元。

A．0　　B．6 000　　C．6 475　　D．8 000

91．人民法院对抵押物拍卖，拍卖保留价由（　　）参照评估确定。

A．人民法院　　B．估价机构　　C．拍卖师　　D．开发商

92．首次拍卖流拍，再次拍卖，拍卖保留价应当不低于（　　）万元。

A．4 352　　B．4 800　　C．5 120　　D．5 440

综合分析题三

某临街住宅楼于 2005 年末建成，砖混结构，共 4 层。2012 年 3 月，经有关部门批准，该楼一层全部改为店铺或餐馆。经调查，一层产权人的经营方式有出租和自营两种情况。

93．若评估该楼一层中某出租店铺的收益价格，净运营收益应为（　　）。

A．该店铺现状下潜在毛租金收入扣除运营费用得到的归属于该出租店铺的收入

B．该店铺现状下有效毛租金收入扣除运营费用得到的归属于该出租店铺的收入

C．当地同类店铺潜在毛租金收入扣除运营费用得到的归属于该出租店铺的收入

D．当地同类店铺有效毛租金收入扣除运营费用得到的归属于该出租店铺的收入

94．在评估该楼一层中某店铺的收益价格过程中，求取资本化率采用市场提取法时，会用到（　　）。

A．线性内插法　　B．试错法　　C．累加法　　D．乘数法

95．在评估该楼一层中某店铺的收益价格过程中，下列（　　）属于租赁收入。

A．租金收入　　B．租赁保证金的利息收入

C．租赁费用　　D．押金的利息收入

96．在评估该楼一层中某店铺的收益价格过程中，下列（　　）等费用属于出租人负担的费用。

A．管理费　　B．保险费　　C．租赁税费　　D．租金收入

97．下列（　　）属于该临街住宅楼的功能折旧。

A．门窗有破损　　B．建筑设计上的缺陷

C．过去的建筑标准过低　　D．正常使用的磨损

五、参考答案

答　案

（一）单项选择题

1. C　2. B　3. D　4. A　5. C　6. B　7. D　8. C　9. D　10. D

11. B　12. C　13. C　14. D　15. C　16. A　17. C　18. B　19. D　20. C
21. B　22. B　23. C　24. C　25. C　26. D　27. A　28. B　29. B　30. A
31. B　32. D　33. B　34. D　35. B　36. C　37. B　38. A　39. C　40. B
41. A　42. A　43. A　44. B　45. B　46. C　47. B　48. C　49. A　50. B
51. A　52. B　53. A　54. C　55. A　56. A　57. C　58. C

（二）多项选择题

59. ABDE　60. ABCD　61. ABD　62. BCDE　63. CDE　64. ABDE　65. ABCE
66. ABCD　67. BC　68. BCD　69. ABCE　70. ADE　71. ACD　72. AB
73. CDE　74. ACDE　75. ABCD　76. ABCE　77. ABCE　78. ABCD　79. BCDE
80. ABDE　81. ACDE　82. ABCD　83. BCDE　84. ABC　85. BCD

（三）综合分析题

86. A　87. AC　88. B　89. AD　90. B　91. A　92. A　93. D　94. AB　95. ABD
96. ABC　97. BC

解　析

（一）单项选择题

8. 楼面地价＝土地单价/容积率＝3 000/3＝1 000（元/m²）。

9. 楼面地价 $=\dfrac{\text{土地总价}}{\text{总建筑面积}}=\dfrac{50\,000\,000}{25\,000}=2\,000$（元/m²）。

10. 根据楼面地价＝土地总价/总建筑面积，楼面地价＝土地单价/容积率两个公式可得出所求。楼面地价＝土地总价/总建筑面积＝1 800 000/6 000＝300（元/m²）；土地单价＝楼面地价×容积率＝300×3＝900（元/m²）。

11. 先求原楼面地价＝土地单价/容积率＝4 000÷0.8＝5 000（元/m²）；

补地价（单价）＝现楼面地价×现容积率－原楼面地价×原容积率）＝1150×5.0－5 000×0.8＝1 750（元/m²）。

17. 人民法院确定的保留价，第一次拍卖时，不得低于评估价或者市价的 80%；如果出现流拍，再行拍卖时，可以酌情降低保留价，但每次降低的数额不得超过前次保留价的 20%。6 000×80%＝4 800（万元）。

18. 人民法院确定的保留价，第一次拍卖时，不得低于评估价或者市价的 80%；如果出现流拍，再行拍卖时，可以酌情降低保留价，但每次降低的数额不得超过前次保留价的 20%。3 000×（1−20%）＝2 400（万元）。

20. 成本租金是指按照出租房屋的经营成本确定的租金，由房屋折旧费、维修费、管理费、投资利息、房产税五项因素构成。该出租房产年成本租金＝5+3+2+1+0.3＝11.3（万元）。

23. 如果楼面地价不随容积率的改变而改变，则：补地价（单价）＝原楼面地价×（现容积率－原容积率）

或者

补地价（总价）＝原容积率下的土地单价/原容积率×（现容积率－原容积率）＝（5−2.5）/2.5×5 000×1 000＝500（万元）。

24. 补地价(单价)＝现楼面地价×现容积率－原楼面地价×原容积率＝950×5.1－690×0.8＝4 293（元/m²）。

25．土地单价＝楼面地价×容积率。甲土地单价＝2 000×5＝10 000（元/m^2）；乙土地单价＝1 500×7＝10 500（元/m^2）。据此判断甲小于乙。

28．人口增长率＝（本年人口增长绝对数/年平均总人数）×1 000‰＝（2 000－1 100+3 000－1 500）÷2 000 000×1 000‰＝1.2‰。

34．正常成交价格＝$\frac{\text{卖方实际得到的价格}}{1-\text{应由卖方交纳的税费比率}}$/建筑面积＝300 000/(1－6%)/120＝2 659.57(元/m^2)。

35．该宗房地产的实际成交价格＝4 000×40%+4 000×60%÷5×［1÷（1+8%）$^{0.5}$+1÷（1+8%）+1÷（1+8%）$^{1.5}$+1÷（1+8%）^{2}+1÷（1+8%）$^{2.5}$］＝3 741.50（元/m^2）。

36．在成交日期一次付清的价格为：40×10%+18/（1+0.5%）^{6}+18/（1+0.5%）^{12}＝38.42（万元）。

37．该可比实例的实际总价格为：12+8/（1+8%）$^{0.5}$+10/（1+8%）＝28.957 3（万元），实际单价289 573/100＝2 895.73（元/m^2）。

38．使用面积＝100×0.8＝80（m^2）。

建筑面积下的价格＝使用面积下的价格×使用面积/建筑面积＝3 000×80/100＝2 400（元/m^2）。

39．建筑面积＝套内建筑面积＋分摊的共有建筑面积

套内建筑面积＝100－100×10%＝90（m^2）。

建筑面积下的价格＝套内建筑面积下的价格×套内建筑面积/建筑面积＝2 600×90/100＝2 340（元/m^2）。

40．30×20%+30×（1－20%）÷（1+0.5%）^{12}＝28.61（万元）。

42．该房地产的收益价格$V=\frac{A}{Y}[1-\frac{1}{(1+Y)^n}]$＝24.21/10%×［1－1/（1+10%）^{30}］＝228.23（万元）。

43．$V=\frac{A}{Y}[1-\frac{1}{(1+Y)^n}]$＝（120×5000×12）×（1－25%）/10%×［1－1/（1+10%）^{35}］＝5 207.85（万元）。

44．A＝30－10＝20（万元），n＝40年，该宗房地产的收益价格为$V=\frac{A}{Y}[1-\frac{1}{(1+Y)^n}]$＝20/10%×［1－1/（1+10%）^{40}］＝195.58（万元）。

45．A＝6 000×75%＝4 500（万元），该商铺目前的价值$V=\frac{A}{Y}[1-\frac{1}{(1+Y)^n}]$＝4 500/10%×［1－1/（1+10%）^{30}］＝42 421.12（元/m^2）。

46．A＝100×60%＝60（万元），n＝40－8＝32年，该宗房地产的收益价格$V=\frac{A}{Y}[1-\frac{1}{(1+Y)^n}]$＝60/8%×［1－1/（1+8%）^{32}］＝686.10（万元）。

48．在完善、成熟的房地产市场下，土地取得成本一般是由购置土地的价款和在购置时应由房地产开发商（作为买方）缴纳的税费（如契税、交易手续费）构成。根据楼面地价＝土地单价/容积率，土地单价＝楼面地价×容积率＝800×2＝1 600（元/m^2）。土地取得成本为：1 600×5 000×（1+3%）＝824（万元）。

56．理论上可以将开发成本划分为土地开发成本和建筑物建造成本。房地产开发成本＝土地开发费用＋建筑物建造费用＝500+2 000＝2 500（万元）。

57．$D=C(1-R)/N$＝500×（1－10%）/40＝11.25（万元）。

58．建筑物现值$V=C\times[1-(1-R)\times t/N]$×建筑面积＝800×［1－（1－2%）×12/40］×200＝11.296（万元）。

（三）综合分析题

88．$V=\frac{A}{Y}[1-\frac{1}{(1+Y)^n}]=\frac{10}{10\%}[1-\frac{1}{(1+10\%)^{40-15}}]$＝90.77（万元）。

90．房地产抵押价值为抵押房地产在估价时点假定未设立法定优先受偿权利下的市场价值减去房地产估价师知悉的法定优先受偿款。扣除的法定优先受偿款一般是指假定在估价时点实现抵押权时，法律规定优先于本次抵押贷款受偿的款额，包括发包人拖欠承包人的建筑工程价款，已抵押担保的债权数额，以及其他法定优先受偿款。该项目2008年3月12日估价时点的房地产抵押价值（8 000−2 000）＝6 000（万元）。

92．2011年年5月，人民法院查封其土地及其地上建筑物拍卖抵债，并委托某房地产估价机构评估其市场价值为6 800万元。人民法院确定保留价，第一次拍卖时，不得低于评估价格或者市价的80%；如果出现流拍，再行拍卖时，可以酌情降低保留价，但每次降低的数额不得超过前次保留价的20%。6 800×80%×（1−20%）＝4 352（万元）。

第八章　房地产金融和保险

一、大纲要求

本部分的考试目的是测试应考人员对金融、房地产贷款、住房置业担保等知识的了解、熟悉和掌握程度。重点考察应考人员对个人住房贷款中月还款额和贷款余额计算的熟悉程度。本章考试要求包括：

（1）了解金融及房地产金融的概念和职能；

（2）了解金融机构；

（3）熟悉货币和汇率；

（4）熟悉信用和利率；

（5）掌握房地产贷款的概念和种类；

（6）了解房地产贷款的主要参与者；

（7）掌握个人住房贷款；

（8）熟悉房地产贷款中的主要参与者；

（9）熟悉房地产贷款的主要风险及其防范；

（10）熟悉房地产开发贷款；

（11）熟悉房地产贷款的程序；

（12）掌握各种还款方式下的还款额计算；

（13）熟悉房地产信托；

（14）熟悉住房置业担保；

（15）了解保险的概念、构成和职能；

（16）熟悉保险的种类及每种保险的含义；

（17）熟悉保险合同；

（18）掌握房地产贷款保险。

二、考点汇总

（1）金融职能知识点汇总（见表 8-1）。

表 8-1　金融职能知识点汇总表

	主 要 职 能
房地产金融	房地产金融的基本职能有：①筹集资金；②融通资金；③结算服务
货币	货币具有价值尺度、流通手段、贮藏手段、支付手段和世界货币五个职能
信托	信托的职能主要有财产事务管理职能、融通资金职能、代理和咨询职能、社会投资职能

（2）金融特征知识点汇总（见表 8-2）。

表 8-2　金融特征知识点汇总表

	主 要 特 征
信用	信用的基本特征有：①暂时性；②偿还性；③收益性；④风险性
信用工具	信用工具的特征有：①流动性；②偿还性；③收益性；④风险性
个人住房贷款	个人住房贷款主要有下列特点：①长期性；②零售性；③分期偿还

（3）金融种类知识点汇总（见表 8-3）。

表 8-3　金融种类知识点汇总表

	分 类 依 据	主 要 类 别
汇率	按照汇率的制定方法	汇率分为基本汇率和套算汇率
	按照汇率制度	汇率分为固定汇率和浮动汇率
	按照外汇管理情况	汇率分为官方汇率和市场汇率
	按照银行买卖外汇的角度	汇率分为买入汇率、卖出汇率、中间汇率和现钞汇率
	按照外汇资金的性质与用途	汇率分为贸易汇率和金融汇率
信用	按照信用主体	信用分为商业信用、银行信用、政府信用、消费信用、民间信用、证券信用和国际信用
	按照信用期限	信用分为短期信用、中期信用和长期信用
利率		①存款利率和贷款利率；②单利利率和复利利率；③市场利率、法定利率和公定利率；④固定利率和浮动利率；⑤名义利率和实际利率；⑥短期利率和长期利率；⑦一般利率和优惠利率
房地产贷款	按贷款对象及用途	房地产贷款可分为土地储备贷款、房地产开发贷款、个人住房贷款、商业用房贷款
	按贷款保证方式	房地产贷款可分为信用贷款和担保贷款
	按贷款利率是否变化	房地产贷款可分为固定利率贷款和浮动利率贷款
	按贷款期限长短	房地产贷款可分为短期贷款、中期贷款和长期贷款
	按贷款风险的承受对象	房地产贷款可分为自营性贷款和委托性贷款
个人住房贷款	按照贷款资金来源	个人住房贷款分为商业性贷款、住房公积金贷款和组合贷款
	按照贷款偿还方式	个人住房贷款分为到期一次还本付息的贷款和分期还款的贷款
	按照住房交易形态	个人住房贷款分为首次住房贷款和再交易住房贷款
	按照贷款用途	个人住房贷款分为个人购房贷款、个人自建住房贷款、个人大修住房贷款等
	按照借款人类型	个人住房贷款分为本地人士贷款、外地人士贷款、港澳台和外籍人士贷款
还款方式		还款方式主要有下列几种：①到期后一次性还本付息；②先扣除利息，到期后一次性偿还本金；③每期还息，到期后一次性还清本金；④分期等额偿还本息；⑤分期等额本金偿还
房地产信托机构筹集资金方式		房地产信托机构筹集资金主要方式有房地产信托基金、房地产信托存款、集资信托和代理集资、资金信托、共同投资基金等

（4）保险知识汇总（见表 8-4）。

表 8-4　保险知识汇总表

	要　　点
概念	保险是投保人根据合同约定，向保险人支付保险费，保险人对于合同约定的可能发生的事故因其发生所造成的财产损失承担赔偿保险金责任，或者当被保险人死亡、伤残、疾病或者达到合同约定的年龄、期限时承担给付保险金责任的商业保险行为
性质	①保险是分散风险、消化损失的一种经济制度；②保险是一种契约或是由契约而产生的权利义务关系
构成要素	构成保险必须具备下列三个要素：①以特定的危险为对象；②以多数人的互助共济为基础；③以对危险事故所致损失进行补偿为目的
种类	常见的保险分类有：①按保险标的的不同性质，保险分为财产保险和人身保险；②按保险价值的确定方式，保险分为定值保险和不定值保险；③按保险人所承保危险的范围，保险分为特定危险保险和一切危险保险；④按保险的实施方式，保险分为自愿保险和法定保险
职能	保险具有分散危险、组织经济补偿两个基本职能。此外，在现代社会中，保险还具有融通资金的职能

（5）保险合同知识汇总（见表 8-5）。

表 8-5　保险合同知识汇总表

	要　　点
概念	保险合同又称保险契约，是投保人与保险人约定保险权利义务关系的协议，具体是指投保人支付规定的保险费，保险人对保险标的因保险事故所造成的损失，在保险金额范围内承担赔偿责任，或者在合同约定期限届满时，承担给付保险金义务的协议
当事人	保险合同的当事人有保险人和投保人
关系人	保险合同的关系人有被保险人和受益人
中介人	保险合同的中介人又称辅助人，有保险代理人、保险经纪人和保险公估人
内容	保险合同的内容即保险合同双方当事人的权利和义务。基本条款一般包括下列事项：①保险人名称和住所；②投保人、被保险人名称和住所，以及人身保险的受益人的名称和住所；③保险标的；④保险责任和责任免除；⑤保险期间和保险责任开始时间；⑥保险价值；⑦保险金额；⑧保险费以及交付办法；⑨保险金赔偿或者给付办法；⑩违约责任和争议处理；⑪其他有关约定；⑫订立合同的时间和地点
形式	根据保险合同的订立程序，保险合同的形式主要有下列五种：①投保单；②暂保单；③保险单；④批单；⑤保险凭证
终止情形	保险合同的终止主要有以下几种情形：①保险期限届满；②保险人履行了赔偿或给付义务；③保险标的灭失；④当事人解除保险合同；⑤保险公司终止

三、例题分析

（一）金融概述

1．在典型的间接融资中，资金需求方是（　　）。（2004 年试题）

A．直接存款人　　　　B．金融机构债权人

C．金融机构债务人　　D．金融机构资金供给方

答案：C

解析：典型的间接金融是银行的存贷款业务：资金供给方将资金存入银行，然后再由银行向资金需求方发放贷款，存款人是银行的债权人，借款人是银行的债务人，而银行对于资金供求双方来说则是金融中介。

2. 通过开办房地产开发贷款与个人住房贷款业务，支持房地产开发、经营和消费等房地产经济活动，是房地产金融的（　　）职能。（2008 年试题）

A．筹集资金　　B．融通资金　　C．流通手段　　D．结算服务

答案：B

解析：融通资金是房地产金融通过开办房地产开发贷款、个人住房贷款等业务，支持房地产开发、经营和消费等房地产经济活动。

3. 下列金融机构中，属于银行业金融机构的是（　　）。（2008 年试题）

A．信托投资公司　　B．金融租赁公司　　C．财务公司　　D．信用合作社

答案：D

解析：银行业金融机构是指商业银行、城市信用合作社、农村信用合作社等吸收公众存款的金融机构以及政策性银行。非银行业金融机构是指那些经营金融业务但不冠以银行名称的金融机构，如金融资产管理公司、信托投资公司、财务公司、金融租赁公司等。

4. 金融机构分为银行业金融机构和非银行业金融机构，以下（　　）不属于非银行业金融机构。

A．金融租赁公司　　B．农村信用合作社

C．信托投资公司　　D．信托投资公司

答案：B

解析：银行业金融机构是指商业银行、城市信用合作社、农村信用合作社等吸收公众存款的金融机构以及政策性银行。非银行业金融机构是指那些经营金融业务但不冠以银行名称的金融机构，如金融资产管理公司、信托投资公司、财务公司、金融租赁公司等。

5. 现代国家的金融机构体系中，（　　）是一种特殊的专业银行，由政府创立、参股或保证，不以营利为目的等。

A．中央银行　　B．商业银行　　C．专业银行　　D．政策性银行

答案：D

解析：政策性银行是一种特殊的专业银行，由政府创立、参股或保证，不以营利为目的。

6. 货币的职能中，（　　）是指货币衡量和表现商品价值的功能。

A．价值尺度职能　　B．流通手段职能

C．贮藏手段职能　　D．支付手段职能

答案：A

解析：货币的职能中，价值尺度职能是指货币衡量和表现商品价值的功能。

7. 我国的汇率采用的是直接标价法，汇率越高，意味着人民币的币值（　　）。（2009 年试题）

A．越高　　B．越低　　C．不变　　D．高低不确定

答案：B

解析：在直接标价法下汇率越高，表明单位外币所能换取的本币越多，意味着本币的币值越低。当前，世界上绝大多数国家包括中国采用的是直接标价法。

8．在直接标价法下，汇率下降表明（　　）。（2008 年试题）

A．本币币值下降　　　　　　　　B．本币币值上升

C．本币不动外币动　　　　　　　D．外币不动本币增多

答案：B

解析：如果一国经济发展较快，财政收支状况良好，物价稳定，则该国货币趋于升值，在直接标价法下汇率下降；反之，货币趋于贬值，在直接标价法下汇率上升。

9．汇率的标价方法中，间接标价法的特点是（　　）。

A．外币、本币均不动　　　　　　B．外币、本币均动

C．外币不动本币动　　　　　　　D．本币不动外币动

答案：D

解析：间接标价法也称应收标价法，是指以一定单位的本币为基准，折合成若干单位外币的标价方法。汇率是用变动的外币来表示本币的价格，即所谓"本币不动外币动"。

10．汇率的标价方法中，在间接标价法下汇率越高，（　　）。

A．表明单位外币所能换取的本币越多

B．表明单位本币所能换取的外币越多

C．意味着本币的币值越低

D．意味着本币的币值越高

E．意味着外币的币值越高

答案：BD

解析：汇率的标价方法中，在间接标价法下汇率越高，表明单位本币所能换取的外币越多，意味着本币的币值越高。

11．按照（　　），汇率分为官方汇率和市场汇率。

A．汇率的制定方法　　　　　　　B．汇率制度的不同

C．外汇管理情况的不同　　　　　D．银行买卖外汇的角度

答案：C

解析：按照外汇管理情况的不同，汇率分为官方汇率和市场汇率。

12．信用（　　）。

A．是指经济活动中的借贷行为

B．是指法律活动中的借贷行为

C．是商品或货币的所有者把商品或货币让渡给其需要者，并约定一定期限由所有者还本付息的行为

D．是商品或货币的所有者把商品或货币让渡给其需要者，并约定一定期限由需要者还本付息的行为

E．是随着商品生产和货币流通的发展而产生和发展起来的

答案：ADE

解析：信用是指经济活动中的借贷行为。

13．在信用活动中，让出商品或货币的一方若仅持有所有权或债权的凭证，有到期不能收回的可能。这体现了信用基本特征中的（　　）。（2009 年试题）

A．暂时性　　　　B．偿还性　　　　C．收益性　　　　D．风险性

答案：D

解析：信用的基本特征中，风险性即在信用活动中，让出商品或货币的一方仅持有所有权或债权的凭证，有到期不能收回的可能。

14．支票的基本当事人有（　　）。

A．出票人　　B．付款人　　C．收款人

D．中间人　　E．中介人

答案：ABC

解析：支票的基本当事人有三个：出票人、付款人和收款人。

15．（　　）是指企业之间以赊销商品和预付货款等形式提供的信用。

A．银行信用　　B．政府信用　　C．商业信用　　D．消费信用

答案：C

解析：商业信用是指企业之间以赊销商品和预付货款等形式提供的信用。

16．汇票按（　　），可分为银行汇票和商业汇票。

A．出票人的不同　　B．出票地与付款地的不同

C．付款期限的不同　　D．承兑人的不同

答案：A

解析：汇票按出票人的不同，可分为银行汇票和商业汇票。

17．某年的通货膨胀率是5%，银行贷款利率为9%，则贷款的实际利率是（　　）。（2009年试题）

A．3.67%　　B．3.81%　　C．4.59%　　D．4.76%

答案：B

解析：实际利率是指名义利率剔除了物价变动因素后计算出来的利率。在这种名义利率和实际利率中，假设i表示名义利率，r表示实际利率，π表示通货膨胀率，则其之间的数学关系有：$r=\frac{i-\pi}{1+\pi}=(9\%-5\%)\div(1+5\%)=3.81\%$。

18．某贷款条件是年利率8%，该时点的通货膨胀率为3%，则实际利率应为（　　）。（2006年试题）

A．4.85%　　B．5%　　C．7.77%　　D．8%

答案：A

解析：实际利率$=r=\frac{i-\pi}{1+\pi}=(8\%-3\%)\div(1+3\%)=4.85\%$。

19．决定利率水平的因素主要包括（　　）。（2009年试题）

A．平均利润率　　B．资金供求状况

C．预期通货膨胀率　　D．国家经济政策

E．邻国政局

答案：ABCD

解析：决定利率水平的因素主要有以下几个：①平均利润率；②资金供求状况；③预期通货膨胀率；④国家经济政策；⑤国际利率水平；⑥国际收支状况。此外，借贷期限的长短、借贷风险的大小等也影响利率的高低。

（二）房地产贷款

1．按（　　），房地产贷款可分为短期贷款、中期贷款和长期贷款。

A．贷款对象及用途　　B．贷款保证方式

C．贷款利率是否变化　　D．贷款期限长短

答案：D

解析：按贷款期限长短，房地产贷款可分为短期贷款、中期贷款和长期贷款。

2．按照贷款对象和用途划分，房地产贷款的种类包括（　　）。（2009 年试题）

A．土地储备贷款　　B．房地产抵押贷款

C．房地产开发贷款　　D．个人住房贷款

E．商业用房贷款

答案：ACDE

解析：按贷款对象及用途，房地产贷款可分为土地储备贷款、房地产开发贷款、个人住房贷款、商业用房贷款。

3．担保贷款可分为（　　）。

A．商业用房贷款　　B．抵押贷款

C．保证贷款　　D．质押贷款

E．信用贷款

答案：BCD

解析：担保贷款又可分为保证贷款、抵押贷款和质押贷款。

4．在房地产抵押贷款中，抵押权人一般为（　　）。（2008 年试题）

A．银行　　B．借款人　　C．担保人　　D．保证人

答案：A

解析：在房地产抵押贷款中，借款人为债务人，贷款人为债权人；债权人同时也是抵押权人，但债务人不一定是抵押人。在房地产抵押贷款中，抵押权人一般为银行。

5．下列属于担保贷款的房地产贷款有（　　）。（2008 年试题）

A．信用贷款　　B．保证贷款　　C．抵押贷款

D．质押贷款　　E．短期贷款

答案：BCD

解析：担保贷款又可分为保证贷款、抵押贷款和质押贷款。

6．在房地产贷款的种类中，土地储备贷款的借款人仅限于（　　）。（2005 年试题）

A．负责房屋开发的一级开发机构

B．负责土地一级开发的机构

C．负责住宅与工业房地产项目的开发机构

D．负责房地产开发二级（含二级）以上的开发机构

答案：B

解析：土地储备贷款的借款人仅限于负责土地一级开发的机构。

7．房地产贷款主要风险中，从贷款风险的性质来看，可以分为（　　）。

A．市场风险　　B．信用风险　　C．操作风险

D．静态贷款风险　　E．动态贷款风险

答案：DE

解析：从贷款风险的性质来看，可以分为静态贷款风险和动态贷款风险。

8．按照住房交易形态，个人住房贷款分为（　　）。

A．“一手房”贷款　　　　B．“二手房”贷款

C．商业性贷款　　　　D．住房公积金贷款

E．组合贷款

答案：AB

解析：按照住房交易形态，个人住房贷款分为首次住房贷款和再交易住房贷款。首次住房贷款俗称“一手房”贷款，再交易住房贷款俗称“二手房”贷款。

9．个人住房贷款中的术语中，（　　）是指借款人与贷款人协商，在原来约定的贷款期限基础上适当延长贷款期限，但延长后的总贷款期限不得超过贷款人规定的最长贷款期限，展期后借款人每月还款额会相应减少。（2004 年试题）

A．分期还款额　　B．贷款期限　　C．缩期　　D．展期

答案：D

解析：展期是指借款人与贷款人协商，在原来约定的贷款期限基础上适当延长贷款期限，但延长后的总贷款期限不得超过贷款人规定的最长贷款期限，展期后借款人每月还款额会相应减少。

10．中国银行业监督管理委员会规定借款人住房贷款的月房产支出与收入比不能超过（　　）。

A．50%　　B．55%　　C．60%　　D．65%

答案：A

解析：中国银行业监督管理委员会要求应将借款人住房贷款的月房产支出与收入比控制在 50%以下（含 50%），月所有债务支出与收入比控制在 55%以下（含 55%）。

11．在个人住房贷款中，偿还比率通常是指（　　）。（2004 年试题）

A．借款人已偿还贷款占未偿还贷款的比率

B．借款人已偿还贷款占全部贷款的比率

C．借款人月偿还额占其家庭月收入的比率

D．借款人年偿还额占其家庭年收入的比率

答案：C

解析：偿还比率是指借款人分期还款额占其同期收入的比率。在个人住房贷款中，偿还比率通常为借款人的月还款额占借款人家庭月收入的比率。

12．在个人住房贷款中，贷款人对贷款期限作出限制的根据有（　　）。（2008 年试题）

A．住房的使用年限　　　　B．贷款利率

C．借款人年龄　　　　D．借款人文化水平

E．借款人性别

答案：AC

解析：在个人住房贷款中，贷款人可能根据住房的使用年限（寿命）、借款人的年龄等，对贷款期限作出限制。例如，住房的寿命越短，贷款期限会越短；借款人的年龄越大，贷款期限会越短。

13．居民陈某从二手房市场购买一套 100 m^2 的住宅，单价为 2 000 元/m^2，向卖主付现金 6 万元后，余款向银行贷款。若贷款期限为 15 年，贷款年利率为 5%，银行要求以等额

方式按月偿还贷款本息，则月还款额为（　　）元。（2004 年试题）

A．324.54　　B．777.78　　C．1 107.11　　D．1 616.94

答案：C

解析：此题中贷款金额为 20－6＝14（万元），贷款月利率 $i=5\%\div12$，按月计算的贷款期限 $n=12\times15=180$（月）。

$$\text{月还款额}A=P\frac{i(1+i)^n}{(1+i)^n-1}=140\,000\times\frac{\frac{5\%}{12}\times(1+\frac{5\%}{12})^{180}}{(1+\frac{5\%}{12})^{180}-1}=1\,107.11\text{（元）。}$$

14．秦某购买一套总价为 60 万元的商品住宅，首付款为购房总价的 25%，余款为商业贷款，贷款期限为 20 年，贷款年利率为 6%，若采用按月等额本息还款方式，秦某的月还款额为（　　）元。（2009 年试题）

A．1 875.00　　B．3 223.94　　C．3 357.00　　D．4 125.00

答案：B

解析：此题中贷款金额 600 000×（1－25%）×6＝450 000（元），贷款月利率 $i=6\%\div12=0.5\%$，按月计算的贷款期限 $n=12\times20=240$（月）。

$$A=P\frac{i(1+i)^n}{(1+i)^n-1}=450\,000\times0.5\%(1+0.5\%)^{240}\div[(1+0.5\%)^{240}-1]=3\,223.94\text{（元）。}$$

（三）房地产信托

1．信托（　　）。

A．是一种财产经济管理制度　　B．以财产为核心

C．以信任为基础　　D．以他人受托管理为方式

E．以受托他人管理为方式

答案：ABCD

解析：信托是一种财产经济管理制度，它以财产为核心，以信任为基础，以他人受托管理为方式。

2．房地产信托投资公司为经营房地产信托投资业务及其他信托业务而设置的营运资金，属于（　　）。（2009 年试题）

A．房地产信托基金　　B．集资信托

C．房地产特约信托存款　　D．房地产普通信托存款

答案：A

解析：房地产信托基金是房地产信托投资公司为经营房地产信托投资业务及其他信托业务而设置的营运资金。

3．根据信托财产事务管理职能，以下（　　）事务属于代人理财。

A．委托贷款　　B．委托投资　　C．代为收款

D．代理买卖有价证券　　E．商务管理

答案：ABE

解析：财产事务管理职能中，财产事务管理一般包括代人理财和代人办事两方面。代人理财如委托贷款、委托投资、商务管理等；代人办事如代为收款、代理买卖有价证券、

代付利息等。

4. 根据房地产信托投资的特点，信托投资公司开展房地产信托业务应遵循（　　）等原则。

A. 有明确的投资目标、投资策略及投资风险控制措施

B. 委托政策性银行担任房地产信托资金的保管人

C. 维护委托人和受益人的最大利益

D. 不得损害国家利益和社会公共利益

E. 公开、公平进行

答案：ACDE

解析：信托投资公司开展房地产信托业务应遵循的原则：①有明确的投资目标、投资策略及投资风险控制措施；②委托商业银行担任房地产信托资金的保管人；③维护委托人和受益人的最大利益；④不得损害国家利益和社会公共利益；⑤公开、公平进行。

5.（　　）由专门的投资机构共同出资组建一家基金管理公司，由其作为委托人与受托人和受益人三方订立信托契约而组成。

A. 契约型基金　　B. 公司型基金　　C. 封闭型基金　　D. 开放型基金

答案：A

解析：契约型基金由专门的投资机构共同出资组建一家基金管理公司，由其作为委托人与受托人和受益人三方订立信托契约而组成。

6. 基金单位总数不固定，总金额不封顶且可以连续发行，一般投资者可以随时进入或退出的基金为（　　）。（2008 年试题）

A. 契约型基金　　B. 公司型基金　　C. 开放型基金　　D. 封闭型基金

答案：C

解析：开放型基金的基金单位总数不固定，总金额不封顶，可以根据实际情况连续发行，投资者可以随时购买基金单位，也可以随时将自己持有的基金单位在基金管理公司设定的内部交易场所转卖给基金管理公司。开放型基金对投资者而言进出方便。

7. 下列关于投资基金的表述中，正确的有（　　）。（2008 年试题）

A. 按照法律地位分类，可分为契约型和公司型

B. 按照赎回方式分类，可分为开放型和封闭型

C. 开放型基金是属于契约型的投资基金

D. 封闭型基金的投资人可以随时向发行公司要求赎回持有的股份

E. 封闭型基金有经营期限，期满后基金宣告解散

答案：ABCE

解析：封闭型基金的投资人也不得向发行公司要求赎回持有的股份或受益凭证，如果投资者需要现金和退出基金，可以到证券市场上买卖交易。封闭型基金有经营期限，期满后基金宣告解散，投资者可以向公司赎现。

8. 房地产信托贷款的种类包括（　　）。（2009 年试题）

A. 房地产按揭信托　　B. 房地产抵押贷款

C. 土地使用权抵押贷款　　D. 房地产开发企业流动资金信托贷款

E. 房地产债权信托

答案：BCD

解析：房地产信托贷款的种类主要有房地产抵押贷款、土地使用权抵押贷款、房地产开发经营企业流动资金信托贷款。

（四）住房置业担保

1．在住房置业担保申请及个人住房贷款申请批准后，（　　）签订书面个人住房借款合同。

A．担保公司与借款人　　B．受益人与贷款人

C．担保公司与贷款人　　D．贷款人与借款人

答案：D

解析：在住房置业担保申请及个人住房贷款申请批准后，贷款人与借款人签订书面个人住房借款合同，担保公司与贷款人签订书面保证合同。

2．某置业担保公司为某人购买住房进行担保，则（　　）。（2004 年试题）

A．购房者与置业担保公司签订的担保合同为主合同

B．置业担保公司与贷款银行签订的合同为主合同

C．购房者与贷款银行签订的合同为主合同

D．以上说法均不正确

答案：C

解析：置业担保中，购房者与银行签订借款合同为主合同，担保公司与银行签订担保合同是从合同。

3．在置业担保实务中，住房置业担保公司为借款人申请个人住房贷款，与贷款人签订的合同是（　　）。（2008 年试题）

A．保证合同　　B．连带责任担保合同

C．契约合同　　D．担保从合同

答案：A

解析：在住房置业担保申请及个人住房贷款申请批准后，贷款人与借款人签订书面个人住房借款合同，担保公司与贷款人签订书面保证合同。

4．以下关于住房置业担保业务中，有关合同问题表述正确的是（　　）。

A．贷款人与借款人依法签订的个人住房借款合同是主合同

B．担保公司与贷款人依法签订的保证合同是主合同

C．担保公司与贷款人依法签订的保证合同是从合同

D．个人住房借款合同无效，其保证合同无效

E．担保公司与抵押人还应当签订书面房屋抵押反担保合同，并向房屋所在地的房地产管理部门办理抵押登记

答案：ACDE

解析：贷款人与借款人依法签订的个人住房借款合同是主合同，担保公司与贷款人依法签订的保证合同是从合同。主合同无效，从合同无效。

（五）房地产保险

1．保险是分散风险、消化损失的一种（　　）。（2005 年试题）

A．管理模式　　B．信用等级　　C．经济制度　　D．金融体制

答案：C

解析：保险是分散风险、消化损失的一种经济制度。

2．危险的存在是构成保险的第一要件，对他人财产实施不法侵害，依法由行为人承担民事赔偿责任的危险属于（　　）。（2004 年试题）

A．法律责任危险　D．财产危险　C．人身危险　D．信用危险

答案：A

解析：法律责任危险是指对他人的财产、人身实施不法侵害，依法由行为人承担民事赔偿责任的危险。

3．按（　　），保险分为财产保险和人身保险。

A．保险标的的不同性质　B．保险价值的确定方式

C．保险人所承保危险的范围　D．保险的实施方式

答案：A

解析：按保险标的的不同性质，保险分为财产保险和人身保险。

4．下列保险中，属于财产保险的险种有（　　）。（2009 年试题）

A．财产损失保险　B．责任保险

C．意外伤害保险　D．信用保险

E．保证保险

答案：ABDE

解析：财产保险是以财产及其有关利益为保险标的的一种保险。它可分为财产损失保险、责任保险、信用保险和保证保险。

5．为避免房地产经纪人员在房地产合同服务中因疏忽造成委托人经济损失而负责经济赔偿，可以投保的险种为（　　）。（2004 年试题）

A．责任保险　B．保证保险　C．信用保险　D．财产损失保险

答案：A

解析：责任保险是以被保险人对第三者依法应负的赔偿责任为保险标的的保险。在各种活动中，可能由于疏忽、过失等造成他人的财产损失或人身伤害，并由此要承担相应的民事损害赔偿责任。

6．承保各种专业技术人员因在从事职业技术工作时的疏忽或过失造成合同对方或他人财产损失的经济赔偿责任的险种是（　　）。（2009 年试题）

A．职业责任保险　B．保证保险　C．意外伤害保险　D．财产损失保险

答案：A

解析：承保各种专业技术人员因在从事职业技术工作时的疏忽或过失造成合同对方或他人的财产损失或人身伤害的经济赔偿责任的责任保险，称为职业责任保险。

7．刘某与甲保险公司确定投保房屋保险价值为 40 万元，若保险事故发生时，该房屋的市场价格为 38 万元，房屋重置价格为 25 万元，保险标的房屋损失比例为 30%。如果采用定值保险，保险人需支付的保险赔偿金数额为（　　）。（2004 年试题）

A．7.5 万元　B．11.4 万元　C．12 万元　D．38 万元

答案：C

解析：定值保险中，保险赔偿金为投保时确定的房屋保险价值乘以实际损失比例。40×30%＝12（万元）。

8．在财产的火灾保险中，采用的保险形式一般是（　　）。（2008 年试题）

A．定值保险　B．不定值保险　C．保证保险　D．法定保险

答案：B

解析：一般财产保险，尤其是火灾保险，都采用不定值保险的形式。

9. 在财产保险中，火灾保险一般采用的形式是（　　）。（2005 年试题）

A. 不定值保险　　B. 定值保险　　C. 一切危险保险 D. 法定保险

答案：A

解析：一般财产保险，尤其是火灾保险，都采用不定值保险的形式。

10. 产权人刘某将自己拥有的房地产投保不定值保险，保险金额为 60 万元，保险期内因事故发生造成损失比例为 40%，事故发生时其市场价值为 55 万元，则保险人应支付的赔偿金额为（　　）万元。（2006 年试题）

A. 22　　B. 24　　C. 60　　D. 65

答案：A

解析：不定值保险是指双方当事人在订立保险合同时不预先确定保险标的的保险价值，仅载明须至危险事故发生后，再行估计其价值而确定其损失的保险。保险人应支付的赔偿金额＝55×40%＝22（万元）。

11. 保险合同中，与保险人订立保险合同，并按照保险合同约定负有支付保险费义务的法人或自然人，称为（　　）。

A. 受益人　　B. 保险人　　C. 投保人　　D. 承保人

答案：C

解析：保险人又称承保人，是与投保人订立保险合同，并按照保险合同约定承担赔偿或给付保险金责任的保险公司。投保人是指与保险人订立保险合同，并按照保险合同约定负有支付保险费义务的法人或自然人。

12. 下列保险项目中，属于人身保险的有（　　）。（2008 年试题）

A. 信用保险　　B. 人寿保险　　C. 保证保险

D. 健康保险　　E. 意外伤害保险

答案：BDE

解析：人身保险是以自然人的寿命或身体为保险标的，以被保险人的死亡、伤残或者疾病等为保险事故的保险。它可分为人寿保险、健康保险和意外伤害保险。

13. 在约定保险权利义务关系的合同中，保险合同的关系人有（　　）。（2008 年试题）

A. 被保险人　　B. 保险代理人

C. 保险金领受人　　D. 保险公估人

E. 保险经纪人

答案：AC

解析：保险合同的关系人有被保险人和受益人。受益人又称保险金领受人，是指人身保险合同中由被保险人或者投保人指定的享有保险金请求权的人。

14. 在保险合同中被称为小保单的保险合同形式是（　　）。（2006 年试题）

A. 投保单　　B. 暂保单　　C. 批单　　D. 保险凭证

答案：D

解析：保险凭证又称小保单，是保险人发给投保人以证明保险合同已经订立或保险单已经正式签发的一种证明文件。

15.（　　）是保险人和投保人之间订立保险合同的正式法律文件，也是正式的保险合同文本。

A．投保单　　B．保险单　　C．暂保单　　D．批单

答案：B

解析：保险单简称保单，是保险人和投保人之间订立保险合同的正式法律文件，也是正式的保险合同文本。

16．基于投保人的利益，为投保人和保险人订立保险合同提供中介服务，并依法收取佣金的是（　　）。（2009 年试题）

A．保险代理人　　B．保险公估人　　C．保险经纪人　　D．保险受益人

答案：C

解析：保险经纪人是指基于投保人的利益，为投保人与保险人订立保险合同提供中介服务，并依法收取佣金的单位。

17．保险代理人的特征中，不包括（　　）。

A．必须以保险人的名义进行保险活动

B．必须以保险代理人的名义进行保险活动

C．必须在保险人授权的范围内进行保险活动

D．根据保险人的授权代为办理保险业务的行为由保险人承担责任

答案：B

解析：保险代理人特征：①必须以保险人的名义进行保险活动；②必须在保险人授权的范围内进行保险活动；③根据保险人的授权代为办理保险业务的行为由保险人承担责任。

18．决定保险费多少的主要因素有（　　）。（2009 年试题）

A．保险经纪人　　B．保险金额　　C．保险合同形式

D．保险受益人　　E．保险费率

答案：BE

解析：保险费的多少主要取决于保险金额和保险费率两个因素。

19．保险合同发生纠纷后，其解决方式除仲裁、诉讼外，还有（　　）。（2006 年试题）

A．判决　　B．协商　　C．赔偿　　D．解除合同

答案：B

解析：违约责任中，解决方式主要有协商、仲裁和诉讼三种。

20．保险合同可终止的情形有（　　）。（2006 年试题）

A．保险期限届满　　B．保险公司终止　　C．保险标的灭失

D．保险责任免除　　E．保险价值变更

答案：ABC

解析：保险合同可终止的情形包括：①保险期限届满；②保险人履行了赔偿或给付义务；③保险标的灭失；④当事人解除保险合同；⑤保险公司终止。

21．在房地产贷款的保险中，借款人以自己的信用向保险人投保的险种是（　　）。（2006 年试题）

A．房地产贷款保证保险　　B．房地产信用保险

C．房地产财产损失保险　　D．借款人的人身保险。

答案：B

解析：房地产贷款信用保险是贷款人以借款人的信用向保险人投保，当借款人不为清

偿或不能清偿债务时（如借款人失信，不履行义务），由保险人代为补偿。

22．房地产贷款保险的种类有（　　）。（2009 年试题）

A．抵押房地产的财产损失保险　　B．房地产抵押权人的人身保险

C．借款人的人身保险　　D．房地产贷款信用保险

E．房地产贷款保证保险

答案：ACDE

解析：房地产贷款保险的种类包括抵押房地产的财产损失保险、借款人的人身保险、房地产贷款信用保险、房地产贷款保证保险等。

23．房地产贷款保险的种类包括（　　）。（2005 年试题）

A．借款人的人身保险　　B．借款人投保的保证保险

C．借款人投保的信用保险　　D．贷款人投保的信用保险

E．贷款人投保的保证保险

答案：ADE

解析：房地产贷款保险的种类包括抵押房地产的财产损失保险、借款人的人身保险、房地产贷款信用保险、房地产贷款保证保险等。

24．分散房地产贷款风险的方式有（　　）。（2006 年试题）

A．提高房地产贷款利率　　B．房地产抵押

C．贷款人投保信用保险　　D．减少房地产贷款额度

E．借款人投保人身保险

答案：BCE

解析：房地产贷款保险是指通过借款人的人身保险、抵押房地产的财产损失保险、贷款人投保信用保险、借款人投保保证保险等方式，来分散房地产贷款的有关风险的一种经济制度。

25．张某通过甲商业银行抵押贷款购买了一套 200 m^2 的住宅，并投保了火灾险，同时根据甲商业银行规定，以自己的信用风险为标的向保险公司投保，则张某投保的险种为（　　）。（2004 年试题）

A．信用保险　　B．财产损失保险

C．意外伤害保险　　D．保证保险

E．约定非信贷业务保险

答案：BD

解析：在房地产贷款中，贷款人通常要求借款人购买如下保险：抵押房地产的财产损失保险、借款人的人身保险、保证保险；贷款人也可以购买信用保险。

26．火灾保险的责任范围通常包括（　　）。（2008 年试题）

A．由于火灾及延烧所致的损失

B．由于雷电、地震、地陷、崖崩所致的损失

C．由于战争、军事行动所致的损失

D．由于防止灾害蔓延而破坏保险财产所致的损失

E．在发生责任范围内的灾害事故中，遭遇盗窃所致的损失

答案：ABDE

解析：房地产的财产损失保险条款规定的除外责任通常有：①由于战争或军事行动而

直接或间接所致的损失不在保险责任范围之内，但被保险人能证明其所受损失与战争或军事行动无关系的不在此限；②由于政府命令破坏所致的损失不在保险责任之内，但因防止责任范围内的灾害蔓延而命令破坏的不在此限。

27. 房地产估价机构为转移由于其房地产估价师工作过失造成的经济赔偿风险，向保险公司投保的险种是（　　）。（2010 年房地产估价师制度试题）

A. 人身保险　　B. 责任保险

C. 财产损失保险　　D. 信用保证保险

答案：B

解析：责任保险是指以被保险人对第三者依法应负的民事损害赔偿责任或经过特别约定的合同责任为保险标的的保险。其中职业责任保险是指对各类专业技术人员（如律师、会计师、工程师、医师、估价师等），因在从事本职工作中的疏忽或过失，造成合同对方或他人财产损失或人身伤害而应负损害赔偿责任的保险。

四、模拟练习

（一）**单项选择题**（每题的备选答案中只有一个最符合题意）

1.（　　）是房地产金融的首要职能。

A. 筹集资金　　B. 融通资金　　C. 担保服务　　D. 结算服务

2. 金融机构分为银行业金融机构和非银行业金融机构，以下（　　）不属于银行业金融机构。

A. 商业银行　　B. 城市信用合作社

C. 政策性银行　　D. 信托投资公司

3. 现代国家的金融机构体系中，（　　）居于核心地位，代表国家对金融活动进行监督管理，制定和执行货币政策。

A. 中央银行　　B. 商业银行　　C. 专业银行　　D. 政策性银行

4. 现代国家的金融机构体系中，（　　）居于主体地位，以营利为目的，直接面向单位和个人经办存贷款和结算等业务。

A. 中央银行　　B. 商业银行　　C. 专业银行　　D. 政策性银行

5. 货币的职能中，货币作为商品交换的媒介促进商品交换的功能，是指（　　）。

A. 价值尺度职能　　B. 流通手段职能

C. 贮藏手段职能　　D. 支付手段职能

6. 当前，世界上绝大多数国家包括中国采用的是（　　）。

A. 直接标价法　　B. 间接标价法　　C. 比较标价法　　D. 对比标价法

7. 汇率的标价方法中，直接标价法的特点是（　　）。

A. 外币、本币均不动　　B. 外币、本币均动

C. 外币不动本币动　　D. 本币不动外币动

8. 目前，美国汇率的标价方法中，采用（　　）。

A. 直接标价法　　B. 间接标价法　　C. 比较标价法　　D. 对比标价法

9. 目前各国一般选择本币与（　　）的汇率作为基本汇率。

A. 人民币　　B. 英镑　　C. 美元　　D. 欧元

10. 按照（　　），汇率分为基本汇率和套算汇率。

A. 汇率的制定方法　　B. 汇率制度的不同

C．外汇管理情况的不同　　D．银行买卖外汇的角度

11．按照（　　），汇率分为固定汇率和浮动汇率。

A．汇率的制定方法　　B．汇率制度的不同

C．外汇管理情况的不同　　D．银行买卖外汇的角度

12．（　　）是根据基本汇率和关键货币与其他外币的汇率套算得到的本币与其他外币的汇率。

A．固定汇率　　B．浮动汇率　　C．基本汇率　　D．交叉汇率

13．如果一国经济发展较快，财政收支状况良好，物价稳定，则该国货币趋于升值，在直接标价法下汇率（　　）。

A．不变　　B．上升或下降　　C．上升　　D．下降

14．如果一国国际收支顺差，则别国对该国货币需求增加，在外汇市场上该国货币供不应求，该国货币升值，在直接标价法下汇率（　　）。

A．不变　　B．上升或下降　　C．上升　　D．下降

15．当一国的利率水平相对于他国提高时，就会刺激国外资金流入，改善资本项目的收支，使本国货币升值，在直接标价法下汇率（　　）。

A．不变　　B．上升或下降　　C．上升　　D．下降

16．2009 年 4 月 21 日，美元对人民币汇率是 1:6.83 元，美元对日元汇率是 1:98.31 元，从中算出人民币对日元汇率是 1:6.95 元。此种汇率制定方法，称为（　　）。

A．固定汇率　　B．浮动汇率　　C．基本汇率　　D．套算汇率

17．2009 年 4 月 21 日，美元对人民币汇率是 1:6.83 元，美元对日元汇率是 1:98.31 元，从中算出人民币对日元汇率是 1:14.40 元。此种汇率制定方法中，美元是（　　）。

A．本币　　B．关键货币　　C．基础货币　　D．世界货币

18．政府发行短期国库券的目的是（　　）。

A．解决财政先支后收的矛盾　　B．解决财政先收后支的矛盾

C．筹措资金弥补当年财政赤字　　D．进行长期投资

19．在（　　）中，一般要“立字为据”，作为债权债务关系的凭证。

A．银行信用　　B．政府信用　　C．商业信用　　D．消费信用

20．（　　）是指个人之间相互以货币或实物所提供的信用。

A．政府信用　　B．消费信用　　C．证券信用　　D．民间信用

21．汇票按（　　），可分为银行承兑汇票和商业承兑汇票。

A．出票人的不同　　B．出票地与付款地的不同

C．付款期限的不同　　D．承兑人的不同

22．由出票人签发的，委托办理支票存款业务的银行或者其他金融机构在见票时无条件支付确定的金额给收款人或者持票人的票据，是（　　）。

A．汇票　　B．本票　　C．支票　　D．信用证

23．银行发行的银行券流动性最好，但不能给其投资者带来多少收益。这说明信用工具的特征中，（　　）。

A．收益性与流动性负相关　　B．收益性与风险性负相关

C．收益性与风险性正相关　　D．风险性与流动性负相关

24．中国人民银行制定的各种利率是（　　）。

A．市场利率　　B．法定利率　　C．公定利率　　D．固定利率

25. 非政府部门的金融机构或行业组织以协商的方式确定的利率是（　　）。
A. 市场利率　B. 法定利率　C. 公定利率　D. 固定利率
26. 在贷款期限内随市场利率变化而定期调整的利率，称为（　　）。
A. 市场利率　B. 法定利率　C. 浮动利率　D. 公定利率
27. 如果某金融机构发放贷款时的实际利率为4%，当时通货膨胀率为2%，那么该金融机构贷款利率为（　　）。
A. 5.08%　B. 6.08%　C. 7.08%　D. 8.08%
28. 土地储备贷款的借款人仅限于负责土地（　　）级开发的机构。
A. 一　B. 二　C. 三　D. 四
29. （　　）是指向借款人发放的无需提供担保的贷款。
A. 保证贷款　B. 抵押贷款　C. 质押贷款　D. 信用贷款
30. 按（　　），房地产贷款可分为信用贷款和担保贷款。
A. 贷款对象及用途　B. 贷款保证方式
C. 贷款利率是否变化　D. 贷款期限长短
31. 按贷款对象及用途，房地产贷款可分为（　　）。
A. 固定利率贷款和浮动利率贷款
B. 短期贷款、中期贷款和长期贷款
C. 土地储备贷款、房地产开发贷款、个人住房贷款、商业用房贷款
D. 自营性贷款和委托性贷款
32. 以债务人或者第三人的动产或汇票、支票、本票、债券、存款单、仓单、提单、依法可以转让的股份、股票等权利作质押发放的贷款，属于（　　）。
A. 信用贷款　B. 保证贷款　C. 抵押贷款　D. 质押贷款
33. 当通货膨胀率达到贷款利率时，银行实际所获得的利息收入为（　　）。
A. 负数　B. 零　C. 正数　D. 零或正数
34. 郑某购买一套总价为50万元的住房，如果贷款银行规定最低首付款比例为20%，则郑某购买该住房的首付款最少应为（　　）万元。
A. 5　B. 10　C. 15　D. 20
35. 个人住房贷款中的术语中，（　　）是指房地产抵押贷款中贷款金额占抵押房地产价值的比率。
A. 贷款金额　B. 贷款成数　C. 贷款期限　D. 贷款利率
36. 2012年3月，张某在购买商品房时，抵押贷款20万元，贷款年利率为6%，期限20年，并采用按月等额本息还款方式还款。张某的月还款额为（　　）元。
A. 1 256.21　B. 1 432.86　C. 1 542.36　D. 1 896.78
37. （　　）基金有四方面当事人：投资公司、管理公司、保管公司和承销公司。
A. 契约型基金　B. 公司型基金
C. 封闭型基金　D. 开放型基金
38. 在住房置业担保申请及个人住房贷款申请批准后，（　　）签订书面保证合同。
A. 担保公司与借款人　B. 受益人与贷款人
C. 担保公司与贷款人　D. 贷款人与借款人
39. 王某的购房抵押贷款为30万元，按贷款合同约定，贷款年利率为7.8%，贷款期限为

20 年，若采用按月等额本息还款方式，姚某的月还款额为（　　）元。

A．1 250.00　　B．2 472.11　　C．3 432.09　　D．5 614.17

40．以下关于保险构成的表述，不正确的是（　　）。

A．不可能发生或肯定要发生的危险，不能构成保险危险

B．有些危险的发生虽然是确定性的，但导致的后果不能确定，也可以构成保险危险

C．保险危险的最大特点是必然性，是当事人意料之外必然发生的

D．当事人之外的任何第三人所故意造成的危险，则不受此限制

41．保险的职能不包括（　　）。

A．分散危险　　B．社会捐助　　C．融通资金　　D．组织经济补偿

42．按（　　），保险分为自愿保险和法定保险。

A．保险标的的不同性质　　B．保险价值的确定方式

C．保险人所承保危险的范围　　D．保险的实施方式

43．（　　）是最典型、最具有代表性的财产保险。

A．财产损失保险　　B．责任保险　　C．信用保险　　D．保证保险

44．因房地产经纪人等在交易代理等方面由于疏忽、过失等造成他人经济损失，负有损害赔偿责任，为此，可申请（　　）。

A．财产损失保险　　B．职业责任保险　C．信用保险　　D．保证保险

45．保证保险是指（　　）为保险标的向保险人投保，当约定的信用风险发生而导致权利人遭受经济损失时，由保险人代替义务人赔偿权利人经济损失的一种保险形式。

A．权利人以义务人的信用风险　　B．义务人以权利人的信用风险

C．权利人以自己的信用风险　　D．义务人以自己的信用风险

46．一般财产保险，尤其是火灾保险，都采用（　　）的形式。

A．不定值保险　　B．定值保险　　C．特定危险保险 D．一切危险保险

47．2012 年 1 月，李某就自己的价值 120 万元的商业门市向保险公司投保了定值保险。在全额保险的情况下，双方事先确定该商业门市的保险价值为 110 万元。2012 年 3 月，该商业门市发生火灾，实际损失比例为 25%，则保险公司应承担的赔偿金额为（　　）万元。

A．22.0　　B．24.0　　C．25.0　　D．27.5

48．保险合同中，与投保人订立保险合同，并按照保险合同约定承担赔偿或给付保险金责任的保险公司称为（　　）。

A．保户　　B．保险人　　C．投保人　　D．要保人

49．保险合同中，投保险合同双方当事人权利和义务所指向的对象，并作为保险对象的财产及其有关利益或者人的寿命和身体，是指（　　）。

A．保险标的　　B．保险费　　C．保险金额　　D．保险金赔偿

50．被俗称“保户”的是（　　）。

A．保险人　　B．被保险人　　C．投保人　　D．受益人

51．（　　）又称小保单，是保险人发给投保人以证明保险合同已经订立或保险单已经正式签发的一种证明文件，具有与保险单相同的作用和效力。

A．暂保单　　B．投保单　　C．保险凭证　　D．保险单

52．在房地产贷款保险中，大量的是（　　）。

A．个人住房贷款保险　　B．单位住房贷款保险

C．集体住房贷款保险　　D．个人经营贷款保险

53．抵押房地产的财产损失保险主要是房屋的损失保险，其中最典型的是（　　）。

A．房屋安全隐患保险　　B．房屋火灾保险

C．房屋破坏保险　　D．房屋损害保险

54．房地产贷款信用保险的保险标的是（　　）。

A．保险人的合法权利因第三者不履行法定或约定的义务而受到的损失

B．投保人的合法权利因第三者不履行法定或约定的义务而受到的损失

C．受益人的合法权利因第三者不履行法定或约定的义务而受到的损失

D．借款人的合法权利因第三者不履行法定或约定的义务而受到的损失

55．在房地产贷款保证保险中，综合保险包括财产损失保险和还贷保证保险。其中，还贷保证保险的保险责任是指，因意外伤害事故所致房屋抵押贷款人死亡或伤残，而丧失全部或部分还贷能力，造成连续（　　）个月未履行或未完全履行个人房屋抵押借款合同约定的还贷责任的，保险人承担全部或部分还贷责任。

A．1　　B．1.5　　C．2　　D．3

（二）**多项选择题**（每题的备选答案中，有两个或两个以上符合题意的答案）

56．以下有关金融的概念和职能，表述正确的是（　　）。

A．金融是指货币资金的融通及有关的经济活动

B．由金融市场将资金从供给方传导到需求方的方式，称为直接金融

C．由金融机构将资金从供给方传导到需求方的方式，称为间接金融

D．在市场经济中，间接金融是资金需求方获得外部资金的主要渠道

E．在间接金融中，资金供给方与资金需求方作为直接贷款人和直接借款人出现的，双方构成直接的债权债务关系

57．房地产金融的基本职能有（　　）。

A．筹集资金　　B．融通资金　　C．担保服务　　D．结算服务

E．分配服务

58．以下关于货币的概念、起源和发展，表述正确的是（　　）。

A．货币是指起着非等价物作用的特殊商品

B．货币是商品交换的媒介

C．货币是商品交换发展到一定阶段的产物

D．在不同的历史时期，曾有不同种类的商品充当过货币

E．用电子计算机来处理的货币称为电子货币

59．货币具有（　　）等职能。

A．价值尺度　　B．流通手段　　C．贮藏手段　　D．支付手段

E．地域货币

60．汇率的标价方法有（　　）。

A．直接标价法　　B．间接标价法　　C．比较标价法　　D．对比标价法

E．现实标价法

61．汇率的标价方法中，在直接标价法下汇率越高，（　　）。

A．表明单位外币所能换取的本币越多　　B．表明单位本币所能换取的外币越多

C．意味着本币的币值越低　　D．意味着本币的币值越高

E．意味着外币的币值越低

62．按照外汇管理情况的不同，汇率分为（　　）。

A．官方汇率　B．中间汇率　C．卖出汇率　D．买入汇率

E．市场汇率

63．信用的本质有（　　）。

A．信用是以偿还（还本付息）为条件的借贷行为

B．信用是价值单方面的让渡

C．信用是价值双向让渡

D．信用关系是债权债务关系

E．信用关系是贷款人和借款人的债权债务关系

64．信用的基本特征有（　　）。

A．长期性　B．暂时性　C．偿还性　D．收益性

E．风险性

65．政府发行长期公债的目的是（　　）。

A．解决财政先支后收的矛盾　B．解决财政先收后支的矛盾

C．筹措资金弥补当年财政赤字　D．进行长期投资

E．进行短期投资

66．以下关于信用工具的表述，正确的是（　　）。

A．信用工具是资金供给者和资金需求者之间进行资金融通时所签发的各种具有法律效力的书面凭证

B．信用工具作为一种书面凭证，本身就有价值

C．一般将信用工具分为直接信用工具和间接信用工具两类

D．企业直接发行的股票和债券，属于直接信用工具

E．银行票据是间接信用工具

67．汇票的基本当事人有（　　）。

A．出票人　B．付款人　C．收款人

D．中间人　E．中介人

68．本票的基本当事人有（　　）。

A．出票人　B．付款人　C．收款人

D．中间人　E．中介人

69．支票按出票人的不同，可分为（　　）。

A．单位支票　B．个人支票　C．现金支票

D．转账支票　E．普通支票

70．支票按是否可以支取现金，可分为（　　）。

A．记名式支票　B．不记名式支票　C．现金支票

D．转账支票　E．普通支票

71．金融衍生工具的最大特点是能够以少量资金从事数倍乃至数十倍的交易，具有（　　）的特点。

A．高风险性　B．低风险性　C．高投机性

D．低投机性　E．高收益性

72．信用工具有下列（　　）四个特征。

A．固定性　　B．流动性　　C．偿还性

D．收益性　　E．风险性

73．决定利率水平的因素主要有（　　）等。

A．综合利润率　　B．资金供求状况　　C．国际收支状况

D．国际利率水平　　E．借贷期限的长短

74．下列关于决定利率水平因素的表述，正确的是（　　）。

A．当借贷资金的供给大于需求时，利率会下降

B．当预期通货膨胀率上升时，贷款人会要求降低贷款利率

C．中央银行采用货币紧缩政策时，往往会提高再贴现率，从而引起市场利率上升

D．当出现大量顺差时，为了控制顺差，金融管理当局可能提高利率，以增加资本项目的外汇流入

E．借贷期限的长短、借贷风险的大小等也影响利率的高低

75．按贷款风险的承受对象，房地产贷款可分（　　）。

A．自营性贷款　　B．委托性贷款

C．土地储备贷款　　D．房地产开发贷款

E．个人住房贷款

76．房地产贷款主要风险中，从贷款风险的生成原因来看，可以分为（　　）。

A．市场风险　　B．信用风险　　C．操作风险

D．宏观风险　　E．微观风险

77．房地产贷款主要风险中，可以引起信用风险的违约行为包括（　　）。

A．由于借款人偿还能力充足而形成的违约

B．由于借款人从自身利益出发，出于经济理性而不按照合同约定还款而形成的违约

C．由于借款人恶意及欺诈而形成的违约

D．因房地产项目出现工程烂尾而形成的违约

E．因房地产项目质量问题而形成的违约

78．为有效防范房地产贷款风险，从贷款人的角度来说，需要考虑以下（　　）几个问题。

A．停止房地产贷款项目

B．严格考察借款人资信状况

C．落实担保

D．选择合格的估价机构和人员客观合理地评估抵押价值

E．要求借款人购买保险

79．个人住房贷款主要有（　　）的特点。

A．长期性　　B．短期性　　C．零售性

D．批发性　　E．分期偿还

80．房地产贷款还款方式主要有（　　）等。

A．到期后一次性还本付息　　B．先扣除利息，到期后一次性偿还

C．每期还息，到期后一次性还本　　D．不分期但等额偿还本息

E．分期等本金偿还

81．根据信托财产事务管理职能，以下（　　）事务属于代人办事。

A．委托贷款　　B．代付利息　　C．代为收款
D．代理买卖有价证券　　E．商务管理

82．信托融通的对象（　　）。
A．可以是货币资金
B．可以是其他形态的财产
C．可以是货币资金，不可是其他形态的财产
D．不可是货币资金，可以是其他形态的财产
E．可以是货币资金，也可以是其他形态的财产

83．信托是一种多边经济关系的经济行为，一项信托行为的产生或信托关系的设立，至少需要有（　　）三个方面的关系人。
A．委托人　　B．受托人　　C．受益人
D．债权人　　E．债务人

84．信托投资公司运用房地产信托资金，不得有下列（　　）行为。
A．将房地产信托资金用于房地产
B．将房地产信托资金投资于境外房地产
C．以承诺、担保等方式使房地产信托资金对外承担债务责任或其他责任
D．与受托人的固有财产或其他委托人的信托财产进行交易
E．将房地产信托资金进行使其承担有限责任的投资

85．资金信托业务中，信托资金的来源主要有（　　）。
A．单位资金　　B．公益基金　　C．劳保基金
D．个人资金　　E．捐助资金

86．保险是（　　）。
A．分散风险、消化损失的一种经济制度
B．分散风险、消化损失的一种法律制度
C．分散风险、消化损失的一种社会制度
D．一种契约或是由契约而产生的权利义务关系
E．一种契约或是由契约而产生的纯义务关系

87．构成保险的危险大体上可以归纳为（　　）三类。
A．人身危险　　B．财产危险　　C．公共危险
D．法律责任危险　　E．不可保危险

88．保险是建立在“我为人人，人人为我”这一互助共济基础之上的，其基本原理是（　　）、分散损失。
A．分解危险　　B．集合危险　　C．集合损失
D．分散损失　　E．集中损失

89．人身保险可分为（　　）。
A．财产保险　　B．人寿保险　　C．健康保险
D．意外伤害保险　　E．一切危险保险

90．保险合同的当事人有（　　）。
A．保险人　　B．保险公估人　　C．保险代理人
D．保险经纪人　　E．投保人

91．保险合同的中介人包括（　　）。
A．被保险人　　B．受益人
C．保险代理人　　D．保险经纪人
E．保险公估人

92．下列关于保险合同中投保人与被保险人的区别，表述正确的是（　　）。
A．投保人是保险合同的当事人　　B．投保人是承担支付保险费义务的人
C．被保险人是承担支付保险费义务的人　　D．被保险人是保险合同的关系人
E．被保险人是在保险责任形成时享有保险金请求权的人

93．保险合同中，受益人（　　）。
A．又称保险金领受人
B．是指人身保险合同中由被保险人或者投保人指定的享有保险金请求权的人
C．仅存在于人身保险中
D．仅存在于财产保险中
E．也指财产保险中的被保险人

94．保险合同中，保险费的多少主要取决于（　　）两个因素。
A．保险金额　　B．保险金赔偿　　C．保险费率
D．保险标的　　E．保险责任

95．保险合同中，争议处理是指保险合同发生纠纷后的解决方式，主要有（　　）三种。
A．协商　　B．调解　　C．和解
D．仲裁　　E．诉讼

96．根据保险合同的订立程序，保险合同的形式主要包括（　　）等。
A．投保单　　B．继保单
C．暂保单　　D．批单
E．保险凭证

97．下列（　　），属于保险合同的终止情形。
A．保险期限未届满　　B．保险人履行了赔偿或给付义务
C．保险标的灭失　　D．当事人解除保险合同
E．保险公司终止

98．抵押房地产的财产损失保险中，火灾保险的责任范围通常包括（　　）。
A．由于火灾及延烧所致的损失
B．由于雷电、地震、地陷、崖崩所致的损失
C．由于防止灾害蔓延而破坏保险财产或因施救、抢救以致保险财产所遭受的损失
D．由于爆炸所致的损失
E．由于战争或军事行动而直接或间接所致的损失

99．房地产贷款保证保险中的借款人（　　）。
A．是投保人　　B．也是被保险人
C．是投保人，不是被保险人　　D．是投保人，也是被保险人
E．既不是投保人，也不是被保险人

（三）综合分析题（每个小题的备选答案中有一个或一个以上符合题意的答案。错选不得分；少选，但选择正确的每个选项得相应分）

综合分析题一

某房地产开发公司B在城市规划区内建成一幢50层的酒店，该酒店±0.000＝30.000，建筑高度为140 m。在该酒店建设中，B房地产开发公司利用自有资金、从其他企业借款、从银行贷款、进行商品房预售四方面筹集资金。

100．该酒店，应属于（　　）。

A．多层住宅　B．中高层住宅　C．高层住宅　D．超高层建筑

101．该酒店楼顶的绝对标高为（　　）m。

A．0.000　B．30.000　C．170.000　D．200.000

102．在该酒店建设中，B房地产开发公司利用从其他企业借款方式筹集资金，其信用形式是（　　）。

A．商业信用　B．银行信用　C．消费信用　D．民间信用

103．在该酒店建设中，B房地产开发公司利用从银行贷款方式筹集资金，其信用形式是（　　）。

A．商业信用　B．银行信用　C．消费信用　D．民间信用

104．2012年1月，在对该酒店进行估价时，发现受国际金融危机等因素影响，该酒店目前价值较上一年度同期低一成。此种折旧属于（　　）。

A．物质折旧　B．功能折旧　C．环境折旧　D．经济折旧

综合分析题二

2012年1月，李某购买一套已装修的建筑面积为160 m^2的商品住宅，总计房价款为80万元，首付款30%，贷款期限25年，贷款年利率为4.8%。

105．当采用月等额本息还款方式还款时，李某的月偿还额为（　　）元。

A．3 208.78　B．3 245.06　C．4 635.79　D．4 583.98

106．假如李某已按月等额方式偿还了10年的贷款，他的住房贷款余额应为（　　）元。

A．336 000.00　B．411 163.59　C．577 580.40　D．587 377.65

107．假如李某按等额本金方式偿还贷款，一年后的第一个月（偿还贷款的第13个月）的月偿还额为（　　）元。

A．3 294.22　B．4 106.67　C．4 017.07　D．5 738.67

108．假如李某的贷款银行要求10年还清，经申请批准，住房置业担保公司为李某提供担保。此时除了李某须与贷款银行就个人住房贷款签订书面合同外，担保公司应与银行签订（　　）。

A．书面借款合同　B．书面主合同

C．书面保证合同　D．反担保合同

109．该套住宅室内装饰使用了环保型大理石和花岗岩人造石材，与天然石材相比，人造石材具有（　　）等特点。

A．厚度薄　B．强度高　C．易粘贴　D．自重大

综合分析题三

2011年11月，张某购买了一套已装修的普通商品住宅，建筑面积为120 m^2，总价为50.4万元。假定首付款为40%，余款向银行申请抵押贷款，贷款期限为15年，贷款年利率为4.5%。

110. 张某若采用等额本金方式按月偿还贷款，2 年后的第 1 个月的月偿还额为（　　）元。
A. 1 680　　B. 1 686　　C. 2 663　　D. 2 814

111. 张某若采用按月等额本息还款方式还款，月偿还额应为（　　）元。
A. 2 313　　B. 2 346　　C. 3 251　　D. 3 295

112. 张某若已经以按月等额本息还款方式偿还了 8 年的贷款，他的该笔住房贷款余额应为（　　）元。
A. 141 120　　B. 166 401　　C. 192 045　　D. 194 292

113. 若将张某装修工程款以结算造价形式列出，其房屋设备安装部分的间接费是由（　　）乘以间接费率确定。
A. 安装工程直接费　　B. 安装工程机械使用费
C. 安装工程人工费　　D. 安装工程其他直接费

114. 张某的邻居周某也向银行申请办理了类似贷款，但银行发现其在贷款期间有违约行为。为此，银行可（　　）。
A. 停止向周某发放尚未使用的贷款
B. 提出警告但仍按期如数发放尚未使用的贷款
C. 银行按合同约定要求周某提前归还贷款
D. 银行按合同要求周某支付利息和损失赔偿金等

综合分析题四

2010 年 3 月，C 房地产开发公司在 B 市取得一块建设用地使用权，出让用途为商品住宅用地。为尽快运作此项目，一是 C 房地产开发公司经理利用自己的关系，向亲朋好友高利息借得 180 万元；二是 C 房地产开发公司准备利用其拥有全部产权的 B 市汇源商业大楼作抵押，向 B 市 D 国有商业银行申请抵押贷款 1 000 万元。D 国有商业银行为规避此贷款风险，一是 D 国有商业银行出资同 B 市 E 保险公司为 C 房地产开发公司的信用办理了保险手续；二是要求 C 房地产开发公司既要为自身信用办理保险，又要为其拥有全部产权的 B 市汇源商业大楼办理保险。在办理保险手续前，D 保险公司委托 B 市具有二级资质的 E 房地产估价公司对该办公大楼进行了保险价值评估，该办公大楼最后评估价值为 1 600 万元。2011 年 12 月，B 市居民利用贷款方式花 50 万元购买了此项目住宅一套。根据此背景回答下列问题。

115. 为尽快运作此项目，C 房地产开发公司准备利用其拥有全部产权的 B 市汇源商业大楼作抵押，此信用形式属于（　　）。
A. 商业信用　　B. 银行信用
C. 消费信用　　D. 民间信用

116. C 房地产开发公司经理利用自己的关系，向亲朋好友高利息借得 180 万元，此信用形式属于（　　）。
A. 商业信用　　B. 银行信用　　C. 消费信用　　D. 民间信用

117. B 市居民利用贷款方式花 50 万元购买了此项目住宅一套。此信用形式属于（　　）。
A. 商业信用　　B. 银行信用　　C. 消费信用　　D. 民间信用

118. D 国有商业银行出资同 B 市 E 保险公司为 C 房地产开发公司的信用办理保险手续中，E 保险公司出具的保险合同形式特点是小保单，实质上是一种简化了的保险单，具有与保险单相同的作用和效力，此保险合同的形式属于（　　）。
A. 暂保单　　B. 保险单　　C. 批单　　D. 保险凭证

119. 此背景中所采取的保险形式有（ ）。

A. 抵押房地产的财产损失保险　　B. 房地产贷款信用保险

C. 借款人的人身保险　　D. 房地产贷款保证保险

综合分析题五

2012 年 5 月，W 市具有二级资质的 A 房地产开发公司，准备利用其办公大楼，向 B 国有商业银行申请抵押贷款，B 国有商业银行要求 A 房地产开发公司办理有关的保险手续，W 市 C 保险公司为 A 房地产开发公司办理了有关保险手续，在办理保险手续前，C 保险公司委托具有三级资质的 D 房地产估价公司，对该办公大楼进行了保险价值评估，经评估，该办公大楼评估价值为 190 万元。根据上述背景回答下列问题。

120. 在 A 房地产开发公司与 C 保险公司签订的保险合同中，保险人是指（ ）。

A. B 国有商业银行　　B. C 保险公司

C. A 房地产开发公司　　D. D 房地产估价公司

121. 上述保险中，房地产贷款信用保险是以（ ）的信用向保险人投保。

A. B 国有商业银行　　B. C 保险公司

C. A 房地产开发公司　　D. D 房地产估价公司

122. 上述保险中，房地产贷款信用保险的投保人是（ ）。

A. B 国有商业银行　　B. C 保险公司

C. A 房地产开发公司　　D. D 房地产估价公司

123. 在 A 房地产开发公司与 C 保险公司签订的保险合同，可能包括（ ）保险。

A. 人身保险　　B. 政策保险　　C. 社会保险　　D. 财产保险

124. A 房地产开发公司与 C 保险公司签订的保险合同，可因（ ）的原因终止。

A. 保险期限未届满　　B. 保险人履行了赔偿或给付义务

C. 保险标的灭失　　D. 当事人解除保险合同

综合分析题六

某房地产开发公司以 1 200 万元取得了 1 公顷综合用地 50 年的土地使用权。该地块地上容积率为 6，建筑密度为 50%，可建一幢 16 层商住综合楼和一幢 5 层办公楼。商住综合楼第 1 层至第 4 层为建筑面积相同的商业用房，第 5 层至第 16 层为建筑面积相同的住宅。办公楼建筑面积 5 000 m^2，各层建筑面积相同。该地块土质较差，地基承载力较小，地下水位较浅，需采取一定措施改善条件方适用于建造，假定该综合楼单位建筑面积造价为 1 800 元/m^2，土地开发和房屋建设的正常成本利润率均为 30%。某咨询公司依法购买了该开发公司办公用地使用权进行自建，成交价格为 300 万元。在建办公楼时，该咨询公司经抵押方式向当地某商业银行贷款 200 万元，另从私人手中借得部分资金。银行为防范贷款风险，要求该公司对所抵押的在建工程办理保险，为此该公司委托某房地产估价机构对该抵押物的保险价值进行了评估，并据此与某财产保险公司签订了保险合同。

125. 该宗土地属于（ ）类建设用地。

A. 适宜城市建设用地　　B. 比较适宜城市建设用地

C. 基本适宜城市建设用地　　D. 不适宜城市建设用地

126. 该综合楼商业部分每层的建筑面积为（ ）m^2。

A. 3 250　　B. 3 437　　C. 4 000　　D. 5 000

127．该咨询公司筹集建房资金利用的信用形式有（　　）。
A．银行信用　　B．商业信用　　C．民间信用　　D．国家信用

128．在下列合同中，属于从合同的有（　　）。
A．购房合同　　B．抵押合同　　C．保险合同　　D．借款合同

129．上述保险合同的当事人有（　　）。
A．该商业银行　　B．该财产保险公司
C．该房地产开发公司　　D．该咨询公司

综合分析题七

甲房地产咨询公司（以下简称甲公司）设立于1998年，购买了位于某居住区配套的商业用房作为经营用房，注册资本为200万元。甲公司根据相关法律按税后利润的10%提取法定公积金，至2008年底累积提取100万元，2009年甲公司税后利润为120万元，当年分配70万元，与甲公司相同规模的同类公司税后平均利润为90万元。2008年以前，甲公司为员工缴纳了社保、失业保险、统筹医疗保险。为了保证员工福利和稳定员工，2009年开始为全体员工投保劳动工伤保险和意外伤害保险。2010年甲公司为了发展需要，将公司拥有的房地产进行抵押，并就自己的信用向乙保险公司投保，取得期限为3年的银行贷款。贷款银行委托了丙房地产估价机构对甲公司抵押房产的价值评估。（2010年房地产估价师制度试题）

130．甲公司商业用房所在居住区的用地构成可能为（　　）。
A．公共服务设施用地　　B．住宅用地
C．市政公用设施用地　　D．绿化用地

131．甲公司取得贷款种类为（　　）。
A．担保贷款　　B．信用贷款　　C．中期贷款　　D．短期贷款

132．甲公司2009年为员工投保的险种为（　　）。
A．社会保险　　B．政策保险　　C．人身保险　　D．财产保险

133．贷款银行签订合同后，属于从合同的为（　　）。
A．借款合同　　B．抵押合同　　C．保险合同　　D．委托估价合同

五、参考答案

答　　案

（一）单项选择题

1．A　2．D　3．A　4．B　5．B　6．A　7．C　8．B　9．C　10．A
11．B　12．D　13．D　14．D　15．D　16．D　17．B　18．A　19．C　20．D
21．D　22．C　23．A　24．B　25．C　26．C　27．B　28．A　29．D　30．B
31．C　32．D　33．B　34．B　35．B　36．B　37．B　38．C　39．B　40．C
41．B　42．D　43．A　44．B　45．D　46．A　47．D　48．B　49．A　50．B
51．C　52．A　53．B　54．B　55．D

（二）多项选择题

56．ABCD　57．ABD　58．BCDE　59．ABCD　60．AB　61．AC　62．AE
63．ABDE　64．BCDE　65．CD　66．ACDE　67．ABC　68．AC　69．AB
70．CDE　71．ACE　72．BCDE　73．BCDE　74．ACE　75．AB　76．ABC

77. BCDE　78. BCDE　79. ACE　80. ABCE　81. BCD　82. ABE　83. ABC
84. BCD　85. ABC　86. AD　87. ABD　88. BD　89. BCD　90. AE
91. CDE　92. ABDE　93. ABCE　94. AC　95. ADE　96. ACDE　97. BCDE
98. ABCD　99. ABD

（三）综合分析题

100. CD　101. C　102. A　103. B　104. D　105. A　106. B
107. C　108. C　109. ABC　110. C　111. A　112. B　113. C
114. ACD　115. B　116. D　117. B　118. D　119. ABD　120. B
121. C　122. A　123. AD　124. BCD　125. C　126. C　127. AC
128. BC　129. BD　130. A　131. AC　132. AC　133. BC

解　析

（一）单项选择题

27. 在名义利率和实际利率中，假设 i 表示名义利率，r 表示实际利率，π表示通货膨胀率，则其之间的数学关系有：$i=r+\pi+r\pi=4\%+2\%+4\%\times2\%=6.08\%$。

34. $50\times20\%=10$（万元）。

36. 此题中贷款金额 20 万元，贷款月利率 $i=6\%\div12=0.5\%$，按月计算的贷款期限 $n=12\times20=240$（月）。

$$月还款额\ A=P\frac{i(1+i)^n}{(1+i)^n-1}=200\,000\times\frac{0.5\%\times(1+0.5\%)^{240}}{(1+0.5\%)^{240}-1}=1\,432.86\ （元）。$$

39. $P=30$（万元），贷款期数 $n=20\times12=240$（月），年月利率 $i=7.8\%\div12=0.65\%$。

$$A=p\frac{i(1+i)^n}{(1+i)^n-1}=300\,000\times\frac{0.65\%\times(1+0.65\%)^{240}}{(1+0.65\%)^{240}-1}=2\,472.11\ （元）。$$

47. 如果保险事故仅造成保险标的部分损失，则只需要确定损失的比例，该比例与双方确定的保险价值的乘积，即为保险人应支付的赔偿金额。$110\times25\%=27.5$（万元）。

（三）综合分析题

101. 该写字楼±0.000=30.000，建筑高度为 140 米，该项目国际宾馆楼顶的绝对标高=30.000+140=170.000（米）。

105. $A=80\times(1-30\%)=56$（万元），贷款期数 $n=25\times12=300$（月），年月利率 $i=4.8\%\div12=0.4\%$。李某的月偿还额 $A=p\frac{i(1+i)^n}{(1+i)^n-1}=560\,000\times\frac{0.4\%(1+0.4\%)^{300}}{(1+0.4\%)^{300}-1}=3\,208.783$（元）。

106. $$p_m=A\frac{(1+i)^{n-m}-1}{i(1+i)^{n-m}}=3\,208.78\times\frac{(1+0.4\%)^{300-120}-1}{0.4\%\times(1+0.4\%)^{300-120}}=411\,163.59\ （元）。$$

107. 月偿还额

$$A_t=\frac{P}{n}+\left[P-\frac{P}{n}(t-1)\right]i=\frac{560\,000}{25\times12}+\left[560\,000-\frac{560\,000}{25\times12}(13-1)\right]\times\frac{4.8\%}{12}=4\,017.07\ （元）。$$

110. 利用等额本金方式计算公式计算。月偿还额=贷款金额÷贷款月数+（本金－已归还本金累计额）×月利率。

$$A_t=\frac{P}{n}+\left[P-\frac{P}{n}(t-1)\right]i=\frac{504\,000\times(1-40\%)}{15\times12}+\left[504\,000\times(1-40\%)-\frac{504\,000\times(1-40\%)}{15\times12}\times(25-1)\right]\times\frac{4.5\%}{12}$$

$=2\,663$（元）。

111．利用等额本息方式计算公式计算。

$$A=P\frac{i(1+i)^n}{(1+i)^n-1}=504\,000\times(1-40\%)\times\frac{\frac{4.5\%}{12}(1+\frac{4.5\%}{12})^{180}}{(1+\frac{4.5\%}{12})^{180}-1}=2\,313\text{（元）。}$$

112．利用还款余额计算公式计算。

$$p_m=A\frac{(1+i)^{n-m}-1}{i(1+i)^{n-m}}=2\,313\times\frac{(1+\frac{4.5\%}{12})^{180-96}-1}{\frac{4.5\%}{12}\times(1+\frac{4.5\%}{12})^{180-96}}=166\,401\text{（元）。}$$

126．建筑容积率是指一定地块内总建筑面积与建筑用地面积的比值。容积率＝总建筑面积/建筑用地面积。

建筑密度也称为建筑覆盖率，是指一定地块内所有建筑物的基底总面积占建筑用地面积的比率，即

$$\text{建筑密度（\%）}=\frac{\text{建筑基底总面积}}{\text{建筑用地面积}}\times100\%$$

1 公顷＝15 亩＝10 000 m^2。总建筑面积＝6×10 000＝60 000（m^2）。建筑密度为 50%，建筑基底总面积＝10 000×50%＝5 000（m^2）。办公楼建筑面积 5 000 m^2，办公楼基底总面积＝5 000/5＝1 000（m^2）。商住综合楼基底总面积＝5 000－1 000＝4 000（m^2）。

第九章　统计和房地产统计指标

一、大纲要求

本部分的考试目的是测试应考人员对统计基础知识和房地产统计指标等和识的了解、熟悉和掌握程度。本章考试要求包括：

（1）掌握统计的基本概念和术语；

（2）掌握统计数据的搜集与整理；

（3）熟悉统计指标的概念和分类；

（4）熟悉总量指标、相对指标和平均指标；

（5）了解变异指标；

（6）了解时间序列分析；

（7）了解指数；

（8）掌握房地产的主要统计指标及其含义和计算。

二、考点汇总

（1）统计指标的概念和分类知识汇总（见表 9-1）。

表 9-1　统计指标的概念和分类知识汇总表

		含　义	要　点
总量指标	时期指标	又称时期数，反映现象在一段时期内的总量	反映流量，通常可以累加，从而得到更长时期内的总量
	时点指标	又称时点数，反映现象在某一时刻上的总量	时点指标反映存量，通常不能累加
相对指标	结构相对指标	是将总体分组后，用总体中各部分数值与总体总数值对比求得的比重	
	比例相对指标	是将总体分组后，用总体中某一部分数值与另一部分数值对比求得的相对数	
	比较相对指标	是同类现象在同一时间、不同空间条件下所进行的静态对比，表明同类事物在不同空间条件下（如不同地区、不同部门或不同单位）的数量对比关系	一般用百分数或倍数表示
	强度相对指标	是由两个性质不同的总体但具有一定联系的总量指标对比所形成的，通常用来表明现象的强度、密度或普遍程度	
	动态相对指标	是将同类指标在两个不同时间上的数值进行对比所形成的相对数，表明现象在不同时间上的发展变化方向和速度	
	计划完成相对指标	是将现象的实际完成数与计划任务数对比所形成的相对数	常用百分数表示

续表

		含　　义	要　　点
平均指标	算术平均数	是全部变量值的算术平均。有简单算术平均数和加权算术平均数两种	又称平均值、均值
	中位数	是在按大小顺序排列的变量数列中，处于中间位置的变量值	中位数因为是根据位置确定的，所以不受极端变量值的影响
	众数	是变量数列中出现次数最多的那个变量值	众数不受极端变量值的影响，出现的次数最多，在总体各变量值中它的代表性较强，可用来反映现象总体某一标志表现的一般水平
变异指标	全距	是最简单的一种变异指标，是变量数列中的最大值减去最小值所得的差	即两个极端值之差
	修正距	是对全距的一种变通，是按照大小顺序排列的变量数列的中间部分变量值的差距	
	平均差	是各变量值与其算术平均数的离差的绝对值的算术平均数	是“先平均，再求差，然后再平均”
	方差	是各变量值与其算术平均数的离差的平方和的算术平均数	是“先平均，再求差，然后平方，最后再平均”
	标准差	是变量值与其算术平均数的离差的平方和的算术平均数的平方根	又称均方差

（2）房地产的主要统计指标知识汇总（见表 9-2）。

表 9-2　房地产的主要统计指标知识汇总表

	主要统计指标	要　　点
反映房屋状况的	实有房屋建筑面积	是指报告期末已建成并达到入住和使用条件、含自有（私有）房屋在内的各类房屋建筑面积之和
	实有住宅使用面积	是指报告期末全部住宅中以户（套）为单位的分户（套）门内全部可供使用的空间面积
	实有住宅套数	是指报告期末按设计要求已建成并达到入住和使用条件的成套住宅的套数
	成套住宅建筑面积	是指报告期末成套住宅的建筑面积之和
反映房屋建设状况的	房屋施工面积	是指报告期内施工的房屋建筑面积，包括本期新开工面积和上年开发跨入本期继续施工的房屋面积，以及上期已停建在本期复工的房屋面积。本期竣工和本期施工后又停建缓建的房屋面积仍包括在施工面积中，多层建筑应填各层建筑面积之和
	房屋新开工面积	是指报告期内新开工建设的房屋建筑面积，不包括上期跨入报告期继续施工的房屋面积和上期停缓建而在本期恢复施工的房屋面积
	竣工房屋面积	是指报告期内房屋按照设计要求已全部完工，达到入住和使用条件，经验收鉴定合格（或达到竣工验收标准），可正式移交使用的房屋建筑面积的总和
反映房屋减少状况的	房屋减少建筑面积	是指报告期内由于拆除、倒塌和因各种灾害等原因实际减少的房屋建筑面积（包括私有房屋）
	住宅减少建筑面积	是指报告期内减少的住宅建筑面积

续表

	主要统计指标	要　点
反映居住状况的	人均住宅建筑面积	是指报告期末按居住人口计算的平均每人拥有的住宅建筑面积。计算公式为：人均住宅建筑面积（m^2/人）＝报告期末住宅建筑面积/报告期末居住人口
	人均住宅使用面积	是指报告期末按居住人口计算的平均每人拥有的住宅使用面积。计算公式为：人均住宅使用面积（m^2/人）＝报告期末住宅使用面积/报告期末居住人口
	户均住宅套数	是指报告期末按居住户数计算的平均每户拥有的住宅套数
	住宅自有（私有）率	是指报告期末自有（私人私有）的住宅建筑面积与实有住宅建筑面积的比例
反映房屋交易状况的	商品房批准预售面积	是指房地产主管部门核发给房地产开发企业的《商品房预售许可证》上载明的面积
	商品房可预售面积	是指报告期内经批准预售仍未竣工的商品房面积连同上期结转的可预售总建筑面积之和
	商品房预售面积	是指报告期末仍未竣工交付使用，但已签订预售合同的正在建设的商品房屋面积
	商品房结转可售面积	是指以前年度（不含本年度）新上市的楼盘至统计时点为止的未售出的商品房面积
	商品房登记销售面积	是指已实际成交的登记备案的商品房买卖合同载明的面积
	商品房实际销售面积	不包括已签订预售合同正在建设的商品房屋面积，但包括报告期或报告期以前签订了预售合同，在报告期又竣工的商品房屋面积
	商品房实际销售额	是指报告期内出售房屋的总收入（双方签订的正式买卖合同中所确定的合同总价），包括正式交付的商品房屋在签订正式买卖合同时交付首付款后的应收房价款或购房尾欠款，不包括未交付的商品房所预收的款项
	商品房出租面积	是指报告期末房屋开发单位出租的商品房屋的全部面积
	商品房空置面积	是指报告期末已竣工的可供销售或出租的商品房屋建筑面积中，尚未销售或出租的商品房屋建筑面积，包括以前年度竣工和本期竣工的房屋面积，但不包括报告期已竣工的拆迁还建、统建代建、公共配套建筑、房地产开发公司自用及周转房等不可销售或出租的房屋面积
	商品房预售合同备案套数	是指报告期内向市、县房地产管理部门办理预售合同登记备案的预售商品房屋总套数
	商品房预售合同备案面积	是指报告期内向市、县房地产管理部门办理预售合同登记备案的预售商品房屋总建筑面积
	商品房预售合同备案金额	是指报告期内向市、县房地产管理部门办理预售合同登记备案的预售商品房屋交易总金额
	商品房交易过户套数	是指报告期内已办理交易过户手续的商品房屋总套数
	商品房交易过户面积	是指报告期内已办理交易过户手续的商品房屋总建筑面积
	商品房交易过户金额	是指报告期内已办理交易过户手续的商品房屋交易总金额
	存量房成交套数	是指报告期内已办理交易过户手续的存量房屋总套数
	存量房成交面积	是指报告期内已办理交易过户手续的存量房屋总建筑面积
	存量房成交金额	是指报告期内已办理交易过户手续的存量房屋交易总金额
	房屋租赁面积	是指已办理租赁登记备案的各类房屋的建筑面积
	房屋租赁金额	是指已办理租赁登记备案的各类房屋的租金金额

三、例题分析

（一）统计的基本概念和术语

1．统计的作用中，（　　）是对预期可能发生或已经发生的进度和状态进行监测，发现偏差并及时反馈矫正信息，以便在事前或事中进行调节。

A．反映作用　　B．决策作用　　C．控制作用　　D．监督作用

答案：C

解析：控制作用是对预期可能发生或已经发生的进度和状态进行监测，发现偏差并及时反馈矫正信息，以便在事前或事中进行调节。

2．统计中通常把所要研究的事物或现象的全体称为（　　）。（2007 年试题）

A．统计总体　　B．总体单位　　C．样本容量　　D．统计个体

答案：A

解析：统计中通常把所要研究的事物或现象的全体称为统计总体。

3．统计总体形成必须具备的条件有（　　）。（2007 年试题）

A．客观性　　B．同质性　　C．差异性

D．局部性　　E．连续性

答案：ABC

解析：总体的形成必须具备三个条件：①客观性；②同质性；③差异性。

4．A 房地产经纪机构需要了解本机构上年度房地产经纪人的业绩，那么该机构中的所有房地产经纪人是（　　）。

A．总体　　B．总体容量　　C．个体　　D．样本

答案：A

解析：统计中通常把新要研究的事物或现象的全体称为统计总体，简称总体。

5．下列属于品质标志的有（　　）。

A．人的性别　　B．文化程度　　C．人的年龄

D．工种　　E．工人工资

答案：ABD

解析：品质标志是指不能用数量表现而只能用文字、符号或代码进行说明的标志，如人的性别、文化程度、工种等。

6．统计中反映个体特征或属性的标志可以分为数量标志和品质标志，下列有关房地产因素与指标中属于品质标志的是（　　）。（2008 年试题）

A．房地产项目的位置　　B．房地产项目的总面积

C．房地产项目的价格　　D．房地产项目的容积率

答案：A

解析：品质标志是表示个体质的特征，不能用数量表现，是只能用文字、符号或代码说明的标志，如上述居民的性别、民族、文化程度、职业。数量标志是表示个体量的特征，是能用数量表现的标志，如上述居民的年龄、收入。

7．以下标志中属于品质标志的有（　　）。（2001 年房地产估价师制度试题）

A．建筑面积　　B．性别　　C．年龄

D．学历　　E．停车泊位

答案：BD

解析：建筑面积、年龄、停车泊位属于数量标志。

8．将2008年全体参加房地产经纪人执业资格考试的人员作为统计总体，以下关于个体的统计描述中，属于不变标志的是（　　）。（2008年试题）

A．民族　　B．文化程度　　C．考试类型　　D．考试时间

答案：A

解析：按照标志是否变异，标志分为不变标志和变异标志。在一个总体中，各个个体表现都相同的标志为不变标志。变异标志又可分为品质变异标志和数量变异标志。

9．对今年参加全国房地产估价师执业资格考试的人员进行统计，则（　　）。（2003年房地产估价师制度试题）

A．全部参加考试人员为总体单位　　B．全部参加考试人员为统计总体

C．你作为考生是总体单位　　D．你作为考生是个体

E．你的年龄是一个品质标志

答案：BCD

解析：统计总体，简称总体或母体，是指至少有一个主要性质相同的众多个体所组成的集合体。总体单位是构成总体的个体。全部参加考试人员为统计总体，考生是总体单位。

10．下列属于连续型变量的房地产统计指标有（　　）。（2009年试题）

A．居住人口　　B．居住户数　　C．住房价格

D．住房套数　　E．住房面积

答案：CE

解析：按照变量值是否连续，变量分为连续型变量和离散型变量。任意两个变量值之间取值无限的变量为连续型变量，如身高、住房面积等。任意两个变量值之间取值有限的变量为离散型变量，如居住人口、住房套数等。连续型变量的变量值需要用测量和计算的方法获得。离散型变量的变量值需要用计数的方法获得，其取值数目是有限的，而且只能取整数。

（二）统计数据的搜集与整理

1．调查所要达到的具体目标，是设计调查方案时首先要解决的问题，这在统计调查方案中，称为（　　）。

A．调查单位　　B．调查目的　　C．调查对象　　D．调查项目

答案：B

解析：调查目的是指调查所要达到的具体目标，是设计调查方案时首先要解决的问题，它所回答的是为什么要调查，调查要解决什么问题，调查具有何种意义等。

2．下列房地产统计数据中，属于直接来源渠道的有（　　）。（2007年试题）

A．《中国统计年鉴》　　B．尚未公开的统计数据

C．问卷调查　　D．已发表的研究报告

E．科学试验

答案：CE

解析：《中国统计年鉴》、尚未公开的统计数据和已发表的研究报告属于二手数据。

3．常用的统计调查方式有（　　）。（2004 年试题）

A．普查　　B．抽样调查　　C．询问调查

D．重点调查　　E．统计报表

答案：ABDE

解析：常用的统计调查方式有普查、抽样调查、重点调查、典型调查和统计报表。

4．在非全面调查中，根据样本调查对象的调查结果推断总体数量特征的调查，称为（　　）。（2008 年试题）

A．抽样调查　　B．典型调查　　C．重点调查　　D．判断抽样调查

答案：A

解析：抽样调查全称为随机抽样调查，是随机地从调查对象中抽取一部分个体作为样本进行调查，并根据样本调查结果推断总体数量特征的一种非全面调查。

5．甲机构从某城市 2008 年实际成交的二手房实例中随机抽取了 1 000 个样本进行调查，计算得出该市 2008 年二手房交易均价为 5 500 元/m^2，这种统计调查方式是（　　）。（2009 年试题）

A．普查　　B．典型调查　　C．重点调查　　D．抽样调查

答案：D

解析：抽样调查全称为随机抽样调查，是随机地从调查对象中抽取一部分个体作为样本进行调查，并根据样本调查结果推断总体数量特征的一种非全面调查。

6．按照对事物计量的精确程度和结果，统计数据分为（　　）。

A．综合的数据　　B．分类的数据　　C．顺序的数据

D．数值型数据　　E．实质型数据

答案：BCD

解析：按照对事物计量的精确程度和结果，统计数据分为分类的数据、顺序的数据和数值型数据。

7．调查对象是指根据调查目的确定的、所要研究的某种现象的（　　）。

A．总体单位　　B．总体　　C．个体　　D．标志

答案：B

解析：调查对象是指根据调查目的确定的、所要研究的某种现象的总体。

8．收集统计资料时，对重大或敏感性强的问题应采用（　　）方式设置调查项目表。（2005 年房地产估价师制度试题）

A．判断提问　　B．多项选择　　C．单项选择　　D．书面提问

答案：B

解析：设置调查项目必须注意以下几点：①对重大或敏感性强的问题应采用多项选择，不宜采用是非提问；②所问的问题应便于被调查者回答等。

（三）统计指标

1．下列房地产统计指标中，属于时点指标的有（　　）。（2008 年试题）

A．商品房销售面积　　B．实有住宅套数

C．商品房竣工面积　　D．房屋空置面积

E．新建商品房批准预售面积

答案：BE

解析：时期指标又称时期数，是反映现象在一段时期内的总量，如商品房竣工面积、商品房销售面积等。时点指标又称时点数，是反映现象在某一时刻上的总量，如年末家庭数、年末房屋建筑面积。时点指标反映存量，通常不能累加。

2．时期指标是反映现象在一段时期内的总量，下列指标中属于时期指标的是（　　）。（2009 年试题）

A．年末家庭数　　B．人均居住面积

C．年末房屋建筑面积　　D．商品房销售面积

答案：D

解析：时期指标又称时期数，是反映现象在一段时期内的总量，如商品房竣工面积、商品房销售面积等。时期指标反映流量，通常可以累加，从而得到更长时期内的总量。时点指标又称时点数，是反映现象在某一时刻上的总量，如年末家庭数、年末房屋建筑面积。时点指标反映存量，通常不能累加。

3．价值指标是以货币单位计算的指标，又称（　　），其最大特点是具有广泛的综合概括能力，但比较抽象，同时受价格水平的影响。

A．货币指标　　B．派生指标　　C．相对指标　　D．平均指标

答案：A

解析：价值指标是以货币单位计算的指标，又称货币指标，其最大特点是具有广泛的综合概括能力，但比较抽象，同时受价格水平的影响。

4．以 2003 年 1 季度为基期，将某地区不同时间上房地产的销售价格数据进行对比分析和计算，得到 2004 年第 1、2 季度房屋销售定基价格指数分别为 107.7%、110.18%。这类指标为（　　）。（2004 年试题）

A．比较相对指标　　B．比例相对指标　C．结构相对指标 D．动态相对指标

答案：D

解析：动态相对指标＝某一现象报告期指标数值/同一现象基期指标数值。

5．某地区房地产开发完成的总房屋建筑面积中，住房、商业用房、办公用房、工业用房、其他用房各自所占的比重是（　　）相对指标。（2007 年试题）

A．结构　　B．比例　　C．比较　　D．强度

答案：A

解析：结构相对指标是将总体分组后，用总体中各部分数值与总体总数值对比求得的比重。

6．在某城市住房市场中，已批准预售的商品房为 200 万 m^2，其中，小户型住房为 80 万 m^2，中等户型为 100 万 m^2，大户型为 20 万 m^2，研究各类户型住房在该市批准预售住房中的比例，需要运用的统计指标性质是（　　）。（2008 年试题）

A．比例相对指标　　B．结构相对指标　C．比较相对指标 D．强度相对指标

答案：B

解析：结构相对指标是将总体分组后，用总体中各部分数值与总体总数值对比求得的比重。例如，某地区房屋建筑面积中居住用房、商业用房、办公用房、工业用房、其他用

房的比重。结构相对指标的计算公式为：结构相对指标$=\frac{\text{总体中某部分数值}}{\text{总体总数值}}\times 100\%$。

7. 某房地产经纪人 2005 年 1—7 月的目标是促成 20 套住房成交，实际促成了 40 套住房成交，该房地产经纪人完成计划任务的相对指标是（　　）。（2005 年试题）

A．50%　　B．100%　　C．150%　　D．200%

答案：D

解析：计划完成相对指标（%）＝实际完成数/计划任务数×100%＝200%。

8. 某学校学生中，女生占 51%，男生占 49%，指标 51:49 为（　　）。

A．结构相对指标　B．比例相对指标　C．强度相对指标　D．动态相对指标

答案：B

解析：比例相对指标是将总体分组后，用总体中某一部分数值与另一部分数值对比求得的相对数。

9．下列（　　）不属于平均指标。（2002 年房地产估价师制度试题）

A．众数　　B．中位数　　C．水平指标　　D．调和平均数

答案：C

解析：平均指标主要有以下几种：算术平均数、调和平均数、几何平均数、中位数、众数。

10．关于下列数据表述正确的是（　　）。（2003 年房地产估价师制度试题）

1	2	3	4	5	6	7	8	9	10
98	101	101	100	101	99	102	97	102	99

A．上述数据的众数为 100　　B．上述数据的众数为 101

C．上述数据的算术平均数为 101　　D．上述数据的中位数为 101

答案：B

解析：众数是分布数列中出现频率最大的标志值。101 出现 3 次，且是最大的标志值。上述数据的算术平均数＝(98＋101＋101＋100＋101＋99＋102＋97＋102＋99)÷10＝100。

11．（　　）又称平均值、均值，是全部变量值的算术平均。

A．算术平均数　　B．调和平均数　　C．中位数　　D．众数

答案：A

解析：算术平均数又称平均值、均值，是全部变量值的算术平均，有简单算术平均数和加权算术平均数两种。

12. 根据对比指标的性质差异和说明问题的特点，统计中的相对指标包括（　　）。（2007 年房地产估价师制度试题）

A．价值相对指标　B．结构相对指标　C．强度相对指标

D．动态相对指标　E．时期相对指标

答案：BCD

解析：根据对比指标的性质差异和相对指标说明问题的特点，可以将相对指标划分为结构相对指标、强度相对指标、比较相对指标、比例相对指标、计划完成相对指标、动态相对指标。

13．甲房地产开发公司（以下简称甲公司）与乙建筑工程公司（以下简称乙公司）

签订了工程承包合同，由乙公司承建甲公司开发的 W 商场，总建设投资为 5 亿元。甲公司向商业银行申请了年利率为 5.6%的开发贷款 3 亿元，贷款期为 1 年。乙公司于 2005 年 6 月正式开工建设，合同规定建设期为 12 个月。乙公司对该建筑工程所有险种都投了保，保险双方事先约定了保险的最高赔偿限额，但保险标的实际价值要待保险事故发生后进行估算。在建设过程中，一场暴雨使商场外门廊地基发生了塌陷事故，但建筑主体并没有受到影响，责任鉴定结果为暴雨导致地基发生沉降引起的塌陷。此事故在保险承保范围内，保险公司对乙公司进行了赔付。商场建成后，甲公司将商场首层商铺进行销售，成交均价达到了 20 000 元/m^2。销售均价 20 000 元/m^2 为（　　）。（2006 年房地产估价师制度试题）

A．众数　　B．中位数　　C．算术平均数　　D．几何平均数

答案：C

解析：算术平均数又称平均值、均值，是全部变量值的算术平均，有简单算术平均数和加权算术平均数两种。

14．某城市抽取的 15 个新楼盘开盘价如下表所示，则该统计总体的全距为（　　）元/m^2。（2008 年房地产估价师制度试题）

单位：（元/m^2）

楼盘	1	2	3	4	5	6	7	8
单价	2 800	1 900	2 200	2 250	2 600	3 000	2 131	1 500
楼盘	9	10	11	12	13	14	15	
单价	2 000	1 980	2 900	1 500	2 300	2 200	2 400	

A．1 500　　B．1 950　　C．2 131　　D．3 000

答案：A

解析：全距又称极差，是指分布数列中最大标志值与最小标志值之差，反映现象的实际变动范围。该表中，最大标志值是 3 000 元/m^2，最小标志值是 1 500 元/m^2。该统计总体的全距为：3 000－1 500＝1 500 元/m^2。

15．某房地产估价机构调查了所在城市 2009 年 12 个新建楼盘的平均销售价格，调查结果如下表所示。

单位：（元/m^2）

楼盘	1	2	3	4	5	6	7	8	9	10	11	12
价格	4 500	1 800	2 400	1 380	1 980	2 800	2 800	3 000	5 880	1 980	2 460	1 980

则该级数据的中位数和众数分别是（　　）。（2010 年房地产估价师制度试题）

A．2 460 和 1 980　　B．2 460 和 5 880　　C．2 746.67 和 1 980　　D．2 746.67 和 5 880

答案：A

解析：众数是分布数列中出现频率最大的标志值。1 980 出现 3 次，且是出现频率最大的标志值，为众数。中位数是指分布数列中总体各单位标志值按大小顺序排列，处在中间位置的标志值。上述标志值按大小顺序排列：1 380、1 800、1 980、2 400、2 460、2 800、3 000、4 500、5 880，2 460 处在中间位置，为中位数。

16．下列统计指标中属于变异指标的是（　　）。（2007 年房地产估价师制度试题）

A．众数　　B．调和平均数
C．中位数　　D．标准差
答案：D
解析：变异指标又称变动度，包括全距、平均差、标准差、变异系数等。众数、调和平均数、中位数属于平均指标。

（四）时间序列分析

1．若采用时间序列分析，影响时间序列的因素有（　　）。（2007 年试题）
A．长期趋势　　B．季节变动　　C．循环波动
D．个别因素　　E．不规则波动
答案：ABCE
解析：影响时间序列的因素可以归纳为长期趋势、季节变动、循环波动和不规则波动。个别因素不是影响时间序列的因素。

2．时间序列由（　　）两部分组成。
A．现象所属的时间　　B．现象所属的空间
C．现象所属的行业　　D．现象在相同时间上的观测值
E．现象在不同时间上的观测值
答案：AE
解析：时间序列包括：①现象所属的时间；②现象在不同时间上的观测值。

3.2000—2003 年，某城镇新建住宅面积的年环比增长速度依次为 6.83%、7.56%、25.41%、18.97%。若以 1999 年为基期，则 2003 年的定基发展速度为（　　）。（2004 年试题）
A．114.7%　　B．118.97%　　C．158.8%　　D．171.4%
答案：D
解析：发展速度是报告期水平与基期水平之比，它反映现象在一定时期内相对的发展变化程度。各环比发展速度的连乘积等于相应时期的定基发展速度。2003 年的定基发展速度＝（6.83%＋1）×（7.56%＋1）×（25.41%＋1）×（18.97%＋1）＝171.4%。

4．某地区某类住宅的市场价格 2003 年为 4 000 元/m^2，2004 年为 5 000 元/m^2，该地区该类住宅的市场价格 2004 年比 2003 年上涨了（　　）。（2007 年试题）
A．20%　　B．25%　　C．80%　　D．125%
答案：B
解析：增长速度又称增长率，是报告期增长量与基期发展水平之比，它反映现象在一段时期内的相对增长程度。其基本计算公式为：增长速度＝报告期增长量/基期发展水平＝（报告期发展水平－基期发展水平）/基期发展水平＝发展速度－1（或 100%）。
增长速度$=\dfrac{5000-4000}{4000}\times 100\%=25\%$。

5．从 1996—2001 年，某市商品房销售量分别为 50 万 m^2、60 万 m^2、80 万 m^2、100 万 m^2、120 万 m^2、150 万 m^2，若以 1996 年为基期，则 2001 年该市商品房销售量的定基增长速度为（　　）%。（2002 年房地产估价师制度试题）
A．100　　B．200　　C．300　　D．400
答案：B

解析：定基发展速度是报告期水平与某一固定时期水平之比，用于反映现象在整个时期内总的发展变化程度。定基发展速度＝报告期发展水平/固定基期发展水平×100%＝150÷50×100%＝300%。而定基增长速度＝定基发展速度－100%＝300%－100%＝200%。

6．某城市2009年前三季度商品房销售均价分别为5 123元/m^2，5 480元/m^2，5 920元/m^2，则该市第三季度商品房销售均价环比增长率为（　　）。（2009年试题）

A．6.97%　　B．7.50%　　C．8.03%　　D．15.56%

答案：C

解析：环比发展速度是报告期水平与其上一个时期水平之比，用于反映现象逐期发展变化的程度。该市第三季度商品房销售均价环比发展速度＝报告期水平÷上一个时期水平＝5 920÷5 480×100%＝108.03%。该市第三季度商品房销售均价环比增长速度＝环比发展速度－1（或100%）＝108.03%－100%＝8.03%。

7．（　　）是指由于受到意外的、偶然性的因素作用而使现象产生非周期性的随机波动。

A．长期趋势　　B．季节波动　　C．不规则波动　　D．循环波动

答案：C

解析：不规则波动是指由于受到意外的、偶然性的因素作用而使现象产生非周期性的随机波动。

8．最小二乘法又称（　　）。

A．最大平方法　　B．最小平方法　　C．扩大时距法　　D．移动平均法

答案：B

解析：最小二乘法又称最小平方法。

（五）指数

1．按照（　　），指数可分为个体指数和综合指数。

A．所反映的对象范围不同　　B．所反映的内容不同

C．按照计算方法不同　　D．所选定的基期不同

答案：A

解析：指数按照所反映的对象范围不同，可分为个体指数和综合指数。

2．拉氏加权综合指数是1864年由德国学者拉斯佩雷斯（Laspeyres）首创，故简称（　　）。

A．拉氏指数　　B．P式指数　　C．L式指数

D．Z式指数　　E．W式指数

答案：AC

解析：拉氏加权综合指数是1864年由德国学者拉斯佩雷斯（Laspeyres）首创，故简称拉氏指数或L式指数。

（六）房地产统计指标

1．下列（　　），属于反映房屋状况的主要统计指标。

A．实有房屋建筑面积　　B．实有住宅使用面积

C．实有住宅套数　　D．竣工房屋面积

E．成套住宅建筑面积

答案：ABCE

解析：反映房屋状况的主要统计指标包括：实有房屋建筑面积、实有住宅使用面积、实有住宅套数、成套住宅建筑面积。

2．下列房地产统计指标中，反映房屋交易状况的主要指标有（　　）。（2008 年试题）

A．商品房预售面积　　B．商品房出租面积

C．商品房竣工面积　　D．存量房成交套数

E．商品房销售额

答案：ABDE

解析：商品房竣工面积，属于反映房屋建设状况的主要统计指标。

3. 在我国房地产统计体系中，房屋租赁面积是反映（　　）状况的主要统计指标。（2007 年试题）

A．房屋使用　　B．居住　　C．房屋建设　　D．房屋交易

答案：D

解析：在我国房地产统计体系中，房屋租赁面积是反映房屋交易状况的主要统计指标。

4．下列不属于反映房屋交易状况的统计指标有（　　）。（2004 年试题）

A．竣工房屋面积　　B．商品房预售面积

C．商品房空置面积　　D．房屋施工面积

E．商品房实际销售面积

答案：AD

解析：竣工房屋面积和房屋施工面积属于反映房屋建设状况的主要统计指标。

5．反映居住状况的房地产统计指标有（　　）。（2009 年试题）

A．房屋实有建筑面积　　B．人均住宅建筑面积

C．人均住宅使用面积　　D．户均住宅套数

E．住宅自有率

答案：BC

解析：反映居住状况的主要统计指标包括人均住宅建筑面积和人均住宅使用面积。

6．某城市 2004 年年末已办理产权手续的自用住宅建筑面积为 1 875 万 m^2，廉租房建筑面积为 400 万 m^2，达到入住和使用条件的未售住宅建筑面积为 100 万 m^2，未竣工住宅建筑面积为 125 万 m^2。该城市的住宅自有率为（　　）。（2005 年试题）

A．75%　　B．78.95%　　C．80%　　D．84.21%

答案：B

解析：住宅自有率＝年末自有（私有）住宅建筑面积/年末实有住宅建筑面积＝$\frac{1\,875}{1\,875+400+100}\times 100\% \approx 78.95\%$。

四、模拟练习

（一）单项选择题（每题的备选答案中只有一个最符合题意）

1．统计的作用中，（　　）即提供信息，是统计的基本作用。

A．反映作用　　B．决策作用　　C．控制作用　　D．监督作用

2．统计是指（　　）。
A．对某一行为有关的数据的搜集、整理、计算、分析和解释等
B．对某一事件有关的数据的搜集、整理、计算、分析和解释等
C．对某一事物有关的数据的搜集、整理、计算、分析和解释等
D．对某一现象有关的数据的搜集、整理、计算、分析和解释等

3．在某地区随机调查一些人的购房意愿，以此来了解该地区人们的购房意愿。此统计属于（　　）。
A．描述统计　　B．基础统计　　C．推断统计　　D．复杂统计

4．W 房地产经纪机构需要了解本机构上个月房地产经纪人的业绩，那么该机构中每个房地产经纪人是（　　）。
A．总体　　B．总体容量　　C．个体　　D．样本

5．（　　）是取自总体的部分，用来代表整个总体。
A．抽样　　B．样本　　C．样本容量　　D．个体

6．按标志（　　）进行划分，分为品质标志和数量标志。
A．是否可用质量表现　　B．是否可用数量表现
C．是否可用重量表现　　D．是否可用面积表现

7．下列有关标志，表述错误的是（　　）。
A．品质标志是指能用数量表现，但不能用符号或代码进行说明的标志
B．王某拥有大专学历，是指其品质标志
C．王某今年 40 岁，指的是数量标志
D．标志是依附于个体的，个体是标志的直接承担者

8．在统计中，反映居民性别、民族、文化程度、职业等个体特征的标志，称为（　　）。
A．客观性标志　　B．综合素质标志　C．品质标志　　D．数量变异标志

9．如果影响变量值变动的是某种起决定性作用的因素，致使该变量值呈现上升或下降唯一方向性的变动，这种变量称为（　　）。
A．连续型变量　　B．离散型变量　　C．随机变量　　D．确定性变量

10．某房地产经纪公司在统计调查方案中，首先明确了要解决的问题，并确定了为什么要调查，调查要解决什么问题，调查具有什么意义等，这些内容属于（　　）。
A．调查单位　　B．调查项目　　C．调查目的　　D．调查对象

11．下列统计调查方式中，（　　）不是非全面调查。
A．普查　　B．抽样调查　　C．重点调查　　D．典型调查

12．在非全面调查中，从调查对象中选择一个或少数几个具有代表性的典型个体进行全面深入的调查，称为（　　）。
A．抽样调查　　B．典型调查　　C．重点调查　　D．判断抽样调查

13．（　　）全称为随机抽样调查。
A．重点调查　　B．普查　　C．典型调查　　D．抽样调查

14．下列常用的统计调查方式中，属于全面调查的是（　　）。
A．重点调查　　B．抽样调查　　C．典型调查　　D．普查

15．搜集统计数据的方法，（　　）是一种个人访问，调查人员运用大量的追问技巧，尽可能让受访者自由发挥，表达他的想法和感受。

A．深度访问　　B．访问调查　　C．邮寄调查　　D．电脑辅助调查

16．统计指标中，质量指标是数量指标的（　　），以反映现象之间的内在联系和对比关系。

A．价值指标　　B．派生指标　　C．相对指标　　D．平均指标

17．下列关于总量指标的表述中，不正确的是（　　）。

A．时点指标又称时点数，是反映现象在某一时刻上的总量

B．时期指标反映流量，通常可以累加，从而得到更长时期内的总量

C．年末房屋建筑面积属于时期指标

D．时点指标反映存量，通常不能累加

18．A 市 2011 年房地产开发总量为 100 万 m^2，而其住宅开发总量为 80 万 m^2，则指标“80 万 m^2÷100 万 m^2×100%”，属于（　　）指标。

A．比例相对指标　　B．结构相对指标　　C．比较相对指标　　D．强度相对指标

19．某市 2011 年房屋竣工建筑面积 20 万 m^2，其中，居住用房 10 万 m^2，商业用房 2 万 m^2，办公用房 2 万 m^2，工业用房 2 万 m^2，其他用房 4 万 m^2，居住用房 10 万 m^2 占该市 2010 年房屋竣工建筑面积的比是（　　）。

A．比例相对指标　　B．结构相对指标　　C．比较相对指标　　D．强度相对指标

20．A 市 2010 年房地产开发总量为 100 万 m^2，2011 年房地产开发总量为 150 万 m^2，A 市 2010—2011 年房地产开发总量的动态相对指标为（　　）。

A．50%　　B．75%　　C．100%　　D．150%

21．2011 年底，K 城市共有 30 万个家庭、6 万辆家庭私有汽车，平均每个家庭有 0.2 辆家庭私有汽车。指标 0.2 属于（　　）。

A．比例相对指标　　B．结构相对指标　　C．比较相对指标　　D．强度相对指标

22．W 房地产经纪机构要求房地产经纪人张某 2012 年 1—5 月完成协助房地产贷款 30 起，张某通过努力实际促成了 45 起。则张某 2012 年 1—5 月的计划完成相对指标为（　　）。

A．50%　　B．75%　　C．150%　　D．200%

23．某房地产经纪机构 2012 年 1—7 月的目标是计划促成 30 套住房成交，实际促成了 45 套住房成交，该房地产经纪人计划完成相对指标是（　　）。

A．50%　　B．100%　　C．150%　　D．200%

24．平均指标中，下列属于位置平均数的是（　　）。

A．算术平均数和众数　　B．全距和中位数

C．算术平均数和中位数　　D．中位数和众数

25．众数是变量数列中（　　）。

A．出现次数较少的那个变量值　　B．出现次数最少的那个变量值

C．出现次数较多的那个变量值　　D．出现次数最多的那个变量值

26．数列“102、103、104、105、106”的简单算术平均数是（　　）。

A．102　　B．103　　C．104　　D．105

27．中位数是在按大小顺序排列的变量数列中，处于（　　）的变量值。

A．最前位次　　B．中间位置　　C．倒数位次　　D．最后位次

28．某市某类住宅的市场价格 2010 年为 3 800 元/m^2，2011 年为 4 200 元/m^2，该市该类住

宅的市场价格 2011 年比 2010 年上涨了（　　）。

A．10.53%　　B．12.53%　　C．110.53%　　D．112.53%

29．从 2006—2011 年，某市商品房销售量分别为 50 万 m^2、100 万 m^2、180 万 m^2、200 万 m^2、320 万 m^2、400 万 m^2，若以 2007 年为基期，则 2011 年该市商品房销售量的定基增长速度为（　　）%。

A．100　　B．200　　C．300　　D．400

30．某市 2012 年 1—5 月份商品房销售均价分别为 3 120 元/m^2、3 138 元/m^2、3 210 元/m^2、3 260 元/m^2、3 310 元/m^2，则该市 5 月份商品房销售均价环比增长速度为（　　）。

A．0.97%　　B．1.32%　　C．1.53%　　D．2.38%

31．（　　）是最简单的一种变异指标，是变量数列中的最大值减去最小值所得的差。

A．全距　　B．修正距　　C．平均差　　D．方差

32．变异指标中，（　　）是“先平均，再求差，然后平方，最后再平均”。

A．全距　　B．标准差　　C．平均差　　D．方差

33．某城市不同地区所有新开盘房地产价格如下表示，则该城市新开盘房地产单价中的中位数是（　　）元/m^2。

楼　盘	1	2	3	4	5	6	7	8
单价（元/m²）	2 360	2 870	3 460	2 480	2 960	4 830	3 400	3 680
楼　盘	9	10	11	12	13	14	15	16
单价（元/m²）	2 870	3 460	4 530	2 470	2 870	3 760	4 320	5 320

A．2 870　　B．3 330　　C．3 430　　D．3 460

34．（　　）是时间序列以若干年为周期出现的涨落相间的周期性波动。

A．长期趋势　　B．季节波动　　C．不规则波动　　D．循环波动

35．冷饮通常在夏季销量大，在春季和秋季销量一般，在冬季销售量最小。这体现了动态序列的（　　）。

A．长期趋势　　B．季节波动　　C．不规则波动　　D．循环波动

36．按照（　　），指数可分为数量指数和质量指数。

A．所反映的对象范围不同　　B．所反映的内容不同

C．按照计算方法不同　　D．所选定的基期不同

37．反映房屋建设状况的主要统计指标中，不包括（　　）。

A．房屋施工面积　　B．房屋新开工面积

C．竣工房屋面积　　D．商品房预售面积

38．在我国房地产统计体系中，实有住宅使用面积是反映（　　）状况的主要统计指标。

A．房屋　　B．居住　　C．房屋建设　　D．房屋交易

（二）多项选择题（每题的备选答案中，有两个或两个以上符合题意的答案）

39．统计的作用包括（　　）。

A．反映作用　　B．替代作用　　C．决策作用

D．控制作用　　E．监督作用

40. 统计可以分为（　　）两大类。

A. 描述统计　　B. 基础统计　　C. 推断统计
D. 复杂统计　　E. 简单统计

41. 总体的形成必须具备（　　）三个条件。

A. 一致性　　B. 差异性　　C. 客观性
D. 同质性　　E. 综合性

42. 品质标志是指不能用数量表现而只能用（　　）进行说明的标志。

A. 文字　　B. 符号　　C. 种类
D. 代码　　E. 数量

43. 下列有关房地产的因素与指标中，属于数量标志的是（　　）。

A. 房地产项目的坐落　　B. 房地产项目的总面积
C. 房地产项目的价格　　D. 房地产项目的容积率
E. 房地产项目的销售额

44. 下列属于是数量标志的有（　　）。

A. 人的性别　　B. 文化程度　　C. 人的年龄
D. 工业产值　　E. 工人工资

45. 根据变量值是否连续，变量分为（　　）。

A. 确定性变量　　B. 随机变量　　C. 连续型变量
D. 离散型变量　　E. 不确定性变量

46. 下列房地产统计数据中，属于间接来源渠道的有（　　）。

A. 市场调查数据　　B. 试验获得的数据
C.《中国统计年鉴》　　D. 房地产管理部门公布的数据
E. 图书中的数据资料

47. W 市 A 房地产经纪公司为撰写高水平的房地产项目咨询报告，对该市有关数据进行统计借鉴。下列（　　）统计数据，属于直接来源渠道。

A. 问卷调查的数据资料　　B. 试验数据资料
C. 报刊传媒中的数据资料　　D. 电视传媒中的数据资料
E. 上网获得所需要的数据资料

48. 下列关于统计调查方案中的组成内容，表述不正确的是（　　）。

A. 调查单位是指根据调查目的确定的、所要研究的某种现象的总体
B. 调查对象是指调查过程中所要调查的具体个体
C. 调查项目是指调查的具体内容，它所要解决的是向调查单位调查什么的问题
D. 调查期限是指进行调查工作的时限，即调查工作从开始到结束的时间长度
E. 调查表是用于登记调查数据的一种表格，一般由表头、表体和表脚三部分组成

49. 统计调查方案中，设计调查问卷应注意（　　）。

A. 对重大或敏感性强的问题应采用多项选择，不宜采用是非提问
B. 所提的问题应便于被调查者回答
C. 选答案应互不相容
D. 调查项目应防止渗入调查者的思想导向
E. 问题不宜太短、太简单

50．常用的统计调查方式中，下列（　　）都是非全面调查。
A．普查　　B．抽样调查　　C．重点调查
D．典型调查　　E．随机抽样调查

51．搜集统计数据的方法中，询问调查包括（　　）等。
A．观察　　B．访问调查　　C．邮寄调查
D．电脑辅助调查　　E．个别深度访问

52．统计数据的整理中，其中数据的预处理包括数据的（　　）等。
A．审核　　B．排序　　C．分组
D．筛选　　E．汇总

53．常用的统计图有（　　）等。
A．线形图　　B．条形图　　C．曲线图
D．直方图　　E．象形图

54．统计指标包括指标名称、计量单位、（　　）六个构成要素。
A．统计机构　　B．计算方法　　C．时间限制
D．空间限制　　E．指标数值

55．下列房地产统计指标中，属于时期指标的有（　　）。
A．商品房销售面积　　B．年末实有住宅套数
C．商品房竣工面积　　D．年末房屋空置面积
E．新建商品房批准预售面积

56．按反映的时间状况不同，总量指标分为（　　）。
A．数量指标　　B．时期指标　　C．时点指标
D．实物指标　　E．价值指标

57．下列属于平均指标的有（　　）。
A．平均差　　B．算术平均数　　C．中位数
D．众数　　E．方差

58．变异指标有（　　）等。
A．全距　　B．修正距　　C．平均差
D．众数　　E．标准差

59．变异指标中，（　　）是离差指标，强调各变量值与其平均数的差别，能反映各变量值与其平均值的离散程度。
A．全距　　B．修正距　　C．平均差
D．方差　　E．标准差

60．变异指标中，（　　）可以反映变量值变动范围的大小。
A．全距　　B．修正距　　C．平均差
D．方差　　E．标准差

61．按照观测值的表现形式不同，时间序列分为（　　）。
A．绝对数时间序列　　B．相对数时间序列
C．平均数时间序列　　D．时期序列
E．时点序列

62．由于选择的基期不同，增长速度可分为（　　）。

A. 定基增长速度　B. 环比增长速度　C. 月距增长速度
D. 季距增长速度　E. 年距增长速度

63. 影响时间序列的因素可以归纳为（　　）。
A. 长期趋势　B. 短期趋势　C. 季节变动
D. 循环波动　E. 不规则波动

64. 测定长期趋势值的方法主要有（　　）。
A. 扩大时距法　B. 缩小时距法　C. 移动平均法
D. 最大二乘法　E. 最小二乘法

65. 指数按照计算方法不同，可分为（　　）。
A. 定基指数　B. 环比指数　C. 综合指数
D. 简单指数　E. 加权指数

66. 以下（　　），属于反映房屋交易状况的主要统计指标。
A. 商品房可预售面积　B. 商品房实际销售面积
C. 房屋新开工面积　D. 商品房实际销售额
E. 商品房空置面积

67. 下列属于反映房屋建设状况主要统计指标的有（　　）。
A. 成套住宅建筑面积　B. 实有房屋建筑面积
C. 房屋新开工面积　D. 房屋施工面积
E. 竣工房屋面积

68. 下列属于反映居住状况主要统计指标的有（　　）。
A. 人均住宅建筑面积　B. 人均住宅使用面积
C. 实有住宅套数　D. 住宅减少建筑面积
E. 商品房可预售面积

69. 下列关于反映房屋交易状况的主要统计指标中，表述正确的是（　　）。
A. 商品房批准预售面积是指房地产主管部门核发给房地产开发企业的《商品房预售许可证》上载明的面积
B. 商品房实际销售面积包括已签订预售合同正在建设的商品房屋面积
C. 商品房实际销售面积不包括报告期或报告期以前签订了预售合同，在报告期又竣工的商品房屋面积
D. 商品房实际销售额不包括未交付的商品房所预收的款项
E. 商品房空置面积不包括报告期已竣工的拆迁还建、统建代建、公共配套建筑、房地产开发公司自用及周转房等不可销售或出租的房屋面积

（三）综合分析题（每个小题的备选答案中有一个或一个以上符合题意的答案。错选不得分；少选，但选择正确的每个选项得相应分）

2012 年 2 月，W 省 A 县房产管理部门委托该县 B 房地产估价公司，对该县 2006—2011 年普通商品住宅价格进行调查，2012 年 1 月，B 房地产估价公司出具了专题调研报告。报告中显示，A 县 2006—2009 年普通商品住宅平均价格分别为 1 800 元/m²、2 000 元/m²、2 200 元/m²、2 300 元/m²。2010 年度 W 省 A 县普通商品住宅平均价格为 2 400 元/m²，2011 年度这一价格指标增至 2 800 元/m²，但因受国际金融危机影响，预计 2012 年普通

商品住宅平均价格将回落。经调查研究，该市普通商品住宅价格的大幅提高，主要是由于该市居民收入水平提高了，对普通商品住宅的需求增加，另外，W 省 A 县城市化、人口因素、政府产业政策、消费的政策及政府对普通商品住宅供需税收减免政策，都极大地影响了普通商品住宅的市场需求。同时，银行抵押贷款也为消费者提供了融资的方便。2012 年 4 月，W 省 A 县人民政府根据上述专题调研报告，为应对国际金融危机决定，将本级财政中的 10%房地产税收用于普通商品住宅建设和购买补贴，针对这一现象，试分析以下问题。

70．相对于 W 省 A 县 2010 年普通商品住宅价格而言，则该县 2009—2010 年度普通商品住宅平均价格的环比发展速度是（　　）。

A．16.67%　　B．116.67%　　C．14.30%　　D．114.30%

71．W 省 A 县 2010—2011 年度普通商品住宅平均价格的环比增长速度是（　　）。

A．16.67%　　B．116.67%　　C．14.30%　　D．114.30%

72．W 省 A 县“2011 年度普通商品住宅价格/2010 年度普通商品住宅价格”这一指标属于（　　）。

A．强度相对指标　B．比较相对指标　C．动态相对指标　D．比例相对指标

73．若 W 省 C 县 2011 年的普通商品住宅平均价格为 3 000 元/m^2，那么 W 省 C 县 2011 年的普通商品住宅平均价格与 W 省 A 县 2011 年普通商品住宅平均价格的比值，属于（　　）指标。

A．强度相对指标　B．比较相对指标　C．动态相对指标　D．比例相对指标

74．按照上述背景提供的数据，W 省 A 县 2006 年和 2007 年普通商品住宅平均价格的动态相对指标，下列计算表述式，不正确的是（　　）。

A．2 000/1 800　　B．1 800/2 000　　C．2 000/2 200　　D．2 200/2 000

75．W 省 A 县 2006—2009 年普通商品住宅平均价格的简单算术平均数为（　　）。

A．1 800　　B．2 000　　C．2 075　　D．2 300

76．W 省 A 县 2006—2011 年普通商品住宅平均价格的简单算术平均数为（　　）。

A．1 250　　B．2 150　　C．2 250　　D．2 350

77．从以上分析中，下列属于影响普通商品住宅需求量的主要因素是（　　）。

A．W 省 A 县居民收入水平提高

B．W 省 A 县居民预期普通商品住宅平均价格还将稳步上涨

C．政府对普通商品住宅供给方面的税收减免政策

D．W 省 A 县城市化、人口因素以及政府产业政策的影响

E．银行抵押贷款也为消费者提供了融资的方便

78．从以上分析中，下列属于影响普通商品住宅供给量的主要因素是（　　）。

A．W 省 A 县居民收入水平提高

B．政府对普通商品住宅供给方面的税收减免政策

C．该市普通商品住宅价格的大幅提高

D．开发商预期普通商品住宅平均价格还将稳步上涨

79．该例中的消费者住房抵押贷款属于（　　）。

A．银行信用　　B．商业信用　　C．国家信用　　D．消费信用

80．A 县人民政府将本级财政中的 10%房地产税收用于普通商品住宅建设和购买补贴，

该 10%属于（　　）。

A. 绝对指标　　B. 相对指标　　C. 平均指标　　D. 变异指标

五、参考答案

答　案

（一）单项选择题

1. A　2. D　3. C　4. C　5. B　6. B　7. A　8. C　9. D　10. C
11. A　12. B　13. D　14. D　15. A　16. B　17. C　18. B　19. B　20. D
21. D　22. C　23. C　24. D　25. D　26. C　27. B　28. A　29. C　30. C
31. A　32. D　33. D　34. D　35. B　36. B　37. D　38. A

（二）多项选择题

39. ACDE　40. AC　41. BCD　42. ABD　43. BCDE　44. CDE　45. CD
46. CDE　47. AB　48. AB　49. ABCD　50. BCDE　51. BCDE　52. ABD
53. ABDE　54. BCDE　55. AC　56. BC　57. BCD　58. ABCE　59. CDE
60. AB　61. ABC　62. ABE　63. ACDE　64. ACE　65. DE　66. ABDE
67. CDE　68. AB　69. ADE

（三）综合分析题

70. B　71. A　72. C　73. B　74. BCD 75. C　76. C　77. ABDE　78. BCD
79. AD　80. B

解　析

（一）单项选择题

20. 动态相对指标是将同类指标在两个不同时间上的数值进行对比所形成的相对数，表明现象在不同时间上的发展变化方向和速度。

$$动态相对指标=\frac{某一现象报告期指标数值}{同一现象基期指标数值}\times 100\%=\frac{150}{100}\times 100\%=150\%。$$

22. 计划完成相对指标是将现象的实际完成数与计划任务数对比所形成的相对数，常用百分数表示。

$$计划完成相对指标(\%)=\frac{实际完成数}{计划完成数}\times 100\%=\frac{45}{30}\times 100\%=150\%。$$

23. 计划完成相对指标（%）＝实际完成数/计划任务数×100%＝（45÷30）×100%＝150%。

26.（101＋103＋104＋105＋107）÷5＝104。

28. 增长速度＝报告期增长量/基期发展水平＝（报告期发展水平－基期发展水平）/基期发展水平＝发展速度－1（或 100%）。该市该类住宅的市场价格 2010 年比 2009 年上涨＝（报告期发展水平－基期发展水平）/基期发展水平＝（4 200－3 800）÷3 800＝10.53%。

29. 定基发展速度是报告期水平与某一固定时期水平之比，用于反映现象在整个时期内总的发展变化程度。定基发展速度＝报告期发展水平/固定基期发展水平×100%＝400÷100×100%＝400%。而定基增长速度＝定基发展速度－100%＝400%－100%＝300%。

30．环比发展速度是报告期水平与其上一个时期水平之比，用于反映现象逐期发展变化的程度。该市第三季度商品房销售均价环比发展速度＝报告期水平/上一个时期水平＝3 310÷3 260×100%＝101.53%。该市第三季度商品房销售均价环比增长速度＝环比发展速度－1（或100%）＝101.53－100%＝1.53%。

33．中位数是指分布数列中总体各单位标志值按大小顺序排列，处在中间位置的标志值。上述标志值按大小顺序排列：2 360、2 470、2 480、2 870、2 960、3 400、3 460、3 680、3 760、4 320、4 530、4 830、5 320，3 460处在中间位置，为中位数。

（三）综合分析题

70．环比发展速度是报告期水平与其上一个时期水平之比，用于反映现象逐期发展变化的程度。该县2010—2011年度普通商品住宅平均价格的环比发展速度＝报告期水平/上一个时期水平＝2 800÷2 400×100%＝116.67%。

71．该县2010—2011年度普通商品住宅平均价格的环比增长速度＝环比发展速度－1（或100%）＝116.67%－100%＝16.67%。

75．2006—2009年普通商品住宅平均价格分别为1 800元/m^2、2 000元/m^2、2 200元/m^2、2 300元/m^2。W省A县2006—2009年普通商品住宅平均价格的简单算术平均数＝（1 800＋2 000＋2 200＋2 300）÷4＝2 075（元/m^2）。

76．W省A县2006—2011年普通商品住宅平均价格的简单算术平均数＝（1 800＋2 000＋2 200＋2 300＋2 400＋2 800）÷6＝2 250（元/m^2）。

第十章　消费心理和营销心理

一、大纲要求

本部分的考试目的是测试应考人员对消费者基本心理、消费者的需要和动机、消费者群体、营销过程和人员心理等知识的了解、熟悉和掌握程度。本章考试要求包括：

（1）了解心理学和心理现象；

（2）熟悉消费者的心理活动过程和个性心理特征；

（3）掌握消费者的需要和动机；

（4）掌握消费者群体的心理与行为；

（5）掌握价格心理；

（6）熟悉广告心理；

（7）掌握营销场景与消费者心理的关系；

（8）掌握现场营销的消费者心理及过程心理；

（9）掌握营销人员与消费者心理互动；

（10）掌握营销人员心理素质及提高；

（11）熟悉人际交往和人际关系；

（12）掌握房地产经纪人的心理压力及其应对方法。

二、考点汇总

（1）心理过程知识点汇总（见表 10-1）。

表 10-1　心理过程知识点汇总表

	含义和性质	特　征	种　类	要　点
感觉	是人脑对直接作用于人的感觉器官的客观事物个别属性的反映，是最简单的心理活动	消费者对商品的认识过程是从感觉开始的	有视觉、听觉、嗅觉、味觉、肤觉五种	①感觉使消费者获得对商品的第一印象；②感觉是引起消费者某种情绪的通道；③对消费者发出的刺激信号强度要适应人的感觉阈限
知觉	是一种比感觉要复杂一些的心理活动，是人脑对直接作用于人的感觉器官的客观事物及其联系与关系的认识	主要特征是选择性、整体性、理解性和恒常性		观察是知觉的特殊形式，是有目的、有计划、主动的知觉过程。观察比一般知觉有更深的理解性，思维在其中起着重要作用

续表

	含义和性质	特 征	种 类	要 点
记忆	是过去的经验通过识记、保持、再认和回忆的方式在人脑中的反映，是积累知识和经验的一种功能	基本品质：①记忆的敏捷性；②记忆的持久性；③记忆的准确性；④记忆的准备性		①记忆影响消费者的购买决策；②研究消费者的记忆规律对营销工作非常重要；③活动可以加强消费者的记忆；④通过加深理解提高记忆效果；⑤情绪和情感对记忆产生影响；⑥适度重复也能加深消费者对商品的印象，提高重复率是一种加深消费者记忆的广告策略
思维	是人脑对客观事物间接、概括的反映过程，属于认识的理性阶段，是更复杂、更高级的心理活动	消费者思维有以下特点：①思维的独立性；②思维的灵活性；③思维的敏感性	根据思维过程中的凭借物和不同的思维形态，思维可分为动作思维、形象思维和抽象思维。根据思维是否遵循明确的逻辑形式和逻辑规则，思维可分为直觉思维和逻辑思维。根据探索答案的不同思维方向，思维可分为聚合思维和发散思维。根据思维的主动性和创造性的不同，思维可分为常规思维和创造性思维	消费者通过对商品的思维过程而作出的购买行为是一种理智的消费行为，不同的消费者的思维能力有强弱差异。而人的思维主要是借助语言实现的，思维和语言有着密切的联系
想象	是人脑对过去形成的表象进行加工改造而产生新形象的心理过程		从有无目的性来划分，想象可分为无意想象和有意想象。从想象与现实关系来看，想象有幻想、空想、梦想等	想象和思维一样，也是一种高级的心理活动
情绪和情感	是人脑对客观事物与人之间的关系的反映，并通过一定的行为反应表现出来	情绪和情感不是对客观事物本身的反映，而是对客观事物与人之间的关系的反映，表现为某种主观体验	情绪和情感包括刺激情境、主观体验、表情等内容	人的情绪和情感发生的时候，总会伴随着一定的生理变化，其外部表现就是表情。表情分言语表情和动作表情两大类
意志	是人自觉地确定目标并支配其行动以实现预定目标的心理过程	具有自觉的目的性	人的意志品质包括独立性、果断性、坚定性和自制力	最终表现为行动的、积极要求改变现实的心理过程，构成心理活动的另一个重要方面，即意志过程

续表

	含义和性质	特征	种类	要点
注意	是心理活动对一定事物的指向和集中	注意的功能有：①选择功能；②保持功能；③对活动进行监督和调节的功能		现代营销活动非常重视引起和吸引消费者对商品及商品有关信息的注意

（2）个性心理知识点汇总（见表 10-2）。

表 10-2 个性心理知识点汇总表

	含义	特点	种类
需要	是机体对自身和外部生活条件的要求在人脑中的反映	需要有三个特点：①对象性；②紧张性；③驱动性。	美国心理学家马斯洛的需要层次论把人的需要按先后顺序和高低层次分为生理需要、安全需要、爱与归属需要、尊重需要、自我实现需要五种
动机	是激起人去行动的愿望和意图，是引起人的行动的内部原因和推动力量	动机有三种功能：①引发功能；②指引功能；③激励功能	消费者购买动机的具体表现有：①求实动机；②求美动机；③求新动机；④求名动机；⑤求廉动机；⑥求奇动机；⑦求同动机；⑧求癖动机
能力	是作为掌握和运用知识技能的条件并决定活动效率的一种个性心理特征	不同人的能力是有差异的	人的能力是多种多样的，一般可分为：①一般能力和特殊能力；②再造能力和创造能力；③认知能力、操作能力和社交能力
气质	心理学所讲的气质可理解为人的“脾气”，是指人在许多场合一贯表现出来的、比较稳定的心理活动的动力特征	气质表现在心理过程的强度、速度、稳定性、灵活性及指向性上	心理学上概括了多血质、胆汁质、黏液质和抑郁质四种气质类型
性格	是人对现实的一贯态度和习惯了的行为方式所表现出来的个性心理特征	性格是个性的集中表现和具有核心意义的个性心理特征，掌握了一个人的性格特征，就等于抓住了其个性链条的核心	按照理智、情绪、意志三者在性格结构中所占的优势，可将人的性格分为理智型、情绪型和意志型。按照个体心理活动的倾向性，可将人的性格分为外向型和内向型。按照个体独立性的程度，可将人的性格分为顺从型和独立型

（3）人际交往和人际关系知识点汇总（见表 10-3）。

表 10-3 人际交往和人际关系知识点汇总表

		要点
人际交往	概念	人际交往是指人与人之间，运用语言或非语言符号，交换意见、传递思想、表达感情和需要的相互作用过程
	特点	有三个特点：①交流信息；②相互认知；③相互作用
	作用意义	人际交往的作用和意义主要有：①获得信息资料；②形成群体规范；③改善人际关系
	构成要素	构成要素包括：①信息发送者；②信息传递通道；③信息接收者
	方式	人际交往的方式有：①按交往的形态，可分为宏观交往和微观交往；②按交往的途径，可分为直接交往和间接交往；③按交往者的身份，可分为角色交往和非角色交往；④按信息传递过程中有无反馈，可划分为单向交往和双向交往；⑤按信息传递方式，可分为口头言语交往和书面言语交往

续表

		要　点
人际关系	概念	人际关系是指人们在交往过程中，由于相互认识和相互体验而建立和发展起来的人与人之间的心理关系
	成分	人际关系是由认识、情感和行为三个相互联系的成分组成的
	类型	从人际关系的基础看，可将人际关系分为以感情为基础的人际关系和以利害为基础的人际关系；从人际关系的性质看，可将人际关系分为良好的人际关系和不良的人际关系
	影响因素	影响人际关系建立和发展的因素：①兴趣、理想、信念、价值观等方面的一致性；②距离的远近；③交往的频率；④需要的互补；⑤仪表的魅力
房地产经纪人素质		房地产经纪人在人际交往和人际关系方面的素质主要包括：①具有一定的面谈技巧；②关心客户、满足客户的兴趣和需要；③说服别人的能力；④良好的判断力；⑤幽默感；⑥丰富的社会关系

三、例题分析

（一）消费者的基本心理

1．心理学是一门主要研究人的（　　）和行为表现的科学。（2003 年试题）

A．心理活动　　B．内心世界　　C．外在表现　　D．脑组织

答案：A

解析：心理学是一门主要研究人的心理活动和行为表现的科学。

2．（　　）是由认识而引起人对客观事物的某种态度的体验。

A．认识过程　　B．想象过程　　C．意志过程　　D．情感过程

答案：D

解析：由认识而引起人对客观事物的某种态度的体验是情感过程。

3．基本心理过程是（　　）过程。（2007 年试题）

A．情感　　B．认识　　C．意志　　D．感知

答案：B

解析：认识过程是基本的心理过程。

4．人的心理活动虽然极为复杂，但可以将心理现象分为（　　）两大方面。

A．心理过程　　B．个性心理　　C．人际关系

D．消费心理　　E．社会心理

答案：AB

解析：人的心理活动虽然极为复杂，表现形式多样，但可以将心理现象分为心理过程和个性心理两大方面。

5．个性心理特征以（　　）为核心。（2007 年试题）

A．能力　　B．性格　　C．气质　　D．经验

答案：B

解析：个性心理特征是指个体的心理过程中经常地、稳定地表现出来的心理特征，它主要表现在性格、气质和能力三个方面，以性格为核心。

6．在购房活动中，属于个性心理倾向的心理现象有（　　）。（2008 年试题）

A．购房需要　　B．购房动机　　C．购房兴趣

D．购房目标追求　　E．购房观察力

答案：ABCD

解析：个性心理倾向包括需要、动机、兴趣、理想、信念等，它决定个人对事物的态度和行为的内部动力系统，能使人的行为表现出积极性。购房观察力，属于知觉心理过程。

7．感觉主要有（　　）、肤觉五种。

A．知觉　　B．视觉　　C．听觉

D．嗅觉　　E．味觉

答案：BCDE

解析：感觉主要有视觉、听觉、嗅觉、味觉、肤觉五种。

8．做好房地产经纪工作，观察环节很重要。这是因为观察是知觉的特殊形式，是有目的、有计划的、（　　）知觉过程。（2007 年试题）

A．主动的　　B．被动的　　C．行为的　　D．分析的

答案：A

解析：观察是知觉的特殊形式，是有目的、有计划的、主动的知觉过程。

9．在感觉的基础上，人能分辨出整个物体，这就是（　　）。

A．知觉　　B．视觉　　C．听觉　　D．味觉

答案：A

解析：在感觉的基础上，人能分辨出整个物体，这就是知觉。

10．知觉的主要特征有（　　）。（2007 年试题）

A．记忆性　　B．选择性　　C．整体性

D．理解性　　E．恒常性

答案：BCDE

解析：知觉的主要特征是选择性、整体性、理解性和恒常性。

11．消费者的认识过程中，感觉在消费者购买活动和营销工作中的作用，不包括（　　）。

A．知觉的整体性和理解性在广告中加以应用

B．知觉是引起消费者某种情绪的通道

C．知觉的恒常性促进商品销售

D．知觉的选择性帮助消费者确定目标

答案：B

解析：感觉在消费者购买活动和营销工作中的作用有：①感觉使消费者获得对商品的第一印象；②感觉是引起消费者某种情绪的通道；③对消费者发出的刺激信号强度要适应人的感觉阈限。

知觉在消费者购买活动和营销工作中的作用有：①知觉的选择性帮助消费者确定目标；②知觉的整体性和理解性在广告中加以应用；③知觉的恒常性促进商品销售。

12．购房者有目的地到销售楼盘现场全面了解情况，参观体验样板房，记录、整理拟购房屋总体印象，这种心理过程属于（　　）。（2008 年试题）

A. 感觉　　B. 想象　　C. 观察　　D. 知觉

答案：C

解析：观察是知觉的特殊形式，是有目的、有计划、主动的知觉过程。观察比一般知觉有更深的理解性，思维在其中起着重要作用。做好观察，一是要明确观察的目的与任务；二是要有充分的观察准备，明确观察的重点和难点，提出观察的具体方法；三是要记录并整理观察结果，总结观察经验。

13. 记忆是一种复杂的心理过程，记忆力很强的人应具备的基本品质有（　　）。（2008年试题）

A. 记忆的选择性　　B. 记忆的敏捷性

C. 记忆的准确性　　D. 记忆的准备性

E. 记忆的持久性

答案：BCDE

解析：记忆有四个方面的基本品质：①记忆的敏捷性，这是记忆的速度和效率特征；②记忆的持久性，这是记忆的保持特征；③记忆的准确性，这是记忆的正确和精确特征；④记忆的准备性。

14. 只有通过（　　），才能获得对事物的本质属性、内在联系和发展规律的认识。

A. 注意　　B. 情感　　C. 思维　　D. 想象

答案：C

解析：只有通过思维，才能获得对事物的本质属性、内在联系和发展规律的认识。

15. 从有无目的性来划分，想象可分为（　　）。

A. 无意想象　　B. 有意想象　　C. 幻想

D. 空想　　E. 梦想

答案：AB

解析：从有无目的性来划分，想象可分为无意想象和有意想象。从想象与现实关系来看，想象有幻想、空想、梦想等。

16. 在购买活动中，消费者情绪和情感的产生和变化的影响因素主要有（　　）。

A. 商品特性的影响　　B. 消费者的心理准备状态

C. 消费者的个性特征　　D. 购物环境的影响

E. 消费的政策和规则

答案：ABCD

解析：在购买活动中，消费者情绪和情感的产生和变化主要受以下因素影响：①商品特性的影响；②消费者的心理准备状态；③消费者的个性特征；④购物环境的影响；⑤营销人员的表情和态度。

17. 人的情绪和情感是人脑对客观事物与人之间关系的反映，其内容主要包括（　　）。（2005年试题）

A. 表情　　B. 思维　　C. 想象

D. 感觉　　E. 主观体验

答案：AE

解析：情绪和情感包括刺激情境、主观体验、表情等内容。

18. 人的意志品质包括（　　）。（2009年试题）

A．独立性
B．创造性
C．果断性
D．坚定性
E．自制力

答案：ACDE

解析：消费者的意志品质包括独立性、果断性、坚定性和自制力。

19．消费者的基本消费能力包括（　　）。

A．感知和辨别商品的能力
B．分析评价商品的能力
C．购买决策能力
D．记忆力和想象力
E．以专业知识为基础的消费技能

答案：ABCD

解析：消费者的购买能力可分为基本消费能力和特殊消费能力。基本消费能力包括：①感知和辨别商品的能力；②分析评价商品的能力；③购买决策能力；④记忆力和想象力。特殊消费能力是指消费者购买和使用某些专业性商品所应具有的能力，表现为以专业知识为基础的消费技能。

20．在心理学中，具有“直率热情，精力旺盛；性情急躁，反应迅速；情绪明显外露，但持续时间不长”特征的气质类型属于（　　）。（2009 年试题）

A．抑郁质类型　B．胆汁质类型　C．多血质类型　D．黏液质类型

答案：B

解析：胆汁质的人直率热情，精力旺盛；性情急躁，反应迅速；情绪明显外露，但持续时间不长；行为上表现出不平衡，工作特点带有明显的周期性。

21．消费者性格类型中，（　　）性格比较随和，消费观念大众化，受周围人的影响较大，购买时比较容易接受营销人员的诱导和推荐。

A．自由型　B．顺应型　C．保守型　D．节俭型

答案：B

解析：按消费态度不同划分，消费者可以区分为自由型、顺应型、保守型和节俭型四种性格类型。顺应型的消费者性格比较随和，消费观念大众化，受周围人的影响较大，购买时比较容易接受营销人员的诱导和推荐。

22．在人的心理过程中，表现为人们情绪体验的强弱、知觉或思维的快慢、注意转移的难易等心理活动，是人们心理特征的（　　）表现。（2008 年试题）

A．气质　B．能力　C．性格　D．感觉

答案：A

解析：人们情绪体验的强弱、意志努力的大小、知觉或思维的快慢、注意集中时间的长短、注意转移的难易以及心理活动是倾向于外部事物还是倾向于自身内部等，都是气质的表现。

23．以下对于胆汁质消费者的营销策略，正确的是（　　）。

A．营销人员应眼疾手快，及时应答，言语柔和谦恭，积极调动消费者的情绪
B．营销人员应有的放矢，避免过多言语和过分热情，以免消费者产生反感
C．营销人员应不厌其烦地有问必答，尽量帮助他们缩短购买过程
D．营销人员要小心谨慎，细心观察，适当疏导，打消顾虑，使他们在愉快的气氛中购物

答案：A

解析：胆汁质的消费者情绪变化激烈，如果购物时需要等待或营销人员言行怠慢，会激起其烦躁情绪甚至激烈反应。接待这类消费者，营销人员应眼疾手快，及时应答，言语柔和谦恭，积极调动消费者的情绪。

（二）消费者的需要与动机

1．根据美国心理学家马斯洛的需要层次论，在希望满足尊重需要之前，应该满足的需要有（　　）。（2004 年试题）

A．生理需要　　　　B．安全需要

C．爱与归属需要　　　　D．自我实现需要

E．理想与抱负需要

答案：ABC

解析：美国心理学家马斯洛的需要层次论中，把人的需要按先后顺序和高低层次分为生理需要、安全需要、爱与归属需要、尊重需要、自我实现需要五种。

2．根据美国心理学家马斯洛的需要层次论，当（　　）实现后，这时人具有高度的自我意识和社会认知能力，富于创造性，行为具有自发性，能够积极地面对未知和挑战。

A．安全需要　　　　B．生理需要

C．自我实现需要　　　　D．尊重需要

答案：C

解析：美国心理学家马斯洛的需要层次论中，把人的需要按先后顺序和高低层次分为生理需要、安全需要、爱与归属需要、尊重需要、自我实现需要五种。自我实现需要是追求人生存在价值而产生，是希望实现自己的理想与抱负。这时人具有高度的自我意识和社会认知能力，富于创造性，行为具有自发性，能够积极地面对未知和挑战。

3．消费者因追求商品的使用价值，注重商品的内在质量，不过分强调外观等形成的购买动机属于（　　）。（2003 年试题）

A．生存动机　　B．调节动机　　C．求实动机　　D．辅助动机

答案：C

解析：求实动机表现为追求商品的使用价值，注重商品的内在质量，不过分强调外观等。

4．从住房消费者的购买动机来看，追求商品住房的装修风格与色泽，体现了住房消费者的（　　）动机。（2007 年试题）

A．求实　　B．求美　　C．求新　　D．求名

答案：B

解析：求美动机，表现为追求商品的欣赏价值或艺术价值，注重商品的外形、色彩等。

5．在购房活动中，购房人注重商品房的功能与质量，并追求使用效果，而将房屋外观审美放在次要地位的购买动机是（　　）。（2008 年试题）

A．求廉动机　　B．求实动机　　C．求美动机　　D．求同动机

答案：B

解析：求实动机表现为追求商品的使用价值，注重商品的内在质量，不过分强调外观等。

6．某消费者为追求大众化商品，随大流、不赶时髦，此为（　　）动机。

A. 求实　　B. 求同　　C. 求名　　D. 求奇

答案：B

解析：求同动机表现为追求大众化商品，随大流、不赶时髦。

（三）消费者群体的心理与行为

1. 以下关于消费者群体的形成，表述错误的是（　　）。

A. 消费者群体的形成是内在因素和外在因素共同作用的结果

B. 当消费活动以群体的规模进行时，可以直接影响个体的消费活动，但不能对社会群体消费状况产生重大影响

C. 消费者群体的形成为企业提供明确的目标市场，减小了生产的盲目性和经营风险

D. 消费者群体的形成有利于调节和控制消费，使消费活动向健康的方向发展

答案：B

解析：当消费活动以群体的规模进行时，不但可以直接影响个体的消费活动，而且还能对社会群体消费状况产生重大影响，进而影响国民经济的运行和发展。

2. 按照购买动机划分，消费者群体可分为求实、求新、求廉、求美、求奢、求同等消费者群体。此属于（　　）。

A. 按照自然地理因素划分　　B. 根据人口统计因素划分

C. 根据消费者心理因素划分　　D. 根据消费者对商品的现实反映划分

答案：D

解析：根据消费者对商品的现实反映划分。消费者的动机、对商品品牌的偏好度、对商品的使用时间，对商品要素的敏感性等的不同也会产生不同的消费心理和消费行为，可以据此划分不同的消费者群体。例如，按照购买动机划分，可分为求实、求新、求廉、求美、求奢、求同等消费者群体；按照对商品要素的敏感性划分，可分为对价格敏感、对质量敏感、对服务敏感等消费者群体。

3. 青年消费者群体的心理特征表现为（　　）。

A. 追求时尚与新颖

B. 追求科学与实用

C. 追求自我成熟的表现和消费个性心理的实现

D. 怀旧心理强烈，追求方便实用

E. 冲动性购买多于计划购买

答案：ABCE

解析：青年消费者群体的心理特征表现为：①追求时尚与新颖；②追求科学与实用；③追求自我成熟的表现和消费个性心理的实现；④冲动性购买多于计划购买。

4. 不同阶层消费者的心理与行为中，自认为上等阶层的人不会与普通老百姓一样去批发市场购物、坐在路边吃东西等，表现了（　　）。

A. 基于向下的“怕露富心理”　　B. 基于希望被同一阶层成员接受的认同心理

C. 基于避免向下的“自保心理”　　D. 基于向上攀升的“高攀心理”

答案：C

解析：不同阶层消费者的心理与行为中，基于避免向下的“自保心理”，如自认为上等阶层的人不会与普通老百姓一样去批发市场购物、坐在路边吃东西等。

（四）营销过程心理

1．消费者的价格心理表现中，（　　）是指消费者对商品价格变动的反应程度。

A．习惯性心理　　B．敏感性心理　　C．倾向性心理　　D．感受性心理

答案：B

解析：消费者的价格心理表现中，敏感性心理是指消费者对商品价格变动的反应程度。

2．商品定价的心理方法中，在商品定价中有意添加一个与整数相差不多的尾数，使消费者产生价格较低的心理错觉，同时也有助于客户对商品定价的精确性产生信任。此种定价方法属于（　　）。

A．高价法　　B．低价法　　C．尾数法　　D．折价法

答案：C

解析：商品定价的心理方法主要有：①高价法；②低价法；③尾数法；④折价法。尾数法是在商品定价中有意添加一个与整数相差不多的尾数，使消费者产生价格较低的心理错觉，同时也有助于客户对商品定价的精确性产生信任。

3．消费者对商品的购买行为中，考察性购买的对象是（　　）。

A．消费者需要的日用生活必需品

B．消费者根据自己需要进行挑选的日用品

C．长期使用的耐用品

D．短期使用的耐用品

答案：C

解析：选择性购买的对象是消费者根据自己需要进行挑选的日用品。考察性购买的对象是长期使用的耐用品或其他特殊商品。

4．房地产经纪人在推荐房源时，应同时推荐几个，留下选择的余地，不应强行推销某个房源。此种做法表现的现场营销的消费者心理是（　　）。

A．抢购心理　　B．待购心理　　C．逆反心理　　D．择优心理

答案：C

解析：当消费者感觉营销人员在急切推销某种商品时，会产生逆反心理，担心这种商品有什么缺陷或者里面有什么猫腻而放弃购买。因此，房地产经纪人在推荐房源时，应同时推荐几个，留下选择的余地，不应强行推销某个房源。

5．商品价格是消费者比拟（　　）的途径。

A．社会地位　　B．经济地位　　C．文化修养

D．生活情操　　E．收入比例

答案：ABCD

解析：商品价格是消费者比拟社会地位、经济地位、文化修养、生活情操的途径。

6．影响消费者对价格判断的因素主要有（　　）。

A．消费者的经济收入　　B．消费者的价格心理

C．出售的时间　　D．出售的场地

E．商品的用途和功能

答案：ABDE

解析：影响消费者对价格判断的因素主要有：①消费者的经济收入；②消费者的价格

心理；③出售的场地；④商品的用途和功能；⑤消费者对商品需求的紧迫程度。

（五）营销人员心理

1．消费者对营销人员的心理影响表现在（　　）。

A．消费者的仪表影响营销人员对消费者的认识过程

B．消费者的不同需要要求营销人员具有较强的分析判断能力

C．消费者的不同个性特征要求营销人员具有较强的适应能力

D．消费者的不同购买动机要求营销人员具有较强的注意力和语言表达能力

E．消费者的言谈举止影响营销人员的情感过程

答案：BCDE

解析：消费者对营销人员的心理影响：①消费者的不同需要要求营销人员具有较强的分析判断能力；②消费者的不同个性特征要求营销人员具有较强的适应能力；③消费者的不同购买动机要求营销人员具有较强的注意力和语言表达能力；④消费者的言谈举止影响营销人员的情感过程。

2．营销人员的心理素质结构包括（　　）等。

A．认知过程　　B．思维方式　　C．知识储备

D．自我调控　　E．自我加压

答案：ABCD

解析：营销人员的心理素质结构如下：①认知过程；②思维方式；③知识储备；④人际关系；⑤自我调控。

3．不良的人际关系包括的层次有（　　）。（2007 年试题）

A．不协调　　B．紧张　　C．冷淡

D．敌对　　E．不友好

答案：ABD

解析：按人际关系的亲密程度，良好的人际关系还可分为协调、友好、亲热三个层次；不良的人际关系还可分为不协调、紧张、敌对三个层次。

4．下列关于人际关系的表述中，不正确的是（　　）。（2004 年试题）

A．人际关系反映着在群体中人们相互之间的情感距离和相互吸引与排斥的心理状态

B．人际关系的性质和亲密程度影响着交往的内容和交往的频率

C．人际关系是由认识、情感、行为和心理四个成分组成

D．需要的互补、距离的远近可以影响人际关系的建立和发展

答案：C

解析：人际关系是由认识、情感和行为三个相互联系的成分组成的。

5．人际交往的构成要素一般包括（　　）。

A．信息发送者　　B．信息传递通道

C．信息中间人　　D．信息接收者

E．信息汇总者

答案：ABD

解析：人际交往的构成要素包括：①信息发送者；②信息传递通道；③信息接收者。

6．房地产经纪人良好的判断力主要凭借自己（　　）。（2004 年试题）

A．丰富的阅历　　B．幽默的语言
C．面谈技巧　　D．热情服务
E．敏感的观察
答案：AE
解析：房地产经纪人良好的判断力主要凭借自己丰富的阅历与敏感的观察等。
7．影响人际关系建立和发展的因素有（　　）。（2009 年试题）
A．距离的远近　　B．交往的频率
C．需要的互补　　D．思维的一致性
E．仪表的魅力
答案：ABCE
解析：影响人际关系建立和发展的因素包括：①兴趣、理想、信念、价值观等方面的一致性；②距离的远近；③交往的频率；④需要的互补；⑤仪表的魅力。
8．消除心理压力的黄金准则包括（　　）等。
A．事先多考虑如何摆脱麻烦事　　B．不能与朋友、同事分担烦恼
C．发展和培养一个社交网和朋友圈　　D．有规律地进行体育运动
E．自我反省、扬长避短
答案：ACDE
解析：消除心理压力的黄金准则中，要尽可能地与朋友、同事分担烦恼。
9．下列做法中，不能帮助自己消除心理压力的是（　　）。（2009 年试题）
A．向信任的朋友、同事或师长寻求帮助
B．制定时间表，使每天的生活都有一些新的变化
C．对于过去所犯的错误铭记在心，时刻告诫
D．适当改变原来的思维方式
答案：C
解析：过度的心理压力可能危及身心健康，遵循下列准则，可以将心理压力保持在可控制的水平：不要太过苛求自己。

四、模拟练习

（一）单项选择题（每题的备选答案中只有一个最符合题意）

1．心理活动的表现形式称为（　　）。
A．心理过程　　B．心理现象　　C．个性心理　　D．人际关系
2．当人以感觉、知觉、记忆、思维和想象等形式反映客观事物的性质、联系及其对人的意义时，是（　　）。
A．认识过程　　B．想象过程　　C．意志过程　　D．情感过程
3．（　　）是由认识的支持与情感的推动，使人有意识地克服内心的障碍与外部的困难而坚持实现预定目标的过程。
A．认识过程　　B．想象过程　　C．意志过程　　D．情感过程
4．人们在感知某一事物、回忆一件往事、思考一个问题、想象一个形象时，心理活动必须有所指向和集中，才能更好地看清它、听清它、记住它、思索它，这就是（　　）。

A．认识　B．想象　C．注意　D．情感

5．（　）是指一个人受社会制约或在群体的影响下所形成的各种心理现象的总和。

A．个性心理　B．心理倾向　C．心理特征　D．心理作用

6．（　）决定个人对事物的态度和行为的内部动力系统，能使人的行为表现出积极性。

A．个性心理作用　B．个性心理目标　C．个性心理倾向　D．个性心理特征

7．个性心理特征的主要表现中以（　）为核心。

A．能力　B．气质　C．性格　D．信念

8．（　）是从社会与个体相互作用的观点出发，研究特定的社会环境下个体和群体的社会心理活动的发展、变化规律的科学。

A．普通心理学　B．社会心理学　C．消费心理学　D．组织管理心理学

9．人们认识客观事物的第一步，是人脑对直接作用于人的感觉器官的客观事物个别属性的反映，是最简单的心理活动，是指（　）。

A．想象　B．记忆　C．知觉　D．感觉

10．在所有感觉器官中，以（　）方式获得的信息量最多，大约占80%以上。

A．视觉　B．听觉　C．嗅觉　D．味觉

11．在知觉过程中，人们总是根据以往的知识经验来解释当前所知觉的对象，并用词来概括它，赋予它确定的含义。这就是知觉的（　）特征。

A．选择性　B．整体性　C．恒常性　D．理解性

12．当知觉的条件在一定范围内发生改变时，知觉的映象仍然保持相对不变。这就是知觉的（　）。

A．选择性　B．整体性　C．理解性　D．恒常性

13．下列有关消费者的认识过程，表述不正确的是（　）。

A．离开认识过程就不会产生消费行为

B．消费者对商品的认识过程是从思维开始的

C．感觉是人脑对直接作用于人的感觉器官的客观事物个别属性的反映，是最简单的心理活动

D．知觉是一种比感觉要复杂一些的心理活动

E．记忆是一种比知觉更为复杂的心理活动

14．观察是（　）的特殊形式，是有目的、有计划、主动的知觉过程。

A．想象　B．记忆　C．知觉　D．感觉

15．（　）是有目的、主动地去考察事物并善于全面正确地发现事物的各种典型特征的知觉能力。

A．注意力　B．观察力　C．说服力　D．想象力

16．（　）是人脑对客观事物间接、概括的反映过程，属于认识的理性阶段，是更复杂、更高级的心理活动。

A．注意　B．情感　C．思维　D．想象

17．根据（　），思维可分为直觉思维和逻辑思维。

A．思维过程中的凭借物和不同的思维形态

B．思维时是否遵循明确的逻辑形式和逻辑规则

C．探索答案的不同思维方向

D．思维的主动性和创造性的不同

18．（　　）是人脑对过去形成的表象进行加工改造而产生新形象的心理过程。

A．注意　　B．想象　　C．思维　　D．观察

19．人自觉地确定目标并支配其行动以实现预定目标的心理过程，是（　　）。

A．想象　　B．思维　　C．意志　　D．注意

20．消费者能迅速分析购买过程中发生的情况，对问题情境作出准确的分析与判断、洞察问题的是非真伪，不失时机地作出购买决策。此属于消费者的（　　）意志品质。

A．自制力　　B．独立性　　C．果断性　　D．坚定性

21．消费者的意志品质中，消费者的（　　）是指消费者善于掌握和支配自己行动的能力。

A．自制力　　B．独立性　　C．果断性　　D．坚定性

22．消费者性格类型中，（　　）消费者一般收入较高，购买力强。

A．自由型　　B．顺应型　　C．保守型　　D．节俭型

23．消费者性格类型中，（　　）的消费者性格比较内向，怀旧心理较重，留恋过去的商品式样和风格，对于新商品有一定抵制心理，通常抱有怀疑的想法，不太容易接受营销人员的推荐。

A．自由型　　B．顺应型　　C．保守型　　D．节俭型

24．（　　）是作为掌握和运用知识技能的条件并决定活动效率的一种个性心理特征。

A．理想　　B．兴趣　　C．动机　　D．能力

25．张某活泼好动，容易适应新环境；注意易于转移，接受新事物快，但印象不很深刻；情绪和情感易于产生也易于改变，并直接表露于外。此属于（　　）气质类型。

A．多血质　　B．胆汁质　　C．黏液质　　D．抑郁质

26．以下对于多血质消费者的营销策略，正确的是（　　）。

A．营销人员应眼疾手快，及时应答，言语柔和谦恭，积极调动消费者的情绪

B．营销人员应有的放矢，避免过多言语和过分热情，以免消费者产生反感

C．营销人员应不厌其烦地有问必答，尽量帮助他们缩短购买过程

D．营销人员要小心谨慎，细心观察，适当疏导，打消顾虑，使他们在愉快的气氛中购物

27．以下对于黏液质消费者的营销策略，正确的是（　　）。

A．营销人员应眼疾手快，及时应答，言语柔和谦恭，积极调动消费者的情绪

B．营销人员应有的放矢，避免过多言语和过分热情，以免消费者产生反感

C．营销人员应不厌其烦地有问必答，尽量帮助他们缩短购买过程

D．营销人员要小心谨慎，细心观察，适当疏导，打消顾虑，使他们在愉快的气氛中购物

28．以下对于抑郁质消费者的营销策略，正确的是（　　）。

A．营销人员应眼疾手快，及时应答，言语柔和谦恭，积极调动消费者的情绪

B．营销人员应有的放矢，避免过多言语和过分热情，以免消费者产生反感

C．营销人员应不厌其烦地有问必答，尽量帮助他们缩短购买过程

D．营销人员要小心谨慎，细心观察，适当疏导，打消顾虑，使他们在愉快的气氛中购物

29．根据美国心理学家马斯洛的需要层次论，在希望满足尊重需要之后，应该满足的需要

有（　　）。

A．生理需要　B．安全需要　C．爱与归属需要　D．自我实现需要

30．根据美国心理学家马斯洛的需要层次论，只有（　　）获得满足以后，高一层次的需要才能相继产生。

A．安全需要　B．生理需要　C．爱与归属需要　D．尊重需要

31．根据美国心理学家马斯洛的需要层次论，当（　　）实现后，这时人具有高度的自我意识和社会认知能力，富于创造性，行为具有自发性，能够积极地面对未知和挑战。

A．安全需要　B．生理需要　C．自我实现需要　D．尊重需要

32．通常说“行为之后必有原因”，这里的原因指的就是（　　）。

A．需要　B．动机　C．理想　D．信念

33．某房地产开发商为追求房地产的欣赏价值或艺术价值，注重所开发房地产的外形、色彩等，此为（　　）动机。

A．求实　B．求美　C．求新　D．求奇

34．某消费者为追求名牌商品，注重商品的知名度、生产商等，此为（　　）动机。

A．求实　B．求同　C．求名　D．求奇

35．按受教育程度划分，消费者群体可分为低学历、中等学历、高学历消费者群体等。此属于（　　）。

A．按照自然地理因素划分　B．根据人口统计因素划分

C．根据消费者心理因素划分　D．根据消费者对商品的现实反映划分

36．按性格不同，消费者群体可分为勇敢或懦弱、支配或服从、积极或消极、独立或依赖等不同消费者群体。此属于（　　）。

A．按照自然地理因素划分　B．根据人口统计因素划分

C．根据消费者心理因素划分　D．根据消费者对商品的现实反映划分

37．青年消费者群体的心理特征不包括（　　）。

A．追求时尚与新颖

B．追求科学与实用

C．追求自我成熟的表现和消费个性心理的实现

D．计划性购买多于冲动性购买

38．不同阶层消费者的心理与行为中，上等阶层的人不管是否真心喜欢都会倾向打高尔夫球、钓鱼等主要的休闲活动，表现了（　　）。

A．基于向下的“怕露富心理”

B．基于希望被同一阶层成员接受的认同心理

C．基于避免向下的“自保心理”

D．基于向上攀升的“高攀心理”

39．不同阶层消费者的心理与行为中，如低收入者宁愿省吃俭用来购买汽车，以获得“有钱人”的暂时满足感，表现了（　　）。

A．基于向下的“怕露富心理”

B．基于希望被同一阶层成员接受的认同心理

C．基于避免向下的“自保心理”

D．基于向上攀升的“高攀心理”

40．商品价格的心理功能不包括（ ）。
A．商品价值的认知功能 B．自我意识比拟功能
C．习惯性心理 D．调节需求功能

41．消费者的价格心理表现中，（ ）是由于消费者长期、多次购买某些商品，通过对商品价格的反复感知而逐步形成的对衡量商品价格的一种心理尺度。
A．习惯性心理 B．敏感性心理 C．倾向性心理 D．感受性心理

42．商品定价的心理方法中，针对“便宜没好货”的心理，以行业中较高甚至最高的价格对自己的商品进行定价，可以使消费者对商品的质量有一种预期，此种定价方法属于（ ）。
A．高价法 B．低价法 C．尾数法 D．折价法

43．消费者对商品的购买行为中，经常性购买的对象是消费者需要的日用生活必需品，这类商品选择性不强，价值较低，购买频繁，消费者的购买愿望是求便利，花费尽可能少的时间就能买到，因此，这类商品在购买地址的选择上是步行不超过（ ）分钟的距离。
A．10 B．30 C．60 D．90

44．消费者对商品的购买行为中，选择性购买的对象是（ ）。
A．消费者需要的日用生活必需品 B．消费者根据自己需要进行挑选的日用品
C．长期使用的耐用品 D．短期使用的耐用品

45．现场营销的消费者心理中，当商品供应充足、价格下跌时，人们由于预计价格会继续降低，或担心买到之后，商品会继续降价，反而不急于购买。此种心理属于（ ）。
A．抢购心理 B．待购心理 C．逆反心理 D．择优心理

46．人际交往过程中，（ ）又称信源，是指将要传递的内容符号化以后再把它发送出去的主体。
A．信息发送者 B．信息传递通道 C．信息中间人 D．信息接收者

47．人际交往过程中，（ ）又称受信者，是指接收信息、解释符号、对有意义的内容作出反应的主体，包括个人或群体。
A．信息发送者 B．信息传递通道 C．信息中间人 D．信息接收者

48．交往双方都以自己的社会身份、地位等来进行交往，属于（ ）。
A．间接交往 B．微观交往 C．角色交往 D．非角色交往

49．人际关系成分组成中，（ ）是人际关系的基础。
A．认识成分 B．情感成分 C．需要成分 D．行为成分

50．（ ）是指房地产经纪人能从观察到的外部线索中准确地推知对方行为发生的真正原因。
A．具有一定的面谈技巧 B．关心客户、满足客户的兴趣和需要
C．良好的判断力 D．说服别人的能力

（二）多项选择题（每题的备选答案中，有两个或两个以上符合题意的答案）

51．心理学是一门主要研究人的（ ）的科学。
A．心理活动 B．身心状况 C．思想情操
D．水平能力 E．行为表现

52．心理过程包括（ ）三个方面。
A．思考过程 B．想象过程 C．认识过程

D. 情感过程　　E. 意志过程

53. 个性心理包括（　　）两个方面。

A. 个性心理倾向　　B. 个性心理素质

C. 个性心理作用　　D. 个性心理特征

E. 个性心理意义

54. 下列属于个性心理倾向的包括（　　）。

A. 需要　　B. 动机　　C. 信念

D. 理想　　E. 能力

55. 个性心理特征是指个体的心理过程中经常地、稳定地表现出来的心理特征，它主要表现在（　　）三个方面。

A. 气质　　B. 能力　　C. 兴趣

D. 理想　　E. 性格

56. 消费者的认识过程中，感觉在消费者购买活动和营销工作中的作用主要有（　　）。

A. 感觉使消费者获得对商品的第一印象

B. 感觉是引起消费者某种情绪的通道

C. 对消费者发出的刺激信号强度要适应人的感觉阈限

D. 感觉的选择性帮助消费者确定目标

E. 感觉的恒常性促进商品销售

57. 消费者的认识过程中，记忆在消费者购买活动和营销工作中的作用有（　　）。

A. 记忆影响消费者的购买决策

B. 研究消费者的记忆规律对营销工作非常重要

C. 活动可以加强消费者的记忆

D. 利用记忆规律设计、发布广告

E. 情绪和情感对记忆产生影响

58. 知觉的主要特征是（　　）。

A. 选择性　　B. 整体性　　C. 理解性

D. 变化性　　E. 恒常性

59. 消费者思维的特点包括（　　）。

A. 独立性　　B. 创造性　　C. 灵活性

D. 敏感性　　E. 间接性

60. 根据思维过程中的凭借物和不同的思维形态，思维可分为（　　）。

A. 动作思维　　B. 形象思维　　C. 抽象思维

D. 常规思维　　E. 创造性思维

61. 根据思维时是否遵循明确的逻辑形式和逻辑规则，思维可分为（　　）。

A. 直觉思维　　B. 聚合思维　　C. 发散思维

D. 形象思维　　E. 逻辑思维

62. 从想象与现实关系来看，想象有（　　）等。

A. 无意想象　　B. 有意想象　　C. 幻想

D. 空想　　E. 梦想

63. 消费者的认识过程中，注意的功能有（　　）。

A．选择功能　　B．保持功能　　C．发展功能
D．心理功能　　E．对活动进行监督和调节的功能

64．消费者的意志过程可分为（　　）三个阶段。
A．作出购买决策的阶段　　B．执行购买决策的阶段
C．检查购买决策的阶段　　D．评价购买决策阶段
E．评价购买物品阶段

65．按照个体心理活动的倾向性，可将人的性格分为（　　）。
A．理智型　　B．情绪型　　C．意志型
D．外向型　　E．内向型

66．按消费态度不同划分，消费者可以区分为（　　）。
A．自由型　　B．顺应型　　C．保守型
D．节俭型　　E．外向型

67．需要主要有下列（　　）三个特点。
A．对象性　　B．紧张性　　C．松懈性
D．自觉性　　E．驱动性

68．从动机与活动的关系来说，动机具有下列（　　）三种功能。
A．引发功能　　B．指引功能　　C．激励功能
D．强化功能　　E．帮助功能

69．少年儿童消费者群体消费心理特征主要有（　　）等。
A．依赖心理　　B．可塑心理
C．直观心理　　D．追求时尚与新颖心理
E．模糊心理

70．中年消费者群体心理特征包括（　　）。
A．购买的冲动性胜于理智性　　B．购买的计划性多于盲目性
C．购买求实用，节俭心理较强　　D．购买有主见，不受外界影响
E．购买随俗求稳，注重商品的便利

71．消费者的价格心理表现为（　　）。
A．习惯性心理　　B．敏感性心理　　C．倾向性心理
D．感受性心理　　E．调节需求心理

72．商品定价的心理方法主要有（　　）。
A．高价法　　B．低价法　　C．尾数法
D．折价法　　E．询问法

73．成功的广告要针对消费者的心理，运用一定的心理方法打动消费者。这些心理方法主要有（　　）。
A．真实可靠　　B．华丽鼓动　　C．方便可行
D．引起共鸣　　E．创造信誉

74．商店招牌命名的心理策略有（　　）。
A．反映商店主要经营内容与特色
B．采用寓意深刻、别开生面的独特命名吸引客户的注意
C．不能用名人或名牌商标或吉祥物作商店的命名与招牌

D．以寓意美好的词语和事物命名，迎合消费者喜庆吉祥的心理
E．充分利用传统老字号，展示民族文化特色

75．营销人员对消费者的心理影响主要有（　　）。
A．营销人员的仪表影响消费者对企业的认识过程
B．营销人员的服务态度影响消费者的情感过程
C．营销人员的服务方式影响消费者的情感过程
D．营销人员的年龄影响消费者的情感过程
E．营销人员的身高影响消费者的情感过程

76．人际交往的特点包括（　　）。
A．交流信息　　B．限制信息　　C．自主主义
D．相互认知　　E．相互作用

77．人际交往过程中，下列（　　）属于信源。
A．商品的销售员　　B．书报的编辑
C．发出指令的企业老板　　D．传播书面语言的报刊
E．具有接收和传递功能的人的各种感觉器官等

78．人际交往过程中，下列属于信道的有（　　）。
A．传播书面语言的书信　　B．商品的销售员
C．传播书面语言的网络　　D．具有接收和传递功能的人的各种感觉器官
E．新闻记者

79．人际关系是由（　　）三个相互联系的成分组成的。
A．认识　　B．需要　　C．交流
D．情感　　E．行为

80．影响人际关系建立和发展的因素包括（　　）等。
A．兴趣、理想、信念、价值观等方面的不一致性
B．距离的远近
C．交往的频率
D．仪表的魅力
E．需要的互补

81．房地产经纪人在人际交往和人际关系方面的素质主要包括（　　）等。
A．具有一定的面谈技巧　　B．关心客户、满足客户的兴趣和需要
C．具有较高的职称　　D．幽默感
E．说服别人的能力

82．良好的人际关系包括的层次有（　　）。
A．协调　　B．紧张　　C．友好
D．敌对　　E．亲热

83．过度的心理压力可能危及身心健康，遵循下列（　　）准则，可以将心理压力保持在可控制的水平。
A．分清先后，将生活中真正的麻烦事分类
B．过多苛求自己
C．看问题要客观公正

D．考虑问题要从实际出发，采取适当的措施，不钻牛角尖

E．要相信总会有人愿意而且有能力帮助自己，不要拒绝从他们的经验中受益

（三）综合分析题（每个小题的备选答案中有一个或一个以上符合题意的答案。错选不得分；少选，但选择正确的每个选项得相应分）

A房地产开发公司拟开发一商品住宅楼，2010年6月，以337.50万元的熟地价格取得建设用地使用权，于2011年5月末开发完成并全部售出。该住宅建筑用地总面积为2 250 m^2，建筑楼层为6层，钢筋混凝土框架结构，总建筑面积3 060 m^2。根据开发建设进度并经房产行政主管部门批准，A房地产开发公司在2010年8月，委托B房地产经纪公司负责市场分析、项目融资、营销计划及预（销）售商品房等内容的经纪活动。市民吴某现有住房一套，面积仅有35 m^2，全家期望住房条件的改善。2011年8月，吴某一家多次来到该售楼部，询问房价及贷款方式问题。2011年11月，吴某通过贷款方式购买了该小区一套150 m^2 的住宅。

84．该商品住宅楼的楼面地价为（　　）元/m^2。

A．1 102.94　　B．1 301.47　　C．1 500　　D．6 617.65

85．该地块的建筑密度为（　　）。

A．0.17　　B．0.23　　C．0.74　　D．1.36

86．张某原是这里的动迁户，原居住条件比较恶劣，张某用得到的拆迁补偿费购买一套该开发公司开发的商品住宅，是为了满足（　　）。

A．物质需要　　B．潜在需要　　C．自我实现需要　　D．生理需要

87．市民吴某的需要，属于（　　）。

A．生存需要　　B．享受需要　　C．现实需要　　D．潜在需要

88．如果吴某购买此房注重商品的内在质量，不过分强调外观，则吴某的购买动机属于（　　）需求。

A．求美动机　　B．求实动机　　C．求新动机　　D．求廉动机

89．如果吴某购买此房为看好房地产开商和该小区名牌效应，则吴某的购买动机属于（　　）需求。

A．求美动机　　B．求实动机　　C．求名动机　　D．求廉动机

90．如果吴某购买此房为看好该小区的住宅的艺术价值和外形、色彩特色，则吴某的购买动机属于（　　）需求。

A．求美动机　　B．求实动机　　C．求名动机　　D．求廉动机

五、参考答案

答　　案

（一）单项选择题

1．B	2．A	3．C	4．C	5．A	6．C	7．C	8．B	9．D	10．A
11．D	12．D	13．B	14．C	15．B	16．C	17．B	18．B	19．C	20．C
21．A	22．A	23．C	24．D	25．A	26．C	27．B	28．D	29．D	30．B
31．C	32．B	33．B	34．C	35．B	36．C	37．D	38．B	39．D	40．C
41．A	42．A	43．A	44．B	45．B	46．A	47．D	48．C	49．A	50．C

（二）多项选择题

51. AE　52. CDE　53. AD　54. ABCD　55. ABE　56. ABC　57. ABCE
58. ABCE　59. ABCD　60. ABC　61. AE　62. CDE　63. ABE　64. ABD
65. DE　66. ABCD　67. ABE　68. ABC　69. ABCE　70. BCDE　71. ABCD
72. ABCD　73. ACDE　74. ABDE　75. ABC　76. ADE　77. ABC　78. ACD
79. ADE　80. BCDE　81. ABDE　82. ABE　83. ACDE

（三）综合分析题

84. A　85. B　86. D　87. BC　88. B　89. C　90. A

解　析

（三）综合分析题

84. 楼面地价$=\dfrac{\text{土地总价}}{\text{总建筑面积}}=3\,375\,000\div3\,060=1\,102.94$（元/$m^2$）。

85. 该地块的建筑密度=建筑基底面积/建筑用地总面积＝（$3\,060\div6$）$\div2\,250=22.67\%\approx0.23$。

2007年房地产经纪相关知识试题及参考答案

一、单项选择题（共50题，每题1分。每题的备选答案中只有一个最符合题意，请在答题卡上涂黑其相应的编号）

1．在房屋完损等级分类中，基本完好房屋是指（　　）。

A．主体结构完好，虽有一些漏雨或轻微破损，但经过小修就能修复的房屋

B．主体结构基本完好，少数部件有破损，但不严重，经过维修就能修复的房屋

C．主体结构完好，少数部件虽有损坏，但不严重，经过维修就能修复的房屋

D．主体结构基本完好，虽有一些漏雨或轻微破损，但经过小修就能修复的房屋

2．当建筑场地的上部土层较弱、承载力较小，不适宜在天然地基上作浅基础时，宜采用的基础类型是（　　）。

A．条形基础　B．独立基础　C．筏板基础　D．桩基础

3．经现场检测，某低温热水采暖系统的供水温度为90 ℃，回水温度为60 ℃，则该供水系统的供水温度（　　）。

A．偏低　B．正常　C．偏高　D．过高

4．建筑施工图上标注的标高的尺寸单位通常是（　　）。

A．毫米　B．厘米　C．分米　D．米

5．根据施工图纸和相关资料所确定的工程造价是（　　）。

A．投资估算造价　B．概算造价　C．预算造价　D．合同价

6．作为房屋所有权证的附图，用于表示房屋权属范围和明确异产毗连房屋的权利界线的细部图是（　　）。

A．房产分幅图　B．房产分丘图　C．房产分户图　D．地形图

7．在办理房屋产权登记时，填报的房屋面积数据应是（　　）。

A．建筑竣工图标注的面积　B．房产测绘单位实测的面积

C．购房合同约定的面积　D．开发商确定的面积

8．对于不规则形状的土地，将其分解成若干相对规则图形的土地，分别量算各图形面积后再加总的土地面积测算方法是（　　）。

A．几何图形法　B．坐标法　C．求积仪法　D．求积透明膜片法

9．能真实反映城市用地规模的大小，并便于城市之间人口和用地规模比较的城市地域范围，一般被称为（　　）。

A．城市市区　B．城市郊区　C．城市规划区　D．城市建成区

10．在山地和丘陵地区，为克服地形被分割的不利影响，城市的布局通常多采用（　　）布局。

A．团状集中式　B．狭长带状　C．组团式　D．葡萄串式

11．在城市用地自然条件评价中，适宜作为住宅用地的是（　　）。

A．山地、丘陵地区的阳坡　B．全年最小风向的上风侧

C．百年以上洪水位以下的地段　　D．不稳定的滑坡体下滑方向

12．在居住区规划中，确定各住宅楼间距的主要依据是满足（　　）要求。

A．交通与消防　　B．通风　　C．日照　　D．景观

13．下列关于居住区规划的表述中，正确的是（　　）。

A．居住区规模通常以居住用地规模作为主要标志

B．居住区的组成要素有住宅、道路和绿地三项

C．居住区规划总用地包括住宅用地和其他用地两大类

D．居住区按居住户数或人口规模，分为居住区、居住小区、居住组团三级

14．下列关于城市居住区综合技术经济指标的公式中，错误的是（　　）。

A．住宅建筑套密度（毛）＝住宅建筑总套数/住宅总建筑面积（套/hm^2）

B．中高层住宅比例＝中高层住宅总建筑面积/住宅总建筑面积

C．人口毛密度＝规划人口数量/居住区用地（人/hm^2）

D．住宅建筑面积毛密度＝住宅建筑面积/居住区用地（万 m^2/hm^2）

15．对于从事房地产经纪活动的人员而言，所关注的环境是（　　）。

A．以自然为主体的环境　　B．以人为主体的环境

C．以工作为内容的环境　　D．以生活为内容的环境及以人为主体的环境

16．颗粒相对较小、直径在 10 μm 以下、不易沉降、能长时间在空中飘浮的颗粒污染物是（　　）。

A．尘粒　　B．飘尘　　C．烟尘　　D．雾尘

17．下列关于环境噪声污染特征的表述中，错误的是（　　）。

A．发声源停止发声，污染即自行消除

B．环境噪声污染影响受害者的生理与心理状态

C．环境噪声污染具有局限性和集中性

D．随着噪声源距离的增加，声能量衰减

18．有些石材、砖、水泥、混凝土等材料含有高苯底的镭，该物质可蜕变成对人体十分有害的放射性污染物是（　　）。

A．苯　　B．氡　　C．甲醛　　D．石棉

19．环境污染中固体废物种类繁多，其中，按废物的化学性质可以分为（　　）。

A．有机废物和无机废物

B．有害废物和一般废物

C．城市垃圾、工业固体废物、农业废弃物和放射性固体废物

D．颗粒状废物与粉状废物等块状废物和泥状废物

20．根据国家《城市区域环境噪声标准》，规定了城市五类区域的环境噪声标准，其中 1 类标准适用于（　　）。

A．居住区　　B．工业区　　C．商业区　　D．混杂区

21．房地产市场的特点不包括（　　）。

A．交易产品差异化　B．交易金额较大　C．交易程序复杂　D．竞争性强

22．按照房地产市场周期理论，房地产售价以比租金快得多的速度上涨、新房交易量大的阶段是（　　）。

A．上升期　　B．高峰期　　C．衰退期　　D．低谷期

23．某城市商品住宅的价格从 5 000 元/m^2 上涨到 6 000 元/m^2，需求量相应地从 3 000 套下降

到 2 600 套，则采用中点法计算的该商品住宅的需求价格弹性是（　　）。

A．0.40　　B．0.79　　C．1.27　　D．2.50

24．王某准备三年后一次性付款购买一套总价为 100 万元的住宅，三年期存款利率为 6%，则王某目前需一次性存入银行（　　）万元。

A．83.96　　B．84.75　　C．118.00　　D．119.10

25．某家庭用住房抵押取得贷款 20 万元，贷款年利率为 5%，贷款期限为 15 年，采用按月等额本息还款方式还款。该家庭的月还款额是（　　）元。

A．352.90　　B．1 581.59　　C．17 336.41　　D．19 268.46

26．某地块的单价为 900 元/m^2，房屋单价为 3 600 元/m^2，设定容积率为 3，则其楼面地价是（　　）元/m^2。

A．300　　B．1 200　　C．2 700　　D．4 500

27．李某欲购买一套期房，一年后交房。与其类似的现房价格为 6 000 元/m^2，用于出租的年净租金为 360 元/m^2（出租期初支付），折现率为 10%，风险补偿估计为现房价格的 2%，则该期房目前的价格是（　　）元/m^2。

A．5 520.00　　B．5 724.00　　C．6 000.00　　D．6 207.27

28．一般情况下，同质的期房与现房之间的价格关系是（　　）。

A．期房价格高于现房价格　　B．期房价格低于现房价格

C．期房价格与现房价格相等　　D．期房价格与现房价格没有关系

29．某宗土地总面积为 2 000 m^2，容积率为 3，对应的土地单价为 600 元/m^2。现调整容积率为 4，若楼面地价不变，则理论上应补交地价款（　　）万元。

A．30　　B．40　　C．360　　D．480

30．某宗房地产交易，买卖双方约定以 5 600 元/m^2 的价格成交，买卖中涉及的税费均由卖方负担。据悉，该地区房地产买卖中应由卖方缴纳的税费为正常成交价格的 9%，应由买方缴纳的税费为正常成交价格的 5.5%。则该宗房地产的正常成交价格为（　　）元/m^2。

A．5 137.61　　B．5 308.06　　C．5 908.00　　D．5 925.93

31．在我国，可作为城镇土地使用权价格标准的是宗地的（　　）。

A．课税价格　　B．抵押价格　　C．标定地价　　D．基准地价

32．下列各项中，属于直接信用工具的是（　　）。

A．银行券　　B．存款单　　C．银行票据　　D．商业票据

33．确定房地产抵押贷款额度的基本依据是（　　）。

A．抵押房地产的价值　　B．抵押房地产的开发成本

C．抵押房地产的原始价值　　D．抵押房地产的投资价值

34．在个人住房贷款中，借款人的月还款额占借款人家庭月收入的比率是（　　）。

A．贷款价值比率　　B．偿还比率

C．月房产支出与收入比　　D．月所有债务支出与收入比

35．某居民欲购买一套商品住宅，用住房抵押取得贷款 20 万元，贷款年利率为 10%，贷款期限为 20 年，若采用按月等额本金还款方式，该居民最后 1 个月的月还款额为（　　）元。

A．840.28　　B．916.67　　C．2 493.27　　D．2 500.00

36．下列关于住房置业担保的表述中，错误的是（　　）。

A．住房置业担保是担保方式的一种补充
B．保证责任为连带责任保证
C．借款人不需要提供房屋抵押
D．住房置业担保由专门设立的机构提供

37．保险危险的构成条件不包括（　　）。
A．危险发生与否不能确定
B．危险发生的时间不能确定
C．危险导致的后果不能确定
D．危险的发生对被保险人来说必须是故意的

38．某份不定值保险，保险合同约定的保险金额为 30 万元，该金额是合同订立时保险标的市场价格。保险事故发生时，保险标的的市场价值升为 32 万元，如果保险标的发生了全部损失，则保险人实际应当赔偿（　　）万元。
A．28　　B．30　　C．32　　D．35

39．双方当事人在订立保险合同时已确定保险标的的保险价值，并将其载明于保险合同中的保险是（　　）。
A．法定保险　　B．信用保险　　C．人身保险　　D．定值保险

40．统计中通常把所要研究的事物或现象的全体称为（　　）。
A．统计总体　　B．总体单位　　C．样本容量　　D．统计个体

41．某城市 2007 年 4 月至 6 月房地产价格环比上涨幅度均为 2%，其中 6 月的价格为 4 000 元/m^2，则该类房地产 4 月的价格为（　　）元/m^2。
A．3 840.00　　B．3 844.68　　C．3 920.00　　D．3 921.57

42．某地区房地产开发完成的总房屋建筑面积中，住房、商业用房、办公用房、工业用房、其他用房各自所占的比重是（　　）相对指标。
A．结构　　B．比例　　C．比较　　D．强度

43．某地区某类住宅的市场价格 2003 年为 4 000 元/m^2，2004 年为 5 000 元/m^2，该地区该类住宅的市场价格 2004 年比 2003 年上涨了（　　）。
A．20%　　B．25%　　C．80%　　D．125%

44．在我国房地产统计体系中，房屋租赁面积是反映（　　）状况的主要统计指标。
A．房屋使用　　B．居住　　C．房屋建设　　D．房屋交易

45．基本心理过程是（　　）过程。
A．情感　　B．认识　　C．意志　　D．感知

46．做好房地产经纪工作，观察环节很重要。这是因为观察是知觉的特殊形式，是有目的、有计划、（　　）的知觉过程。
A．主动　　B．被动　　C．行为　　D．分析

47．记忆的速度和效率特征体现了人的记忆的（　　）。
A．敏捷性　　B．持久性　　C．准确性　　D．准备性

48．根据需要的对象，可将人的需要分为（　　）。
A．生理需要和社会需要　　B．物质需要和精神需要
C．生存需要、享受需要和发展需要　　D．现实需要和潜在需要

49．从住房消费者的购买动机来看，追求商品住房的装修风格与色泽，体现了住房消费者

的（　　）动机。

A．求实　　B．求美　　C．求新　　D．求名

50．个性心理特征以（　　）为核心。

A．能力　　B．性格　　C．气质　　D．经验

二、多项选择题（共 30 题，每题 2 分。每题的备选答案中有两个或两个以上符合题意，请在答题卡上涂黑其相应的编号。错选不得分；少选且选择正确的，每个选项得 0.5 分）

51．建筑物安全基本要求有（　　）。

A．墙体保温隔热　　B．楼板不漏水　　C．不会倒塌　　D．没有严重污染

E．建筑高度符合规划要求

52．楼宇智能化系统主要由（　　）组成。

A．通信自动化（CA）　　B．办公自动化（OA）

C．楼宇自动化（BA）　　D．设备自动化（MA）

E．物业管理自动化（PA）

53．消防设备中适用于安装自动喷淋系统的建筑物有（　　）。

A．火灾危险性较小的建筑物　　B．燃烧较快的建筑物

C．无人看管的建筑物　　D．防火要求不高的建筑物

E．火灾危险性较大的建筑物

54．建筑施工图包括（　　）。

A．建筑总平面图　　B．建筑剖面图

C．建筑详图　　D．基础平面图

E．电气施工图

55．房产分户图表示的内容有（　　）。

A．控制点　　B．房屋产权界线

C．所在层次、户号、室号　　D．房屋建筑面积

E．房屋边长

56．下列关于房屋面积测算的表述中，正确的有（　　）。

A．房屋屋顶为斜面结构（坡屋顶）的，层高 2 m 以下的部位计算建筑面积

B．全封闭阳台、有柱挑廊以底板水平投影计算建筑面积

C．无柱挑廊外围水平投影超过其底板外沿的，以底板水平投影的一半计算建筑面积

D．与室内不相通的类似于阳台、挑廊、檐廊的建筑，不计算建筑面积

E．室外楼梯的建筑面积，按其在各楼层水平投影面积之和计算

57．在城市用地自然条件评价中，属于工程地质条件的有（　　）。

A．地基承载力　　B．城市防洪　　C．工程地质病害

D．地下水位　　E．城市水源

58．下列控制性详细规划指标中属于规定性指标的有（　　）。

A．建筑密度　　B．建筑形式　　C．容积率

D．用地性质　　E．建筑控制高度

59．在居住区的技术经济指标中，反映居住区环境质量的主要指标有（　　）。

A．户均人口　　B．建筑密度　　C．绿地率

D. 停车率　　　　E. 拆建比

60. 在选购住宅时，购房者主要考虑的社会环境有（　　）。

A. 大气环境　　　　B. 人工环境　　　　C. 文化传统

D. 社会治安　　　　E. 建筑小品

61. 烟囱作为环境污染源的类型有（　　）。

A. 固定污染源　　　　B. 点源　　　　C. 线源

D. 高架源　　　　E. 地面源

62. 环境噪声污染对人的伤害主要有（　　）。

A. 对视力的影响　　　　B. 对人体生理的影响

C. 对人体心理的影响　　　　D. 对儿童智力的影响

E. 对睡眠的影响

63. 影响房地产需求量的因素有（　　）。

A. 该种房地产的价格水平　　　　B. 房地产开发商对未来的预期

C. 消费者的偏好　　　　D. 相关物品的价格水平

E. 消费者对未来的预期

64. 下列因素发生变化后，可以使城市郊区住房需求增加的因素有（　　）。

A. 修建通往郊区的地铁线路

B. 通往郊区的高速公路停止收费

C. 提高郊区住房开发用地的征地补偿标准

D. 提高郊区住房用地的土地使用权出让金

E. 将该城市政府搬迁到郊区

65. 下列用于分析房地产本身因素变化对房地产需求影响的弹性有（　　）。

A. 房地产需求的价格弹性　　　　B. 房地产需求的收入弹性

C. 房地产需求的人口弹性　　　　D. 房地产需求的交叉弹性

E. 房地产需求的价格预期弹性

66. 下列关于房地产拍卖价格的表述中，正确的有（　　）。

A. 评估价是对拟拍卖房地产的公开市场价值进行测算和判定的结果

B. 起拍价又称拍卖底价

C. 保留价是拍卖前确定的拍卖标的可售的最低价格

D. 增价拍卖的结果是拍卖标的由出价最高者获得

E. 在有保留价拍卖中，最高应价一定成为成交价

67. 成本法估价中的房地产开发成本有（　　）。

A. 勘察设计和前期工程费　　　　B. 管理费用

C. 基础设施建设费　　　　D. 房屋建筑安装工程费

E. 公共配套设施建设费

68. 毛租金乘数法是求取估价对象价值的一种方法，其优点主要有（　　）。

A. 计算简便

B. 省略了房地产租金以外的收入

C. 比较客观

D. 省略了不同房地产空置率和运营费用的差异

E．避免多次测算可能产生的误差

69．在纸币本位制度下，能够促使本国货币汇率上升的因素有（　　）。

A．国民经济发展速度较快，财政收支良好，物价稳定

B．国际收支出现逆差

C．发生通货膨胀

D．与其他国家相比，该国利率水平相对较高

E．国际收支出现顺差

70．在房地产贷款中，可以作为抵押物的有（　　）。

A．集体土地所有权　　B．房屋所有权

C．在建工程　　D．国有土地所有权

E．预购商品住房

71．在商业银行办理的贷款中，担保方式有（　　）。

A．保证　　B．信用　　C．质押

D．抵押　　E．保险

72．下列关于保险的表述中，正确的有（　　）。

A．保证保险和信用保险的保险标的具有一致性，都是信用风险

B．财产损失保险、责任保险、信用保险和保证保险都属于财产保险

C．保险金额不得超过保险价值，超过保险价值的，超过部分无效

D．保险的实质是保险人为义务人提供的一种财产损失保险

E．保险是一种契约或由契约而产生的权利义务关系

73．支付保费是履行保险合同的重要环节，确定保费数额的关键因素有（　　）。

A．保险品种　　B．保险金额　　C．保险费率

D．保险时间　　E．保险目的

74．产权人将拥有的房地产向保险公司投保时，签订保险合同的形式主要有（　　）。

A．保证书　　B．投保单　　C．保险单

D．批单　　E．暂保单

75．统计总体形成必须具备的条件有（　　）。

A．客观性　　B．同质性　　C．差异性

D．局部性　　E．连续性

76．下列房地产统计数据中，属于直接来源渠道的有（　　）。

A.《中国统计年鉴》　　B．尚未公开的统计数据

C．问卷调查　　D．已发表的研究报告

E．科学试验

77．若采用时间序列分析，影响时间序列的因素有（　　）。

A．长期趋势　　B．季节变动　　C．循环波动

D．个别因素　　E．不规则波动

78．在心理活动中，影响创造想象的主要因素有（　　）。

A．再造想象　　B．原型启发　　C．创造动机

D．积极思维　　E．灵感

79．不良的人际关系包括的层次有（　　）。

A．不协调　B．紧张　C．冷淡
D．敌对　E．不友好

80．知觉的主要特征有（　　）。
A．记忆性　B．选择性　C．整体性
D．理解性　E．恒常性

三、综合分析题（共 20 小题，每小题 2 分。每小题的备选答案中有一个或一个以上符合题意，请在答题卡上涂黑其相应的编号。错选不得分；少选且选择正确的，每个选项得 0.5 分）

（一）

甲房地产开发公司在某城市临街建设商住两用商品房一幢，共 10 层。居民李某购买了其中一套住房，该住房套内房屋使用面积为 120 m^2，套内墙体面积为 20 m^2，北面为全封闭阳台，南面为不封闭阳台，其水平投影面积分别为 8 m^2、10 m^2，应分摊共有建筑面积 15 m^2。

81．该建筑物的总平面图可以反映（　　）。
A．该建筑物的方位　B．与临近建筑物相对位置关系
C．该建筑物各主要部分标高　D．该建筑物的结构构造

82．在该项目施工过程中，若采用部分现浇现砌、部分预制装配式的施工方法，其目的为（　　）。
A．确保建筑结构的整体性和安全性　B．节省建造费用
C．加快施工进度　D．增强保温隔热功能

83．该建筑物建设招标采用的是工程量清单计价法，以下属于其中的措施费的为（　　）。
A．安全施工费　B．住房公积金　C．工程排污费　D．临时设施费

84．李某所购买的住宅的建筑面积为（　　）m^2。
A．163　B．165　C．168　D．173

85．按建筑结构的主要材料划分，该商住两用楼的结构形式最可能为（　　）结构。
A．砖混　B．钢　C．砖木　D．钢筋混凝土

（二）

某开发商开发一个住宅小区，该小区土地总面积为 20 000 m^2，住宅用地总面积为 15 000 m^2，规划建筑面积 80 000 m^2。其中，22 层的住宅楼 4 幢，每幢 12 000 m^2；10 层的住宅楼 4 幢，每幢 7 000 m^2，其余的为配套设施建筑。该小区规划建设 930 套住宅。李某虽然没有明确的购买目的，看到周围的不少朋友在买房，便在该小区以 3 000 元/m^2 的价格购买了一套建筑面积为 90 m^2 的已经竣工的住宅。

86．该住宅小区的住宅建筑毛密度为（　　）万 m^2/hm^2。
A．3.80　B．4.00　C．5.07　D．5.33

87．该住宅小区规划要求的绿地面积应该不少于（　　）m^2/人。
A．0.5　B．1.0　C．1.5　D．2.0

88．按需求的种类划分，居民李某的这种购房行为属于（　　）需求。
A．自用　B．投资　C．投机　D．跟风

89．统计中可以计入竣工房屋面积指标的内容，需要达到的条件为（　　）。

A．按设计要求已全部完工　　B．达到入住和使用条件
C．符合竣工验收标准　　D．已办理房屋全部产权

90．该小区商品住宅价格水平高低的决定因素为（　　）。
A．全国房地产总的供求状况　　B．本地区房地产的供求状况
C．全国本类房地产的供求状况　　D．本地区本类房地产的供求状况

（三）

张某两年前购买了一套建筑面积为120 m^2、单价为4 000元/m^2的住房，首付40%，另外60%向银行申请20年期贷款，贷款年利率为6%，采用按月等额本息还款方式还款。银行为规避风险，要求张某办理了与住房贷款相结合的人身保险。

91．张某购买该套住宅后，每月还款额应为（　　）元。
A．2 063.32　　B．2 583.14　　C．2 678.30　　D．3 438.87

92．张某申请住房贷款需要提供的资料为（　　）。
A．身份证　　B．经济收入证明　C．购房合同　　D．亲属情况证明

93．目前20年期住房抵押贷款年利率已按调整后的7.08%执行，则与购房之初相比，张某目前月还款额增加（　　）元。
A．168.79　　B．183.39　　C．298.80　　D．305.56

94．按照银监会规定，个人住房贷款的月房产支出与收入比不得超过（　　）。
A．25%　　B．30%　　C．50%　　D．55%

95．两年后张某因车祸致残无法继续偿还住房贷款，则该笔贷款的偿还者为（　　）。
A．张某本人　　B．保险公司　　C．张某所在单位 D．张某直系亲属

（四）

某企业以4 000元/m^2的价格购置了一处商业用房，企业自筹资金200万元，其余400万元向银行贷款取得。该商业用房建筑面积1 500 m^2，通过出租摊位每年可获得净收益35万元，报酬率为10%，该商业用房的使用期限还有35年。居民刘某承租了一个摊位经营。

96．该企业为购置商业用房办理的房地产贷款的种类为（　　）。
A．土地储备贷款　　B．房地产开发贷款
C．个人住房贷款　　D．商业用房贷款

97．该商业用房的收益价格为（　　）万元。
A．337.55　　B．342.27　　C．388.92　　D．394.54

98．在收益法计算中，求取报酬率的方法为（　　）。
A．直接资本化法　　B．累加法
C．累乘法　　D．市场提取法

99．近半年来，刘某各月的经营收入分别为1万元、1.2万元、0.98万元、1.5万元、1.4万元、1.3万元，则其半年来经营收入的中位数为（　　）万元。
A．1.21　　B．1.25　　C．1.50　　D．2.48

100．从贷款人角度讲，防范房地产贷款风险的方法主要为（　　）。
A．考察借款人信用　　B．要求借款人购买保险
C．降低首付款比例　　D．贷款人自己购买保险

参考答案

答案

一、单项选择题

1. C	2. D	3. A	4. D	5. C	6. C	7. B	8. A	9. D	10. C
11. A	12. C	13. D	14. A	15. B	16. B	17. C	18. B	19. A	20. A
21. D	22. B	23. C	24. B	25. B	26. A	27. A	28. B	29. B	30. B
31. C	32. D	33. A	34. B	35. A	36. C	37. D	38. B	39. D	40. A
41. B	42. A	43. B	44. D	45. B	46. A	47. A	48. B	49. B	50. B

二、多项选择题

51. CB	52. ABC	53. BCE	54. ABC	55. BCDE	56. BCDE	57. AC
58. ACDE	59. BC	60. CD	61. ABD	62. BCDE	63. ACDE	64. ABE
65. ABCE	66. ACD	67. ACDE	68. ACE	69. BC	70. BCE	71. ACD
72. ACE	73. BC	74. BCDE	75. ABC	76. CE	77. ABCE	78. BCDE
79. ABD	80. BCDE					

三、综合分析题

81. ABC	82. C	83. AD	84. C	85. D	86. B	87. C
88. D	89. ABC	90. D	91. A	92. ABC	93. B	94. C
95. B	96. D	97. A	98. BD	99. B	100. ABD	

解析

一、单项选择题

23. $E_D=\dfrac{Q_2-Q_1}{(Q_2+Q_1)/2}\div\dfrac{-(P_2-P_1)}{(P_2+P_1)/2}=\dfrac{6\,000-5\,000}{(6\,000+5\,000)/2}\div\dfrac{-(2\,600-3\,000)}{(2\,600+3\,000)/2}=1.27$。

24. $P=\dfrac{F}{1+i\times n}=\dfrac{100}{1+6\%\times3}=84.75$（万元）。

25. $A=P\dfrac{i(1+i)^n}{(1+i)^n-1}=200\,000\times\dfrac{5\%/12\times(1+5\%/12)^{15\times12}}{(1+5\%/12)^{15\times12}-1}=1\,581.59$（万元）。

26. 楼面地价$=\dfrac{\text{土地单价}}{\text{容积率}}=\dfrac{900}{3}=300$（元/m^2）。

27. 该期房目前的价格 $V=6000-360-6000\times2\%=5\,520$（元/m^2）。

29. 补地价（单价）$=600\times\dfrac{4-3}{3}=200$(元/m^2)

补地价（总价）$=200\times2\,000=40$（万元/m^2）

30. 正常成交价格$=\dfrac{\text{买方实际付出的价格}}{1+\text{应由买方缴纳的税费比率}}=\dfrac{5\,600}{1+5.5\%}=5\,308.06$（元/m^2）。

35. 该居民最后 1 个月的月还款额 $A_{240}=\dfrac{P}{n}+\left[P-\dfrac{P}{n}(t-1)\right]i=\dfrac{200\,000}{240}+\left[200\,000-\dfrac{200\,000}{240}(240-1)\right]\times10\%/12=840.28$（元）。

41. 该类房地产 4 月的价格 $p=\dfrac{4\,000}{(1+2\%)^2}=3\,844.68$（元/m^2）。

43．增长速度＝报告期增长量/基期发展水平＝（报告期发展水平－基期发展水平）/基期发展水平＝发展速度度－1（或 100%）。增长速度$=\frac{5\,000-4\,000}{4\,000}\times100\%=25\%$。

三、综合分析题

84．李某所购买的住宅的建筑面积＝120＋20＋8＋10÷2＋15＝168（m²）

86．该住宅小区的住宅建筑毛密度＝规划建筑面积/小区土地总面积＝80 000÷20 000

＝4.00（万 m²/hm²）

91．张某每月还款额$A=P\frac{i(1+i)^n}{(1+i)^n-1}=4\,000\times120\times60\%\times\frac{6\%/12\times(1+6\%/12)^{20\times12}}{(1+6\%/12)^{20\times12}-1}=2\,063.32$（元）。

93．$A=P\frac{i(1+i)^n}{(1+i)^n-1}=4\,000\times120\times60\%\times\frac{7.08\%/12\times(1+7.08\%/12)^{20\times12}}{(1+7.08\%/12)^{20\times12}-1}=2\,246.71$（元）。

2 246.71－2 063.32＝183.39（元）

97．该商业用房的收益价格$V=\frac{A}{Y}\left[1-\frac{1}{(1+Y)^n}\right]=\frac{35}{10\%}\times\left[1-\frac{1}{(1+10\%)^{35}}\right]=337.55$（万元）。

99．中位数是在按大小顺序排列的变量数列中，处于中间位置的变量值。因此，半年来经营收入的中位数为 1.25 万元。

2008年房地产经纪相关知识试题及参考答案

一、**单项选择题**（共50题，每题1分。每题的备选答案中只有一个最符合题意，请在答题卡上涂黑其相应的编号）

1. 砖木结构建筑墙柱体一般采用砖砌，楼板屋架采用木材，该类建筑的层数通常是（　　）。
A. 二层以下　B. 三层以下　C. 四层以下　D. 六层以下

2. 房屋由钢筋混凝土梁、板、柱形成承重骨架，墙体只起围护和分割作用的建筑结构是（　　）。
A. 剪力墙结构　B. 框剪结构　C. 框架结构　D. 现浇装配式结构

3. 按照《民用建筑设计通则》的规定，普通建筑和构筑物的建筑设计使用年限为（　　）年。
A. 40　B. 50　C. 70　D. 100

4. 在地震多发地区，建筑物钢筋混凝土楼板通常采用（　　）的施工方式。
A. 现浇　B. 预制　C. 叠合　D. 装配

5. 按照建筑物地面面层使用的材料和施工方式划分，室内水泥地面、水磨石地面和细石混凝土地面属于（　　）。
A. 块材类地面　B. 由预制方式形成的地面
C. 整体类地面　D. 由安装方式形成的地面

6. 影剧院、俱乐部等房屋属于间歇性采暖建筑，其采暖系统的类型一般多采用（　　）。
A. 热水采暖系统　B. 蒸汽采暖系统
C. 集中式空调系统　D. 分布式空调系统

7. 下列图件中，可作为核发土地权属证书和地籍档案附图的是（　　）。
A. 地形图　B. 地籍图　C. 宗地图　D. 地貌图

8. 在房地产测绘中，通过测定房屋四至归属及丈量房屋外墙边长，绘制的房产图是（　　）。
A. 房产分幅图　B. 房产分丘图
C. 房产分户图　D. 房产宗地图

9. 房屋产权证书上的登记面积是（　　）。
A. 房产测绘单位测算的面积　B. 建筑工程图标示尺寸确定的面积
C. 房屋合同约定的面积　D. 房屋当事人共同测定的面积

10. 在城市众多职能中，最突出的职能构成城市的（　　）。
A. 特点　B. 性质　C. 发展潜力　D. 综合实力

11. 下列用地类型中，不属于公共设施用地的是（　　）。
A. 文物古迹用地　B. 社会福利院用地
C. 体育场馆用地　D. 公交站场用地

12. 下列工业用地中，属于二类工业用地的是（　　）。
A. 食品工业用地　B. 电子工业用地　C. 造纸工业用地　D. 采掘工业用地

13. 某居住小区原有住宅建筑面积为50 000 m^2，其中按规划需拆除原有住宅建筑面积

10 000 m^2，新建住宅建筑面积 80 000 m^2，则该小区的拆建比是（　　）。

A．7.7%　　B．12.5%　　C．20.0%　　D．62.5%

14．某项目建筑基底总面积为 20 000 m^2，建筑密度为 25%，规划容积率为 3.5，则该项目的建筑总面积为（　　）m^2。

A．17 500　　B．70 000　　C．80 000　　D．280 000

15．为保证居住区与城市有良好的交通联系，居住区内主要道路与外围道路至少有（　　）相连。

A．一个方向　　B．两个方向　　C．三个方向　　D．四个方向

16．在居住区规划与设计中，无电梯的住宅楼层数不应超过（　　）层。

A．4　　B．5　　C．6　　D．7

17．按照污染源存在的时间划分，居住区旁边道路上汽车噪声所带来的污染属于（　　）。

A．暂时性污染　　B．永久性污染　　C．线源污染　　D．移动污染

18．导致酸雨形成的主要污染物是（　　）。

A．一氧化碳　　B．二氧化硫　　C．二氧化氮　　D．碳氢化合物

19．在城市大气污染中，一氧化碳含量最多，它无色、无味，可以使人体组织缺氧、头痛、恶心甚至昏迷。这种有害污染气体大部分来自（　　）。

A．钢铁企业　　B．化工企业　　C．建筑工业扬尘 D．汽车尾气

20．在环境噪声中，有一类经常发生在城市建设中的噪声，其特点为突发性、冲击性、不连续性，这种噪声是（　　）。

A．施工噪声　　B．社会生活噪声

C．工业生产噪声　　D．交通噪声

21．电磁辐射中，对人体危害程度最强的是（　　）。

A．微波　　B．短波　　C．中波　　D．长波

22．室内环境污染中，属于室内来源的主要污染物是（　　）。

A．生活垃圾　　B．生活用水　　C．建筑材料　　D．建筑设备

23．商品住宅市场需求的总和，是由商品住宅所有现实买主和（　　）共同组成的。

A．现实卖主　　B．潜在买主　　C．潜在卖主　　D．年轻居民

24．下列关于完全竞争的房地产市场的表述，正确的是（　　）。

A．有相当多的买者和卖者　　B．买者少而卖者多

C．买者多而卖者少　　D．只有一个买者和一个卖者

25．在房地产市场周期的某个阶段，初期房屋空置率略高于正常水平，随后需求增加使空置率下降，后期空置率回到正常水平，这个时期为房地产市场周期的（　　）。

A．上升期　　B．高峰期　　C．衰退期　　D．低谷期

26．在下列条件变化下，能够直接增加房地产需求的是（　　）。

A．房地产市场供应量增加　　B．消费者收入提高

C．房地产投资偏好程度减弱　　D．预期房地产价格下降

27．张某准备每年按相同的数额向银行存款，并打算在 8 年后达到 10 万元，假定银行存款年利率为 5%，张某每年应向银行存款（　　）元。

A．8 460.49　　B．10 472.18　　C．12 500.00　　D．18 468.19

28．李某购买了一套住宅，自用 3 年后看到房价上涨就将其住宅转卖，他的这种经济活动

属于（　　）。

A．直接投资　　B．投机炒作　　C．间接投资　　D．资本报酬

29．某房地产投资项目累计净现金流量开始出现正值的年份数为 4，又知上年累计净现金流量为负 240 万元，出现正值的当年净现金流量为 300 万元，则该房地产投资项目的投资回收期是（　　）年。

A．3.8　　B．4.0　　C．4.8　　D．5.8

30．在房地产交易活动中一般简称的商品房价值，指的是商品房的（　　）。

A．使用价值　　B．交换价值　　C．潜在价值　　D．有效价值

31．某期房还需 9 个月才能交付使用，市场上类似的现房价格为 8 000 元/m^2，该类房屋出租一年净收益为 500 元/m^2，假设折现率为 12%，风险补偿估计为现房价格的 1.5%，则该期房目前的价格是（　　）元/m^2。

A．7 434　　B．7 553　　C．7 700　　D．8 339

32．下列房地产出售价格实行政府指导价的是（　　）。

A．公有住房出售的标准价格　　B．公有住房出售的成本价格

C．新建商品住房的出售价格　　D．新建经济适用住房的出售价格

33．居民收入增加会加大对居住房地产的需求，其中，（　　）阶层收入增加对居住房地产的需求的影响最大。

A．超低收入者　　B．低收入者　　C．中等收入者　　D．高收入者

34．经预测，某宗房地产未来 4 年的年净收益均为 80 万元，假定 4 年后的价格比现在上涨 10%，该类房地产的报酬率为 8.6%，则该房地产现在的价格是（　　）万元。

A．773.58　　B．930.17　　C．961.99　　D．1 249.86

35．通过开办房地产开发贷款与个人住房贷款业务，支持房地产开发、经营和消费等房地产经济活动，是房地产金融的（　　）职能。

A．筹集资金　　B．融通资金　　C．流通手段　　D．结算服务

36．下列金融机构中，属于银行业金融机构的是（　　）。

A．信托投资公司　　B．金融租赁公司　C．财务公司　　D．信用合作社

37．在直接标价法下，汇率下降表明（　　）。

A．本币币值下降　　B．本币币值上升

C．本币不动外币动　　D．外币不动本币增多

38．在房地产抵押贷款中，抵押权人一般为（　　）。

A．银行　　B．借款人　　C．担保人　　D．保证人

39．王某的购房抵押贷款为 30 万元，按贷款合同约定，贷款年利率为 7.8%，贷款期限为 20 年，若采用按月等额本息还款方式，姚某的月还款额为（　　）元。

A．1 250.00　　B．2 472.11　　C．3 432.09　　D．5 614.17

40．基金单位总数不固定，总金额不封顶且可以连续发行，一般投资者可以随时进入或退出的基金为（　　）。

A．契约型基金　　B．公司型基金　　C．开放型基金　D．封闭型基金

41．在置业担保实务中，住房置业担保公司为借款人申请个人住房贷款，与贷款人签订的合同是（　　）。

A．保证合同　　B．连带责任担保合同

C．契约合同　　D．担保从合同

42．在财产的火灾保险中，采用的保险形式一般是（　　）。

A．定值保险　　B．不定值保险　　C．保证保险　　D．法定保险

43．在建筑物财产保险中，确定保险金额的价值基础是（　　）。

A．建筑物财产损失部分的价值　　B．建筑物财产的全部价值

C．建筑物与占用土地的价值　　D．建筑物扣除折旧和残值后的价值

44．统计中反映个体特征或属性的标志可以分为数量标志和品质标志，下列有关房地产因素与指标中属于品质标志的是（　　）。

A．房地产项目的位置　　B．房地产项目的总面积

C．房地产项目的价格　　D．房地产项目的容积率

45．在非全面调查中，根据样本调查对象的调查结果推断总体数量特征的调查，称为（　　）。

A．抽样调查　　B．典型调查　　C．重点调查　　D．判断抽样调查

46．在某城市住房市场中，已批准预售的商品房为200万m^2，其中，小户型住房为80万m^2，中等户型为100万m^2，大户型为20万m^2，研究各类户型住房在该市批准预售住房中的比例，需要运用的统计指标性质是（　　）。

A．比例相对指标　　B．结构相对指标　　C．比较相对指标　　D．强度相对指标

47．将2008年全体参加房地产经纪人执业资格考试的人员作为统计总体，以下关于个体的统计描述中，属于不变标志的是（　　）。

A．民族　　B．文化程度　　C．考试类型　　D．考试时间

48．购房者有目的地到销售楼盘现场全面了解情况，参观体验样板房，记录、整理拟购房屋总体印象，这种心理过程属于（　　）。

A．感觉　　B．想象　　C．观察　　D．知觉

49．在人的心理过程中，表现为人们情绪体验的强弱、知觉或思维的快慢、注意转移的难易等心理活动，是人们心理特征的（　　）表现。

A．气质　　B．能力　　C．性格　　D．感觉

50．在购房活动中，购房人注重商品房的功能与质量，并追求使用效果，而将房屋外观审美放在次要地位的购买动机是（　　）。

A．求廉动机　　B．求实动机　　C．求美动机　　D．求同动机

二、多项选择题（共30题，每题2分。每题的备选答案中有两个或两个以上符合题意，请在答题卡上涂黑其相应的编号。错选不得分；少选且选择正确的，每个选项得0.5分）

51．防止建筑物倒塌是建筑物安全的基本要求，具体包括（　　）。

A．地基与房屋结构稳固　　B．抵抗地震能力强

C．没有被洪水淹没的风险　　D．不易发生滑坡、塌方和遭受泥石流

E．建筑高度比较低

52．建筑物楼宇自动化是对建筑物内所有机电设施和能源设备实现高度自动化和智能化管理，其基本功能包括（　　）。

A．保安监视控制功能　　B．消防灭火报警监控功能

C．通信与网络服务功能　　D．信息检索与分析功能

E．公用设施监视控制功能

53．根据工程量清单计价方法，下列工程造价费用中属于措施项目费的有（　　）。

A、工程定额测定费　　B．临时设施费

C．社会保障费　　D．环境保护费

E．垂直运输机械费

54．在房产测量中，下列部分不计算建筑面积的有（　　）。

A．房间之间无上盖的架空通廊　　B．突出房屋外墙面的无柱雨篷

C．无顶盖的各层室外楼梯　　D．建筑物内的操作平台

E．活动板房、简易房屋

55．成套房屋的套内建筑面积包括（　　）。

A．分摊的共有建筑面积　　B．套内房屋使用面积

C．套内墙体面积　　D．套内阳台建筑面积

E．未计入建筑面积的其他面积

56．下列关于城市规划控制指标的表述中，正确的有（　　）。

A．建筑限高是指地块内允许的建筑（地面上）最大高度限制

B．绿地率是指城市一定地区内绿化覆盖面积占该地区总面积的比率

C．建筑间距是指两幢建筑物外墙之间的水平距离

D．日照间距系数是指根据日照标准确定的房屋间距与遮挡房屋檐高的比值

E．建筑后退红线距离是指建筑控制线与用地红线的距离

57．按照用地性质，下列用地中属于城市公共设施用地的有（　　）。

A．行政办公用地　　B．医疗卫生用地

C．教育科研设计用地　　D．专用码头设施用地

E．居住小区道路和绿地等设施用地

58．工程地质病害除地震外，常见的还有（　　）。

A．冲沟　　B．滑坡

C．洪涝　　D．地下溶洞

E．塌方

59．城市总体规划的内容包括（　　）等。

A．编制市域、县域城镇体系规划

B．规定各类用地内适建、不适建、有条件可建的建筑类型

C．确定公共设施的位置、规模和布局

D．确定城市性质和发展方向

E．编制专项规划和近期建设规划

60．火力发电由于煤和油用量大，造成的大气污染问题主要有（　　）。

A．产生氯氨化合物　　B．产生粉尘多

C．释放硫氧化物　　D．易形成光污染

E．释放氮氧化物

61．在城市大气污染中，生活污染源包括（　　）等。

A．家庭汽车污染　　B．生活燃料污染

C．居住环境污染　　D．城市垃圾污染

E．食品加工形成的大气污染

62．光污染分为可见光污染和不可见光污染，下列属于不可见光污染的有（　　）。

A．灯光污染　　B．眩光污染　　C．红外光污染

D．反射光污染　　E．紫外光污染

63．下列设施中，属于电磁辐射污染源的有（　　）。

A．电视发射塔　　B．高压输电线路

C．人造卫星通信系统地面站　　D．原子能核电站

E．高频设备

64．资金存在时间价值的原因主要有（　　）。

A．资金增值　　B．机会成本　　C．实现剥削

D．承担风险　　E．通货膨胀

65．下列房地产投资项目经济评价指标中，可以用来判断项目可行性的有（　　）。

A．财务净现值≥0　　B．财务净现值<0

C．内部收益率≥基准收益率　　D．投资回收期≤基准回收期

E．投资回收期>基准回收期

66．下列影响房地产价格的因素中，通常能引起房地产价格上升的因素有（　　）。

A．人口数量增加　　B．家庭规模小型化

C．本国货币升值　　D．建筑材料价格上涨

E．购房抵押贷款利率上升

67．从经济学的角度分析，下列关于价值的表述中，正确的有（　　）。

A．广义的价值有使用价值和交换价值之分

B．人们在经济活动中一般简称的价值，指的是使用价值

C．没有使用价值肯定就没有交换价值

D．没有交换价值肯定就没有使用价值

E．作为商品的房地产，既有使用价值，也有交换价值

68．下列房地产类型中，适用市场法进行估价的有（　　）。

A．寺庙　　B．商铺　　C．公寓

D．学校　　E．标准厂房

69．运用市场法估价，选择可比实例应符合的基本要求包括（　　）等。

A．与估价对象类似的房地产

B．成交日期与估价时点接近

C．交易类型与估价目的吻合

D．成交价格为正常市场价格或能够修正为正常价格

E．与估价对象位于同一街区的关联交易案例

70．下列决定利率水平的因素中，能导致利率水平上升的因素有（　　）。

A．借贷资金的供给大于需求　　B．预期通货膨胀率下降

C．中央银行提高再贴现率　　D．国际收支持续出现大量逆差

E．社会平均利润率下降

71．下列属于担保贷款的房地产贷款有（　　）。

A．信用贷款　　B．保证贷款　　C．抵押贷款

D．质押贷款　　E．短期贷款

72．在个人住房贷款中，贷款人对贷款期限作出限制的根据有（　　）。
A．住房的使用年限　B．贷款利率
C．借款人年龄　D．借款人文化水平
E．借款人性别

73．下列关于投资基金的表述中，正确的有（　　）。
A．按照法律地位分类，可分为契约型和公司型
B．按照赎回方式分类，可分为开放型和封闭型
C．开放型基金是属于契约型的投资基金
D．封闭型基金的投资人可以随时向发行公司要求赎回持有的股份
E．封闭型基金有经营期限，期满后基金宣告解散

74．下列保险项目中，属于人身保险的有（　　）。
A．信用保险　B．人寿保险
C．保证保险　D．健康保险
E．意外伤害保险

75．在约定保险权利义务关系的合同中，保险合同的关系人有（　　）。
A．被保险人　B．保险代理人
C．保险金领受人　D．保险公估人
E．保险经纪人

76．火灾保险的责任范围通常包括（　　）。
A．由于火灾及延烧所致的损失
B．由于雷电、地震、地陷、崖崩所致的损失
C．由于战争、军事行动所致的损失
D．由于防止灾害蔓延而破坏保险财产所致的损失
E．在发生责任范围内的灾害事故中，遭遇盗窃所致的损失

77．下列房地产统计指标中，属于时点指标的有（　　）。
A．商品房销售面积　B．实有住宅套数
C．商品房竣工面积　D．房屋空置面积
E．新建商品房批准预售面积

78．下列房地产统计指标中，反映房屋交易状况的主要指标有（　　）。
A．商品房预售面积　B．商品房出租面积
C．商品房竣工面积　D．存量房成交套数
E．商品房销售额

79．在购房活动中，属于个性心理倾向的心理现象有（　　）。
A．购房需要　B．购房动机
C．购房兴趣　D．购房目标追求
E．购房观察力

80．记忆是一种复杂的心理过程，记忆力很强的人应具备的基本品质有（　　）。
A．记忆的选择性　B．记忆的敏捷性
C．记忆的准确性　D．记忆的准备性
E．记忆的持久性

三、综合分析题（共20小题，每小题2分。每小题的备选答案中有一个或一个以上符合题意，请在答题卡上涂黑其相应的编号。错选不得分；少选且选择正确的，每个选项得0.5分）

（一）

某住宅楼建于2000年，目前各类设施设备完好，能保证安全正常的居住使用。该住宅楼的供水管网分为上下两个区，下区由室外配水管网直接供水，上区由水泵加压和设备层设施转换后供水。该住宅楼的设备层设在10层，层高2 m，面积为200 m^2。

81．该住宅楼的整体供水方式为（　　）。

A．直接供水方式　　B．设置水箱的供水方式

C．设置水泵、水池供水方式　　D．分区、分压供水方式

82．为了满足使用人对建筑物适用性的要求，该住宅楼建筑空间布局的设计应考虑（　　）。

A．结构安全耐久　　B．平面布置合理

C．交通联系方便　　D．有利于使用

83．按开启方式划分，住宅楼的外墙窗常见形式有（　　）。

A．平开窗　　B．横式旋转窗　　C．推拉窗　　D．固定窗

84．假如房地产开发公司分析测算该住宅楼的工程造价，已知该住宅楼土建工程直接费为800元/m^2，间接费率为12%；房屋设备安装工程直接费为300元/m^2，其中人工费为80元/m^2，间接费率为60%，则该住宅楼每平方米建筑面积的土建、安装工程间接费为（　　）元。

A．144　　B．276　　C．324　　D．1 244

85．该住宅楼设备层的面积（　　）住宅楼建筑总面积。

A．不计入　　B．按50%计入　　C．按80%计入　　D．按100%计入

（二）

某房地产开发公司拟到某城市开发一大型居住区项目，以中高层和高层为主。该项目所在城市位于两条铁路汇合处，有四条高速公路经过，市区和近郊区非农业人口70万，其中城市市区人口45万。该城市为历史文化名城，为加强历史街区保护，相关部门发布了街区保护界线。拟建项目所在地区市政设施齐全，环境较好，为搞好该项目的开发建设，需要编制详细规划。

86．按照人口规模划分，该城市属于（　　）。

A．小城市　　B．中等城市　　C．大城市　　D．特大城市

87．该项目按照市政设施齐全程度和环境质量，属于（　　）。

A．一类居住用地　　B．二类居住用地　　C．三类居住用地　　D．四类居住用地

88．该项目需要编制的详细规划包括（　　）。

A．城市总体规划　　B．控制性详细规划

C．修建性详细规划　　D．居住区布置规划

89．该城市公布的历史文化街区的保护范围界线称为（　　）。

A．城市绿线　　B．城市黄线

C．城市紫线　　D．城市蓝线

90．该项目规划中反映住宅区环境质量的主要技术指标包括（　　）。

A．建筑密度　　B．地面停车率　　C．绿地率　　D．户均人口

（三）

张某以按揭贷款方式购买了一套建筑面积为 90 m^2 的商品住宅，采用按月等额本息还款方式，每月还房款 2 150 元。为了规避风险，张某以自己的信用风险为保险标的向保险公司投保。双方在订立保险合同时，仅约定了保险金额，而将保险标的实际价值的估算留待保险事故发生后，需要确定保险赔偿金额时去进行。张某月收入 5 000 元。该套住宅每月的物业管理费为 1.5 元/m^2。

91．该套住宅涉及下列价值类型，其中对张某购买行为产生直接影响的有（　　）。

A．投资价值　　B．市场价值　　C．保险价值　　D．课税价值

92．张某的月房产支出与收入比为（　　）。

A．40.3%　　B．41.2%　　C．43.0%　　D．45.7%

93．张某申请个人住房贷款必须满足的主要条件有（　　）。

A．具有完全民事行为能力

B．有稳定职业和经济收入

C．具有本市户口

D．以不低于所购买住房全部价款的一定比率作为所购买住房的首期付款

94．假设张某在还款 5 年后，得到一笔巨额收入，随即将贷款全部清偿，由此对银行产生的违约行为属于（　　）。

A．被迫违约　　B．理性违约　　C．恶意违约　　D．欺诈违约

95．张某向保险公司投保的保险为（　　）。

A．信用保险　　B．保证保险　　C．定值保险　　D．不定值保险

（四）

赵某将自己的一套八成新普通商品住房出售给李某，并签订了房屋买卖合同。李某是刚毕业两年的外地大学生，第一次购买住房。双方在合同中写明，买方按 4 000 元/m^2 的价格支付给卖方，买卖中涉及的税费均由买方承担。按规定，该地区房地产买卖中应由卖方缴纳的税费为正常成交价格的 6%，应由买方缴纳的税费为正常成交价格的 4%。

96．按照房屋完损等级的分类，该套住房的新旧程度属于（　　）。

A．完好房屋　　B．基本完好房屋

C．一般损坏房屋　　D．严重损坏房屋

97．按照房地产流转次数分类，赵某和李某双方发生交易的市场属于（　　）。

A．二手房市场　　B．存量房市场

C．房地产二级市场　　D．住房二级市场

98．在本次房地产交易中，可能导致成交价格高于正常市场价格的因素为（　　）。

A．赵某急于出售本套住宅来偿还债务　　B．李某不了解市场行情盲目购买

C．本套住宅对李某有特殊意义　　D．李某与赵某之间有亲戚关系

99．该宗房地产的正常成交价格为（　　）元/m^2。

A．4 166.67　　B．4 240.00　　C．4 255.32　　D．4 400.00

100．按照个性心理需要的种类，李某购房是为了满足自身的（　　）。

A．生理需要　　B．物质需要　　C．生存需要　　D．享受需要

参考答案

答　　案

一、单项选择题

1. B　2. C　3. B　4. A　5. C　6. B　7. C　8. B　9. A　10. B
11. D　12. A　13. D　14. D　15. B　16. C　17. B　18. B　19. D　20. A
21. A　22. C　23. B　24. A　25. A　26. B　27. B　28. A　29. A　30. B
31. A　32. D　33. C　34. D　35. B　36. D　37. B　38. A　39. B　40. C
41. A　42. B　43. B　44. A　45. A　46. B　47. A　48. C　49. A　50. B

二、多项选择题

51. ABCD　52. ABE　53. BDE　54. ABDE　55. ABCD　56. ABCD　57. ABC
58. ABDE　59. CDE　60. BC　61. BCD　62. CE　63. ABCE　64. ABDE
65. ACD　66. ABCD　67. ACE　68. BCE　69. ABCD　70. BCD　71. BCD
72. AC　73. ABCE　74. BDE　75. AC　76. ABDE　77. BE　78. ABDE
79. ABCD　80. BCDE

三、综合分析题

81. D　82. B　83. ABC　84. A　85. A　86. C　87. B　88. C　89. C　90. ABC
91. A　92. D　93. ABD　94. B　95. BD　96. A　97. ABD　98. BC　99. D　100. ABC

解　　析

一、单项选择题

13．拆建比是指拆除的原有建筑总面积与新建的建筑总面积的比值。50 000÷80 000＝62.5%。

14．建筑密度即规划地块内各类建筑基底占地面积与地块面积之比。地块面积＝规划地块内各类建筑基底占地面积/建筑密度＝20 000÷25%＝80 000（m^2）。根据容积率＝总建筑面积/建筑用地面积，总建筑面积＝容积率×建筑用地面积＝80 000×3.5＝280 000（m^2）。

27．$A=F\dfrac{i}{(1+i)^n-1}=100\,000\times\dfrac{5\%}{(1+5\%)^8-1}=10\,472.18$（元）。

31．期房价格与现房价格之间的关系有：期房价格＝现房价格－预计从期房达到现房期间现房出租的净收益的折现值－风险补偿。$V=8\,000-\dfrac{500}{1+12\%}-8\,000\times1.5\%=7\,434$（元/$m^2$）。

34．$V=\sum\limits_{i=1}^{t}\dfrac{A_i}{(1+Y)^i}+\dfrac{V_t}{(1+Y)^t}=\dfrac{80}{1+8.6\%}+\dfrac{80}{(1+8.6\%)^2}+\dfrac{80}{(1+8.6\%)^3}+\dfrac{80}{(1+8.6\%)^4}+\dfrac{V(1+10\%)}{(1+8.6\%)^4}=1\,249.86$（万元）。

39．P＝300 000，贷款期数 n＝20×12＝240，年月利率 i＝7.8%÷12＝0.65%。

$$A=p\frac{i(1+i)^n}{(1+i)^n-1}=300\,000\times\frac{0.65\%(1+0.65\%)^{240}}{(1+0.65\%)^{240}-1}=2\,472.11\text{（元）。}$$

46．$$\text{结构相对指标}=\frac{\text{总体中某部分数值}}{\text{总体总数值}}\times 100\%\text{。}$$

三、综合分析题

84．该住宅楼每平方米土建工程间接费＝直接工程费×间接费率＝800×12%＝96（元）。

该住宅楼每平方米安装工程间接费＝人工费×间接费率＝80×60%＝48（元）。

该住宅楼每平方米建筑面积的土建、安装工程间接费＝96＋48＝144（元）。

92．月房产支出与收入比=（本次贷款的月还款额+物业管理费）/月均收入=（2150+1.5×90）/5000=45.7%。

99．正常成交价格是指在买卖双方各自缴纳自己应缴纳的交易税费下的价格，即在此价格下，卖方缴纳卖方应缴纳的税费，买方缴纳买方应缴纳的税费。该地区房地产买卖中应由卖方缴纳的税费为正常成交价格的 6%，应由买方缴纳的税费为正常成交价格的 4%。4 000×110%＝4 400（元/m^2）。

2009年房地产经纪相关知识试题及参考答案

一、单项选择题（共50题，每题1分。每题的备选答案中只有1个最符合题意，请在答题卡上涂黑其相应的编号）

1．为了提高砖混结构建筑物整体稳定性，环绕整个建筑物墙体所设置的梁是（　　）。

A．连续梁　　B．简支梁　　C．圈梁　　D．主梁

2．结构适应性强、抗震性能好、耐久年限较长，多层、高层建筑都可采用的建筑结构类型是（　　）。

A．砖混结构　　B．砖木结构　　C．钢结构　　D．钢筋混凝土结构

3．下列类型的电梯中，一般需要选用高速电梯的是（　　）。

A．客梯　　B．货梯　　C．消防电梯　　D．观光电梯

4．为使厨房吊顶耐火和不变形，常选用的理想吊顶面层材料是（　　）。

A．石膏板　　B．PVC板　　C．矿棉板　　D．铝合金板

5．能够从中查阅或确认建筑物室内外地面标高和外墙构造情况的施工图是（　　）。

A．建筑平面图　　B．建筑立面图　　C．建筑剖面图　　D．建筑详图

6．在合同实施阶段，按合同调价范围和调价方法，对实际发生的工程量增减、设备和材料价差等进行调整后计算并确定的工程造价是（　　）。

A．合同价　　B．结算价　　C．决算价　　D．修正预算价

7．能够反映调查区域内各宗土地的分布、界线、位置和面积，经过土地登记具有法律效力的专题地图是（　　）。

A．地形图　　B．房产图　　C．宗地图　　D．地籍图

8．关于房产图的测绘顺序，正确的是（　　）。

A．房产分幅图、房产分户图、房产分丘图

B．房产分幅图、房产分丘图、房产分户图

C．房产分丘图、房产分幅图、房产分户图

D．房产分户图、房产分幅图、房产分丘图

9．张某购买了一套住宅，测量结果表明：该住宅套内使用面积为110 m^2；套内自有墙体的水平投影面积为8 m^2，共有墙体的水平投影面积为12 m^2；封闭阳台的水平投影面积为6 m^2，未封闭阳台的水平投影面积为4 m^2，则该住宅的套内建筑面积为（　　）m^2。

A．128　　B．132　　C．134　　D．140

10．通常采用城市化率指标来测度城市化水平，城市化率的计算公式为（　　）。

A．城镇人口数/农村人口数　　B．城镇企业生产总值/国内生产总值

C．工业总产值/农业总产值　　D．城镇人口数/总人口数

11．根据城市景观要求，沿街建筑物通常需适当退后建设，所依据的规划控制线是（　　）。

A．建筑控制线　　B．道路红线　　C．城市绿线　　D．用地红线

12．下列绿地中，不计入居住区内绿地面积的是（　　）。

A．公共绿地　　B．宅旁绿地　　C．晒台绿地　　D．地下建筑屋顶绿地

13．某住宅组团占地 20 000 m^2，共建住宅楼 10 幢，总建筑面积为 62 832 m^2。其中 8 层住宅楼 2 幢、10 层住宅楼 2 幢、12 层住宅楼 4 幢、16 层住宅楼 2 幢。该组团住宅建筑基底总面积为 5 712 m^2，则该组团住宅楼的平均层数是（　　）层。

A．11.0　　B．11.5　　C．11.6　　D．12.0

14．反映每公顷居住区用地上拥有的住宅建筑面积的居住区技术经济指标是（　　）。

A．住宅建筑面积净密度　　B．容积率

C．住宅建筑净密度　　D．住宅建筑面积毛密度

15．某居住区占地 160 000 m^2，住宅建筑基底总面积为 80 000 m^2，商店、学校等建筑占地 8 000 m^2。居住区内道路用地 16 000 m^2，停车场、公共活动场所占地 8 000 m^2，计划预留建设用地 8 000 m^2。该居住区目前的空地率为（　　）。

A．25%　　B．30%　　C．35%　　D．45%

16．下列关于景观的表述中，错误的是（　　）。

A．景观可分为自然景观、人文景观和社会景观

B．景观应包括客观形象信息和主观感受两个方面

C．景观的好坏判别，与审视者的心理、生理、知识层次的高低等有关

D．毗邻好景观的房屋，其价值通常较高

17．酸雨是由（　　）随雨雪降落形成的。

A．硫酸雾　　B．一氧化氮雾　　C．二氧化氮雾　　D．碳氢化合物

18．生活污水的主要特点是（　　）。

A．富营养化　　B．含氮、硫、磷高

C．含污染物多　　D．含金属碎屑多

19．城市中杂乱的垃圾堆、乱摆的货摊、五颜六色的广告和招贴是一种（　　）。

A．灯光污染　　B．视觉污染

C．不可见光污染　　D．电磁波辐射污染

20．购房中人们选择的房源尽可能避开广播、电视发射塔、人造卫星通信系统地面站等，主要是为了防止或减少（　　）。

A．人为放射性辐射污染　　B．天然放射性辐射污染

C．电磁辐射污染　　D．遭受雷击的可能性

21．有些石材和砖中含有的污染物蜕变成氡，能引起肺癌，这种污染物是（　　）。

A．甲醛　　B．高苯底的镭　　C．一氧化碳　　D．二氧化氮

22．按照经济学中的市场结构理论，在寡头垄断市场上，当产品无较大差异时，为取得更多利润，寡头生产者往往（　　）。

A．展开价格竞争　　B．倾向于非价格竞争

C．在定价方面进行勾结　　D．进行质量和数量竞争

23．房地产需求是指在某一特定的时间内，在每一价格水平下，对某种房地产（　　）。

A．消费者需要的数量　　B．消费者愿意而且能够购买的数量

C．企业提供的数量的总和　　D．企业愿意且能够提供的数量

24．一定时期内，一种房地产供给量的相对变化对于该种房地产价格的相对变化会有一定反应，用以衡量这种反应程度的指标是（　　）。

A．房地产价格弹性　　B．房地产需求弹性

C．房地产供给弹性　　D．房地产供求弹性

25．张某以贷款方式购买住房，贷款期限为3年，年利率为6%，按月计息，则贷款的实际年利率为（　　）。

A．6.00%　　B．6.17%　　C．6.37%　　D．6.56%

26．宋某拟每年以相同的数额向商业银行存款，若在15年后存款余额要达到18万元，假定银行存款年利率为5%，宋某每年须向银行存款（　　）元。

A．5 772.21　　B．8 341.61　　C．11 428.57　　D．12 000.00

27．若年利率为8%，复利计息，则5年后的300万元资金相当于现在的（　　）万元。

A．119.13　　B．201.36　　C．204.17　　D．214.29

28．某开发商向银行贷款1 000万元，复利计息，贷款期限为3年，银行基准利率为6%，投资基准收益率为8%，银行实际利率为7%，假设开发商贷款到期后一次性偿还本息，则开发商到期需偿还的贷款本息是（　　）万元。

A．1 191.02　　B．1 210.00　　C．1 225.04　　D．1 259.71

29．当折现率为10%时，某房地产项目净现值为1 380万元，当折现率为11%时，净现值为－258万元，若投资者要求的基准收益率为12%，则该项目在经济上（　　）。

A．不可接受　　B．可接受

C．能否接受无法判断　　D．可以接受，也可以不接受

30．某城市商品房市场需求大于供给，卖方掌握着市场主动权。这种房地产市场通常被称为（　　）。

A．买方市场　　B．完全垄断市场　　C．垄断竞争市场　　D．卖方市场

31．估价对象在估价时点假定未设立法定优先受偿权利下的价值，扣除法定优先受偿款后的余额是（　　）。

A．拍卖价值　　B．招标价值　　C．挂牌价值　　D．抵押价值

32．结合物价因素分析，从较长时期来看，房地产价格上涨率通常（　　）。

A．高于一般物价上涨率　　B．低于一般物价上涨率

C．与一般物价上涨没有关系　　D．等于一般物价上涨率

33．采用市场法评估房地产价格时，选取的可比实例一般不少于（　　）个。

A．2　　B．3　　C．5　　D．10

34．某房地产的土地使用年限为50年，至今已使用了8年，预计该房地产正常情况下每年有效毛收入为30万元，年运营费用为12万元。假设该房地产的报酬率为9%，则其收益价格为（　　）万元。

A．194.64　　B．197.31　　C．324.40　　D．328.85

35．我国的汇率采用的是直接标价法，汇率越高，意味着人民币的币值（　　）。

A．越高　　B．越低　　C．不变　　D．高低不确定

36．在信用活动中，让出商品或货币的一方若仅持有所有权或债权的凭证，有到期不能收回的可能。这体现了信用基本特征中的（　　）。

A．暂时性　　B．偿还性　　C．收益性　　D．风险性

37．某年的通货膨胀率是5%，银行贷款利率为9%，则贷款的实际利率是（　　）。

A．3.67%　　B．3.81%　　C．4.59%　　D．4.76%

38．在房地产贷款的主要参与者中，为客户代办房地产贷款、房地产抵押登记等手续的机

构一般是（　　）。

A．房地产估价机构　　B．保险机构

C．房地产信托机构　　D．房地产经纪机构

39．中国银行业监督管理委员会规定借款人住房贷款的月房产支出与收入比不能超过（　　）。

A．50%　　B．55%　　C．60%　　D．65%

40．秦某购买一套总价为 60 万元的商品住宅，首付款为购房总价的 25%，余款为商业贷款，贷款期限为 20 年，贷款年利率为 6%，若采用按月等额本息还款方式，秦某的月还款额为（　　）元。

A．1 875.00　　B．3 223.94　　C．3 357.00　　D．4 125.00

41．房地产信托投资公司为经营房地产信托投资业务及其他信托业务而设置的营运资金，属于（　　）。

A．房地产信托基金　　B．集资信托

C．房地产特约信托存款　　D．房地产普通信托存款

42．保险在基本职能基础上派生出来的特殊职能是（　　）。

A．分散风险　　B．组织经济补偿　　C．融通资金　　D．安全保障

43．基于投保人的利益，为投保人和保险人订立保险合同提供中介服务并依法收取佣金的是（　　）。

A．保险代理人　　B．保险公估人　　C．保险经纪人　　D．保险受益人

44．承保各种专业技术人员因在从事职业技术工作时的疏忽或过失造成合同对方或他人财产损失的经济赔偿责任的险种是（　　）。

A．职业责任保险　　B．保证保险

C．意外伤害保险　　D．财产损失保险

45．甲机构从某城市 2008 年实际成交的二手房实例中随机抽取了 1 000 个样本进行调查，计算得出该市 2008 年二手房交易均价为 5 500 元/m^2，这种统计调查方式是（　　）。

A．普查　　B．典型调查　　C．重点调查　　D．抽样调查

46．时期指标是反映现象在一段时期内的总量，下列指标中属于时期指标的是（　　）。

A．年末家庭数　　B．人均居住面积

C．年末房屋建筑面积　　D．商品房销售面积

47．某城市 2009 年前三季度商品房销售均价分别为 5 123 元/m^2，5 480 元/m^2，5 920 元/m^2，则该市第三季度商品房销售均价环比增长率为（　　）。

A．6.97%　　B．7.50%　　C．8.03%　　D．15.56%

48．下列人际交往因素中，属于语言沟通的手段是（　　）。

A．倾听　　B．眼神　　C．表情　　D．动作

49．在心理学中，具有“直率热情，精力旺盛；性情急躁，反应迅速；情绪明显外露，但持续时间不长”特征的气质类型属于（　　）。

A．抑郁质类型　　B．胆汁质类型　　C．多血质类型　　D．黏液质类型

50．下列做法中，不能帮助自己消除心理压力的是（　　）。

A．向信任的朋友、同事或师长寻求帮助

B．制定时间表，使每天的生活都有一些新的变化

C．对于过去所犯的错误铭记在心，时刻告诫

D．适当改变原来的思维方式

二、多项选择题（共30题，每题2分。每题的备选答案中有2个或2个以上符合题意，请在答题卡上涂黑其相应的编号。错选不得分；少选且选择正确的，每个选项得0.5分）

51．墙体应满足的基本要求主要有（　　）。

A．具有足够的强度和稳定性　　B．满足热工方面的要求

C．符合美观经济的要求　　D．具有一定的隔声性能

E．具有一定的防火性能

52．影响建筑物实际使用年限的因素有（　　）。

A．建筑设计标准　　B．实际建筑设计水平

C．工程施工质量　　D．房屋使用维护状况

E．建筑规模大小

53．建筑物楼宇智能化以综合布线系统为基础，其中进行综合管理的现代4C技术包括（　　）。

A．现代计算机技术　　B．现代通信技术

C．现代地理信息技术　　D．现代控制技术

E．现代图形显示技术

54．下列计算商品住宅套内墙体面积的方法中，正确的有（　　）。

A．套内自有墙体，按水平投影面积全部计入套内墙体面积

B．各套之间共有墙体，按水平投影面积的50%计入套内墙体面积

C．各套之间共有墙体，按套内建筑面积比例分摊计入套内墙体面积

D．套内小于或等于60 mm厚的分隔墙，不计入套内墙体面积

E．靠近墙体的套内楼梯，按自然层面积计入套内墙体面积

55．下列关于地形图的表述中，错误的有（　　）。

A．房屋、道路属于地貌　　B．山地、丘陵属于地貌

C．平原属于地物　　D．地貌一般用等高线表示

E．地物和地貌总称为地形

56．城市性质是指城市在一定地域范围内的政治、经济与社会发展中所处的地位和担负的主要职能，它代表了城市的（　　）。

A．个性　　B．人口密度　　C．特点

D．发展方向　　E．发展速度

57．在城市化的离心发展阶段，城市化类型可分为（　　）。

A．集中型城市化　　B．相对集中型城市化

C．郊区化　　D．卫星城镇化

E．逆城市化

58．下列指标中，属于控制性详细规划的指标有（　　）。

A．各类工程管线走向与用地界线　　B．交通出入口方位与停车泊位

C．建筑后退红线距离　　D．各级道路的红线位置

E．建筑总平面布置

59．在居住区住宅规划布置中，老年人住宅宜靠近（　　）。

A．停车场　B．城市道路　C．相关服务设施
D．市政公用设施　E．公共绿地

60．能够反映城市环境优劣程度的要素环境质量包括（　　）。
A．大气环境质量　B．水环境质量　C．室内环境质量
D．土壤环境质量　E．居住环境质量

61．城市垃圾是常见的固体废物，其主要危害有（　　）。
A．影响城市卫生环境与市容
B．堆放不合理，经雨水浸淋污染河流
C．有较强的化学反应，释放大量有害气体
D．垃圾焚化散发毒气影响人体健康
E．处理不当造成大气尘粒污染

62．长期在强噪声环境中工作对听力的主要危害有（　　）。
A．听觉疲劳不能恢复　B．内耳感觉器官会发生器质性病变
C．记忆力明显减退　D．细胞减少
E．头痛头晕、食欲不振

63．城市中常见的眩光污染有（　　）。
A．夜间汽车灯光　B．电焊弧光
C．强光线的路灯　D．建筑物玻璃幕墙反光
E．车站、机场闪动的信号灯

64．根据《城市房地产管理法》，房地产交易包括房地产（　　）。
A．买卖　B．互换　C．抵押
D．赠与　E．租赁

65．在房地产市场上，购买房地产的需求类型有（　　）。
A．投资需求　B．消费需求　C．投机需求
D．意愿需求　E．跟风需求

66．下列情形中，可能导致消费者对某种房地产当前需求增加的有（　　）。
A．该种房地产价格下降
B．该种房地产的替代品价格下降
C．消费者预期未来收入会增加
D．消费者预期未来该种房地产价格会上涨
E．消费者对该种房地产的偏好程度增强

67．下列关于投资风险选择与评价的表述中，正确的有（　　）。
A．投机型投资者通常选择风险大、收益高的投资
B．保守型投资者通常选择风险中等的投资
C．保守型投资者最通常的做法是将资金存入银行获取利息
D．房地产投资的风险一般比较确定
E．在给定风险下，投资者会选择收益较低的投资

68．下列经济活动中，需要补交地价的有（　　）。
A．出租商品房　B．提高容积率
C．延长土地使用期限　D．转让经济适用住房

E．工业用地改为商业用地

69．在房地产市场上，政府对房地产价格干预的措施有（　　）。

A．规定最高限价　B．规定最低限价

C．规定成本构成　D．规定利润率

E．发布市场价格信息

70．下列因素变化中，会引起房地产价格上涨的有（　　）。

A．建筑材料价格上涨　B．迁入人口增多

C．地区经济衰退　D．交通管制增多

E．房地产保有税增加

71．决定利率水平的因素主要包括（　　）。

A．平均利润率　B．资金供求状况

C．预期通货膨胀率　D．国家经济政策

E．邻国政局

72．按照贷款对象和用途划分，房地产贷款的种类包括（　　）。

A．土地储备贷款　B．房地产抵押贷款

C．房地产开发贷款　D．个人住房贷款

E．商业用房贷款

73．房地产信托贷款的种类包括（　　）。

A．房地产按揭信托　B．房地产抵押贷款

C．土地使用权抵押贷款　D．房地产开发企业流动资金信托贷款

E．房地产债权信托

74．下列保险中，属于财产保险的险种有（　　）。

A．财产损失保险　B．责任保险　C．意外伤害保险

D．信用保险　E．保证保险

75．决定保险费多少的主要因素有（　　）。

A．保险经纪人　B．保险金额　C．保险合同形式

D．保险受益人　E．保险费率

76．房地产贷款保险的种类有（　　）。

A．抵押房地产的财产损失保险　B．房地产抵押权人的人身保险

C．借款人的人身保险　D．房地产贷款信用保险

E．房地产贷款保证保险

77．下列属于连续型变量的房地产统计指标有（　　）。

A．居住人口　B．居住户数　C．住房价格

D．住房套数　E．住房面积

78．反映居住状况的房地产统计指标有（　　）。

A．房屋实有建筑面积　B．人均住宅建筑面积

C．人均住宅使用面积　D．户均住宅套数

E．住宅自有率

79．人的意志品质包括（　　）。

A．独立性　B．创造性　C．果断性

D．坚定性　　　　E．自制力

80．影响人际关系建立和发展的因素有（　　）。

A．距离的远近　　B．交往的频率　　C．需要的互补

D．思维的一致性　E．仪表的魅力

三、综合分析题（共 20 小题，每小题 2 分。每小题的备选答案中有 1 个或 1 个以上符合题意，请在答题卡上涂黑其相应的编号。错选不得分；少选且选择正确的，每个选项得 0.5 分）

（一）

张某在 2009 年 4 月购买了某住宅小区第 12 号住宅楼 15 层（顶层）的一套二手房。该房屋建筑面积 86 m^2，二室一厅，1998 年竣工，阳台全封闭。该套房屋主体结构完好，设施、设备完整，上下水道通畅，但屋顶有轻微渗漏，门窗油漆局部脱落，需要进行小修。

81．如果按照房屋完损等级分类，张某购买的这套二手房为（　　）。

A．完好房屋　　　　B．基本完好房屋

C．一般损坏房屋　　D．严重损坏房屋

82．结合我国住宅开发建造情况，该住宅楼的建筑结构类型不可能为（　　）。

A．砖木结构　　　　B．砖混结构

C．钢筋混凝土结构　D．钢结构

83．按照设计规定，该住宅楼安装的电梯数量应不少于（　　）部。

A．1　　B．2　　C．3　　D．4

84．该套住宅房屋所有权证上的房产附图为（　　）。

A．房产分幅图　　B．房产分丘图　　C．房产分户图　　D．宗地图

85．该套住宅的建筑面积中，阳台面积应（　　）。

A．全部计入　　B．计入一半　　C．计入四分之一　D．全部不计入

（二）

甲房地产开发公司拟在市郊开发建设一住宅项目，该项目占地 100 000 m^2，其中代征市政道路用地 10 000 m^2，住宅总建筑面积 360 000 m^2，所有住宅楼均为高层，其他用途房屋建筑面积 18 000 m^2，该住宅项目可容纳 12 000 人。项目所在地周边除修筑市级交通道路、高架桥等市政基础设施外，还建有一大型水库，后期附近将有其他房地产项目陆续开发建设。

86．按照居住项目规模划分，该住宅项目为（　　）。

A．居住小区　　B．居住组团　　C．居住区　　D．居住社区

87．根据城市规划控制指标的计算方法，该项目的容积率为（　　）。

A．3.60　　B．3.78　　C．4.00　　D．4.20

88．该住宅项目应依据城市规划中确定的规划控制线建设，其中城市基础设施用地和城市地表水体的控制界线分别为（　　）。

A．道路红线与城市黄线　　B．道路红线与城市蓝线

C．城市黄线与城市紫线　　D．城市黄线与城市蓝线

89．该住宅项目控制性详细规划中，可作为指导性指标的为（　　）。

A．人口容量与建筑形式　　B．建设控制高度与停车泊位

C．建筑密度与绿地率　　　D．建筑风格与色彩

90．该住宅项目建成后可能受到环境噪声影响的污染源为（　　）。

A．社会生活噪声　B．交通噪声　C．施工噪声　D．工业噪声

（三）

甲房地产经纪机构在所在城市较有实力。该机构 2009 年参与交易的多数二手住宅价格上升，小部分二手住宅价格下降。经该机构调查，该市 2009 年初二手住宅销售均价为 3 150 元/m^2，月平均租金为 21 元/m^2。该市经济和房地产市场发展良好。李某通过该机构购买了一套二手住宅，并申请了抵押贷款。

91．如果该市住宅投资正常报酬率为 8%，则该市住宅价格总体水平（　　）。

A．明显偏高　B．基本正常　C．明显偏低　D．难以判断

92．甲房地产经纪机构参与交易的二手住宅价格降低的原因可能为（　　）。

A．自然经过的老化　B．使用功能的落后

C．产权人的年龄偏小　D．自然环境恶化

93．若甲房地产经纪机构所在城市住房市场正处于上升期，则市场变化情况可能为（　　）。

A．房屋空置率下降　B．房屋需求增长快于供给增长

C．租金价格和售价都稳定　D．租金和售价几乎同步上涨

94．李某申请住房抵押贷款需要提交的资料包括（　　）。

A．身份证件　B．购房合同　C．大修住房合同　D．经济收入证明

95．甲房地产经纪机构要求员工在开展业务时，应能够从观察到的外部线索中准确推知客户行为发生的真正原因，这种能力属于（　　）。

A．面谈技巧　B．说服别人的能力

C．沟通能力　D．良好的判断力

（四）

赵某拥有存款 50 万元，为实现居住私密性好、生活和学习较方便的愿望，通过置业担保公司取得银行贷款 50 万元，购买了一套建筑面积为 120 m^2、三室二厅、售价为 80 万元的商品住宅。赵某购房后又投入 20 万元进行了装修并向保险公司购买了房屋火灾保险，与保险公司签订了定值保险合同，确定保险标的价值 90 万元。不料当年发生了事故，经现场查看认定保险标的损失比例为 20%，该损失应由保险公司理赔。

96．置业担保公司在为赵某申请住房贷款时，需与贷款人签订保证合同，并（　　）。

A．提供连带责任保证担保　B．依法承担赔偿责任

C．代替义务人赔偿经济损失　D．先行代为偿还债务

97．保险公司应支付赵某的赔偿金额为（　　）万元。

A．18　B．20　C．80　D．90

98．赵某购买的住宅发生的事故可能为（　　）。

A．电器爆炸引发火灾　B．发生地震破坏了房屋设施、设备

C．室内财物失窃　D．雷电引发火灾

99．如果该居住区买房与租房的比例是 7:3，该指标按其性质为（　　）。

A．结构相对指标　B．比较相对指标　C．强度相对指标　D．比例相对指标

100．赵某购买的住宅平面布局合理、功能齐全，选择的社区治安良好。根据“需要层次论”，赵某购买的住宅满足了自己的（　　）。

A．尊重需要　B．安全需要　C．生理需要　D．自我实现需要

参考答案

答案

一、单项选择题

1．C　2．D　3．C　4．D　5．B　6．B　7．D　8．B　9．B　10．D
11．B　12．C　13．A　14．D　15．B　16．A　17．A　18．B　19．B　20．C
21．B　22．C　23．B　24．C　25．B　26．B　27．C　28．C　29．A　30．D
31．D　32．A　33．B　34．A　35．B　36．D　37．B　38．D　39．A　40．B
41．A　42．C　43．C　44．A　45．D　46．D　47．C　48．C　49．B　50．C

二、多项选择题

51．ABDE　52．ABCD　53．ABDE　54．AB　55．AC　56．ACD　57．CE
58．ABCD　59．CE　60．ABD　61．ABCD　62．AB　63．ABE　64．CE
65．ABCE　66．ACDE　67．AC　68．BCDE　69．ABCD　70．ABE　71．ABCD
72．ACDE　73．BCD　74．ABDE　75．BE　76．ACDE　77．C E　78．BC
79．ACDE　80．ABCE

三、综合分析题

（一）81．A　82．AB　83．B　84．C　85．A
（二）86．A　87．B　88．D　89．AD　90．BC
（三）91．D　92．ABD　93．ABD　94．ABD　95．D
（四）96．A　97．A　98．ABD　99．D　100．B

解析

一、单项选择题

9．套内建筑面积是指由套内房屋使用面积、套内墙体面积、套内阳台建筑面积三部分组成的面积。该住宅的套内建筑面积＝110＋8＋12/2＋6＋4/2＝132（m^2）。

13．住宅平均层数反映了居住区空间形态与景观的特征，它是住宅总建筑面积与住宅基底总面积的比值（层）。该组团住宅楼的平均层数＝62 832÷5 712＝11（层）。

15．总建筑密度也称居住区建筑密度、建筑毛密度，是指居住区用地内各类建筑的基底总面积与居住区用地面积的比率（%）。该居住区目前的总建筑密度＝（80 000＋8 000＋16 000＋8 000）÷160 000＝70%。居住区的空地率习惯上以总建筑密度来反映，即以居住区用地为单位（100%），居住区的空地率＝100%－总建筑密度。该居住区目前的空地率＝100%－70%＝30%。

25．$(1+6\%/12)^{12}-1=6.167\%$。

26．$A=F\dfrac{i}{(1+i)^n-1}=180\,000\times\left[\dfrac{5\%}{(1+5\%)^{15}-1}\right]=8\,341.61$（元）。

27．$P=F(1+i)^{-n}=300\times\dfrac{1}{(1+8\%)^5}=204.17$（万元）。

28．$F=P(1+i)^n=1\,000\times(1+7\%)^3=1\,225.04$（万元）。

29．根据公式 $r=i_1+(i_2-i_1)\dfrac{|PW_1(i_1)|}{|PW_1(i_1)|+|PW_2(i_2)|}\sqrt{a^2+b^2}$ 。

该项目的内部收益率＝10%＋（11%–10%）×1 380/（1 380＋258）＝10.84%。10.84%小于投资者要求的基准收益率为 12%，该项目在经济上不可接受。

34. 该房地产的收益价格 $V=\frac{A}{Y}[1-\frac{1}{(1+Y)^n}]$ ＝（30－12）/9%×［1－1/（1＋9%）$^{50-8}$］＝194.64（万元）。

37. 实际利率是指名义利率剔除了物价变动因素后计算出来的利率。在这种名义利率和实际利率中，假设 i 表示名义利率，r 表示实际利率，π 表示通货膨胀率，则其之间的数学关系有：$r=\frac{i-\pi}{1+\pi}$ ＝（9%－5%）÷（1＋5%）＝3.81%。

40. 此题中贷款金额 600 000×（1－25%）×6＝450 000（元），贷款月利率 i＝6%÷12＝0.5%，按月计算的贷款期限 n＝12×20＝240（月）。

$A=P\frac{i(1+i)^n}{(1+i)^n-1}$ ＝450 000×0.5%（1＋0.5%）^{240}÷[（1＋0.5%）^{240}－1]＝3 223.94（元）。

47. 环比发展速度是报告期水平与其上一个时期水平之比，用于反映现象逐期发展变化的程度。该市第三季度商品房销售均价环比发展速度＝报告期水平/上一个时期水平＝5 920÷5 480×100%＝108.03%。该市第三季度商品房销售均价环比增长速度＝环比发展速度－1（或 100%）＝108.03%－100%＝8.03%。

三、综合分析题

87. 容积率是指一定地块内总建筑面积与建筑用地面积的比值，即建筑密度是控制地块容量和环境质量的重要指标。

$$容积率=\frac{总建筑面积}{建筑用地面积}$$ ＝（360 000＋18 000）÷100 000＝3.78。

97. 90×20%＝18（万元）。

99. 比例相对指标是将总体分组后，用总体中某一部分数值与另一部分数值对比求得的相对数。其计算公式为：比例相对指标$=\frac{总体中某一部分数值}{总体中另一部分数值}$。例如，某地区居民中 65%通过买房解决居住问题，35%通过租房解决居住问题，该地区买房与租房的比例为 65:35。

2010 年房地产经纪相关知识试题及参考答案

一、单项选择题（共 50 题，每题 1 分。每题的备选答案中只有 1 个最符合题意，请在答题卡上涂黑其相应的编号）

1．郑某今年 12 周岁，父母双亡，有一套自己的房屋，现因出国求学需将其出售，所在地居民委员会代理其与购房者订立房屋买卖合同，这种民事活动属于（　　）。

A．委托代理　　B．法定代理

C．指定代理　　D．无权代理

2．房地产抵押贷款中，商业银行与借款人签订的房地产抵押合同，属于（　　）。

A．单务合同　　B．主合同

C．实践合同　　D．要式合同

3．刘某将其拥有的一套住宅出租给了许某，租赁期间刘某又将该住宅卖给了张某，刘某与许某原签订的房屋租赁合同（　　）。

A．继续有效　　B．自动失效

C．由刘某确定是否有效　　D．由张某确定是否有效

4．根据我国《合同法》，房屋租赁合同成立的要件是（　　）。

A．房屋交付　　B．依法达成协议

C．收验房屋　　D．支付租金

5．关于物权不同于债权的说法，错误的是（　　）。

A．物权法定，债权任意创设

B．物权为对世权，债权为对人权

C．物权有支配力，债权有请求力

D．物权有期限，债权无期限

6．两年前甲、乙、丙三个公司分别以 50%、30%、20%的比例出资购买一幢写字楼。当时的购买总价为 6 000 万元，现出售总价为 6 600 万元，则丙公司应得（　　）万元。

A．1 200　　B．1 320

C．1 400　　D．2 200

7．在房地产上设定的担保物权，具体称为（　　）。

A．质权　　B．留置权

C．抵押权　　D．用益物权

8．一幢 6 层楼的住宅，属于（　　）。

A．低层住宅　　B．多层住宅

C．中高层住宅　　D．高层住宅

9．按房屋完损等级分类，实物状况最好的房屋是（　　）。

A．完好房屋　　　　B．良好房屋

C．基本完好房屋　　　　D．一般损坏房屋

10．作为房屋使用人，对房屋的要求概括起来是安全、（　　）、经济、美观。

A．适用　　B．舒适　　C．耐久　　D．环保

11．在建筑工程图中，能统一表示房屋相同各层平面的完整布局、尺寸、功能等内容的图纸是（　　）。

A．建筑详图　　　　B．标准层平面图

C．首层平面图　　　　D．中间层平面图

12．某幢住宅楼中一套住房的下列面积中，面积最大的是（　　）。

A．居住面积　　　　B．使用面积

C．套内建筑面积　　　　D．建筑面积

13．下列墙体中，按水平投影面积全部计入套内墙体面积的是（　　）。

A．套内自有墙　　　　B．与公共建筑空间的分隔墙

C．纵横外墙　　　　D．各套之间的分隔墙

14．将大理石等板材通过构造连接或镶贴的方法形成的外墙面，属于（　　）。

A．抹灰类外墙面　　　　B．涂刷类外墙面

C．贴面类外墙面　　　　D．铺钉类外墙面

15．在住宅的厨房、卫生间墙面抹灰中，按构造层次划分，起进一步找平与黏结作用、弥补砂浆干缩裂缝的层次是（　　）。

A．抹灰底层　　　　B．抹灰中间层

C．抹灰基层　　　　D．抹灰面层

16．下列地面中，属于按照面层材料分类的是（　　）。

A．涂料地面　　　　B．防腐蚀地面

C．采暖地面　　　　D．拼花地面

17．房地产经纪人一般应站在（　　）的角度来评价所促成交易的房地产环境的好坏。

A．房地产管理部门　　　　B．房地产使用人

C．房地产开发企　　　　D．政府环保部门

18．下列噪声特点中，不属于建筑施工噪声特点的是（　　）。

A．声源面广且不固定　　　　B．突发性

C．冲击性　　　　D．不连续性

19．某住宅小区因设计不当，路灯光线强烈刺眼，且照进住宅室内，此类现象属于光污染中的（　　）。

A．可见光污染　　　　B．视觉污染

C．眩光污染　　　　D．灯光污染

20．某居住小区内设置的下列景观设施中，属于硬质景观的是（　　）。

A．喷泉　　　　B．草皮

C．树木　　　　D．音响设施

21．在居住区景观设计中，能体现所在地域自然环境特征，因地制宜地创造出具有时代特点和当地特征的空间环境的原则，是（　　）。

A．生态原则　　　　B．可持续原则

C．地域性原则　　D．历史性原则

22．与发达国家相比，我国目前处于城市化（　　）发展时期。

A．快速　　B．平稳

C．缓慢　　D．低速

23．随着工业化进入成熟期，在人口继续向城市集中的同时，开始向郊区扩散，但城市人口增长仍高于郊区，该阶段属于城市化的（　　）时期。

A．绝对集中　　B．绝对分散

C．相对集中　　D．相对分散

24．在城市规划中，有污染的工厂合理的规划位置是位于（　　）。

A．该城市全年最大风频风向的上风侧

B．该城市全年最大风频风向的下风侧

C．该城市全年最小风频风向的上风侧

D．该城市全年最小风频风向的下风侧

25．在城市规划中，确定且必须控制的城市基础设施用地界线是（　　）。

A．城市紫线　　B．城市黄线

C．城市蓝线　　D．城市红线

26．衡量居住区公共服务设施配套建设水平的指标，主要是人均公建面积与（　　）。

A．人均占地面积　　B．人均公建用地面积

C．人均公共绿地面积　　D．高层住宅比例

27．将房地产市场分为房地产买卖市场和房地产租赁市场的依据是（　　）。

A．房地产交易方式　　B．房地产使用性质

C．房地产交易目的　　D．房地产流转次数

28．假定城市房屋需求的价格弹性为 1，如果房价提高 4%，其他条件不变，将会使房屋需求数量下降（　　）。

A．0.5%　　B．1%

C．2%　　D．4%

29．关于名义利率和实际利率的说法，错误的是（　　）。

A．利率的时间单位与计息周期一致时，名义利率就是实际利率

B．按单利计息时，名义利率等于实际利率

C．实际利率是指一年内多次计息的年利率

D．名义利率和实际利率的本利和相等

30．张某采用基金定投的方式每月向基金公司交 200 元，若年收益率为 10%，则 10 年后这笔钱的累计总额是（　　）元。

A．38 652.24　　B．40 969.00

C．62 249.80　　D．64 968.99

31．在计算某房地产投资项目的财务内部收益率时，当用折现率 11%计算时，净现值为 860 万元；当用折现率 12%计算时，净现值为−1 600 万元，则该项目的财务内部收益率为（　　）。

A．11.35%　　B．11.65%

C．12.35%　　D．12.65%

32. 关于财务内部收益率的说法，错误的是（　　）。

A. 财务内部收益率测算时一般采用试算法

B. 财务内部收益率是项目投资所能支付的最高贷款利率

C. 如果财务内部收益率大于行业的基准收益率，则项目是可以接受的

D. 财务内部收益率不能反映项目的营利能力

33. 刘某购买了一套建筑面积为100 m^2，单价为6 000元/m^2的商品住房，首付30%，余款向银行申请20年期的抵押贷款。若其选择按月等额偿还贷款本息，假设贷款年利率为6%，则其名义单价和实际单价分别为（　　）元/m^2。

A. 6 000和6 000　　B. 6 000和7 221.63

C. 7 221.63和6 000　　D. 7 221.63和7 221.63

34. 下列税收政策中，在卖方市场情况下会推动房地产价格上涨的是（　　）。

A. 减少房地产开发环节的税收　　B. 增加房地产开发环节的税收

C. 增加买方的税收　　D. 增加房地产保有环节的税收

35. 张某购买了一套剩余寿命为42年的房屋，预计正常情况下每年可获得净租金7万元，若该房屋的报酬率为8.5%，则其收益价格为（　　）万元。

A. 76.30　　B. 79.68

C. 80.96　　D. 82.35

36. 忽略了房地产租金以外的收入，并且忽略了不同房地产空置率和运营费用差异的收益乘数法是（　　）。

A. 毛租金乘数法　　B. 潜在毛收入乘数法

C. 有效毛收入乘数法　　D. 净收益乘数法

37. 在成本估价法中，建筑物折旧等于建筑物重新购建价格减去（　　）。

A. 建筑物财务成本　　B. 建筑物开发成本

C. 建筑物市场价值　　D. 房地产市场价格

38. 按照汇率制度的不同，汇率可分为（　　）。

A. 基本汇率和套算汇率

B. 固定汇率和浮动汇率

C. 官方汇率和市场汇率

D. 买入汇率、卖出汇率、中间汇率和现钞汇率

39. 张某贷款50万元购买了一套价值为80万元的住房，5年后已担保债权的贷款余额为40万元，房屋价值经评估为100万元，现以该房屋抵押再融资20万元，其贷款价值比为（　　）。

A. 20.00%　　B. 25.00%

C. 33.33%　　D. 60.00%

40. 某银行与借款人约定以每月20日到次月20日为一个还款期，实行浮动利率，合同年利率为5%。11月1日国家法定利率调整为5.5%，则自11月20日到次年1月20日两个还款期应执行的利率标准为（　　）。

A. 皆执行5%

B. 皆执行5.5%

C. 前一个还款期执行5%，后一个还款期执行5.5%

D．前一个还款期执行 5%，后一个还款期执行分别以 5%和 5.5%按实际天数分段计息

41．张某将购买价为 600 万元的房屋向甲保险公司投保火灾险，保险金额为 400 万元：后又向乙保险公司投保火灾险，保险金额为 300 万元。若该房屋因火灾遭受损失，损失时房屋市场价格为 500 万元，则张某最高可获得的赔偿总值为（　　）万元。

A．400　　B．500

C．600　　D．700

42．房地产贷款保证保险是（　　）向保险人投保。

A．贷款人以借款人的信用　　B．贷款人以自己的信用

C．借款人以自己的信用　　D．借款人以保证人的信用

43．在常用的统计调查方式中，能够推断总体数量特征的是（　　）。

A．统计报表　　B．抽样调查

C．典型调查　　D．重点调查

44．关于算术平均数、中位数和众数之间大小关系的说法，错误的是（　　）。

A．三者有可能是一致的　　B．众数有可能最大

C．中位数有可能最大　　D．算术平均数有可能最大

45．询问调查法不包括（　　）。

A．访问调查　　B．邮寄调查

C．座谈会　　D．实验法

46．个性心理特征的核心是（　　）。

A．需要　　B．性格

C．气质　　D．能力

47．消费者胡某在购房过程中具有明确的目的和动机，不轻易受外界影响，按照自己的信念、知识和行为方式达到既定的购买目的。这属于消费者意志品质的（　　）。

A．独立性　　B．果断性

C．坚定性　　D．自制力

48．根据心理学的需要理论，人们既希望能够得到别人的重视，又期望个人有价值，这种需要是（　　）。

A．生理需要　　B．安全需要

C．自我实现需要　　D．尊重需要

49．由于消费者长期、多次购买某些商品，通过对商品价格的反复感知而逐步形成的对衡量商品价格的一种心理尺度，这在消费者价格心理表现方面，属于（　　）。

A．倾向性心理　　B．敏感性心理

C．习惯性心理　　D．感受性心理

50．当房屋供应充足、价格下跌时，消费者一般有（　　）。

A．抢购心理　　B．待购心理　　C．择优心理　　D．逆反心理

二、多项选择题（共 30 题，每题 2 分。每题的备选答案中有 2 个或 2 个以上符合题意，请在答题卡上涂黑其相应的编号。错选不得分；少选且选择正确的，每个选项得 0.5 分）

51．下列原则中，属于我国民法基本原则的有（　　）。

A. 平等原则　B. 自愿原则　C. 公平原则
D. 诚实信用原则　E. 优先原则

52. 下列民事权利的取得方式中，属于继受取得的有（　）。
A. 劳动生产　B. 法定孳息　C. 买卖
D. 继承遗产　E. 互易

53. 按照代理产生的不同原因和方式，代理的种类有（　）。
A. 律师代理　B. 委托代理　C. 经纪人代理
D. 法定代理　E. 指定代理

54. 房屋买卖合同生效应具备的条件有（　）。
A. 当事人具有相应民事行为能力　B. 采用国家规定的合同文本
C. 不违反法律和社会公共利益　D. 缔约人的效果意思与表示行为相一致
E. 由第三方鉴证

55. 钢筋混凝土结构建筑的承重构件有（　）。
A. 屋架　B. 柱　C. 阳台
D. 板　E. 梁

56. 对建筑物适用的基本要求包括（　）。
A. 通风　B. 隔热　C. 空间布局合理
D. 防水　E. 防菌

57. 套内建筑面积包括（　）。
A. 套内分摊面积　B. 套内墙体面积
C. 套内阳台面积　D. 套内楼梯面积
E. 套内使用面积

58. 为满足适用与环境要求，厨房、卫生间的地面材料应具有的良好性能包括（　）。
A. 耐水性　B. 抗渗性　C. 导热性
D. 抗冻性　E. 耐久性

59. 常见的室内地面装饰材料有（　）。
A. 石膏板材　B. 实木地板
C. 复合地板　D. 石材
E. PVC板

60. 建筑工地上通常出现的建筑施工噪声有（　）。
A. 空压机、电锤噪声
B. 混凝土搅拌机、混凝土震捣器噪声
C. 切割钢材、石材、瓷砖、木板噪声
D. 运输车辆、垂直运输机械噪声
E. 施工工地附近公交汽车噪声

61. 在居住区环境景观中，属于场所景观的有（　）。
A. 路旁绿化种植　B. 运动场所
C. 雕塑小品　D. 休闲广场
E. 儿童游乐场

62. 下列居住用地以外的城市用地中，属于公共服务设施用地的有（　）。

A．商业金融用地　　B．文物古迹用地
C．军事用地　　D．邮电设施用地
E．交通设施用地

63．关于地震的说法，正确的有（　　）。
A．地震震级小于 3 级人无感觉，3 级以上人有感觉
B．5 级以上的地震会造成破坏
C．地震烈度 6 度及 6 度以下的地区一律不采取专门的防震措施
D．地震烈度 9 度以上的地区不宜选作城市建设用地
E．建筑抗震设防是针对地震震级而不是针对地震烈度

64．按照用地构成，居住区用地的类型包括（　　）。
A．公建用地　　B．住宅用地
C．道路用地　　D．公共绿地
E．保留的自然村用地

65．下列房地产交易形式中，属于房地产三级市场的有（　　）。
A．新建商品房销售　　B．房屋租赁
C．房屋抵押　　D．土地转让
E．经济适用住房上市交易

66．下列房地产种类中，与写字楼存在一定替代关系的有（　　）。
A．经济适用住房　　B．商住两用住宅
C．宾馆　　D．普通住宅
E．娱乐房地产

67．决定房地产供给量的因素包括（　　）。
A．房地产价格水平　　B．土地供应价格
C．建筑成本　　D．消费者对未来的预期
E．房地产开发技术水平

68．从经济理论上讲，资金存在时间价值的直接原因主要包括（　　）。
A．资金增值　　B．资产升值
C．机会成本　　D．经济发展
E．通货膨胀

69．实现抵押权时，法定优先受偿款包括（　　）。
A．拖欠的建设工程价款　　B．营业税及附加
C．已抵押担保的债权数额　　D．诉讼费用
E．拍卖费用

70．建立可比实例成交价格的比较基准是市场法的基础，其内容主要有（　　）。
A．统一房地产范围　　B．统一成交日期
C．统一交易情况　　D．统一付款方式
E．统一价格单位

71．关于收益法的说法，错误的有（　　）。
A．收益法的原理是预期原理　　B．直接资本化法即现金流量折现法
C．未来的因素决定估价对象当前价值　　D．报酬率与投资风险呈负相关

E．收益法适用的估价对象可以是有潜在收益的房地产

72．在房地产估价的收益法中，报酬率的求取方法主要有（　　）。
A．累加法　B．成本法　C．试算法
D．内插法　E．市场提取法

73．按照贷款风险的性质，房地产贷款的风险分为（　　）。
A．系统性风险　B．静态贷款风险
C．宏观风险和微观风险　D．非系统性风险
E．动态贷款风险

74．商业银行发放的个人住房贷款属于（　　）。
A．信用贷款　B．担保贷款
C．浮动利率贷款　D．自营性贷款
E．长期贷款

75．信托的职能主要包括（　　）。
A．融通资金　B．财产事务管理　C．社会投资
D．结算服务　E．代理和咨询

76．按统计要求，以绝对数反映总体内容的数量指标有（　　）。
A．住宅套数　B．商品房销售额
C．住宅竣工面积　D．人口密度
E．人均住宅使用面积

77．下列指标中，属于反映居住状况的统计指标有（　　）。
A．实有住宅使用面积　B．实有住宅套数
C．人均住宅建筑面积　D．住宅自有率
E．住宅空置面积

78．心理过程是人的心理活动发生、发展的过程，下列心理现象不是心理过程的有（　　）。
A．需要　B．情绪　C．能力
D．兴趣　E．想象

79．根据马斯洛的需要层次论，不属于最原始、最基本需要的有（　　）。
A．生理需要　B．安全需要
C．爱与归属需要　D．尊重需要
E．自我实现需要

80．消费者的价格心理表现主要有（　　）。
A．习惯性心理　B．从众性心理
C．敏感性心理　D．倾向性心理
E．感受性心理

三、综合分析题（共20小题，每小题2分。每小题的备选答案中有1个或1个以上符合题意，请在答题卡上涂黑其相应的编号。错选不得分；少选且选择正确的，每个选项得0.5分）

（一）

张某欲购买一套住房，委托甲房地产经纪机构（以下简称甲机构）寻找房源并签订了

经纪合同。甲机构寻找到的合适房源为李某的住房。该住房位于某幢住宅楼的二层，该住宅楼北侧为主城区高架桥，南侧为农贸市场。房屋主体结构完好，门窗及厨卫部分设施虽然有损坏，但不严重，经过简单维修就能修复。张某在甲机构对该住房权属证书进行查验，并对其进行现场勘验。随后张某与李某签订了房屋买卖合同，且按合同约定向李某支付预付款 20 万元；合同约定余款于取得房屋权属证书后立即支付。后张某以房屋周围环境噪声大为由拒绝收房，并认为李某在签订房屋买卖合同时有欺诈行为，要求解除合同，并要求李某双倍返还预付款。

81．张某与甲机构签订的经纪合同为（　　）。

A．委托合同　　B．居间合同

C．行纪合同　　D．诺成合同

82．该房屋的完损等级可以判定为（　　）。

A．完好房屋　　B．基本完好房屋

C．一般损坏房屋　　D．严重损坏房屋

83．张某在进行房屋权属证书查验时，能够根据房屋权属证书附图了解的房屋有关事项为（　　）。

A．房屋附属设施　　B．房屋产权面积

C．房屋权界线　　D．房屋所有权人

84．该房屋的环境噪声污染源主要为（　　）。

A．工业噪声　　B．交通噪声

C．社会生活噪声　　D．建筑施工噪声

85．关于房屋买卖合同中违约责任承担方式的说法，正确的为（　　）。

A．李某违约，应双倍返还预付款

B．张某违约，无权要求返还预付款

C．合同若不履行，预付款应返还，但张某应承担违约责任

D．甲机构负有赔偿责任

（二）

张某于 2009 年 12 月购买了两套住房。住房 I 为毛坯房，建筑面积为 96 m，单价为 5 800 元/m^2；住房 II 为精装修，建筑面积为 146 m^2，单价为 7 800 元/m^2。完成房屋交割手续后，张某拟对住房 I 进行室内装饰装修，其中选材上比较了实木地板、复合地板、塑料地板和瓷砖等地面材料以及石膏板、矿棉板、PVC 板和铝合金板等顶棚材料。2010 年 6 月，张某将住宅 II 以 9 800 元/m^2 的价格出售给李某，李某向银行申请期限为 20 年的个人住房抵押贷款，银行给出的贷款条件是首付 50%，贷款利率上浮 10%。假定 5 年以上银行基准贷款年利率为 6%，按月计息。

86．张某比较的地面材料中，不适宜用于卧室的为（　　）。

A．实木地板　　B．复合地板

C．塑料地板　　D．瓷砖

87．张某选择的顶棚材料中，可用于卧室顶棚的材料为（　　）。

A．石膏板　　B．矿棉板

C．PVC 板　　D．铝合金板

88. 若当地房地产投资报酬率为 8%，不考虑其他投资支出，张某投资住房Ⅱ在投资时点的净收益为（　　）万元。

A. 18.60　　B. 23.80
C. 132.48　　D. 137.68

89. 银行提供贷款的实际年利率为（　　）。

A. 6.00%　　B. 6.17%
C. 6.60%　　D. 6.80%

90. 李某办理个人住房抵押贷款需要准备的材料为（　　）。

A. 个人住房抵押贷款申请
B. 经济收入证明
C. 抵押房地产权属证明
D. 户籍管理部门出具的无违法记录证明

（三）

肖某由于工作地点变化，欲将其自住商品住房出售，于 2010 年 9 月委托甲房地产估价机构对该住房进行价值评估。估价师经现场查勘，发现室内使用大镜面作装饰，并大量运用花环、花束、弓箭、贝壳图案及纹样，属洛可可装修风格；所在小区占地面积 50 000 m^2，其中有 20 幢 3 层联排别墅，建筑面积 6 000 m^2，基底面积 2 000 m^2，15 幢 8 层住房，建筑面积 110 000 m^2，基底面积 13 750 m^2；5 幢 23 层塔楼，建筑面积 134 000 m^2，基底面积 5 800 m^2。附近有一座 30 m 高的火力发电厂烟囱，100 m 之处有铁路经过，铁路对面为城市排水沟。

91. 该住房室内装饰装修风格属于（　　）。

A. 传统风格　　B. 自然风格
C. 现代风格　　D. 混合型风格

92. 如需对该住房所在区域进行景观评价，可采用的方法为（　　）。

A. 调查分析法　　B. 民意测验法
C. 认知评判法　　D. 文献研究法

93. 该小区居民可能面对的环境污染类型为（　　）。

A. 大气污染　　B. 生活污染
C. 交通噪声污染　　D. 辐射污染

94. 该住房所在小区按居住区规划布置的住宅层数划分，包括的类型为（　　）。

A. 低层　　B. 多层
C. 高层　　D. 中高层

95. 该住宅小区住宅平均层数为（　　）层。

A. 5.00　　B. 7.38
C. 11.33　　D. 11.60

（四）

2008 年，甲房地产开发企业（以下简称甲企业）开发某商品住宅小区项目。2009 年，甲企业欲通过乙信托公司（以下简称乙公司）筹集开发项目所需资金。乙公司分析了该项目所在城市的房屋建设状况、销售情况等房地产市场状况及甲企业的经营状况，制定了投资额度安排。2010 年，该项目达到预售条件后，甲企业委托丙房地产经纪机构（以下简称丙机构）预售。丙机构为促进销售，在加强员工对消费者心理影响方面进行了专题培训。张某拟购买其中一套住房。丙机构的房地产经纪人王某分析了张某的收入状况，认为张某的收入虽然不高但较稳定。据此，王某为其制定了还款方案。

96．为降低信贷风险，使甲企业与乙公司承担的风险都较小，可选择的利率为（　　）。

A．活期利率　　B．定期利率

C．固定利率　　D．浮动利率

97．乙公司用来分析房屋建设状况的统计指标可能为（　　）。

A．房屋施工面积　　B．竣工房屋面积

C．房屋新开工面积　　D．人均住宅使用面积

98．乙公司筹集资金的方式可能为（　　）。

A．房地产信托基金　　B．资金信托

C．房地产信托存款　　D．储蓄存款

99．丙机构对员工进行的专题培训中，应着重培养员工的能力为（　　）。

A．对消费者的不同需要具有较强的判断能力

B．对消费者的不同购买动机具有较强的注意力和语言表达能力

C．对企业的经营活动具有较强的管理能力

D．对消费者的不同个性特征具有较强的适应能力

100．王某为张某制定的最恰当的还款方案为（　　）。

A．到期后一次性还本付息

B．先扣除利息，到期后一次性偿还

C．分期等额偿还本息

D．分期等本金偿还

参 考 答 案

一、单项选择题

1. C　2. D　3. A　4. B　5. D　6. B　7. C　8. B　9. A　10. A
11. B　12. D　13. A　14. C　15. B　16. A　17. B　18. A　19. D　20. D
21. C　22. A　23. C　24. C　25. B　26. B　27. A　28. D　29. D　30. B
31. A　32. D　33. A　34. B　35. B　36. A　37. C　38. B　39. C　40. D
41. B　42. C　43. B　44. A　45. D　46. B　47. A　48. D　49. C　50. B

二、多项选择题

51. ABCD　52. CDE　53. BDE　54. ACD　55. ABDE　56. ABCD　57. BCE
58. AB　59. BCD　60. ABCD　61. BDE　62. AB　63. BD　64. ABCD
65. BCE　66. BCE　67. ABCE　68. ACE　69. AC　70. ADE　71. ACE
72. AE　73. BE　74. BCD　75. ABCE　76. ABC　77. CD　78. ACD
79. BCDE　80. ACDE

三、综合分析题

81. ACD　82. B　83. BC　84. BC　85. C　86. D　87. A
88. B　89. D　90. ACD　91. A　92. A　93. AC　94. ABCD
95. D　96. D　97. ABC　98. ABC　99. ABD　100. C

解　　析

一、单项选择题

30. $F=A\frac{(1+i)^n-1}{i}=200\times\frac{(1+10\%/12)^{120}-1}{12\%/12}$=40 969（元）。

31. 根据公式$r=i_1+(i_2-i_1)\frac{|PW_1(i_1)|}{|PW_1(i_1)|+|PW_2(i_2)|}$，该项目的内部收益率=11%+（12%−11%）×860/（860+1 600）=11.35%。

35. 该房地产的收益价格$V=\frac{A}{Y}[1-\frac{1}{(1+Y)^n}]$＝7/8.5%×［1－1/（1＋8.5%）^{42}］＝79.68（万元）。

39. 贷款价值比也称为贷款与价值比率，是指房地产抵押贷款中贷款金额占抵押房地产价值的比率。当抵押房地产为再次抵押的，贷款价值比应为贷款金额占该房地产的价值扣除其已担保债权后的余额的比率。一般有最高贷款价值比的规定。20/（100－40）×100%=33.33%。

40. 目前中国人民银行规定实行浮动利率的个人住房贷款如遇利率调整，在利率调整前已经发放的贷款应统一在次年 1 月 1 日进行利率调整，因此可能造成利率调整当月必须以两种利率按实际天数分段计算利息，或者以新、旧利率在该还款期中所占天数为权重计算加权月还款额。例如，如果还款日为每月 20 日，次年 1 月 1 日开始调整利率，则 12 月 20 日到 1 月 20 日这个还款期借款人应当归还的本息额计算公式如下：应还本息=按旧利率的应还本息×12 / 31+按新利率的应还本息×19 / 31 应还利息＝剩余贷款本金×旧月利率×12 / 31+剩余贷款本金×新月利率÷19 / 31。

三、综合分析题

88．9 800×146－7 800×146×（1＋8%/12）^{6}=23.80（万元）。

89．假设实际年利率为 i，名义年利率为 r，一年中计息次 m，则每次计息的利率为 r/m，i=（1＋r/m）^{m}。贷款利率上浮 10%。假定 5 年以上银行基准贷款年利率为 6%，按月计息。20 年的个人住房抵押贷款。则该例名义年利率为 6%×（1＋10%）=6.60%，实际年利率为：i=（1＋r/m）^{m}－1=（1＋6.60%/12）^{12}－1=6.80%。

95．住宅平均层数反映了居住区空间形态与景观的特征，它是住宅总建筑面积与住宅基底总面积的比值（层）。（6 000＋110 000＋134 000）÷（2 000＋13 750＋5 800）=11.60。

2011年房地产经纪相关知识模拟试题一及参考答案

一、单项选择题（共50题，每题1分。每题的备选答案中只有一个最符合题意，请在答题卡上涂黑其相应的编号）

1．以下法律适用的基本原则中，表述不正确的是（　　）。

A．上位法优先于下位法　　B．特别法优先于普通法

C．任意法优先于强行法　　D．新法优先于旧法

2．民事法律关系中，民事主体间民事权利义务所指向的对象，包括物、行为、智力成果等，是指（　　）。

A．主体　　B．客体　　C．内容　　D．形式

3．根据权利的作用，以下民事权利中不属于形成权的是（　　）。

A．解除权　　B．撤销权

C．人身权　　D．选择之债中的选择权

4．根据《民法通则》，诉讼时效期间从（　　）时起算。

A．权利人起诉　　B．权利被侵害

C．权利人被告知其权利被侵害　　D．权利人知道或应当知道其权利被侵害

5．根据《担保法》，收受定金的一方不履行约定的债务的，应当（　　）。

A．全额返还定金　　B．双倍返还定金

C．三倍返还定金　　D．四倍返还定金

6．房屋层数是指房屋的自然层数，以下（　　），计算自然层数。

A．突出屋面的楼梯间

B．阁楼（暗楼）

C．突出屋面的楼梯间

D．采光窗在室外地坪以上的半地下室，其室内层高在2.20 m以上（不含2.20 m）的

7．当建筑场地的上部土层较弱、承载力较小，不适宜采用在天然地基上作浅基础时宜采用（　　）。

A．筏板基础　　B．桩基础

C．箱形基础　　D．条形基础

8．如果施工项目经理想了解“建筑场地的位置、大小及形状”，应查找的建筑施工图是（　　）。

A．建筑详图　　B．建筑剖面图

C．建筑立面图　　D．建筑总平面图

9．下列计算一半建筑面积的是（　　）。

A．房屋之间无上盖的架空通廊　　B．骑楼的底层用作道路街巷通行部分

C．有顶盖不封闭的永久性的架空通廊　　D．房屋的天面上的花园

10．核发土地权属证书和地籍档案的附图是（　　）。

A．地形图　　B．地籍图　　C．宗地图　　D．房产图

11．王某购买的一套商品住宅，房屋使用面积为 80 m^2，套内墙体面积为 6 m^2，套内阳台建筑面积为 10 m^2，需分摊的共有建筑面积为 15 m^2 组成，该套商品住宅的建筑面积为（　　）m^2。

A．80　　B．111　　C．120　　D．126

12．室外装饰装修风中，（　　）大量采用直线条和尖塔装饰，尖券比例瘦长，飞扶壁凌空动感强，全部柱墩垂直向上，给人以挺拔向上之势，直冲云霄之感。

A．生态建筑的外立面　　B．后现代主义风格建筑的外立面

C．哥特式风格建筑的外立面　　D．现代主义风格建筑的外立面

13．外墙面装饰构造中，（　　）抹灰构造做法是：一层底灰，一层面灰或不分层一次成活。

A．初级抹灰　　B．中级抹灰

C．高级抹灰　　D．普通抹灰

14．玻璃幕墙的隔声效果主要考虑隔除室外噪声，一般多采用（　　）。

A．非透明玻璃　　B．不锈钢玻璃

C．中空玻璃　　D．密封玻璃

15．建筑材料与水有关的物理性质有（　　）。

A．孔隙率　　B．抗渗性　　C．耐磨性　　D．弹性和塑性

16．将环境污染分为工业污染、交通污染、农业污染、生活污染等的依据是（　　）。

A．按照污染物的性质分类　　B．按照污染产生的原因分类

C．按照污染物分布的范围分类　　D．按照污染的空间分类

17．颗粒污染物主要有尘粒、粉尘、烟尘和雾尘。其中，对人体危害最大的颗粒污染物是（　　）。

A．尘粒　　B．飘尘　　C．落尘　　D．雾尘

18．按照（　　），可将固体废物分为城市垃圾、工业固体废物、农业废弃物和放射性固体废物。

A．废物的形状　　B．废物的化学性质

C．废物的危害状况　　D．废物的来源

19．园林景观的基本成分中，软质的东西不包括（　　）。

A．细雨　　B．阳光

C．景观构筑　　D．和风

20．公用设施、交通设施和公共服务设施较齐全、布局较完整、环境良好的多、中、高层住区用地属于（　　）。

A．一类居住用地　　B．二类居住用地

C．三类居住用地　　D．四类居住用地

21．以下（　　），可作为城市建设用地。

A．堤坝以内的河滩地　　B．百年一遇洪水位以上 0.5～1 m 的地段

C．在地震烈度 9 度以上的地区　　D．朝北的山坡

22．某建筑项目，用地面积为 50 000 m^2，总建筑面积为 150 000 m^2，该建筑项目容积率为（　　）。

A．2　　B．2.5　　C．3　　D．3.5

23．某住宅小区的住宅建筑基底总面积是50 000 m^2，而该小区的住宅用地面积是100 000 m^2，该小区的住宅建筑净密度是（　）。

A．20%　　B．25%　　C．50%　　D．60%

24．按照房地产交易方式，房地产市场分为（　　）。

A．现房市场和期房市场
B．房地产买卖市场和房地产租赁市场
C．整体房地产市场和区域房地产市场
D．居住房地产市场和非居住房地产市场

25．市场营销角度定义的市场，可以用下列（　　）简明的公式来概括。

A．市场＝人口＋购买能力－购买动机
B．市场＝人口－购买能力＋购买动机
C．市场＝人口－购买能力－购买动机
D．市场＝人口＋购买能力＋购买动机

26．李某购房抵押贷款15万元，贷款年利率为5.6%，贷款期限为10年。若采用按月等额本息方式还款，则李某的月还款额为（　　）元。

A．700.00　　B．1 250.00
C．1 635.34　　D．2 155.51

27．A市2011年3月，普通住宅的价格由3 000元/m^2上涨到3 200元/m^2，但需求量则从500套下降到300套，采用“中点法”计算，该普通住宅需求的价格弹性为（　　）。

A．0.129　　B．2.211
C．5.129　　D．7.751

28．现有一套总售价为11万元的住宅，八成15年按揭，按年贷款利率6%计，月还款额为（　　）元。

A．439　　B．1 230
C．743　　D．928

29．房地产同时有两个价格，其中其本身有一个价格，经济学上称之为（　　）。

A．市场价格　　B．理论价格
C．服务价格　　D．源泉价格

30．某房地产项目土地单价为5 000元/m^2，容积率为2.5，则其楼面地价为（　　）元/m^2。

A．500　　B．800
C．1 000　　D．2 000

31．某出租房产年租金中，房屋折旧费3万元、维修费2万元、管理费1万元、投资利息0.6万元、房产税0.4万元、保险费0.3万元，地租2万元，利润0.7万元。那么该出租房产年成本租金为（　　）万元。

A．5　　B．7
C．7.3　　D．10

32．2011年底A市年平均总人数80万人，2010年出生人口1 000人，死亡600人，迁入人数800人，迁出人数500人，则A市2010年的人口增长率为（　　）。

A．0.68‰　　B．0.88‰

C. 0.91‰　　D. 1.21‰

33. 某商业门市的收益期限为 10 年，判定其未来每年的净收益基本上固定不变，预测其未来 10 年，每年净收益为 12 万元，报酬率为 8%。则该商业门市的收益价格为（　　）万元。

A. 78.23　　B. 79.36

C. 80.52　　D. 86.12

34. 假设某银行 2010 年的年利率为 6%，通货膨胀率为 3%，则实际利率为（　　）。

A. 1.91%　　B. 2.31%

C. 2.91%　　D. 3.61%

35. W 开发商在建设某小区商品住宅时，向 P 银行贷款 5 000 万元，贷款利率为 7%，期限 3 年，采取到期后一次性还本付息还款方式，到期后其贷款为（　　）万元。

A. 6 115.25　　B. 6 222.51

C. 6 125.22　　D. 6 135.25

36. 股票虽然收益性较高，但风险性也较大。这说明信用工具的特征中，（　　）。

A. 收益性与流动性负相关　　B. 收益性与风险性负相关

C. 收益性与风险性正相关　　D. 风险性与流动性负相关

37. 在房地产抵押贷款中，下列表述错误的是（　　）。

A. 借款人为债务人　　B. 贷款人为债权人

C. 债权人同时也是抵押权人　　D. 债务人同时也是抵押人

38. 保险合同中，（　　）是投保人为换取保险人承担保险责任而支付的价格。

A. 保险价值　　B. 保险费

C. 保险金额　　D. 保险金赔偿

39. 保证保险与信用保险的保险标的具有一致性，都是信用风险，主要区别是（　　）不同。

A. 受益人　　B. 投保人

C. 保险人　　D. 承保人

40. 受益人仅存在于（　　）中。

A. 责任保险　　B. 信用保险

C. 保证保险　　D. 人身保险

41. 2011 年 A 市住房平均价格为 2 000 元/m^2，B 市住房平均价格为 2 500 元/m^2，则 A、B 两市住房平均价格的比较相对指标等于（　　）。

A. 60%　　B. 80%

C. 90%　　D. 95%

42. 数列“1 020、1 030、1 040、1 050、1 060、1 070、1 080”的简单算术平均数是（　　）。

A. 1 020　　B. 1 030

C. 1 040　　D. 1 050

43. 标准差又称均方差，是各变量值与其算术平均数的（　　）。

A. 平方的离差的算术平均数的平方根

B. 离差的平方和的算术平均数的立方根

C. 离差的平方和的算术平均数的平方根

D. 离差的立方和的算术平均数的平方根

44.（　　）是对全距的一种变通，是按照大小顺序排列的变量数列的中间部分变量值的差距。

A．标准差　　B．修正距

C．平均差　　D．方差

45．测定长期趋势的方法中，（　　）为数学模型法。

A．扩大时距法　　B．缩小时距法

C．移动平均法　　D．最小二乘法

46．以下（　　），属于反映居住状况的主要统计指标。

A．房屋减少建筑面积　　B．住宅减少建筑面积

C．人均住宅建筑面积　　D．实有房屋建筑面积

47．消费者的认识过程中，（　　）是心理活动对一定事物的指向和集中。

A．认识　　B．想象

C．注意　　D．情感

48．需要对消费者行为的影响中，一方面，消费者的购买行为是在其需要的驱使下进行的，即（　　）。

A．消费需要→购买动机→购买行为→需要满足→新的需要……

B．购买动机→消费需要→购买行为→需要满足→新的需要……

C．新的需要→消费需要→购买动机→购买行为→需要满足……

D．新的需要→购买动机→购买行为→需要满足→消费需要……

49．王某直率热情，工作精力旺盛；性情急躁，反应迅速；情绪明显外露，但持续时间不长；行为上表现出不平衡，工作特点带有明显的周期性。此属于（　　）气质类型。

A．多血质　　B．胆汁质

C．黏液质　　D．抑郁质

50．房地产开发商为追求房地产的奇特式样，注重房地产的与众不同，此为（　　）动机。

A．求实　　B．求美

C．求新　　D．求奇

二、多项选择题（共30题，每题2分。每题的备选答案中有两个或两个以上符合题意，请在答题卡上涂黑其相应的编号。错选不得分；少选且选择正确的，每个选项得0.5分）

51．下列自然人中，具有完全民事行为能力的人有（　　）。

A．14周岁，靠版税独立生活的“90后”作家

B．16周岁，隔月将打工节余寄回老家的农民工

C．18周岁，颈椎以下全瘫痪，手脚均无知觉的残疾人

D．19周岁的间歇性精神病人

E．18周岁，在家靠父母遗产生活的待业青年

52．租赁合同的特征包括（　　）。

A．租赁合同约定的是转移租赁物的使用或收益权，而不是所有权

B．租赁物须为法律允许流通的不动产和动产

C．租赁合同属于双务合同、有偿合同

D．租赁合同终止时，承租人须返还租赁物

E．租赁合同是实践合同

53．用益物权包括（　　）。

A．抵押权　　B．建设用地使用权

C．地役权　　D．土地承包经营权

E．宅基地使用权

54．影响建筑物实际使用年限的因素包括（　　）。

A．建筑设计标准的要求　　B．建筑设计单位的要求

C．工程业主的要求　　D．实际建筑设计水平

E．施工质量及房屋使用维修

55．下列不计入用地面积范围的有（　　）。

A．市政管辖的马路等公共用地　　B．有明确使用权属的间隙地

C．公共使用的河滩　　D．公共使用的排水沟

E．已征收，经规划部门核定需要作市政建设的用地

56．按照房产管理的需要，房产图分为（　　）。

A．地籍图　　B．宗地图

C．房产分幅图　　D．房产分丘图

E．房产分户图

57．室内装饰装修风格主要分为传统风格、现代风格、后现代风格、自然风格和混合型风格。西方传统风格中，洛可可风格的总体特征包括（　　）。

A．轻盈　　B．华丽

C．精致　　D．细腻

E．简洁

58．建筑外立面的色彩中，色调由色彩的色相、明度和纯度三要素决定。从色相来分，有（　　）等。

A．红色调　　B．黄色调

C．蓝色调　　D．清色调

E．紫色调

59．建筑材料的物理性质中，以下（　　）属于与质量有关的性质。

A．密度　　B．孔隙率　　C．抗冻性

D．表观密度　　E．抗渗性

60．按照污染物排放的空间，可分为（　　）。

A．点源　　B．线源　　C．高架源

D．地面源　　E．面源

61．环境噪声污染的特征有（　　）。

A．环境噪声污染是能量污染　　B．环境噪声污染是感觉公害

C．环境噪声污染具有局限性　　D．环境噪声污染具有分散性

E．环境噪声污染具有集中性

62．大多数人能感知的景观正向美学特征有（　　）。

A．安静性　　B．有序而又整齐划一

C．多样性和复杂性　　D．景观要素的运动与生命的活力

E. 尺度的过大或过小

63. 城市规模是指城市的大小，包括（　　）。

A. 人口规模　B. 社会规模　C. 用地规模

D. 经济规模　E. 发展规模

64. 控制性详细规划的基本内容包括（　　）。

A. 确定城市的综合交通体系

B. 规定各类用地内适建、不适建、有条件可建的建筑类型

C. 规定交通出入口方位、停车泊位、建筑后退红线距离、建筑间距等要求

D. 确定公共设施的位置、规模和布局

E. 确定城市建设各类专项规划

65. 以下（　　），不属于居住小区的居住人口规模的基本要求。

A. 60 000～100 000 人、210 000～32 000 户

B. 30 000～50 000 人、10 000～16 000 户

C. 10 000～15 000 人、2 000～5 000 户

D. 1 000～3 000 人、300～1 000 户

E. 100～150 人、30～50 户

66. 房地产市场高峰期的主要特征有（　　）。

A. 大批房地产开发项目开工

B. 售价以比租金快得多的速度上涨

C. 新房换手快，交易量大

D. 空置率高于正常水平

E. 房屋空置率也经历了在上升期的基础上继续下降到该阶段后期开始上升的过程

67. 下列可以造成卖方垄断的原因有（　　）。

A. 规模经济　B. 专利

C. 资源控制　D. 特许加盟

E. 政府许可限制

68. 下列可能引起某种房地产的供给量增加的是（　　）。

A. 该种房地产的开发技术提高

B. 该种房地产的价格降低

C. 该种房地产的开发建设成本增加

D. 该种房地产的开发建设成本减少

E. 房地产开发商和拥有者预期该种房地产价格上涨

69. 房地产与其他物品一样，之所以有价格，是因为同时具有（　　）。

A. 有用性　B. 固定性　C. 稀缺性

D. 有效需求　E. 需要

70. 在房地产抵押贷款中，法定优先受偿款是假定实现抵押权时，法律规定优先于本次抵押贷款受偿的款额，包括（　　）。

A. 营业税　B. 估价费用

C. 诉讼费用　D. 发包人拖欠承包人的建设工程价款

E. 已抵押担保的债权数额

71．年限法是根据建筑物的（　　）来求取建筑物折旧的方法。
A．经济寿命　　B．剩余经济寿命
C．自然寿命　　D．剩余自然寿命
E．有效年龄
72．特定资金信托的种类主要有（　　）。
A．服务性房地产信托
B．建材补偿贸易信托贷款
C．房地产开发经营企业流动资金委托贷款
D．个人抵押贷款
E．国际房地产投资信托
73．大额可转让存单与普通定期存款单的不同之处包括（　　）。
A．通常记名　　B．可以在金融市场上流通转让
C．金额小　　D．金额大
E．面额固定
74．财产保险可分为（　　）。
A．财产损失保险　　B．责任保险
C．信用保险　　D．保证保险
E．一切危险保险
75．统计数据的整理中，变量数列包括（　　）两个构成要素。
A．变量值
B．总体和个体之间的转化
C．变量值在各组中出现的频数或频率
D．总体在各组中出现的频数或频率
E．个体在各组中出现的频数或频率
76．影响时间序列的因素可以归纳为（　　）。
A．长期趋势　　B．短期趋势
C．季节变动　　D．循环波动
E．不规则波动
77．测定长期趋势的方法主要有（　　）。
A．缩小时距法　　B．扩大时距法
C．移动平均法　　D．最小二乘法
E．最大二乘法
78．反映房屋状况的主要统计指标包括（　　）。
A．房屋施工面积　　B．实有住宅使用面积
C．实有房屋建筑面积　　D．实有住宅套数
E．成套住宅建筑面积
79．个性心理倾向包括动机、（　　）等。
A．气质　　B．需要
C．兴趣　　D．理想
E．信念
80．消费者思维有以下（　　）特点。

A．思维的独立性　　B．思维的敏感性
C．思维的灵活性　　D．思维的创造性
E．思维的持久性

三、综合分析题（共20小题，每小题2分。每小题的备选答案中有一个或一个以上符合题意，请在答题卡上涂黑其相应的编号。错选不得分；少选且选择正确的，每个选项得0.5分）

（一）

2010年8月，A市甲房地产开发企业（以下简称甲公司）有一房地产开发项目，该项目由商品住宅和商业营业用房两部分组成，其中，商业营业用房为框架结构，设计为4层。商品住宅±0.000＝40.000，建筑高度为31m，于2012年5月竣工。

81．按建筑物的结构类型分类，该项目商业营业用房采用的建筑形式是（　　）。
A．砖木结构　　B．砖混结构
C．钢筋混凝土结构　　D．钢结构

82．按建筑物的层数分类，该项目商业营业用房属于（　　）。
A．低层建筑　　B．多层建筑
C．中高层建筑　　D．高层建筑

83．该项目商品住宅首层室内地面绝对标高为（　　）m。
A．31.000　　B．40.000　　C．60.000　　D．71.000

84．该项目商品住宅楼顶的绝对标高为（　　）m。
A．31.00　　B．40.000　　C．60.000　　D．71.000

85．如果希望通过施工图，了解该项目商业营业用房"室内地面的高度"，可以查找（　　）。
A．建筑平面图　　B．建筑立面图
C．建筑剖面图　　D．结构施工图

（二）

W房地产开发公司以1 200万元取得了1公顷综合用地50年的建设用地使用权。该地块地上容积率为6，建筑密度为50%，可建一幢16层商住综合楼和一幢5层办公楼。商住综合楼第1层至第4层为建筑面积相同的商业用房，第5层至第16层为建筑面积相同的住宅。办公楼建筑面积5 000 m^2，各层建筑面积相同。该地块地基承载力较小，需要经过人工加固后才能使用。在建办公楼时，W房地产开发公司经抵押方式向当地某商业银行贷款200万元，另从私人手中借得部分资金。银行为防范贷款风险，要求该公司对所抵押的在建工程办理保险，为此该公司委托某房地产估价机构对该抵押物的保险价值进行了评估，并据此与某财产保险公司签订了保险合同。

86．对该宗土地进行城市用地适用性评价，该宗土地属于（　　）类建设用地。
A．适宜城市建设用地　　B．比较适宜城市建设用地
C．基本适宜城市建设用地　　D．不适宜城市建设用地

87．该综合楼商业部分每层的建筑面积为（　　）m^2。
A．3 250.00　　B．3 437.50
C．4 000.00　　D．5 000.00

88．W房地产开发公司筹集建房资金利用的信用形式有（　　）。

A．银行信用　　B．商业信用
C．民间信用　　D．国家信用

89．在下列合同中，属于从合同的有（　　）。
A．购房合同　　B．抵押合同
C．保险合同　　D．借款合同

90．上述保险合同的当事人有（　　）。
A．该商业银行　　B．该财产保险公司
C．该房地产开发公司　　D．该咨询公司

（三）

2011 年 6 月，A 房地产开发有限责任公司在 B 市城市规划区内，取得了一块建设用地使用权并签订了出让合同，出让合同约定由 A 房地产开发有限责任公司进行商业大楼建设，该项目计划总投资 5 600 万元，其中土地使用权出让金 1 100 万元。A 房地产开发有限责任公司为融通资金，一是利用商业银行贷款方式取得部分建设资金，贷款期限为 11 个月；二是向准备购买其楼盘的 C 借款 500 万元，筹集部分建设资金；三是准备通过预售其建设的商品门市资金，支持建设。2012 年 3 月，A 房地产开发有限责任公司与 D 商业银行达成贷款协议，贷款 2 300 万元。

91．A 房地产开发有限责任公司为融通资金，利用商业银行贷款方式取得部分建设资金，该信用形式属于（　　）。
A．商业信用　　B．银行信用
C．消费信用　　D．民间信用

92．A 房地产开发有限责任公司为融通资金，利用商业银行贷款方式取得部分建设资金，该贷款属于（　　）。
A．短期贷款　　B．中期贷款
C．长期贷款　　D．永久贷款

93．A 房地产开发有限责任公司为融通资金，向准备购买其楼盘的 C 借款 500 万元，筹集部分建设资金，该信用形式属于（　　）。
A．商业信用　　B．银行信用
C．消费信用　　D．民间信用

94．A 房地产开发有限责任公司为融通资金，利用商业银行贷款方式取得部分建设资金，资金融通的方式属于（　　）。
A．直接融资　　B．间接融资
C．信用融资　　D．消费融资

95．在商业银行贷款中，如果 D 商业银行要求，A 房地产开发有限责任公司需采取抵押贷款方式，则 A 房地产开发有限责任公司可以采取的抵押贷款方式有（　　）。
A．其拥有的房屋所有权抵押　　B．该项目建设用地使用权抵押
C．该项目预购商品房贷款抵押　　D．该项目在建工程抵押

（四）

2003 年 12 月，W 自治区 A 市 C 食品公司以出让方式取得了一宗 A 市城市规划区内的建设用地使用权，用于生产厂房建设，该宗地土地面积为 12 000 m^2，出让用途为工业。2004 年 12 月，由于生产经营困难，C 食品公司拟以其中的 4 500 m^2 土地进行房地产开发，

建造商品住宅用于销售，另外7 500 m^2土地由C食品公司抵押给银行进行贷款。同时，C食品公司2006—2011年生产经营利润分别为180万元、210万元、240万元、260万元、280万元、300万元。试回答以下问题。

96. C食品公司“2011年生产经营利润300万元/2010年生产经营利润280万元”这一指标属于（　　）。

A. 强度相对指标　　B. 比较相对指标

C. 比例相对指标　　D. 动态相对指标

97. 如果H市D食品公司若2011年的生产经营利润为360万元，那么“D食品公司2011年的生产经营利润360万元与C食品公司2011年的生产经营利润300万元”的比值，是（　　）指标。

A. 强度相对指标　　B. 比例相对指标

C. 比较相对指标　　D. 动态相对指标

98. 经查，C食品公司男女职工1:3，此指标属于（　　）。

A. 强度相对指标　　B. 比例相对指标

C. 比较相对指标　　D. 动态相对指标

99. C食品公司2006—2011年生产经营利润的简单算术平均数是（　　）。

A. 215　　B. 225

C. 235　　D. 245

100. C食品公司2010—2011年度生产经营利润的环比增长速度是（　　）。

A. 3.33%　　B. 7.14%

C. 93.33%　　D. 107.14%

参考答案

答　　案

一、单项选择题

1. C	2. B	3. C	4. D	5. B	6. D	7. B	8. D	9. C	10. C
11. B	12. C	13. D	14. C	15. B	16. B	17. B	18. D	19. C	20. B
21. B	22. C	23. C	24. B	25. D	26. C	27. D	28. C	29. D	30. D
31. B	32. B	33. C	34. C	35. C	36. C	37. D	38. B	39. B	40. D
41. B	42. D	43. C	44. B	45. D	46. C	47. C	48. A	49. B	50. D

二、多项选择题

51. BCE	52. ABCD	53. BCDE	54. ACDE	55. ACDE	56. CDE	57. ABCD
58. ABCE	59. ABD	60. CD	61. ABCD	62. ACD	63. ACD	64. BCD
65. ABDE	66. ABCE	67. ABCE	68. ADE	69. ACD	70. DE	71. ABE
72. ABCE	73. BDE	74. ABCD	75. AE	76. ACDE	77. BCD	78. BCDE
79. BCDE	80. ABCD					

三、综合分析题

（一）81. C　82. B　83. B　84. D　85. A

（二）86. C　87. C　88. AC　89. BC　90. BD

（三）91. B　92. A　93. A　94. B　95. ABD

（四）96. D　97. C　98. B　99. D　100. B

解　　析

一、单项选择题

11. 建筑面积＝套内建筑面积＋分摊的共有建筑面积

套内建筑面积＝套内房屋使用面积＋套内墙体面积＋套内阳台建筑面积

该套商品住宅的建筑面积＝80＋6＋10＋15＝111（m²）。

22. 容积率$=\dfrac{\text{总建筑面积}}{\text{建筑用地面积}}=150\,000\div50\,000=3$。

23. 住宅建筑净密度$=\dfrac{\text{住宅建筑基底总面积}}{\text{住宅用地面积}}\times100\%=50\,000\div100\,000\times100\%=50\%$。

26. 此题中贷款金额 15 万元，贷款月利率 $i=5.6\%\div12$，按月计算的贷款期限 $n=12\times10=120$（月）。

月还款额$A=P\dfrac{i(1+i)^n}{(1\times i)^n-1}=150\,000\times\dfrac{\dfrac{5.6\%}{12}(1+\dfrac{5.6\%}{12})^{120}}{(1+\dfrac{5.6\%}{12})^{120}-1}=1\,635.34$（元）。

27. 用“中点法”计算需求的价格弹性 E_D 的公式：$E_D=\dfrac{Q_2-Q_1}{(Q_2+Q_1)/2}\div\dfrac{-(P_2-P_1)}{(P_1+P_2)/2}=\dfrac{-(300-500)}{(500+300)/2}\div$

$\frac{3\,200-3\,000}{(3\,200+3\,000)/2}=7.751$。

28．$A=P\left[\frac{i(1+i)^n}{(1+i)^n-1}\right]$，$A=110\,000\times0.8\times\frac{\frac{6\%}{12}\times(1+\frac{6\%}{12})^{15\times12}}{(1+\frac{6\%}{12})^{15\times12}-1}=743$（元）。

30．楼面地价＝土地单价/容积率＝5 000/2.5＝2 000（元/m^2）。

31．成本租金是指按照出租房屋的经营成本确定的租金，由房屋折旧费、维修费、管理费、投资利息、房产税五项因素构成。该出租房产年成本租金＝3＋2＋1＋0.6＋0.4＝7（万元）。

32．人口增长率＝（本年人口增长绝对数/年平均总人数）×1 000‰＝（1 000－600＋800－500）÷800 000×1 000‰≈0.88‰。

33．该商业门市的收益价格$V=\frac{A}{Y}[1-\frac{1}{(1+Y)^n}]$＝12/8%×［1－1/（1＋8%）^{10}］＝80.52（万元）

34．在这种名义利率和实际利率中，假设 i 表示名义利率，r 表示实际利率，π 表示通货膨胀率，则其之间的数学关系有：（1＋i）＝（1＋r）（1＋π）

$$r=\frac{i-\pi}{1+\pi}=\frac{6\%-3\%}{1+3\%}=2.91\%。$$

35．到期后一次性还本付息还款方式的还款额计算公式为：

$$F=P(1+i)^n=5\,000\times(1+7\%)^3=6\,125.215（万元）。$$

41．比较相对指标是同类现象在同一时间、不同空间条件下所进行的静态对比，表明同类事物在不同空间条件下（如不同地区、不同部门或不同单位）的数量对比关系，一般用百分数或倍数表示。其计算公式为：

$$比较相对指标=\frac{某一空间某种现象的指标数值}{另一空间同类现象的指标数值}=\frac{2\,000}{2\,500}=80\%。$$

42．（1 020＋1 030＋1 040＋1 050＋1 060＋1 070＋1 080）÷7＝1 050。

三、综合分析题

83．由于±0.000＝40.000，建筑高度为 31m，该项目商品住宅首层室内地面绝对标高为 40.000m。

84．因为±0.000＝40.000，建筑高度为 31m。该项目商品住宅楼顶的绝对标高＝40.000＋31＝71.000（m）。

87．容积率＝总建筑面积/土地面积。建筑密度也称为建筑覆盖率，是指一定地块内所有建筑物的基底总面积占建筑用地面积的比率。建筑密度（%）＝建筑基底总面积/建筑用地面积。建筑用地面积 1 公顷＝15 亩＝10 000 m^2。总建筑面积＝6×10 000＝60 000（m^2）。建筑密度为 50%，建筑基底总面积＝10 000×50%＝5 000 m^2。办公楼建筑面积 5 000 m^2，办公楼基底占地面积＝5 000/5＝1 000（m^2）。商住综合楼基底占地面积＝5 000－1 000＝4 000（m^2）。

99．C 食品公司 2006—2011 年生产经营利润分别为 180 万元、210 万元、240 万元、260 万元、280 万元、300 万元。其简单算术平均数＝（180＋210＋240＋260＋280＋300）÷6＝245（万元）。

100．经测算，C 食品公司 2010—2011 年度生产经营利润的环比发展速度＝报告期水平/基期水平＝280÷300×100%＝107.14%，则 C 食品公司 2010—2011 年度生产经营利润的环比增长速度＝环比发展速度－1（或 100%）＝107.14%－100%＝7.14%。

2011年房地产经纪相关知识模拟试题二及参考答案

一、**单项选择题**（共50题，每题1分。每题的备选答案中只有一个最符合题意，请在答题卡上涂黑其相应的编号）

1．在我国，行政法规由（　　）制定。
   A．全国人大及其常委会
   B．国务院
   C．省、自治区、直辖市人大及其常委会
   D．国务院各部委

2．民事权利的合法取得方式中，下列属于原始取得的是（　　）。
   A．接收遗赠　　　　B．继承遗产
   C．买卖　　　　　　D．无主财产收归国有

3．李某购买刘某一套住房，并签订一购房合同，房屋总价款为60万元，李某交付定金14万元。如刘某不能再履行合同，按照规定，刘某应返还李某（　　）万元。
   A．14　　B．24　　C．26　　D．30

4．商品房买卖合同中，由当事人商定的在合同履行前所支付的一部分价款是（　　）。
   A．订金　　B．预付款　　C．违约金　　D．定金

5．担保物权不包括（　　）。
   A．抵押权　　B．质押权　　C．地役权　　D．留置权

6．某房屋六成新，按照房屋新旧程度（成新率）的判定标准，该房屋属于（　　）。
   A．完好房屋　　　　B．基本完好房屋
   C．一般损坏房屋　　D．严重损坏房屋及危险房屋

7．沿建筑物短轴方向布置的墙，属于（　　）。
   A．纵墙　　B．横墙　　C．外墙　　D．内墙

8．如果某建筑物±0.000＝40.000，且设计楼顶标高65.000 m，则其楼顶的绝对标高为（　　）m。
   A．25.000　　B．65.000　　C．85.000　　D．105.000

9．如果房地产经纪人希望通过施工图了解“门、窗的位置、尺寸及编号”，应查找（　　）。
   A．建筑立面图　　B．建筑平面图　　C．结构施工图　　D．建筑剖面图

10．下列应计算一半建筑面积的是（　　）。
   A．层高小于2.20 m以下的夹层　　B．层高小于2.20 m的地下室
   C．有顶盖不封闭的永久性的架空通廊　　D．房屋之间无上盖的架空通廊

11．房屋所有权证的附图是（　　）。
   A．宗地图　　B．房产分幅图　　C．房产分丘图　　D．房产分户图

12．某住宅楼共有36套住宅，应分摊的共有建筑面积为300 m^2，参加共有建筑面积分摊

的住宅套内建筑面积共为3 000 m^2，则共有建筑面积的分摊系数为（　）。

A．0.05　B．0.10　C．0.25　D．0.50

13．在西方传统风格中，以古典主义风格为例，主要是以（　）为重点，突出轴线、强调对称、注重式例、讲究主从关系，形成了经过文艺复兴总结的五种柱式。

A．回归自然　B．台式和雕刻

C．筒式和雕刻　D．柱式和雕刻

14．巴黎蓬皮杜国家艺术与文化中心是室内装饰装修流派中（　）的典型实例。

A．高技派　B．光亮派　C．白色派　D．风格派

15．外墙面装饰构造中，（　）是中国传统的饰面做法，是用各种加色的、不加色的水泥砂浆或石灰砂浆、混合砂浆、石膏砂浆等做成的各种装饰抹灰层。

A．贴面类外墙面装饰　B．抹灰类外墙面装饰

C．铺钉类外墙面装饰　D．清水墙饰面

16．建筑材料的力学性质是指建筑材料在各种外力作用下抵抗破坏或变形的性质，包括（　）等。

A．抗冻性　B．密实度

C．孔隙率　D．硬度和耐磨性

17．固体废物的种类很多，按照（　），可分为有机废物和无机废物。

A．废物的形状　B．废物的化学性质

C．废物的危害状况　D．废物的来源

18．可见光污染中，五颜六色的广告和招贴等杂乱的视觉环境引起的污染是（　）。

A．灯光污染　B．眩光污染

C．视觉污染　D．其他可见光污染

19．电磁波对人体的危害大小程度是（　）。

A．微波＞超短波＞短波＞中波＞长波

B．超短波＞微波＞短波＞中波＞长波

C．微波＞超短波＞中波＞短波＞长波

D．微波＞超短波＞长波＞短波＞中波

20．下列关于景观与环境，表述错误的是（　）。

A．环境影响景观的形成和发展变化

B．景观又往往能反映自然环境的某些方面

C．景观则指构成人们周围环境的实体部分，是看得见的

D．环境不可以非实体形式存在

21．地基承载力较小，只要经过人工加固后就能使用的土地，属于（　）。

A．适宜城市建设用地　B．基本适宜城市建设用地

C．不适宜城市建设用地　D．相对适宜城市建设用地

22．建筑密度是控制地块容量和环境质量的重要指标，其计算公式为（　）。

A．容积率×建筑用地面积×100%

B．总建筑面积÷建筑用地面积×100%

C．建筑基底总面积÷建筑用地面积×100%

D．总建筑面积÷建筑基底总面积×100%

23. 某项目建筑用地面积 200 000 m^2，规划容积率为 3，建筑覆盖率 60%，则总建筑面积是（　　）m^2。

A. 400 000　　B. 500 000
C. 600 000　　D. 800 000

24. 国家历史文化名城内的历史文化街区和省、自治区、直辖市人民政府公布的历史文化街区的保护范围界线，是（　　）。

A. 城市绿线　　B. 城市紫线
C. 城市黄线　　D. 城市蓝线

25. 按照达成交易与入住的时间异同，房地产市场分为（　　）。

A. 现房市场和期房市场
B. 房地产买卖市场和房地产租赁市场
C. 整体房地产市场和区域房地产市场
D. 居住房地产市场和非居住房地产市场

26. 房地产市场的形成必须具备的三个基本要素中，不包括（　　）。

A. 存在着可供交换的房地产商品
B. 存在着可供交换的地址
C. 交换价格符合买卖双方的利益要求
D. 存在着提供房地产商品的卖方和具有购买欲望与购买能力的买方

27. 今年 2 月，郑某并没有购房的打算，但不断看到别人购买 A 小区的住房，自己也购买了一套住房。此购买房地产的需求属于（　　）。

A. 消费需求　　B. 投机需求
C. 投资需求　　D. 跟风需求

28. 王某每年向银行存款 3 000 元，若按复利计算的年存款利率为 4%，则 15 年后王某存款的本利为（　　）元。

A. 60 070.76　　B. 60 800.00
C. 63 283.28　　D. 64 170.71

29. 张某申请个人住房贷款 30 万元，贷款年利率为 6%，贷款期限为 20 年，采用按月等额本息还款方式的月还款额为（　　）元。

A. 1 256.25　　B. 2 068.88　　C. 2 149.29　　D. 2 758.92

30. 在某房地产年租金中，房屋折旧费为 20 万元，维修费为 8 万元，贷款利息为 3 万元，保险费为 0.8 万元，地租为 0.3 万元，房产税为 1.5 万元，利润为 1.2 万元，管理费用为 5 万元。该宗房地产年成本租金为（　　）万元。

A. 33　　B. 37.5　　C. 38.6　　D. 39.8

31. 下列（　　）房地产难以采用市场法估价。

A. 数量较多且经常发生交易的房地产
B. 房地产开发用地
C. 住宅，包括普通住宅、高档公寓、别墅等
D. 可比性很差的房地产，如在建工程

32. 某房地产项目评估价为 3 300 万元，人民法院在该房地产项目第一次拍卖时确定的保留价应不低于（　　）万元。

A．2 640　　B．2 740　　C．2 840　　D．3 040

33．一宗3 000 m^2的工业用地，容积率为1.8，楼面地价为800元/m^2。现按规划拟改为商业用地，容积率为3.8，楼面地价为1 000元/m^2；理论上应补地价（单价）为（　　）元/m^2。

A．2 160　　B．2 360　　C．2 860　　D．3 160

34．某住宅建筑面积120 m^2，套内建筑面积为92 m^2，使用面积系数为0.75，每平方米使用面积为5 000元，以使用面积为计算基础，则该住宅建筑面积下的价格为（　　）元/m^2。

A．3 400　　B．3 580　　C．3 607　　D．3 750

35．由出票人签发的，委托付款人在见票时或者在指定日期无条件支付确定的金额给收款人或者持票人的票据，是（　　）。

A．汇票　　B．本票　　C．支票　　D．信用证

36．某开发商在开发项目建设中，向银行贷款2 000万元，贷款利率为8%，期限2年，按照到期后一次性还本付息还款方式还款，到期后其还款额为（　　）万元。

A．1 235.25　　B．2 332.8　　C．3 332.8　　D．4 135.82

37．某开发商在开发项目建设中，向A银行贷款，贷款利率为6%，期限2年，双方协议先扣除利息，到期后一次性还款6 000万元，A银行发放的贷款金额为（　　）万元。

A．5 221.12　　B．5 332.89　　C．5 335.8　　D．5 339.98

38．孙某将自己拥有的房地产投保不定值保险，保险金额为60万元，保险期内因事故发生造成损失比例为50%，事故发生时其市场价值为50万元，则保险人应支付的赔偿金额为（　　）万元。

A．22　　B．25　　C．30　　D．35

39．在定值保险中，一旦发生保险事故，（　　）即应作为保险人给付保险赔偿金数额的计算依据。

A．经房地产估价所确定的保险价值

B．经当前房地产管理部门认定的保险价值

C．双方在保险合同中事先所确定的保险价值

D．双方在保险事故发生后所确定的保险价值

40．按（　　），保险分为财产保险和人身保险。

A．保险标的的不同性质　　B．保险价值的确定方式

C．保险人所承保危险的范围　　D．保险的实施方式

41．（　　）适用于那些不能进行或者没有必要进行普查，但需要掌握全面情况的场合。

A．重点调查　　B．普查

C．典型调查　　D．抽样调查

42．变异指标中，（　　）是“先平均，再求差，然后再平均”。

A．全距　　B．标准差　　C．平均差　　D．方差

43．下列有关标志，表述错误的是（　　）。

A．品质标志是指只能用数量表现，不能用符号或代码说明的标志

B．王某大专学历指其品质标志

C．王某今年40岁是数量标志

D．品质标志是表示个体质的特征

44．某房地产经纪人2012年1—3月的目标是促成10套住房成交，实际促成了20套住房

成交，该房地产经纪人完成计划任务的相对指标是（　　）。

A．50%　　B．100%　　C．150%　　D．200%

45．2011年末，甲城市房地产经纪机构为150个，乙城市房地产经纪机构为100个，甲城市房地产经纪机构数量与乙城市房地产经纪机构数量之比，为（　　）。

A．结构相对指标　　B．比例相对指标

C．比较相对指标　　D．动态相对指标

46．在知觉过程中，人们总是根据以往的知识经验来解释当前所知觉的对象，并用词来概括它，赋予它确定的含义。这就是知觉的（　　）。

A．选择性　　B．整体性

C．理解性　　D．恒常性

47．消费者的（　　）是指消费者善于掌握和支配自己行动的能力。

A．自制力　　B．独立性

C．果断性　　D．坚定性

48．人际关系成分组成中，（　　）在人际关系中起决定作用。

A．认识成分　　B．情感成分

C．需要成分　　D．行为成分

49．求实动机表现为（　　）。

A．追求商品的使用价值，注重商品的内在质量，不过分强调外观等

B．追求名牌商品，注重商品的知名度、生产商等

C．追求大众化商品，随大流、不赶时髦

D．追求商品的时尚和新颖，不太计较商品的价格

50．（　　）是人对现实的一贯态度和习惯了的行为方式所表现出来的个性心理特征。

A．理想　　B．信念　　C．性格　　D．动机

二、多项选择题

（共30题，每题2分。每题的备选答案中有两个或两个以上符合题意，请在答题卡上涂黑其相应的编号。错选不得分；少选且选择正确的，每个选项得0.5分）

51．下列情形中，诉讼时效为1年的是（　　）。

A．身体受到伤害要求赔偿的　　B．出售质量不合格的商品未声明的

C．延付或者拒付租金的　　D．借出的资金未能收回的

E．寄存财物被丢失或者损毁的

52．王某以38万元的价格将其房屋卖给刘某，双方签订了房屋买卖合同，该房屋买卖合同属于（　　）。

A．单务合同　　B．典型合同　　C．有偿合同

D．要式合同　　E．双务合同

53．下列关于物权与债权的区别，表述正确的是（　　）。

A．物权为支配权，债权为请求权

B．物权的发生实行法定主义，债权的发生实行任意主义

C．物权为相对权，债权为绝对权

D．物权具有请求力，债权的效力则是支配力

E．物权中有些权利是无期限的，如所有权；债权则为有期限的权利，法律上不允

许存在无期限的债权

54. 建筑高度是指建筑物室外地面到其檐口或屋面面层的高度。以下（　　）不计入建筑高度。

A. 屋顶上的水箱间　B. 电梯机房　C. 排烟机房

D. 自然层　E. 楼梯出口小间

55. 根据《房产测量规范》，应计算一半建筑面积的范围包括（　　）。

A. 与房屋相连有上盖无柱的走廊、檐廊

B. 穿过房屋的通道，房屋内的门厅、大厅

C. 无顶盖的室外楼梯

D. 未封闭的阳台、挑廊

E. 房屋之间无上盖的架空通廊

56. 下列关于房地产图的比例尺，表述正确的是（　　）。

A. 宗地图比例尺一般小于 1:500

B. 宗地图比例尺一般为 1:500 或大于 1:500

C. 房产分幅图比例尺一般为 1:500

D. 房产分丘图的比例尺为 1:100～1:1 000

E. 房产分户图的比例尺一般为 1:200

57. 下列属于影响建筑装饰装修风格外在因素的是（　　）。

A. 个人构思　B. 文化潮流　C. 生活方式

D. 创作个性　E. 社会体制

58. 外墙面装饰构造铺钉类外墙面装饰中，常用的贴面材料可分为三类，其中天然石材包括（　　）。

A. 花岗岩　B. 大理石　C. 仿大理石板

D. 水磨石　E. 水刷石

59. 建筑材料的物理性质中，以下（　　）属于与水有关的性质。

A. 吸水性　B. 耐水性　C. 抗冻性

D. 导热性　E. 热容量

60. 环境污染源按照存在的形式，可分为（　　）。

A. 点源　B. 线源　C. 面源

D. 固定污染源　E. 移动污染源

61. 光化学烟雾的危害性表现在（　　）。

A. 光化学烟雾有强烈的刺激作用，浓度超过 0.15 ppm 时就能刺激眼睛，使眼睛红肿

B. 光化学烟雾能腐蚀建筑物和衣物，但不会加速橡胶制品的老化

C. 光化学烟雾还能引发哮喘、诱发肺癌，中毒严重者呼吸困难、视力减退、头晕目眩、手足抽搐

D. 长期吸入光化学烟雾，能引起人体动脉硬化，加速人的衰老

E. 大量的研究表明，光化学烟雾污染是影响面最广的一种环境污染

62. 景观包括客观（　　）两个方面。

A. 生态信息　B. 客观形象信息

C. 自然信息　D. 客观感受

E．主观感受

63．三类居住用地的特点有（　　）。

A．公用设施、交通设施和公共服务设施较齐全

B．公用设施、交通设施不齐全

C．环境较差

D．公共服务设施较欠缺

E．需要加以改造的简陋住区用地

64．城市总体规划的内容包括（　　）等。

A．城市的发展布局

B．用地布局

C．各类专项规划

D．确定公共设施的位置、规模和布局

E．禁止、限制和适宜建设的地域范围

65．下列不适宜城市建设用地的有（　　）。

A．承载力小于 60 kPa 和厚度在 2 m 以上的泥炭层或流沙层的土类

B．坡度超过 10%的坡地，未超过 20%的坡地

C．经常被洪水淹没，且淹没深度超过 1.5 m 的土地

D．烈度为 9 度以上的地区

E．堤坝以内的河滩地

66．垄断竞争市场主要具有下列（　　）特点。

A．市场信息不完全

B．市场信息比较完全

C．卖者和买者都比较多

D．产品存在差异

E．产品无相近的替代品

67．决定某种房地产需求量的因素包括（　　）。

A．该种房地产的价格水平

B．消费者的职业及文化水平

C．消费者的偏好

D．相关物品的价格水平

E．消费者对未来的预期

68．房地产投资包括的阶段有（　　）。

A．寻找投资机会

B．投资方案评价

C．选择投资方案

D．方案设计

E．实施投资方案

69．以下关于房地产价格的表述，不正确的是（　　）。

A．房地产的总价格一般可以反映房地产价格水平的高低

B．房地产的单位价格一般不能反映房地产价格水平的高低

C．在现实中，楼面地价往往比土地单价更能反映土地价格水平的高低

D．成交价的平均价格一般可以反映所销售商品房的总体价格水平

E．起价通常不能反映所销售商品房的真实价格水平

70．收益法中，求取报酬率的方法主要有（　　）。

A．累加法

B．递减法

C．累减法

D．市场综合法

E．市场提取法

71．在下列（　　）中，成交价格往往会偏离正常市场价格。

A．利害关系人之间的交易　　B．急于出售或急于购买的交易
C．相邻房地产的合并交易　　D．交易税费非正常负担的交易
E．交易双方对市场行情充分了解的交易

72．一般而言，信用工具的特征包括（　　）。
A．收益性与流动性负相关　　B．收益性与风险性负相关
C．收益性与风险性正相关　　D．风险性与流动性负相关
E．风险性与流动性正相关

73．按保险人所承保危险的范围，保险分为（　　）。
A．财产保险　　B．人身保险
C．定值保险　　D．特定危险保险
E．一切危险保险

74．下列关于保证保险与信用保险的区别，表述正确的是（　　）。
A．主要区别是投保人不同
B．主要区别是保险标的不同
C．债权人投保自己的信用风险的，为信用保险
D．债权人投保债务人的信用风险的，为信用保险
E．由债务人为自己的信用投保的，是保证保险

75．在一次调查中选择什么调查项目，选择多少调查项目，一般应注意（　　）。
A．选择调查目的所必需的项目
B．选择能够确切取得的项目
C．所选项目与能否取得无关
D．项目与项目之间应相互衔接、相互联系，便于比较分析
E．调查项目应有确切的含义和统一解释，不能模糊不清

76．统计指标的主要特点有（　　）。
A．数量性　　B．单一性　　C．综合性
D．抽象性　　E．具体性

77．测定长期趋势的方法中，（　　）为非数学模型法。
A．扩大时距法　　B．缩小时距法
C．移动平均法　　D．最大二乘法
E．最小二乘法

78．房屋新开工面积中，房屋的开工应以（　　）为准。
A．取得土地使用权证的日期　　B．取得施工许可证的日期
C．房屋正式开始破土创槽的日期　　D．房屋正式开始地基处理的日期
E．房屋正式开始打永久桩的日期

79．在购买活动中，消费者情绪和情感的产生和变化的影响因素主要有（　　）。
A．商品特性的影响　　B．营销人员的心理准备状态
C．消费者的个性特征　　D．购物环境的影响
E．营销人员的表情和态度

80．中年消费者的心理与行为包括（　　）。
A．购买的理智性胜于冲动性　　B．购买的计划性多于盲目性

C．冲动性购买多于计划购买　　　　　　D．购买随俗求稳，注重商品的便利
E．购买有主见，不受外界影响

三、综合分析题（共20小题，每小题2分。每小题的备选答案中有一个或一个以上符合题意，请在答题卡上涂黑其相应的编号。错选不得分；少选且选择正确的，每个选项得0.5分）

（一）

2010年8月，甲房地产开发公司获得了某城市规划区内的一地块的建设用地使用权，用于开发建设新华商品住宅小区，多层住宅10栋，高层住宅3栋。经勘察，该地块上部土层较弱、承载力较小，不适宜采用在天然地基上作浅基础。其中高层住宅1栋10层，2栋18层，并都严格按照规定配置了电梯。2011年12月竣工验收前，建筑企业对多层住宅和高层住宅的外形进行了全面的装饰。

81．根据上述背景，新华住宅小区应采用（　　）。
A．直接供水方式　　　　　　　　　　B．设置水箱的供水方式
C．水泵水箱的供水方式　　　　　　　D．分区分压供水方式

82．按照规定，该小区在18层高层住宅中，配置的电梯不应少于（　　）台。
A．1　　　　B．2　　　　C．3　　　　D．5

83．下列关于该小区有关设备层和管道井的认识和做法，不正确的是（　　）。
A．设备层在高层建筑中是保证建筑设备正常运行所不可缺少的
B．建筑高度在30 m以下的建筑，设备层设在地下室或顶层
C．在设备层中，各种水泵，如生活水泵、消防水泵、集中供热水的加热水泵等，应浇筑设备基础，与大楼连成整体，楼板采用现浇
D．在高层建筑中，管道井以及排烟道、排气道等竖向管道，合并设置

84．如果该小区实行智能化住宅管理，其基本配置应包括（　　）。
A．信息服务系统　　　　　　　　　　B．安全防范系统
C．开发建设系统　　　　　　　　　　D．建筑设备安装系统
E．物业管理系统

85．根据该地块特点，此项目宜采用的基础形式是（　　）。
A．条形基础　　　　　　　　　　　　B．独立基础
C．筏板基础　　　　　　　　　　　　D．桩基础

（二）

W房地产开发股份有限公司通过出让方式，取得一块30 000 m^2的建设用地使用权，总地价2 000万元。该地块经规划，用途为商品住宅，容积率为5，建筑密度为0.6。为加快项目建设，W房地产开发股份有限公司利用其办公大楼，通过M商业银行进行贷款。M商业银行为规避风险，一是要求W房地产开发股份有限公司出具近三年房地产开发经营财务报告；二是要求W房地产开发股份有限公司对办公大楼进行保险；三是要求担保公司进行担保。据此背景，回答下列问题。

86．下列关于该项目的规划意见，表述正确的是（　　）。
A．拆建比指拆除的原有建筑总面积与新建的建筑总面积的比值
B．该项目建筑基底总面积为15 000 m^2
C．住宅建筑净密度是指该住宅建筑基底总面积与住宅用地面积的比率（%）

D．该项目总建筑面积为150 000 m^2

87．W房地产开发股份有限公司出具的近三年房地产开发经营财务报告，显示该公司2010—2011年普通商品住宅开发竣工量分别为180万 m^2、220万 m^2。据此测算出其环比发展速度为122.22%。则该公司2010—2011年普通商品住宅开发竣工量的环比增长速度是（　　）。

A．11.22%　　B．22.22%

C．32.22%　　D．122.22%

88．如果届时该小区3 500套住宅能够全部入住，按居住户数或人数规模来分，该小区应属于（　　）。

A．居住楼群　　B．居住组团

C．居住小区　　D．居住区

89．该小区住宅周围的空地率为（　　）。

A．30%　　B．40%　　C．60%　　D．80%

90．M商业银行要求W房地产开发股份有限公司对办公大楼进行保险，该公司应购买（　　）。

A．财产损失保险　　B．责任保险

C．保证保险　　D．信用保险

（三）

甲家具有限责任公司（以下简称甲公司）于2003年6月设立，注册资本为2 000万元。2011年6月，甲公司股东会作出两项决定，一项是采取分期付款方式购买公司办公用房；二项是利用贷款，扩大生产规模。2011年8月，甲公司与乙房地产开发公司达成协议，购买其2 000 m^2 写字楼用于办公，分三年三期全部付清房款。2011年9月，甲公司与丙商业银行达成贷款协议，贷款期限为3年，贷款2 000万元，用于扩大生产规模。

91．甲公司采取分期付款方式向乙房地产开发公司购买写字楼的信用形式属于（　　）。

A．银行信用　　B．商业信用

C．国家信用　　D．民间信用

92．甲公司与丙商业银行达成贷款协议，贷款2 000万元，用于扩大生产规模。这种资金融通的方式属于（　　）。

A．直接融资　　B．间接融资

C．社会融资　　D．民间融资

93．甲公司与丙商业银行达成贷款协议，贷款期限为3年，该贷款属于（　　）。

A．短期贷款　　B．中期贷款

C．长期贷款　　D．中长期贷款

94．如果丙商业银行凭借甲公司几年来的单位经营效益和该企业的良好信誉，与甲公司达成贷款协议，那么这种贷款属于（　　）。

A．票据贴现　　B．抵押贷款　　C．担保贷款　　D．信用贷款

95．甲公司与丙商业银行贷款中，年利率为5%，采取到期后一次性还本付息还款方式（按复利计算），到期后还款额（　　）万元。

A．2 243.67　　B．2 300.29

C．2 315.25　　D．2 405.33

（四）

A 房地产开发公司投资开发了一大型综合楼，包括商场、宾馆、写字楼和公寓四种类型。为了弥补自有流动资金的不足，该开发公司在项目建设初期以其拥有的其他房地产向 W 银行抵押贷款，而 W 银行为了保证其贷款的安全又向 B 保险公司投了保，同时，还要求该开发公司购买了相关保险。

96．该开发公司直接融资的信用形式或金融工具有（　　）。

A．商业信用　　B．银行信用

C．股票　　D．消费信用

97．该开发公司抵押贷款的方式，不可能是（　　）。

A．房屋所有权抵押　　B．土地使用权抵押

C．预购商品房贷款抵押　　D．在建工程抵押

98．该开发公司抵押中，抵押权人是（　　）。

A．该开发公司　　B．W 银行

C．B 保险公司　　D．以上都不是

99．W 银行为了保证其贷款的安全又向 B 保险公司投了保，此保险为（　　）。

A．抵押房地产的财产损失保险　　B．房地产贷款信用保险

C．借款人的人身保险　　D．房地产贷款保证保险

100．该开发公司购买的相关保险，可能是（　　）。

A．抵押房地产的财产损失保险　　B．房地产贷款信用保险

C．借款人的人身保险　　D．房地产贷款保证保险

参考答案

答　　案

一、单项选择题

1. B　2. D　3. C　4. B　5. C　6. B　7. B　8. D　9. B　10. C
11. D　12. B　13. D　14. A　15. B　16. D　17. B　18. C　19. A　20. D
21. B　22. C　23. C　24. B　25. A　26. B　27. D　28. A　29. C　30. B
31. D　32. A　33. B　34. D　35. A　36. B　37. D　38. B　39. C　40. A
41. D　42. C　43. A　44. D　45. C　46. C　47. A　48. B　49. A　50. C

二、多项选择题

51. ABCE　52. BCDE　53. ABE　54. ABCE　55. ACD　56. BCDE　57. BCE
58. AB　59. ABC　60. DE　61. ACD　62. BE　63. BCDE　64. ABCE
65. ACDE　66. BCD　67. ACDE　68. ABCE　69. AB　70. AE　71. ABCD
72. ACD　73. DE　74. ADE　75. ABDE　76. ACE　77. AC　78. CDE
79. ACDE　80. ABDE

三、综合分析题

（一）81. D　82. B　83. D　84. ABE　85. D
（二）86. D　87. B　88. C　89. B　90. AC
（三）91. B　92. B　93. B　94. D　95. C
（四）96. AC　97. C　98. B　99. AB　100. ACD

解　　析

一、单项选择题

3.《担保法》规定定金的数额不得超过主合同标的额的20%。这一比例为强制性规定，当事人不得违反。如果当事人约定的定金比例超过了20%，并非整个定金条款无效，而只是超过部分无效，即60万元×20%＝12万元的定金条款有效，适用“收受定金的一方不履行约定的债务的，应当双倍返还定金”，也即双倍返还定金24万元，加上多付的定金2万元，共计26万元。

8.我国青岛附近的黄海平均海平面定为绝对标高的零点，其他各地以它为基准所定标高即绝对标高。其楼顶的绝对标高＝40.000＋65.000＝105.000（m）。

12.共有建筑面积的分摊系数K＝应分摊的共有建筑面积/参加共有建筑面积分摊的各套内建筑面积之和＝300÷3 000＝0.10。

23.根据 容积率$=\dfrac{\text{总建筑面积}}{\text{建筑用地面积}}$，总建筑面积＝容积率×建筑用地面积＝3×200 000＝600 000（m^2）。

28．将等额年金转换为将来值的公式为：

$$F=A\frac{(1+i)^n-1}{i}=3\,000\times\frac{(1+4\%)^{15}-1}{4\%}=60\,070.76\text{（元）。}$$

29．月还款额$A=P\frac{i(1+i)^n}{(1+i)^n-1}=300\,000\times\frac{\frac{6\%}{12}(1+\frac{6\%}{12})^{240}}{(1+\frac{6\%}{12})^{240}-1}=2\,149.29$（元）。

30．成本租金由五项因素构成：房屋折旧费、维修费、管理费、贷款利息、房产税。该宗房地产年成本租金＝20＋8＋3＋1.5＋5＝37.5（万元）。

32．人民法院确定的保留价，第一次拍卖时，不得低于评估价或者市价的80%；如果出现流拍，再行拍卖时，可以酌情降低保留价，但每次降低的数额不得超过前次保留价的20%。3 300×80%＝2 640（万元）。

33．对于单纯提高容积率或改变土地用途并提高容积率的补地价来说，如果将提高后的容积率称为现容积率，提高前的容积率称为原容积率，则补地价的数额为：

补地价（单价）＝现楼面地价×现容积率－原楼面地价×原容积率＝1 000×3.8－800×1.8＝2 360（元/m^2）。

34．使用面积＝120×0.75＝90（m^2）

建筑面积下的价格＝使用面积下的价格×使用面积/建筑面积＝5 000×90÷120＝3 750（元/m^2）。

36．$F=P(1+i)^n=2\,000\times(1+8\%)^2=2\,332.8$（万元）。

37．在借款时A银行发放的贷款金额$P=\frac{F}{(1+i)^n}=\frac{6\,000}{(1+6)^2}=5\,339.9786$（万元）。

38．不定值保险是指双方当事人在订立保险合同时不预先确定保险标的的保险价值，仅载明须至危险事故发生后，再行估计其价值而确定其损失的保险。保险人应支付的赔偿金额＝50×50%＝25（万元）。

44．计划完成相对指标（%）＝实际完成数/计划任务数×100%＝20/10×100%＝200%。

三、综合分析题

86．建筑密度也称为建筑覆盖率，是指一定地块内所有建筑物的基底总面积占建筑用地面积的比率。建筑密度（%）＝建筑基底总面积/建筑用地面积。该项目建筑基底总面积＝30 000 m^2×0.6＝18 000（m^2）。该地块容积率为5，根据容积率＝总建筑面积/土地面积，总建筑面积＝土地面积×容积率＝30 000×5＝150 000（m^2）。

87．环比增长速度＝环比发展速度－1（或100%）＝122.22%－1＝22.22%。

89．与住宅环境最密切的是住宅周围的空地率，习惯上以住宅建筑净密度来反映，即以住宅用地为单位（100%），住宅周围的空地率＝100%－住宅建筑净密度＝100%－60%＝40%。

95．按复利计算的还款额计算公式：$F=P(1+i)^n=2\,000\times(1+5\%)^3=2\,315.25$（万元）。

2011年房地产经纪相关知识模拟试题三及参考答案

一、单项选择题（共50题，每题1分。每题的备选答案中只有一个最符合题意，请在答题卡上涂黑其相应的编号）

1. 公民下落不明满4年的，其利害关系人可以向（　　）申请宣告死亡。
   A. 人民政府　　B. 人民法院　　C. 人民检察院　　D. 公安机关
2. 甲于2012年2月28日，将小件包裹寄存乙保管处。3月1日，该包裹被盗。3月31日，甲提货时得知货物被盗。甲请求乙赔偿损失的诉讼时效期间至（　　）届满。
   A. 2013年3月1日　　B. 2013年3月31日
   C. 2014年3月1日　　D. 2014年3月31日
3. 民事主体之间由法律确定并保证其实现的权利和义务是民事法律关系的（　　）。
   A. 形式　　B. 客体　　C. 结果　　D. 内容
4. 根据《担保法》，定金的数额由当事人约定，但不得超过主合同标的额的（　　）。
   A. 20%　　B. 30%　　C. 40%　　D. 50%
5. 房屋租赁期内，因买卖、赠与或者继承发生房屋所有权转移，原租赁合同（　　）。
   A. 对承租人和新房主无效　　B. 对承租人和新房主继续有效
   C. 对承租人继续有效，对新房主无效　　D. 对承租人无效，对新房主继续有效
6. （　　）是消费者权益的核心。
   A. 经营者的义务　　B. 经营者的权利
   C. 消费者的义务　　D. 消费者的权利
7. 按照（　　），基础分为刚性基础和柔性基础。
   A. 基础使用的材料　　B. 基础的埋置深度
   C. 基础的受力性能　　D. 基础的构造形式
8. 尺寸单位除标高及总平面外，其他均以（　　）为单位。
   A. 毫米　　B. 厘米　　C. 分米　　D. 米
9. 如果施工经理希望通过施工图了解女儿墙的位置、形状及图例，应查找（　　）。
   A. 建筑平面图　　B. 建筑立面图
   C. 结构施工图　　D. 建筑剖面图
10. 能够全面反映房屋及其用地位置和权属等状况的房地产图是（　　）。
    A. 地籍图　　B. 房产分幅图
    C. 房产分丘图　　D. 房产分户图
11. 一套商品住宅，建筑面积为140 m^2，房屋使用面积为101 m^2，套内墙体面积为9 m^2，套内阳台建筑面积为20 m^2，该套商品住宅的需分摊的共有建筑面积为（　　）m^2。
    A. 8　　B. 10　　C. 15　　D. 20

12. 室内装饰装修流派中，“把生活环境抽象化，这对人们的生活就是一种真实”是（　　）的观点

A. 白色派　B. 超现实派　C. 光亮派　D. 风格派

13. 抹灰的构造层次通常由底层、中间层和面层三部分组成。面层厚（　　）。

A. 3～8 mm　B. 5～12 mm

C. 5～15 mm　D. 10～20 mm

14. 与质量有关的性质中，（　　）是材料在绝对密实状态下的体积与在自然状态下的体积之比。

A. 密度　B. 密实度　C. 表观密度　D. 孔隙率

15. 建筑材料的物理性质中，与温度有关的性质包括（　　）。

A. 耐水性　B. 抗渗性　C. 抗冻性　D. 热容量

16. 以下有关建筑材料的物理性质的表述，正确的是（　　）。

A. 材料在绝对密实状态下的体积是指包括材料内部孔隙的体积

B. 凡是内部有孔隙的材料，其密实度都大于 1

C. 材料的吸水率与其孔隙率正相关

D. 材料的导热性是指材料受热时吸收热量，冷却时释放热量的性质

17. 按照（　　），环境污染分为室内环境污染和室外环境污染。

A. 按照污染物的性质　B. 按照污染产生的原因

C. 按照污染物分布的范围　D. 按照污染的空间

18.（　　）的粒径很小，一般小于 1 μm。

A. 尘粒　B. 粉尘　C. 烟尘　D. 雾尘

19. 硫酸雾随雨雪降落，形成（　　）。

A. 苦雨　B. 酸雨　C. 甜雨　D. 咸雨

20. 碳氢化合物与空气中的氮氧化物在阳光作用下形成浅蓝色烟雾，被称为（　　），危害非常大。

A. 光合作用烟雾　B. 光生理烟雾　C. 光物理烟雾　D. 光化学烟雾

21. 下列关于人文景观的表述中，错误的是（　　）。

A. 人文景观是指被人类活动改变过的自然景观

B. 人文景观是指自然景观加上人工改造所形成的景观及印象

C. 软景观是指人工设施，通常包括铺装、雕塑、凉棚、座椅、灯光、果皮箱等

D. 人文景观是有人为因素作用形成（或构成）的各种景观

22. 坡度超过 20%的坡地，属于（　　）。

A. 适宜城市建设用地　B. 基本适宜城市建设用地

C. 不适宜城市建设用地　D. 相对适宜城市建设用地

23. 某项目总建筑面积为 240 万 m^2，容积率为 3，该建筑项目用地面积为（　　）万 m^2。

A. 40　B. 60　C. 70　D. 80

24. 某居住小区住宅用地面积为 184 000 m^2，建有 29 栋住宅，分别为：20 栋 6 层的住宅，每栋基底面积和建筑面积分别为 3 600 m^2、17 280 m^2；9 栋 8 层的住宅，每栋基底面积和建筑面积分别为 1 200m^2、7 680 m^2，则该居住区住宅平均层数为（　　）层。

A. 3.9　B. 5.0　C. 6.1　D. 7.0

25. 某居住区内，原有低层建筑面积 40 000 m^2，其中拆除原有低层建筑面积 20 000 m^2，新建低层建筑面积 40 000 m^2，则拆建比为（　　）。

A．12.5%　　B．20.0%　　C．25.0%　　D．50.0%

26. 某居住区中，总建筑密度为 40%，住宅建筑净密度为 50%，容积率为 3，则该居住区的空地率为（　　）。

A．10%　　B．50%　　C．60%　　D．70%

27. 房地产二级市场包括（　　）。

A．建设用地使用权的出让市场　　B．建设用地使用权的转让市场

C．投入使用后的房地产买卖市场　　D．已购公有住房再次交易市场

28. 刘某每年向银行存款 5 000 元，若按复利计算的年存款利率为 4%，则 10 年后刘某存款的本利为（　　）元。

A．60 030.54　　B．60 550.01　　C．61 203.28　　D．62 170.71

29. A 市 2011 年 8 月，普通住宅的价格由 3 000 元/m^2 上涨到 3 500 元/m^2，但需求量则从 200 套下降到 100 套，试采用“中点法”计算该普通住宅需求的价格弹性后，从而判断该普通住宅需求（　　）。

A．缺乏弹性　　B．富有弹性　　C．单一弹性　　D．完全无弹性

30. 某房地产开发商向银行贷款 2 000 万元，期限为 3 年，年利率为 8%，若该笔贷款的还款方式为期间按季度付息、到期后一次偿还本金，如果计算先期支付利息的时间价值，则贷款到期后开发商实际支付的利息是（　　）万元。

A．516.66　　B．518.67　　C．521.42　　D．536.48

31. 已知某笔贷款年利率为 12%，按季度计息，则该笔贷款的实际年利率是（　　）。

A．12.35%　　B．12.55%　　C．12.68%　　D．12.93%

32. 某房地产项目楼面地价为 1 000 元/m^2，容积率为 3，则其土地单价为（　　）元/m^2。

A．500　　B．1 000　　C．2 000　　D．3 000

33. 在期房与现房同品质（包括质量、功能、环境和物业管理等）下，期房价格（　　）现房价格。

A．大于　　B．高于　　C．低于　　D．等于

34. 某宗出让土地总面积 20 000 m^2，容积率为 3，土地单价为 4 000 元/m^2，经批准将容积率提高到 4.2，楼面地价不变，则应补交地价为（　　）万元。

A．2 400　　B．3 200　　C．4 000　　D．4 800

35. 某宗住宅成交价格为 3 000 元/m^2，首付 30%之后以后，平均每半年支付一次，分四次付清，年折现率为 6%，则该住宅的实际成交价格为（　　）元/m^2。

A．2 323.50　　B．2 432.50　　C．2 758.50　　D．2 936.50

36. 某住宅成交总价为 50 万元，其中首付款 30%，余款于两年后一次性支付。假设月利率为 0.6%，则该住宅在其成交日期一次性付清的价格为（　　）万元。

A．42.91　　B．43.61　　C．45.32　　D．48.22

37. 2009 年 4 月 21 日，美元对人民币汇率是 1:6.83，美元对港元汇率是 1:7.75，从中算出人民币对港元汇率是（　　）。

A．1.63:1　　B．1:1.63　　C．1:1.13　　D．1.13:1

38. 2012 年 4 月 22 日，王某以 40 万元购买了一套建筑面积为 140 m^2 的商品住宅，首付款

12 万元，余款以抵押方式贷款。目前王某家庭月均收入为 8 000 元，购房抵押贷款的月还款额为 2 000 元。该商品住宅的物业管理费标准为 2.0 元/m^2。杨某的月房产支出收入比为（ ）。

A．26.67% B．28.33%

C．28.50% D．30.17%

39．按照贷款资金来源，个人住房贷款分为（ ）。

A．个人购房贷款、个人自建住房贷款、个人大修住房贷款等

B．首次住房贷款和再交易住房贷款

C．到期一次还本付息的贷款和分期还款的贷款

D．商业性贷款、住房公积金贷款和组合贷款

40．《保险法》规定，保险金额不得超过保险价值，（ ）。

A．低于保险价值的，不足部分无效

B．低于保险价值的，全部无效

C．超过保险价值的，超过的部分无效

D．超过保险价值的，全部无效

41．王某对自己家用汽车向保险公司投保了不定值保险。该家用汽车在合同订立时的市场价格为 8 万元，保险合同约定的保险金额为 8 万元。但在保险事故发生时，该家用汽车的市场价格为 10 万元。后该家用汽车发生火灾，实际损失比例为 80%，保险公司应向投保人赔偿（ ）万元。

A．3 B．6.4 C．8 D．10

42．通常是从总体中抽取部分个体进行调查。这一抽取过程，称为（ ）。

A．抽样 B．样本

C．样本容量 D．个体

43．某机关有女同志 30 人，男同志 15 人，则该机关男女同志的比例相对指标为（ ）。

A．15% B．30% C．50% D．80%

44．在按大小顺序排列的变量数列中，处于中间位置的变量值，是（ ）。

A．算术平均数 B．中位数

C．众数 D．全距

45．反映房屋建设状况的主要统计指标不包括（ ）。

A．房屋施工面积 B．房屋新开工面积

C．房屋减少建筑面积 D．竣工房屋面积

46．对调查对象中的每一个体进行调查，是指（ ）。

A．重点调查 B．普查

C．典型调查 D．抽样调查

47．根据（ ），思维可分为聚合思维和发散思维。

A．思维过程中的凭借物和不同的思维形态

B．思维时是否遵循明确的逻辑形式和逻辑规则

C．探索答案的不同思维方向

D．思维的主动性和创造性的不同

48．王某为追求商品价格低廉，注重选购折扣价、优惠价的建材，不太计较商品的外观和

内在质量，此为（　　）动机。

A．求廉　　B．求美

C．求新　　D．求奇

49．某人喜欢安静，且反应缓慢；平常善于克制自己，情绪不易外露；注意稳定但难于转移。此属于（　　）气质类型。

A．多血质　　B．胆汁质

C．黏液质　　D．抑郁质

50．不同年龄消费者的心理与行为中，（　　）的心理特征是怀旧心理强烈，追求方便实用，注重购买方便和良好的服务。

A．少年儿童消费者群体　　B．青年消费者群体

C．中年消费者群体　　D．老年消费者群体

二、多项选择题（共30题，每题2分。每题的备选答案中有两个或两个以上符合题意，请在答题卡上涂黑其相应的编号。错选不得分；少选且选择正确的，每个选项得0.5分）

51．中国现行法律体系中，地方政府规章的制定主体，包括（　　）。

A．省人民政府　　B．自治区人民政府

C．直辖市人民政府　　D．地级市人民政府

E．经济特区所在地的市人民政府

52．行纪合同具有以下（　　）特征。

A．行纪人以自己的名义为委托人从事贸易活动

B．行纪合同属于双务合同、有偿合同

C．行纪合同是要式合同

D．行纪合同是实践合同

E．行纪人的行纪行为具有限定性

53．用益物权的特征包括（　　）。

A．用益物权以对物的实际占有为前提，以使用、收益为目的

B．用益物权是由所有权派生的物权

C．用益物权是受限制的物权，只具有所有权权能中的部分权能

D．用益物权是一项独立的物权

E．用益物权一般以动产为客体

54．房屋新旧程度（成新率）的判定标准包括（　　）等。

A．完好房屋：十、九、八成　　B．基本完好房屋：七、六成

C．一般损坏房屋：五成　　D．严重损坏房屋及危险房屋：四成以下

E．严重损坏房屋及危险房屋：三成以下

55．箱形基础的特点包括（　　）。

A．刚度大　　B．整体性好　　C．底面积较大

D．防水效果差　　E．对于抵抗地震荷载的作用极为有利

56．下列关于丘的表述中，正确的是（　　）。

A．丘是指地表上一块无界空间的地块，是房屋权属用地单元的最小单位

B．丘有独立丘和组合丘之分
C．房屋用地调查与测绘是以丘为单元分户进行的
D．丘在划分时，有固定界标的，按固定界标划分；没有固定界标的，按自然界线划分
E．当用地单元的权属混杂和面积过小时，则划为独立丘

57．涂刷类外墙面装饰具有（　　）等优点。
A．工效高　　B．工效低　　C．自重轻
D．造价高　　E．工期长

58．室内地面中，楼层地面的基本构造层次为（　　）。
A．隔热层　　B．面层　　C．垫层
D．保温层　　E．基层（楼板）

59．建筑材料的物理性质中，与质量有关的性质包括（　　）。
A．密度　　B．抗渗性　　C．耐磨性
D．密实度　　E．孔隙率

60．颗粒污染物的危害，主要表现在（　　）。
A．颗粒污染物能散射和吸收阳光，使能见度降低，落到植物上，会堵塞植物气孔，影响农林作物生长
B．颗粒污染物不能加速金属材料和设备的腐蚀
C．颗粒污染物落入精密仪器设备会增加磨损，甚至造成事故
D．很多重金属颗粒物，如镉、锌、镍、钛、锰、砷、汞、铅等污染大气后，能引起人体慢性中毒
E．飘尘能把建筑物表面熏黑，严重时能刺激人的眼睛，引起结膜炎等眼病

61．按照噪声产生的机理，噪声分为（　　）。
A．机械噪声　　B．空气动力噪声　　C．电磁性噪声
D．稳态噪声　　E．非稳态噪声

62．水污染可分为地表水污染、地下水污染和海洋污染。地表水的污染物多来自（　　）。
A．农田、农村居民点的排水　　B．航行沿海的船舶排出的废油
C．油轮触礁而漏散的原油　　D．工业排放的污水
E．城市生活排放的污水

63．以下关于城市土地利用类型特点的表述，正确的是（　　）。
A．公共设施用地包括居住用地中的公共服务设施用地
B．工业用地包括露天矿用地
C．保留地是指城市中留待未来开发建设的或禁止开发的规划控制用地
D．市政公用设施用地包括供应设施、交通设施、殡葬设施建设用地
E．特殊用地一般指军事用地、外事用地及保安用地等特殊性质的用地

64．在居住区的技术经济指标中，反映居住区环境质量的主要指标有（　　）。
A．拆建比　　B．建筑密度　　C．绿地率
D．户均人口　　E．高层住宅比例

65．以下衡量居住区内绿地状况指标的表述，错误的是（　　）。
A．指标主要有绿地率和人均公共绿地面积
B．新区建设绿地率不应低于 30%

C．旧区绿地率改建不宜低于 10%

D．居住区绿地（含小区和组团）不少于 $1.5\,m^2$/人

E．绿地率是指居住区用地内各类绿地面积的总和占建筑面积的比率（%）

66．房地产“泡沫”的形成原因有（　　）。

A．过度投资　　B．群体的非理性预期

C．群体的理性预期　　D．过度投机炒作

E．攀比心理

67．下列能引起该种房地产需求增加的情况是（　　）。

A．消费者的收入较高　　B．房地产的价格较低

C．互补品价格较低　　D．预期未来该种房地产价格会上涨

E．预期未来该种房地产的价格未来会下降

68．房地产价格主要特征包括（　　）。

A．房地产价格受区位的影响很大

B．房地产价格实质上是房地产权益的价格

C．房地产价格只有交换代价的价格，没有使用代价的租金

D．房地产价格形成的时间通常较长

E．房地产价格通常是系统形成，与交易者的个别因素影响无关

69．以下（　　）是在房地产拍卖活动中出现的一组价格。

A．评估价　　B．保留价　　C．均价

D．起拍价　　E．应价和成交价

70．可用于收益法中转换为价值的未来收益主要有（　　）等。

A．潜在毛收入　　B．有效毛收入　　C．净运营收益

D．税后现金流量　　E．期末转售收益

71．根据资本化方式的不同，收益法可分为（　　）。

A．直接资本化法　　B．投资法　　C．收益乘数法

D．利润法　　E．报酬资本化法

72．房地产贷款主要风险中，抵押物风险包括（　　）。

A．抵押物价值评估风险　　B．抵押物贬值风险

C．抵押物升值风险　　D．抵押物处置风险

E．抵押物毁损风险

73．信托的职能主要有（　　）。

A．结算服务职能　　B．融通资金职能

C．代理和咨询职能　　D．社会投资职能

E．财产事务管理职能

74．在房地产贷款中贷款人通常要求借款人购买的保险包括（　　）。

A．抵押房地产的财产损失保险　　B．借款人的人身保险

C．责任保险　　D．信用保险

E．保证保险

75．下列属于数量标志的有（　　）。

A．人的性别　　B．文化程度　　C．人的年龄

D．工种　　　　E．工人工资

76．常用的统计调查方式有（　　）等。

A．普查　　　　B．抽样调查　　　　C．重点调查

D．统计报表　　　　E．科学实验

77．下列统计图的表述中，正确的是（　　）。

A．线形图主要用来反映单项式离散型变量数列

B．条形图主要用来反映组距式离散型变量数列

C．直方图主要用来反映组距式连续型变量数列或组距式离散型变量数列

D．折线图能够直观地反映一个变量随时间而变动的特征、规律及趋势

E．象形图是对变量的绝对数值取对数后绘制而成

78．下列关于增长速度和发展速度的换算公式，正确的是（　　）。

A．定基增长速度=定基增长速度－1（或100%）

B．定基增长速度=定基发展速度－1（或100%）

C．环比增长速度=定基增长速度－1（或100%）

D．环比增长速度=环比发展速度－1（或100%）

E．年距增长速度=年距发展速度－1（或100%）

79．消费者的意志品质包括（　　）。

A．依赖性　　　　B．独立性　　　　C．果断性

D．坚定性　　　　E．自制力

80．按人际关系的亲密程度，良好的人际关系还可以分为（　　）三个层次。

A．协调　　　　B．友好　　　　C．亲热

D．紧张　　　　E．敌对

三、综合分析题（共20小题，每小题2分。每小题的备选答案中有一个或一个以上符合题意，请在答题卡上涂黑其相应的编号。错选不得分；少选且选择正确的，每个选项得0.5分）

（一）

W房地产开发公司在A省B市建设C住宅小区。王某购买该小区一套商品房，并与W房地产开发公司签订了商品房预售合同。2011年9月，W房地产开发公司委托D测绘机构对该小区进行了全面测绘。2012年2月，王某取得了该套商品房的《房屋所有权证》。

81．按照规定，D测绘机构对该小区进行全面测绘，其中房产图的测绘顺序为（　　）。

A．先测绘房产分户图，再测绘房产分丘图，最后测绘房产分幅图

B．先测绘房产分幅图，再测绘房产分户图，最后测绘房产分丘图

C．先测绘房产分丘图，再测绘房产分幅图，最后测绘房产分户图

D．先测绘房产分幅图，再测绘房产分丘图，最后测绘房产分户图

82．按照规定，王某取得的该套商品房《房屋所有权证》中的附图，表明了所购房屋的权属范围，明确了异产毗连房屋的权利界线，注明了套内建筑面积和分摊面积，此附图属于（　　）。

A．宗地图　　　　B．房产分幅图

C．房产分丘图　　　　D．房产分户图

83. 按照规定，王某取得的该套商品房《房屋所有权证》中的附图，其比例尺一般为（　　）。

A. 1:200　　B. 1:500

C. 1:1 000　　D. 1:2 000

84. 按照规定，王某取得的该套商品房《房屋所有权证》中的附图中，该房屋的边长应实际丈量，注记取至（　　），注在图上相应位置。

A. 0.1m　　B. 0.01m

C. 0.001m　　D. 0.0001m

85. 按照规定，王某取得的该套商品房《房屋所有权证》中的附图，图框内应标注（　　）。

A. 相邻土地的权利界线　　B. 海拔高程

C. 用地面积的分摊系数　　D. 套内建筑面积与共有分摊面积

（二）

2012年1月，W省A市房产管理部门委托该市B房地产估价公司，对该市2006—2009年普通商品住宅价格进行调查，2012年3月，B房地产估价公司出具了专题调研报告。报告中显示，2010年度W省A市普通商品住宅平均价格为2 400元/m²，2011年度这一价格指标增至2 800元/m²，并预期普通商品住宅平均价格还将稳步上涨。经调查研究，该市普通商品住宅价格的大幅提高，主要是由于该市居民收入水平提高了，对普通商品住宅的需求增加，另外，W省A市城市化、人口因素、政府产业政策、消费的政策及政府对普通商品住宅供需税收减免政策，都极大地影响了普通商品住宅的市场需求。同时，银行抵押贷款也为消费者提供了融资的方便。

86. 从以上分析中，下列属于决定普通商品住宅需求量的主要因素包括（　　）。

A. W省A市居民收入水平提高

B. W省A市居民预期普通商品住宅平均价格还将稳步上涨

C. 政府对普通商品住宅供给方面的税收减免政策

D. 消费者对普通商品住宅的偏好程度增强

E. 消费者预期未来的收入会增加

87. 从以上分析中，下列属于影响普通商品住宅供给量的主要因素是（　　）。

A. W省A市居民收入水平提高

B. 普通商品住宅价格的开发建设成本较低

C. 该市普通商品住宅开发技术水平提高

D. 开发商预期普通商品住宅平均价格还将上涨

88. 该例中的消费者住房抵押贷款属于（　　）。

A. 银行信用　　B. 商业信用

C. 国家信用　　D. 消费信用

89. 本例中，指标$\frac{2800}{2400}$属于（　　）。

A. 强度相对指标　　B. 比较相对指标

C. 动态相对指标　　D. 比例相对指标

90. 若W省C市2011年的普通商品住宅平均价格为3 000元/m²，那么W省C市2011年的普通商品住宅平均价格与W省A市2011年普通商品住宅平均价格的比值，属于（　　）指标。

A．强度相对指标　　B．比较相对指标
C．动态相对指标　　D．比例相对指标

（三）

甲房地产开发公司（以下简称甲公司）与乙建筑工程公司（以下简称乙公司）签订了工程承包合同，由乙公司承建甲公司开发的40层W商业大厦，总建设投资为5亿元。该地块属于地基承载力较低的软弱地基，且地下水位较高。甲公司向商业银行申请了年利率为5.6%的开发贷款3亿元，采用到期后一次性还本付息还款方式，贷款期为1年。乙公司于2011年6月正式开工建设，合同规定建设期为12个月。乙公司对该建筑工程所有险种都投了保，保险双方事先约定了保险的最高赔偿限额，但保险标的实际价值要待保险事故发生后进行估算。在建设过程中。一场暴雨使商场外门廊地基发生了塌陷事故，但建筑主体并没有受到影响，责任鉴定结果为暴雨导致地基发生沉降引起的塌陷。此事故在保险承保范围内，保险公司对乙公司进行了赔付。商场建成后，甲公司将商场首层商铺进行销售，成交均价达到了20 000元/m^2。

91．按照该商业大厦地块特点，应选用（　　）最为合适。
A．条形基础　　B．筏板基础
C．桩基础　　D．箱形基础

92．乙公司与保险公司签订的保险种类属于（　　）。
A．社会保险　　B．一切危险保险
C．定值保险　　D．不定值保险

93．甲公司向银行申请的贷款，其种类为（　　）。
A．短期贷款　　B．中期贷款
C．自营贷款　　D．特定贷款

94．销售均价20 000元/m^{2}为（　　）。
A．众数　　B．中位数
C．算术平均数　　D．几何平均数

95．甲公司到期后一次性还本付息共（　　）万元。
A．1 680　　B．30 000
C．30 168　　D．31 680

（四）

2012年3月，C房地产开发公司在B市取得一块建设用地使用权，出让用途为商品住宅用地。为尽快运作此项目，一是C房地产开发公司经理利用自己的关系，同亲朋好友高利息借得180万元；二是C房地产开发公司准备利用其拥有全部产权的B市汇源商业大楼作抵押，向B市D国有商业银行申请抵押贷款1 000万元。D国有商业银行为规避此贷款风险，一是D国有商业银行出资同B市E保险公司为C房地产开发公司的信用办理了保险手续；二是要求C房地产开发公司既要为自身信用办理保险，又要为其拥有全部产权的B市汇源商业大楼办理保险。在办理保险手续前，双方事先确定B市汇源商业大楼的保险价值为1 600万元，保险标的的损失比例为80%。

96．下列关于C房地产开发公司为尽快运作此项目而筹集资金，表述正确的是（　　）。
A．C房地产开发公司经理利用自己的关系，同亲朋好友高利息借得180万元属于直

接融资

B．C 房地产开发公司经理利用自己的关系，同亲朋好友高利息借得 180 万元属于间接融资

C．C 房地产开发公司准备利用其拥有全部产权的 B 市汇源商业大楼作抵押贷款 1 000 万元属于直接融资

D．C 房地产开发公司准备利用其拥有全部产权的 B 市汇源商业大楼作抵押贷款 1 000 万元属于间接融资

97．D 国有商业银行为规避此贷款风险，与 E 保险公司为 C 房地产开发公司的信用办理了保险手续，此保险属于（　　）。

A．财产损失保险　　B．责任保险

C．信用保险　　D．保证保险

98．C 房地产开发公司为自身信用办理的保险，属于（　　）。

A．财产损失保险　　B．责任保险

C．信用保险　　D．保证保险

99．C 房地产开发公司为其拥有全部产权的 B 市汇源商业大楼办理的保险，属于（　　）。

A．财产损失保险　　B．责任保险

C．信用保险　　D．保证保险

100．后来 B 市汇源商业大楼发生火灾，经评估损失达到 1 800 万元，则保险人应承担的赔偿金额为（　　）万元。

A．1 280　　B．1 440

C．1 600　　D．1 800

参考答案

答　案

一、单项选择题

1. B	2. B	3. D	4. A	5. B	6. D	7. C	8. A	9. D	10. B
11. B	12. D	13. A	14. B	15. D	16. C	17. D	18. C	19. B	20. D
21. C	22. C	23. D	24. B	25. D	26. C	27. B	28. A	29. B	30. D
31. B	32. D	33. C	34. B	35. C	36. C	37. C	38. C	39. D	40. C
41. B	42. A	43. C	44. B	45. C	46. B	47. C	48. A	49. C	50. D

二、多项选择题

51. ABCE	52. ABE	53. ABCD	54. ABE	55. ABCE	56. BCD	57. AC
58. BE	59. ADE	60. ACD	61. ABC	62. ADE	63. CDE	64. BC
65. CE	66. BD	67. ABCD	68. ABD	69. ABDE	70. ABCE	71. AE
72. ABDE	73. BCDE	74. ABE	75. CE	76. ABCD	77. ABCD	78. BDE
79. BCDE	80. ABC					

三、综合分析题

（一）	81. D	82. D	83. A	84. B	85. D
（二）	86. ABDE	87. BCD	88. AD	89. C	90. B
（三）	91. D	92. BD	93. AC	94. C	95. D
（四）	96. AD	97. C	98. D	99. A	100. A

解　析

一、单项选择题

11. 建筑面积＝套内建筑面积＋分摊的共有建筑面积

套内建筑面积＝套内房屋使用面积＋套内墙体面积＋套内阳台建筑面积

该套商品住宅需分摊的共有建筑面积＝140－101—9－20＝10（m^2）。

23. 由容积率＝$\frac{总建筑面积}{建筑用地面积}$，建筑用地面积=总建筑面积÷容积率=240÷3=80（万 m^2）。

24. 住宅平均层数反映了居住区空间形态与景观的特征，它是住宅总建筑面积与住宅基底总面积的比值（层）。该题中，总建筑面积=（17 280×20＋7 680×9）=414 720（m^2）。基底总面积=（3 600×20＋1 200×9）=82 800（m^2）。住宅平均层数＝$\frac{住宅总建筑面积}{住宅基底总面积}$(层)=414 720÷82 800=5.008 7（层）。

25. 拆建比是指拆除的原有建筑总面积与新建的建筑总面积的比值。20 000÷40 000×100%＝50.0%。

26. 空地率＝100%－总建筑密度＝100%－40%＝60%。

28. 将等额年金转换为将来值的公式为：

$$F=A\frac{(1+i)^n-1}{i}=5\,000\times\frac{(1+4\%)^{10}-1}{4\%}=60\,030.5\,356（元）。$$

29．用“中点法”计算需求的价格弹性 E_D 的公式：$E_D=\frac{Q_2-Q_1}{(Q_2+Q_1)/2}\div\frac{-(P_2-P_1)}{(P_1+P_2)/2}=\frac{-(100-200)}{(200+100)/2}\div\frac{3500-3000}{(3500+3000)/2}=4.3349$。

当弹性数值大于1的情况，称为富有弹性。

30．已知 $P=2\,000$（万元），$n=3\times4=12$（日），$i=8\%/4=2\%$，则开发商为该笔贷款支付的利息总额 $=P\times i\times n=2\,000\times2\%\times12=480$（万元）

计算先期支付利息的时间价值，则到期后开发商实际支付的利息 $i=P[(1+i)^n-1]=2\,000\times[(1+2\%)^{12}-1]=536.48$（万元）

31．$i=(1+r/m)^m-1=(1+12\%/4)^4-1=12.55\%$。

32．根据楼面地价＝土地单价/容积率，土地单价＝楼面地价×容积率＝1 000×3＝3 000（元/m^2）。

34．楼面地价＝土地单价/容积率=4 000÷3=1 333.33（元/m^2）。

如果楼面地价不随容积率的改变而改变，则：

补地价（单价）=原楼面地价×（现容积率一原容积率）=1 333.33×（4.2－3）＝1 600（元）。

补地价（总价）=补地价（单价）×土地总面积=1 600×20 000＝3 200（万元）。

35．该住宅的实际成交价格 $=3\,000\times30\%+3\,000\times70\%\div4\times[1\div(1+6\%)^{0.5}+1\div(1+6\%)+1\div(1+6\%)^{1.5}+1\div(1+6\%)^2]=2\,758.50$（元/$m^2$）。

36．$50\times30\%+50\times(1-30\%)\div(1+0.6\%)^{24}=45.32$（万元）。

37．套算汇率也称交叉汇率，是根据基本汇率和关键货币与其他外币的汇率套算得到的本币与其他外币的汇率。7.75÷6.83=1.134。

38．$月房产支出与收入比=\frac{本次贷款的月还款额+物业管理费}{月均收入}=\frac{2000+140\times2}{8\,000}=28.50\%$。

41．在不定值保险中，双方约定的保险金额是保险人的最高赔偿额，如果实际损失大于保险金额，保险人的赔偿责任仅以保险金额为限；如果实际损失小于保险金额，则保险人仅赔偿实际损失。8×80%=6.4万元。

43．比例相对指标是将总体分组后，用总体中某一部分数值与另一部分数值对比求得的相对数。该指标的计算公式为：

$$比例相对指标=\frac{总体中某一部分数值}{总体中另一部分数值}=\frac{15}{30}=50\%$$

三、综合分析题

95．甲公司向商业银行申请了年利率为5.6%的开发贷款3亿元，采用到期后一次性还本付息还款方式，贷款期为1年。甲公司到期后一次性还本付息 $=P(1+i)^n=30\,000\times(1+5.6\%)=31\,680$（万元）。

100．如果保险事故仅造成保险标的部分损失，则只需要确定损失的比例，该比例与双方确定的保险价值的乘积，即为保险人应支付的赔偿金额。保险人应承担的赔偿金额=1 600×80%=1 280（万元）。